초등 도덕과 수업 탐구

교수텍스트 쓰기

송영민

도덕과 교수텍스트 쓰기 : 도덕과수업 읽고 쓰기

머리말

도덕과 교과서를 그대로 사용하여 수업한다면, 초등학교 도덕과수업이 그리 어려운 일은 아니다. 많은 경험과 지식을 가진 교과서 집필자의 교육과정에 대한 이해, 그 이해의 표현에 대한 검토와 수정이 반영되어 있기 때문이다. 그래서 교과서 그대로 교수(教授)하더라도 도덕과 교육과정이 지향하는 바를 전하는 데 큰 문제는 없다. 하지만, 도덕과 교과서 역시 집필자의 교육과정에 대한 이해와 표현 방식이 담겨 있는 텍스트이다. 교과서를 그대로 가르치는 경우 교육과정에 관한 교과서의 이해와 수업 교사의 이해가 다를 수 있다. 교육과정에 대한 이해가 일치하더라도, 그 이해의 표현 방식이 다를 수 있다. 수업 교사마다 교육과정에 대한 이해는 상이하며, 선호하는 표현 방식도 다양하다. 교과서대로 교수한다면, 교사는 맥락적인 수업 상황에서 탈맥락적인 표현을 선택한 것이다. 이는 다른 교사의 교수안에 대해서도 마찬가지다. 아무리 좋은 교수안을 선택하더라도, 그 교수안을 쓴 교사와 그것을 복제한 교사의 관점이 일치하는 경우는 드물다. 비록 이해와 표현 방식이 일치해서 교수안을 복제하더라도, 수업 자체가 복제되기는 어렵다.

교과서나 교수안을 복제하여 수업한다면, 수업 교사의 이해를 온전히 담기도 어렵고, 선호하는 표현 방식을 선택하기도 어렵고, 의도하는 수업 분위기를 조성하기도 어렵다. 이는 교사 자신이 전하고자 하는 이해, 자신이 선호하는 표현 방식, 자신이 만들고 싶은 분위기와 다른 것을 마치 같은 것처럼 교수하는 것이다. 물론 교과서나 교수안을 복제하지 않고 수업한다는 것이 쉬운 일은 아니지만, 그것을 참조는 하되 가능한 자신의 교수텍스트를 직접 쓰는 것이 바람직하다. 직접 쓴 도덕과 교수텍스트에는 저자로서 교사의 도덕에 대한 이해, 수업에 대한 이해, 도덕교과 및 교육과정에 대한 이해, 내용 요소에 대한 이해를 담을 수 있다. 또한 표현에서도 교사 자신이 하고 싶은 이야기, 이야기를 구성하는 내용, 그 내용을 제시하는 순서 및 방법, 의도하는 분위기 등을 담을 수 있다.

수업의 저자인 교사가 자신의 이해와 표현 방식 및 분위기를 담은 교수텍스트를 자유롭게 쓰기 위해서는 도덕과수업에 대한 탐구가 필요하다. 도덕과수업에 관한 탐구를 통해 '어떤 도덕과수업을 하기 위해서'라는 답을 찾을 수 있다. '어떤'이라는 빈칸은 '생각하는, 판단 수준을 높이는, 흥미 있는, 학습 내용을 실천하는, 학습 목표에 도달하는, 심성을 형성하는, 바른 습관을 지니고 생활하는, 예절을 지키도록 하는, 도덕적 역량과 기능을 함양하는, 도덕성을 함양하는, 인성을 함양하는' 등 수많은 답으로 채워질 수 있다. 이에 합당한 답을 찾는 과정이 이상적인 도덕과수업을 모색하는 과정이다. 빈칸을 다양한 답으로 채워보고, 미처 생각하지 못한 답을 탐색하고, 수용 가능한 답을 선택하고, 선택한 답을 계속 수정하면서, 자신이 지향하는 도덕과수업을 찾을 수 있다.

도덕과수업에 대한 탐구는 계속해서 좋은 도덕과수업을 묻고, 그 답을 수정하고, 새로운 질문을 제기하는 과정이다. 이 과정에서 좋은 도덕과수업의 모습이 나타났다면, 그 이면에는 '도덕과수업을 어떻게 하지?'라는 질문이 자리한다. '어떻게'라는 빈칸은 '학습 목표를 적절하게 진술하면서, 학습 내용을 적절히 선정하고 재구성하면서, 교수학습 활동을 학습 유형에 맞게 구성하면서, 교재를 심도 있게 연구하면서, 학습 동기를 적절히 유발하면서, 허용적이고 탐구적 분위기를 조성하면서, 학습자의 사고를 자극하면서, 개인차를 고려하면서, 발문 유형을 다양화하면서' 등 수많은 답으로 채워질 수 있다. 이 답 역시 답하는 사람의 수만큼 다양할 것이다. 도덕과수업에 대한 탐구는 그 답 속에서 미처 생각하지 못한 답을 탐색하고, 공감하는 답을 선택하고, 선택한 답을 다시 보완하면서, 재차 질문하는 과정을 반복하는 것이다.

'어떤 도덕과수업을 어떻게', 혹은 '어떻게 하는 어떤 도덕과수업'에 대한 탐구는 실행을 전제한다. 실행을 위해서는 도덕과수업에서 끊임없이 제기되어온 난제를 우선적으로 고려해야 한다. 도덕과수업의 실제적 목적인 도덕성에는 개념적으로 구분되는 측면이 있다. 흔히 도덕성 요소는 인지적, 정의적, 행동적 측면으로 구분된다. 도덕과수업에서 궁극적으로 지향하는 바는 행동적 측면이며, 이를 담보하기 위해 인지적, 정의적 측면의 함양을 시도한다. 그렇다면, 어떻게 인지적, 정의적, 행동적 측면의 도덕성 요소가 통합되도록 수업할 것인가? 또한 도덕과수업에는 도덕적 사상(事象)과 도덕적 가치, 도덕적 가치와 도덕적 마음이라는 논리적으로 단절된 수준이 있다. 도덕과수업에서는 구체적인 도덕적 사상을 통해 추상적인 도덕적 가치를 인식하고, 도덕적 인식이 도덕적 마음이 되기를 기대한다. 그렇다면 어떻게 도덕적 사상과 도덕적 가치, 도덕적 인식과 도덕적 마음이 연결되도록 수업할 것인가?

도덕과수업에 관한 탐구는 구분된 측면의 통합과 상이한 수준의 연결을 전제한다. 이 책에서는 도덕과수업은 도덕을 가르치고 배우는 과정이며, 도덕은 도덕적 가치의 의미이며, 도덕적 가치의 의미는 주체의 도덕적 사상(事象)에 대한 인식에서 발생하며, 도덕적 인식은 도덕적 사상에 대한 마음의 반응이라는 생각을 이야기한다. 교사의 도덕과 교수텍스트라는 표현에 학습자가 기지(旣知)의 앎으로 반응하여 도덕적 의미가 생성되면, 인식 주체 밖의 도덕이 주체 안의 도덕으로 수용되고, 주체 안으로 들어온 도덕은 세상을 도덕적으로 보고 이해하고 판단하고 행동하는 도덕적 마음이 될 수 있다는 생각을 이야기한다. 이 이야기를 하기 위해 저자의 이전 논의를 바탕으로 하면서, 이후 형성된 생각을 추가하여 책으로 구성하였다. 이 책의 바탕이 된 졸고는 "은유적 이해에 근거한 도덕과수업 방안"(『한국철학논집』 제19집, 2006), "놀이 속의 미적 체험과 도덕과수업의 관계"(『초등도덕교육』 제26집, 2008), "도덕적 개념 이해를 위한 '개념분석법'의 적용 방안"(『한국철학논집』 제25집, 2009), "윤리적 탐구 중심의 초등 도덕과 환경수업"(『한국철학논집』 제28집, 2010), "시적 행위로서의 도덕과수업"(『한국철학논집』 제31집, 2011), "시적인 도덕과 교수텍스트 구성 방안"(『초등도덕교육』 제35집, 2011), "상징성과 도덕과수업"(『한국철학논집』 제33집, 2012), "시적 상징과 도덕과수업"(『한국철학논집』 제35집, 2012), "유추적 이해에 근거한 도덕과수업"(『한국철학논집』 제48집, 2016), "어린이 철학교육 텍스트를 활용한 윤리학적 접근 중심의 초등 도덕과수업"(『한국철학논집』 제55집, 2017), "초등 도덕과 기본적 교수학습 과정 및 단원 체제 개선 방안"(『한국철학논집』 제60집, 2019), "긍정심리학의 도덕교육적 함의"(한국철학논집, 제66집, 2020), "긍정심리학의 설명양식 변화법을 활용한 도덕과 교수텍스트"(『인격교육』 제14권, 2020), "긍정심리학의 강점을 활용한 초등 도덕과 교수학습 활동"(『한국철학논집』 제71집, 2021), 『초등 도덕과수업의 이해와 표현』(울력, 2010) 등이다. 이 책의 전체 이야기를 고려하면서 이러한 논의를 흩어 놓고, 미흡한 내용을 수정하고, 부족한 부분을 추가하였다.

당연한 말이지만, 책의 전체 이야기와 그 이야기를 구성하는 내용 역시 도덕과수업을 탐구하기 위한 하나의 텍스트일 뿐이다. 더불어 이 책에서 밑그림이나 대본 정도로 제시된 교수텍스트가 도덕과수업이 되기 위해서는 채색, 덧칠, 무대 장식, 분장과 닮은 작업이 이루어져야 한다. 마음 밖에 있는 도덕을 마음 안의 도덕으로 연결할 수 있는 논의, 도덕적인 마음을 도덕적인 행동으로 연결할 수 있는 논의, 학습 주체의 다양한 반응이나 수용을 의도한 방향으로 조절할 수 있는 논의를 완결된 작품으로 제시하는 것은 저자의 공부로는 불가한 일이다. 단지, 도덕과수업을 탐구하기 위해 가능한 경로의 제안 정도가 되기를 기대할 뿐이다. 부족한 제안이나마 책의 모양으로 만들 수 있도록 도움을 주신 분께 감사의 마음을 전한다.

송영민

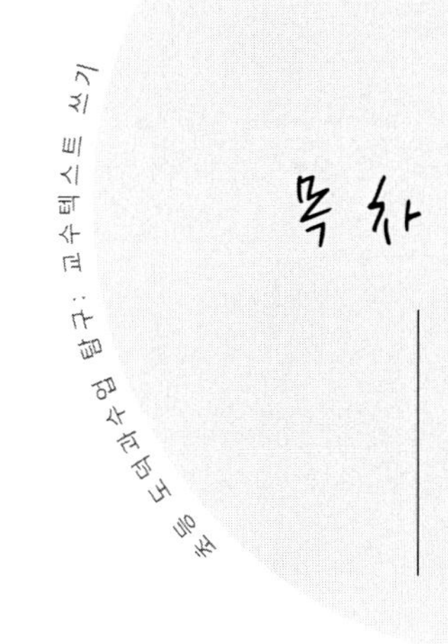
좋은 도덕과 수업 탐구 : 교수텍스트 쓰기
목차

CHAPTER

01

도덕과 교수텍스트의 특성

CHAPTER

01

도덕과 교수텍스트의 특성

1. 도덕과 교수텍스트의 상징성

도덕을 상징하는 도덕적 사상(事象)

도덕과수업은 도덕이라는 이름의 의미가 마음으로 존재하도록 가르치고 배우는 공적 문화이다. 하지만 대상의 의미와 주체의 마음에는 간극이 있다. 도덕의 의미가 마음이 되는 과정이 신비로 남아 있는 한, 도덕과수업에 관한 논의는 이견 없이 마무리되기 어렵다. 간극과 신비를 전제할 수밖에 없지만, 도덕을 가르치고 배우기 위해서는 '도덕이란?' 질문을 먼저 해야 한다. '도덕'이라는 어렵고 큰 질문에 답하기 위해 '선이란 무엇인가?'와 '어떠한 사물이 선한 것인가?'를 구분한 무어(Moore)를 참조할 수 있다. 그에 의하면, 선 자체는 더 이상 분석할 수 없는 단순 관념이기 때문에, 선의 가치를 보유한 구체적 사상을 예시할 수 있을 뿐이다.[1] 도덕 역시 그 자체를 말하기가 어렵다면, 도덕적 사상을 통해 그 의미를 찾는 방편을 선택할 수 있다. 물론 이 경우에도 도덕적 사상의 선정에는 이견이 있다. 그 이견을 줄이는 하나의 방법은 도덕과수업이 근거하는 교육과정의 도덕적 사상에서 도덕의 의미를 찾아보는 것이다.

도덕과 교육과정의 내용 요소는 일종의 도덕적 사상으로 볼 수 있다. 예를 들어, '도덕 시간에는 무엇을 배울까?', '왜 아껴 써야 할까?', '왜 최선을 다해야 할까?', '어떻게 하면 감정을 잘 조절할 수 있을까?', '자주적인 삶이란 무엇일까?', '정직한 삶은 어떤 삶일까?', '가족의 행복을 위해 무엇을 해야 할까?', '친구와 사이좋게 지내기 위해 어떻게 해야 할까?', '예절이 없다면 어떻게 될까?', '함께 하면 무엇이 좋을까?', '사이버 공간에서 지켜야 할 것은 무엇일까?', '서로 생각이 다를 때 어떻게 해야 할까?', '우리는 남을 왜 도와야 할까?', '나는 공공장소에서 어떻게 해야 할까?', '나와 다르다고 차별해도 될까?', '통일은 왜 필요할까?', '우리는 서로의 권리를 왜 존중해야 할까?', '통일로 가는 바람직한 길은 무엇일까?', '전 세계 사람들과 어떻게 살아갈까?', '생명은 왜 소중할까?', '아름답게 살아가는 사람들의 모습은 어떠할까?', '어려움을 겪을 때 긍정적 태도가 왜 필요할까?', '나는 올바르게 살아가고 있을까?'라는 내용 요소가 있다.[2] 더 구체화할 수도 있지만, 도덕과수업을 위해 이 수준에서 도덕적 사상을 선정할 수 있다.

도덕과 교육과정의 내용 요소와 관련된 도덕적 가치는 더 상위의 추상적 개념이다. 내용 요소로 구체화되는 도덕적 가치에는 근면, 절약, 인내, 자주, 자율, 정직, 효, 우애, 우정, 예절, 협동, 준법, 공감, 존중, 봉사, 공정, 애국, 인류애, 생명 존중, 자연애, 아름다움에 대한 사랑, 자아 존중, 윤리적 성찰 등이 있다.[3] 예를 들어, 자주 혹은 자율은 자신의 생명을 소중히 하기, 자기 일을 스스로 하기, 자기 일에 최선을 다하기, 부끄러운 자신의 행위를 고치기 등으로 구체화된다. 자주 혹은 자율의 의미는 어떤 사상을 선정하고, 어떤 사상에 비중을 두고, 그 특성을 어떻게 도출하는지에 따라 달라진다. 물론 특정 도덕적 사상이 특정 도덕적 가치에만 해당하는 것은 아니다. 자주 혹은 자율에 해당하는 사상이 근면을 예시할 수도 있고, 절제를 예시할 수도 있다. 도덕적 사상은 위계적으로 상위의 도덕적 가치를 예시하지만, 하나의 사상이 하나의 가치만 구체화하는 것은 아니다. 특정 도덕적 가치를 표상하는 사상은 다른 도덕적 가치의 표상도 겸하기 때문에, 도덕적 사상은 짙은 도덕적 의미와 옅은 도덕적 의미를 함께 표상한다. 이러한 의미 연관은 도덕과 교육과정의 핵심 가치와 영역별 가치의 관계에서도 찾을 수 있다. 영역별 가치는 성실, 배려, 정의, 책임과 연관된 도덕적 사상이라 할 수 있다. 핵심 가치의 의미는 그것을 표상하는 영역별 가치 및 그 가치를 표상하는 내용 요소의 특성을 수렴하여 내포한다. 여기서도 영역별 가치는 핵심 가치라는 상위의 가치에 짙거나 옅은 다의적 의미 연관을 가진다.

구체와 추상 사이의 의미 연관에서 핵심 가치 및 이와 연관된 하위의 영역별 가치, 그리고 영역별 가치를 표상하는 내용 요소들이 전체로 의미하는 것이 도덕이다. 구체적 사상들이 구성한 추상적 전체이지만, 그 추상적 전체에서 전체를 구성한 구체적 사상들이 사라진 전체가 도덕의 의미이다. 예를 들어, '나는 공공장소에서 어떻게 해야 할까?'는 준법을 표상하며, '준법'은 '나는 공공장소에서 어떻게 해야 할까?'

로 표상되는 의미의 이름이다. 여기서 '나는 공공장소에서 어떻게 해야 할까?'는 일종의 보조관념이며, '준법'은 원관념이다. 마찬가지로 영역별 가치를 표상하는 내용 요소 및 영역별 가치는 핵심 가치를 표상하는 도덕적 사상이다. 이때 영역별 가치나 내용 요소가 보조관념이라면, 핵심 가치는 원관념이다. 더 나아가 핵심 가치, 영역별 가치 및 그 내용 요소는 도덕을 표상하는 사상이다. 이때 도덕을 표상하는 사상이 보조관념이라면, 도덕은 원관념이다. 도덕적 사상과 도덕의 의미를 보조관념과 원관념의 관계로 볼 때, 이 관계에서 상위 수준의 추상적 도덕과 하위 수준의 도덕적 사상은 다의적 의미 연관을 갖는다. 따라서 도덕적 사상은 도덕의 상징이며, 도덕은 그 사상이 상징하는 의미의 이름이라 할 수 있다.

도덕적 가치의 상징적 의미 도식(圖式)

도덕적 사상과 도덕의 의미는 상징 관계에 있으며, 도덕은 도덕적 사상이 상징하는 의미의 이름이며, 핵심 가치는 도덕의 의미를 일차적으로 상징하는 사상이다. 도덕을 상징하는 사상의 의미 도식(圖式)은 도덕의 의미에 수렴된다.[4] 예를 들어, 성실(誠實)은 유교 전통에서 하늘의 명령(天命)으로서의 도(道)를 자신의 삶 속에서 구현하려는 가치이다.[5] 성실의 도덕적 특성은 자신이 옳다고 믿고 있는 바를 행하고 말하는 데에서 드러난다. 성실은 거짓으로 꾸미는 자세, 행동의 정당성을 자신할 수 없으면서도 도덕적 요구에 겉으로만 따르는 것에 반대된다. 성실은 행위의 결과가 아니라 이면 동기와의 일치 여부를 말한다. 성실은 확신의 주관적 측면으로, 자신의 확신과 그 행위 사이의 상호일치에 대한 인식을 말한다.[6] 성실은 기본적으로 '믿음과 행위 사이의 거리를 줄이려는 삶'으로 이해할 수 있으며, 이러한 의미 도식은 도덕의 의미에 수렴된다.

배려는 사랑, 관심, 타자의 복지에 대해 걱정을 보이는 것이다. 배려의 원리는 연민, 친절, 사랑, 걱정, 감정이입, 자선, 비이기적임 같은 것에서 나타난다.[7] 배려에는 다른 사람이 성장할 수 있도록 도와주면서 배려받는 사람과 함께 배려하는 사람도 성장하기, 진심으로 상대방에게 관심을 가지고 고통을 함께 느끼며 의무감과 사랑을 가지고 진실한 마음으로 헌신하기, 배려받는 사람의 필요에 대해 주의하고 책임감을 가지고 요구를 충족시켜 주기, 배려받는 사람은 요구 충족에 긍정적인 상태로 응답하기가 포함된다.[8] 배려는 배려하는 사람이 배려받는 사람에게 진실한 마음으로 필요를 충족시켜 주고, 배려받는 사람은 이에 응답하여 함께 성장하는 것이다. 배려는 기본적으로 '상대에게 부족한 것을 채워 주려는 삶'으로 이해할 수 있으며, 이러한 의미 도식은 도덕의 의미에 수렴된다.

정의는 사회의 질서유지와 공동체의 결속을 위해 사회적 규범과 약속을 따르고, 자신의 능력을 인식하고 절제하면서 맡겨진 의무를 충실히 하여 전체의 조화를 가능하게 하는 것에서 나타난다.[9] 롤즈(Rawls)는 정의를 위해, 자신의 이익 증진에 관심을 가진 자유롭고 합리적인 사람이 평등한 최초의 입장에서 공동체의 기본 조건을 규정하는 공정한 절차적 원칙을 강조한다. 이 원칙은 공정한 선택을 위한 원초적 입장과 무지의 베일을 조건으로 한다. 평등한 최초의 상황에서 공정한 선택과 합의에 이르기 위한 조건이다.[10] 정의는 개인의 행위나 제도에서 공정함을 보장하는 원칙의 채택, 그 원칙을 준수한 판단이나 결정과 관련된다.[11] 정의는 선을 위해 공정한 절차적 원칙을 준수하면서 선택이나 합의에 도달하는 것이다. 정의는 기본적으로 '설정한 균형과 경로를 유지하려는 삶'으로 이해할 수 있으며, 이러한 의미 도식은 도덕의 의미에 수렴된다.

책임은 의무나 책무에 대한 요청을 믿고 완수하려는 것이다. 책임은 약속을 이행하기, 옳은 것을 지지할 필요가 있을 때 개입하기, 대가를 치르더라도 잘못된 것을 바로잡기를 요청한다. 책임은 가정, 직장, 공동체에서 신뢰성과 진실성을 가지고 의무를 수행하고 책무를 완수하는 능력이다.[12] 현대 책임 논의는 자유에 근거한 책임으로부터의 확장, 상호성에 근거한 책임으로부터의 확장, 과거지향적 책임으로부터의 확장을 특징으로 한다. 책임 개념에는 자유에 근거한 개념에 인간 내부의 자질이나 능력 혹은 외부의 질서 개념이 결합해 있다. 좁은 의미의 상호성에 목적이나 이유의 공유 및 일방적이고 절대적인 비대칭적 상호성이 결합해 있다. 과거지향적인 인과적 귀속에 미래지향적인 규범적 귀속이 결합해 있다.[13] 인과적·상호적 책임에서 판단의 시점은 도착점이다. 도착점에서 돌아보아 도착 전에 설정한 윤리적 가치와 도착 후 달성한 윤리적 가치에 차이가 있다면, 그 차이를 줄이는 것이 책임이다. 반면 미래적·절대적인 책임에서 평가 시점은 출발점이다. 출발점에서 요청되는 윤리적 가치와 실제 윤리적 수준에 차이가 있다면, 그 차이를 줄이는 것이 책임이다. 책임은 도착점의 결과와 출발점의 기대 차이를 보충하거나, 출발점에서 원칙적 요구와 실제적 수준 차이를 보충하는 것이다. 책임은 '기대와 행위 사이의 부족을 채우려는 삶'으로 이해할 수 있으며, 이러한 의미 도식은 도덕의 의미에 수렴된다.

선과 악은 선행과 악행의 배후에 놓인 추상적인 개념이고 원리이다.[14] 이 개념이나 원리에 의해 개별 사상은 도덕적으로 평가된다. 그 평가는 '믿음과 행위 사이의 거리 줄이기', '상대의 부족 채워 주기', '공정하게 균형과 경로 유지하기', '기대와 행위 사이의 부족 채우기'를 중심으로 이루어진다. 양태(樣態)가 상징하는 의미는 양태를 평가하는 기준으로 환원된다. 삶의 양태는 도덕의 의미를 상징하며, 수렴된 도덕적 의미는 삶을 평가한다.

선과 악이라는 개념 쌍은 한편으로는 옳은(right)/그른(wrong)이라는 뉘앙스를 띠고 있고, 다른 한편으로는 좋은(good)/나쁜(bad)이라는 뉘앙스를 띠고 있다. 선과 악은 이렇게 양의적(兩義的)으로 이해되며, 두 경우는 매우 다른 내용을 뜻한다. 옳음/그름은 초월적 가치 기준과 의무 개념을 함축하지만, 좋음/나쁨은 내재적 가치 기준과 행복/기쁨의 개념을 함축한다.[15] 도덕에서 길을 의미하는 '도(道)'에 방점을 두면 초월적 가치 기준 따르기가 부각되며, 은혜를 의미하는 '덕(德)'에 방점을 두면 내재적 가치 기준 충족하기가 부각된다. 전자에서 도덕은 초월적 가치 기준이라는 경로에서 편향되거나 벗어나지 않고 따르는 삶으로 상징되며, 후자에서 도덕은 내재적 가치 기준이라는 양을 부족하지 않게 채우는 삶으로 상징된다. 기울거나 벗어난 상징적 거리에 따라 옳음과 그름으로, 부족하지 않게 채우는 상징적 양에 따라 좋음과 나쁨으로 평가된다.

도덕과 내용 체계에서 최상위에 있는 도덕은 핵심 가치가 상징하는 의미이며, 핵심 가치는 영역별 가치가 상징하는 의미이며, 영역별 가치는 내용 요소가 상징하는 의미이다. 내용 요소가 상징하는 의미와 도식, 그것을 수렴한 영역별 가치의 의미와 도식, 그것을 수렴한 핵심 가치의 의미와 도식은 누적적으로 투사되어 도덕의 의미가 된다. 도덕적 사상의 의미와 도식이 도덕이 되고, 그 도덕은 도덕적 사상을 평가하는 기준이 된다.

내용 요소, 영역별 가치, 핵심 가치에서 수렴된 도덕의 의미는 역으로 이들을 선정하는 기준이다. 도덕과 내용 체계의 구성 원리인 '가치관계 확장법'은 이전의 구성 원리인 '생활공간 확대법'을 개선하기 위해 2007 도덕과 교육과정부터 적용되었다. 가치관계란 도덕적 주체와 사고 대상 간의 관계를 의미하며, 도덕적 주체와 사고 대상 간의 관계는 도덕적 가치에 의해 규정되고, 이를 통해 상호 연결되어 있음을 뜻한다. 가치관계 확장법은 가치관계 속에서 도덕적 주체가 성찰하는 대상의 범위가 점차 확장되어가는 방식을 의미한다. 도덕적 주체로서의 나로부터 자연·초월적 존재로 전개되는 방향은, 도덕적 주체가 가치관계로 연결된 대상에 대해 도덕적으로 사고하고 성찰함으로써 도덕적 의미를 능동적으로 구성해 가는 것을 강조한다. 한편, 자연·초월적 존재로부터 도덕적 주체로서의 나로 전개되는 방향은 '나'를 통해 세상을 주체적으로 보기도 하지만, 동시에 주변 대상은 도덕적 주체인 나의 형성에 주요한 영향을 미친다는 것을 보여준다.16)

가치관계 확장법은 대상의 인식과 관련된 도덕적 가치가 인식 주체와 연관되는 상징적 거리와 양으로도 이해할 수 있다. 예를 들어, 상징적 거리에서 '믿음과 행위 사이의 거리 줄이기'와 '설정한 균형과 경로 유지하기'로, 상징적 양에서 '상대의 부족 채워 주기', '기대와 행위 사이의 부족 채우기'로 분류할 수 있다. 상징적 거리가 비교적 가까운 자신과의 관계에서 '믿음과 행위 사이의 거리 줄이기' 영역, 상징적 양이 비교적 적은 타인과의 관계에서 '상대의 부족 채워 주기' 영역, 상징적 거리가 비교적 먼 사회·공동체와의 관계에서 '공정하게 균형과 경로 유지하기' 영역, 상징적 양이 비교적 많은 자연·초월과의 관계에서 '기대와 행위 사이의 부족 채우기'로 구분할 수 있다. 가치관계는 상징적 거리와 양이라는 도덕의 상징적 의미 도식이 자신, 타인, 사회·공동체, 자연·초월적 존재라는 대상과 가깝거나 멀게, 적거나 많게 연관되는 정도로 이해할 수 있다.

신호가 아닌 도덕과수업

도덕과수업에서 도덕을 구체화한 내용 체계에는 거리나 양이라는 상징적 의미 도식이 있다. 상징적으로 연관된 내용 체계를 교수하고 학습할 수 있는 것은 인식 주체에게 상징화 능력이 있기 때문이다. 카프란(Kaplan)에 의하면, 인간과 동물의 삶을 구분하는 것이 상징화 능력이다. 인간의 상징적 활동 양식은 다른 동물에게는 볼 수 없는 것이다. 상징은 만지거나 볼 수 없는 경험 내용을 표현하기 위해 매체를 사용하려는 시도이다. 상징화는 추상적 무형의 상태가 구체적 매체로 실현될 때 발생한다. 인간은 정신적이거나 영적인 것을 감각 운동이나 지각할 수 있는 영역에 속하는 것으로 상징화한다. 상징화 과정의 역동적인 도식화 활동(dynamic schematizing activity)은 신체와 신체 활동의 영역을 정신적, 사회적, 문화적, 영적 영역 등에 적용하는 도약을 가능하게 하는 마음의 작용이다. 괴리된 영역을 이어주는 과정이다. 상모화하기(physiognomizing)를 포함하는 상징화 과정은 영적 혹은 정식적 영역과 물질적 혹은 신체적 영역 사이의 중재자이다. 동시에 '상향'이면서 '하향'을 언급하는 이중적 언급(double reference)은 상징을 물질적임과 영적임, 문자적임과 은유적임, 지각적임과 합리적임, 신체와 영혼을 결합하는 통합적 형식으로 작용하도록 한다.17)

도덕을 도덕적인 것으로 표현하고, 이에 대한 감각 자료에서 도덕적 의미가 발생하는 것은 상징화 능력과 상징의 이중적 언급으로 인해 가능하다. 상징화 능력으로 신체의 감각적 영역과 도덕이라는 추상적 영역은 만날 수 있다. 교사의 교수와 학생의 학습, 도덕이라는 추상적 내용과 수업이라는 구체적 표현, 구체적인 도덕적 경험과 추상적인 도덕적 가치라는 단절된 영역이 만나는 공간과 시간이 도덕과수업이다. 감각적이고 구체적인 도덕적 사상이나 도덕과수업이 정신적이고 추상적인 도덕이나 도덕적 마음으로 바뀌는 것은 단절된 두 수준을 연결하는 능력이 있기에 가능하다. 공유된 신체적 경험의 도식과 상징적 의미 도식을 통해 도덕적 대상이 도덕적 주체와 연결된다. 이 연결을 통해 도덕의 의미가 인식 주체에게 발생하여 마음으로 전환되는 도덕과수업을 시도할 수 있다. 도덕적 사상에 내포된 상징적 의미 도식이 도덕적 주체의 마음에 있는 신체적 도식과 만남으로써 대상과 주체는 상호 연결될 수 있다.

도덕과수업은 도덕적 사상의 직접적 전달이 아니라, 도덕적 사상이 사라져도 남아 있는 의미에 목적이 있다. 도덕을 상징하는 보조관념이 사라질 때, 남아 있는 원관념이 도덕적 의미이다. 의미는 인식 주체가 반응하고 해석할 때 발생하는 것이며, 그 의미가 마음으로 형성되는 것은 인식 주체의 인식적 활성화 반응을 통해 가능하다. 도덕적 학습이 이루어졌다면, 도덕적 사상이 사라진 곳에 도덕, 도, 덕, 성실, 배려, 정의, 책임 등 어떻게 명명되든 그곳에는 도덕적 의미가 남는다. 도덕적 의미는 발생을 전제하기 때문에, 이미 고정되고 확정된 내용을 정확히 전달하여 목표 도달을 강제하기는 어렵다. 구체적인 사상이 사라진 곳에 의미를 발생시키는 것은 인식 주체의 몫이다.

버크(Burke)는 인간의 행동을 움직임(motion)과 행위(action)로 구분한다. 움직임은 인간의 동물적 측면으로 행동을 낳도록 영향을 주는 힘과 요인의 합계이며, 외적 조건에 대한 수동적 반응이다. 그것은 행위가 아니다. 행위는 상호작용하는 대상의 평가를 함축한다. 행위는 대상을 상징적으로 묘사하고 해석하여 의미를 정치하고 이해하는 평가가 있을 때 가능하다.[18] 이를 행동주의 심리학을 비판한 관점으로 보면, 행동주의를 전제하는 도덕과 교수학습은 움직임과 행위를 혼동한 것이다. 움직임이 아닌 행위를 지향하는 교수학습은 소위 신호와는 다른 의사소통 방식에서 출발해야 한다.[19] 신호처럼 수업 전에 설정한 행동적 목표를 도착점에서 측정하는 조립라인 같은 접근법은 도덕과수업에 적합하지 않다. 도덕과수업이 신호와 같은 것이 아닐 때, 학생은 교사가 표현한 의미를 공유하고 수용하고 확장하고 심화하면서, 어느 정도는 같게 어느 정도는 다르게 능동적으로 반응하고 수용한다.

브루너(Bruner)에 의하면 '교육은 그 자체로 고립적인 제도나 기관이 아니다. 고립된 섬이 아니라 문화라는 대륙의 한 부분이다.'[20] 문화라는 대륙의 일부인 교육은 구성원의 마음에 문화를 전하여 새로운 문화를 형성하는 문화이다. 마음과 문화가 상호작용하는 특수한 문화이다. 마음과 문화의 상호작용에서 문화에 의해 구성되는 마음은 문화의 도구와 자원을 학습한다.[21] 문화의 본질을 공유하면서 마음과 문화가 상호작용하는 특수 문화가 교육이다. 교육이라는 문화는 과거나 현재의 문화 및 그 이해를 담고 있으며, 미래의 문화에 대한 이해와 문화를 예고하는 특별한 문화이다. 교육이 인간의 특별한 문화이듯, 도덕 역시 인간의 특별한 문화이며, 도덕 및 교육을 포괄하는 도덕교육 역시 특별한 문화이다. 도덕교육을 실천하는 도덕과수업에서는 본능이라는 동물적 상태, 속박이라는 수동적 상태에서 벗어나 인간다운 삶이라는 문화의 본질적 특성을 추구한다. 마음의 발달과 함양을 통해 인간다운 삶을 추구하며, 이를 위해 문화가 개발한 도구와 자원을 활용하고 전한다. 도덕과수업이 반응의 조작이나 행동의 지시라는 신호와 같다면, 동물적 상태나 수동적 상태를 벗어나려는 문화의 본질을 공유하기 어렵다. 도덕과수업이 문화의 본질을 공유하기 위해서는 최소한 고정된 목표 행동을 지시하는 신호가 되어서는 안 된다.

도덕과수업이 신호처럼 되지 않기 위해서는 도덕적 표현에 대한 열린 수용이 가능해야 한다. 도덕과수업은 한 가지 기표(記標)로 고정되는 것도 아니며, 특정 표현이 한 가지 기의(記意)로 고정되는 것도 아니다. 도덕적 주제를 다양하게 구체화하고, 그 구체화를 개방적으로 해석하는 수업은 행동을 지시하는 신호가 아니다. 도덕적 의미를 구체화한 교수는 학생의 해석을 위한 표현이며, 이 표현을 매개로 도덕적 의미가 학습된다. 이 과정에서 교사의 표현과 학생의 해석에는 가변성과 융통성이 전제된다. 이를 배제하거나 간과한다면, 도덕과수업이라는 문화는 인간의 문화적 특성을 공유할 수도 없고, 인간의 문화임에도 인간적 문화에 포함되기도 어렵다. 어느 시간, 어느 교실, 어느 교사에 의해 표현되는가에 따라 상이한 교수, 그리고 동일한 표현을 어떻게 해석하느냐에 따른 상이한 학습이 가능할 때, 도덕과수업은 문화일 수 있다.

도덕과수업은 신호가 될 수도 없고 되기도 어렵다. 도덕과는 사실적 지식 전달이나 습관적 기능 숙달에 한정된 교과가 아니다. 도덕과는 도덕적 앎이나 도덕적 행동을 가능하게 하는 도덕적 마음을 추구하는 교과이다. 도덕적 마음은 짧은 시간에 형성되는 것도 아니고, 기술적으로 조작될 수 있는 것도 아니며, 양적으로 측정될 수 있는 것도 아니다. 따라서 도덕과수업은 고정한 한 가지 목표 행동을 지시하는 신호일 수 없다. 체제적 교수설계 이론에서는 교수 프로그램을 실행하고, 그 결과로 학습자에게 나타나야 하는 구체적 행동을 교수 목표로 제시한다.[22] 이 관점이 도덕과 수업에 반영되면, 목표에 부합하는 관찰 가능한 행동적 변화가 수업을 마친 후 곧 나타나야 한다. 이러한 도덕과수업은 단기적인 목표 도달을 위한 효과적 전달을 강조한다.

단기적으로 효과적인 전달을 강조하는 관점은 타일러(Tyler)를 통해 확인할 수 있다. 오랫동안 학교와 관련된 제반 현실 속에서 교육과정의 개발과 실행은 흔히 타일러의 논리로 불리는 하향식 적용 모형으로 접근되었다. 이러한 접근에서 교사의 가르치는 일이란 외부에서 주어진 교육과정을 정해진 절차에 따라 전달하는 기법, 학생의 행동을 가장 효율적으로 다루는 기법을 의미한다.[23] 효율적 전달 기법에 대한 강조는 그가 제시한 '학교는 어떤 교육목표를 달성하기 위해 노력해야 하는가?', '이러한 교육목표를 달성하는 데 유용한 학습경험은 어떻게 선정될 수 있는가?', '효과적인 수업을 위해서 학습경험은 어떻게 조직될 수 있는가?', '이러한 교육목표가 달성되었는가를 어떻게 평가하는가?'라는 문제에서 확인할 수 있다. 먼저 목표는 학교의 교육 프로그램을 통해 달성 가능한 학생의 변화 결과가 구체적이고 명확한 행동 유형으로 진술되어야 한다. 학습경험의 선정은 이 목표 산출의 가능성에 근거하며, 학습경험의 조직은 목표 도달을 위한 효율성을 준거로 한다. 그리고 평가는 조직되어 제공된 학습경험이 원하는 결과를 실제로 얼마나 산출했는가를 알아보는 과정이다. 행동적 목표를 진술했다면, 그 수업은 목표에 도달하기 위한 절차를 설계해야 한다. 그 설계의 주안점은 효율적 목표 도달 이외의 다른 경로로 벗어나지 못하도록 하는 것이다.[24] 목표 도달을 위한 절차의 설계라는 측면에서 보면 도덕과수업은 도착점 행동 반응을 조작하는 일종의 신호와 같은 것이다.

도덕적 마음을 형성하는 도덕과수업이 반응을 기술적으로 조작하는 신호일 수는 없다. 도덕적 마음의 함양이라는 특성을 무시하고 수업이 조작적 신호가 된다면, 도덕과수업은 목적이 될 수 없는 목표를 설정하고, 도달할 수 없는 목표에 도달하려고 시도하는 난관에 직면한다. 신호가 아닌 도덕과수업을 위해서는 일단 신호와는 다른 의사소통을 모색해야 한다. 비신호적인 수업에서는 학생에게 의미가 직접적으로 전달되기보다는, 의미가 담긴 표현이 제시될 뿐이다. 발생 의미와 전달 의미가 같을 수는 없다. 어느 정도 공유되고 어느 정도 변경되고, 어느 정도 생성되는 것은 불가피하다. 이제까지 도덕과수업에서 행동적 목표 도달의 어려움에 직면했다면, 이는 인간을 물리적 대상으로 전제하는 공학적 프로그램으로서의 도덕과수업이 지배적이었음을 반증하는 것이다. 이를 해소하기 위해서는 조작적 신호와 같은 수업이 도덕과에서 지배적일 수 있는지부터 재고해야 한다. 조작적 신호라는 제한에서 벗어나 도덕과수업을 탐구해야 한다. 공학적 효율성에 근거하여 효과적 전달 기법으로 조작적 신호가 되기를 기대하는 도덕과수업관에서 벗어날 때, 그 탐구 공간은 확장될 수 있다.

상징적으로 사고하는 인간

도덕을 표현하는 도덕과수업은 반응을 조작하는 신호가 아니라 의미를 표현하는 상징과 같다. 상징은 문학이나 시론에 국한된 개념이 아니다. 생활 자체가 상징에 에워싸여 있다고 할 수 있다. 인간은 끊임없이 주변의 자연 속에서 상징의 뜻을 읽기도 하고, 인간 스스로가 상징을 만들어내기도 한다.[25] 감각적이고 구체적인 도덕적 사상의 수준과 추상적이고 정신적인 도덕이나 도덕적 마음의 수준을 연결하는 능력은 카시러(Cassirer)를 통해 볼 수 있다. 카시러는 언어적인 활동 전체, 도덕적인 활동 전체, 창조적 행위자로서 개인의 자유 표현, 삶의 변형 등으로 문화를 정의한다.[26] 그는 학문에 있어서 문법이 존재하는 것과 마찬가지로 문화현상에도 문법이 존재한다고 보면서, 문법과도 같은 문화현상의 형식을 인간의 특성에서 찾는다.[27] 인간에게는 모든 동물의 종에서 볼 수 있는 수용 계통과 운동 계통 사이에 상징 계통이라는 제3의 연결물이 있다. 이 새로운 획득물이 인간 생활 전체를 변형시켜서, 다른 동물과 달리 인간은 현실의 새로운 차원인 상징적 우주에서 산다.[28] 언어, 신화, 예술 및 종교는 상징적 우주를 이루고 있는 것이다. 인간은 언어 형식, 예술적 심상, 신화적 상징 혹은 종교적 의식에 둘러싸여 있다. 이러한 인위적 매개물의 개입에 의하지 않고서는 아무것도 볼 수 없고 알 수 없다. 그래서 인간을 이성적 동물이라고 정의하는 것은 부분을 전체로 보는 것이다. 이성이란 말은 인간의 문화생활의 여러 형태를 전체적으로 이해하는 데는 부적당한 말이다. 인간을 이성적 동물로 정의하는 대신, 상징적 동물(animal symbolicum)로 정의해야 한다.[29] 인간도 외부 자극을 수용체계를 통해 받아들이고, 운동체계를 통해 반응하지만, 인간에게는 상징적 우주를 형성하는 상징 계통이라는 특성이 있다. 그래서 인간의 고유한 모습을 상징적 매개체를 사용하면서 상징적 우주에서 사는 상징적 동물로 이해하는 것이 적합하다는 것이다.

인간을 상징적 동물로 이해할 때, 상징적 사고와 상징적 행동은 인간 생활의 가장 특색 있는 측면 가운데 하나이며, 인간 문화의 진보 자체가 이 조건에 기초한다.[30]

카시러는 상징을 더 명확히 하기 위해 신호와 상징의 차이를 설명한다. 동물의 행동 속에서도 제법 복잡한 신호 체계를 볼 수 있다. 어떤 동물, 특히 길들여진 동물은 신호에 극히 민감하다. 하지만 상징은 단순히 신호로 환원될 수 없는 것이다. 신호와 상징은 서로 다른 논의의 세계에 속하는 것으로, 신호는 물리적 존재 세계의 일부요, 상징은 인간의 의미 세계의 일부이다. 신호는 조작자(operators)이고, 상징은 지시자(designators)이다.31) 반응을 조작하는 신호는 다른 동물에게도 찾아볼 수 있지만, 의미를 지시하는 상징은 인간 이외의 존재에서는 찾아볼 수 없는 인간의 고유한 특성이다.

카시러는 인간만이 발전시킨 상징적 사고의 예를 헬렌 켈러(Helen Keller)를 통해 설명한다. 헬렌 켈러의 경우가 증명하듯이, 인간은 가장 빈약하고 보잘 것 없는 재료를 가지고도 상징적 세계를 만들어 낼 수 있다. 말의 영역에서 재료가 되는 신호에 생명을 주고, 말하게 하는 것은 일반적인 상징적 기능이다. 이 원리가 있으면 듣지 못하고 말하지 못하고 보지 못하는 아이의 세계도 가장 발달한 동물 세계와 비교가 안 될 정도로 더 넓고, 더 풍부해질 수 있다. 동일한 의미가 여러 가지 언어로 표현될 수 있고, 또 단일한 언어의 한계에서도 한 가지 관념이 아주 다른 여러 용어로 표현될 수 있다. 그것은 고정되어 있거나 불변적이 아니라 자유로이 변하는 것이다. 동물 세계에서 이와 같은 변화성과 변통성에 해당하는 것은 없다. 또한 관계적 사고도 상징적 사고에 의존한다. 상징의 복잡한 체계가 없으면, 관계적 사고는 생길 수조차 없다. 인간에게는 동물 세계에 없는 특별한 유형의 관계적 사고가 있다. 인간에게는 관계를 추상적 의미에서 고찰하는 능력이 발달해 있다.32) 만약 촉각적인 감각에 의존하여 대상을 파악한다면 그것은 개별 대상의 인식에 한정된다. 그러나 그 감각에 이름을 부여하고 상징적으로 인식함으로써 새로운 인식이 가능하게 된다. 상징적 사고 기능은 인간 사고의 특성이다. 특히 상징적인 것을 가정하여 사실적인 세계 외에도 관념적인 세계를 구상할 수 있는 능력은 인간에게만 찾아볼 수 있는 고유한 능력이다. 상징적 사고로 인간은 즉각적인 생물학적 요구나 관심이라는 자연적 타성을 극복하고 새로운 인간의 우주를 형성한다. 인간의 자유로이 변하는 사고, 추상적 의미 관계를 파악하는 사고는 이에 의존한다.

인간 사고의 특성을 낳는 상징적 사고의 가장 기본적인 틀은 공간과 시간의 관념이다. 카시러에 의하면, 공간적 경험의 유형은 다양하다. 가장 낮은 층이 유기적인 공간이다. 유기적 공간, 즉 행동의 공간에 관해 인간은 여러 측면에서 동물보다 못하다. 하지만 인간은 추상적 공간의 관념에 도달한다. 인간에게 새로운 지식 분야뿐만 아니라 문화생활에서 새로운 방향으로의 길을 닦아주는 것이 이 관념이다. 그것은 추상적 관계에 대한 상징이며, 여기서 인간은 동질적이고 보편적인 공간을 갖는다.[33] 인간은 다른 동물의 유기체적 공간의 차원을 벗어난 보편적인 추상적 공간, 즉 상징적 공간을 구축한다. 이러한 추상적 혹은 상징적 공간은 인간의 인식에 통일성과 합법칙성의 관념이라는 차원을 여는 구실을 한다. 시간의 문제에서도 공간과 동일한 진보를 발견할 수 있다. 상징적 기억은 단지 경험을 되풀이할 뿐만 아니라, 이 경험을 재구성하는 과정이다. 인간 생활의 구조에 있어 더 중요하고 특색 있는 또 다른 면은 미래의 차원이다. 미래는 다만 하나의 심상에 그치는 것이 아니라, 하나의 이상이 된다. 이것은 상징적 미래이며, 이것을 예언적 미래라고 부를 수 있다. 미래는 하나의 경험적 사실이 아니라, 하나의 윤리적, 종교적 과제이므로 예견은 예언으로 변한다. 예언이란 단순히 미리 말하는 것만을 의미하지 않는다. 그것은 약속을 의미한다. 이로 인하여 인간의 윤리 생활과 종교 생활에는 결정적 국면이 전개된다.[34] 유토피아란 현실 세계 혹은 현실적인 정치 질서 또는 사회질서의 초상화가 아니다. 그것은 시간의 어떤 순간에도 존재하지 않으며, 또 공간 가운데 그 어떤 점에도 존재하지 않는다. 그것은 아무 데도 없는 곳이다. 그러나 바로 이러한 아무 데도 없는 곳에 대한 상념이 시련을 감당해 내고 현대 세계의 발전에 있어 그 강력함을 증명하였다. 윤리적 사고가 결코 주어진 것을 받아들이도록 굴복할 수 없는 것은 바로 그러한 사고의 본성과 성격으로 말미암은 것이다. 윤리적 세계는 절대로 주어진 것이 아니다. 그것은 영원히 형성되고 있는 중이다. 그것은 인류를 위해 새로운 장래를 그려내고, 그러한 장래가 정말 실현되도록 계획한 하나의 상징적 건축이다.[35]

인간은 동물과 해부학적 구조를 공유하면서도, 한편으로 상징적으로 사고하는 존재이다. 상징적 사고는 상징한 것 자체가 무엇을 의미하는지를 사고하는 것이며, 물리적 차원을 넘어 구체적 존재를 추상적 존재와 결합하는 사고이다. 상징적으로 사고하는 상징적 동물인 인간은 고유한 상징 계통을 사용하여 물리적 제약에서 벗어나 의미의 세계를 발견한다. 정신적 의미 내용은 상징형식을 통해 구체적 감각 기호와 연결되며, 특수한 경험 간의 관계를 구축하고 선택하여 상징이라는 의미체를 만든다. 그래서 상징은 정신적 의미가 함축된 감각 현상이며, 상징적 사고는 인간에게만 있는 사고이다. 상징적 공간과 시간에 터한 상징적 사고의 힘은 윤리적 관념과 이상(理想)에서 분명해진다. 윤리적 세계의 이상은 현재의 현실적인 사태를 수동적으로 따르는 것이 아니라, 인간의 자연적 다성을 극복하고 미래의 새로운 윤리적 공간을 재형성하는 능력이 있기에 가능한 것이다. 이를 가능케 하는 것이 상징적 사고이다.

상징적인 사고를 하는 인간이 상징적 공간과 상징적 시간 속에 미래 세계의 이상을 세운 것이 윤리적 세계이다.

상징적 상호작용으로서의 도덕과수업

도덕적인 것으로 도덕을 표현하는 도덕과수업도 일종의 상징이다. 상징적인 도덕과수업은 일대일 대응 관계를 전제하고 확인하는 수동적 행위는 아니다. 도덕을 상징하는 사상으로 의미를 표현하는 수업은 신호에 반응하는 동물적 상태에서 벗어나 능동적으로 의미 형성을 추구하는 행위이다. 도덕 자체가 동물적 상태의 수동성에서 벗어나 인간다움을 추구하는 능동적 문화이다. 도덕은 과거의 도덕을 수동적으로 답습하는 것에 한정된 것이 아니라, 현재와 미래의 도덕을 만들어 가는 능동적 문화이다. 또한 도덕과수업은 이러한 도덕을 능동적으로 해석하고 반응하며 그 의미가 마음이 되도록 하는 문화이다. 도덕을 상징하는 도덕적 사상으로 교수하는 도덕과수업은 수동적 상태를 벗어나려는 문화의 보편성을 공유하는 행위이다. 도덕적 체험, 도덕적 지각, 도덕적 인식, 도덕적 염원, 도덕적 의지, 도덕적 태도, 도덕적 갈등 등에 대한 탐구는 말로는 다하기 어렵고, 형식 논리만으로 설명하기 어려운 도덕을 표현하고 탐구하는 과정이다. 말과 형식 논리로 다하기 어렵기 때문에, 도덕과수업은 그렇게 밖에 드러낼 수 없음에 대한 표현이다. 표현의 부재를 표현한 도덕과수업은 대상의 의미를 능동적으로 구성한 상징이다.

도덕적 사상이 상징하는 의미의 이름이 도덕이라면, 도덕적 사상을 그대로 이식시키는 것이 도덕과수업의 목적은 아니다. 도덕과수업이 도덕을 교수하는 것이라면, 도덕적 사상으로 도덕을 교수하는 것이지 도덕적 사상을 교수하는 것이 주목적은 아니다. 추상적 도덕을 구체적 사상을 통해 상징적으로 표현하기에, 도덕적 사상은 다의적이고, 중첩되고, 전체로 도덕의 의미를 구성한다. 도덕과수업의 특성은 인간다움을 능동적으로 추구하기 위해 문화 속에서 형성된 구체적인 도덕적 사상을 통해 추상적인 도덕이 마음으로 변하는 과정에 있다. 도덕과수업은 도덕적 의미를 감각적으로 구체화한 상징이며, 의식에 주어진 도덕적 경험 내용을 조직화하고 의미화하는 상징적 기능을 하며, 이 상징적 기능의 매개체인 도덕과 교수텍스트 역시 상징이다.

도덕과수업은 간략한 도덕과 교육과정이나 교과용 도서에 제시된 도덕적 언어를 배우는 일이 아니라, 그 언어와 관련된 도덕적 현실을 강렬화하는 일이다. 카시러에 의하면, 언어와 과학은 현실의 간략화(幹略化)요, 예술은 현실의 강렬화(强烈化)이다.

언어와 과학은 하나의 동일한 추상 과정에 의존하고 있으나, 예술은 계속적인 구체화의 과정에 의존하고 있다.[36] 교사가 의거하는 도덕과 교육과정은 일종의 도덕의 간략화이다. 이 간략화된 도덕과 교육과정은 수업이라는 현실로 구체화되고 강렬화된다. 도덕과수업은 도덕을 표현한 교육과정을 다시 상징적으로 표현한 것이며, 도덕적 경험을 감각적으로 객관화하여 도덕적 의미 세계를 가르치고 배우는 상징적 의미체이다.

도덕과수업은 도덕적 의미를 표상하는 상징이며, 도덕과에서 교수학습은 상징을 생산하고 해석하는 상징적 의미 연관이다. 상징과 의미의 관계에서 그 의미의 윤곽이 분명한 경우도 있고 막연한 경우도 있다. 이러한 의미의 윤곽 차이에 따라 상징의 속성과 기능에 차이가 있으며, 그 차이에 따라 상징의 유형을 구분할 수 있다. 어번(Urban)은 상징을 비본질적, 자의적 상징(extrinsic, arbitrary symbol), 본래적, 서술적 상징(intrinsic, descriptive symbol), 통찰 상징(insight symbol)으로 구분한다.[37] 비본질적, 자의적 상징은 이미 상징의 이원적 속성이 약화되어 거의 신호에 해당하는 상징으로 볼 수 있다. 본래적, 서술적 상징은 상징된 것과 상징 자체에 어느 정도의 유추 작용이 개입하는 경우이다. 통찰 상징은 유추 작용에 심한 논리 비약이 개입되어 있는 상징이다. 이러한 상징 분류에 따르면, 대상의 의미보다는 대상에 주의를 기울이게 하는 신호로 사용되는 상징, 부분적 일치를 통해 유추적 해석을 가능하게 하는 상징, 관념적 서술로는 불가능한 관계를 통찰하도록 하는 상징으로 구분할 수 있다. 한편, 휠라이트(Wheelwright)는 언어의 긴장감의 정도에 따라서 상징을 협의 상징(steno-symbol)과 장력 상징(tensive symbol)으로 구분한다. 협의 상징이란 이미 한 사회나 조직에서 되풀이 사용되어 온 것으로 그 의미 해석의 테두리가 정해져 있는 관습적 상징을 가리킨다. 그러나 장력 상징의 경우, 상징은 복합적인 연상 작용이 성립되기를 요구함으로써, 의미론적 에너지와 취지가 단단하게 비축되어 있다.[38] 여기서 비본질적, 자의적 상징은 협의 상징에 가까운 것, 본래적, 내재적 상징과 통찰 상징은 장력 상징에 가까운 것으로 볼 수 있다.

신호와 차별되는 융통성과 가변성을 가지면서 의미의 불확정성과 유추적 확장이라는 상징성은 본래적, 내재적, 통찰 상징 혹은 장력 상징에서 찾을 수 있다. 이러한 상징은 그 자체에 그치지 않는 의미를 원관념으로 하는 감각적 표상이다. 이 상징은 비감각적인 것을 감각적인 것으로 바꾸며, 감각적인 것이 비감각적인 의미로 연역되도록 한다. 이러한 상징의 특성을 도덕과 교수의 맥락에서 생각하면, 도덕과 교수는 비감각적인 도덕적 내용을 감각적으로 바꾸며, 감각적인 교수를 통해 비감각적인 도덕적 의미가 유추되도록 한다. 이를 통해, 교사의 교수라는 가시의 세계는 학생에게 정신적인 도덕적 세계와 연결되어, 가시의 세계에 있는 교수가 정신적인 도덕을 매개한다.

교사의 교수 자체가 상징이라면, 그 상징에서 도덕적 의미로의 변환이 일어나는 것이 학습이다. 화이트헤드(Whitehead)는 상징에서 의미의 전환을 제시적 직접성(the mode of presentational immediacy)과 인과적 유효성(the mode of causal efficacy)으로 설명한다. 외부 세계에 관한 지각은 제시적 직접성과 인과적 유효성이라는 양태로 나누어지며, 이 두 양태를 하나의 지각으로 융합하는 종합적 활동이 상징적 관련성이다.[39] 제시적 직접성과 인과적 유효성으로부터 파생되는 지각 표상에서, 전자는 직접적 감각을 투영하는 데 기인하는 현재 세계의 직접적 제시이며, 후자는 첫 번째 양태에 의한 감각 소여(sense-data)를 기반으로 해서 추상적 속성이나 성질 및 관계로 객체화하는 것을 말한다.[40] 상징적 관련성에는 창의적 자유라는 새로운 요소가 나타난다. 인과적 유효성의 양태에서 지각은 과거 정서적 느낌의 감각을 현재와 미래로 이해시킨다. 경험의 어떤 성분이 의식, 신념,정서, 용도 등을 불러일으킬 때, 전자가 상징이며 후자는 상징의 의미이다. 그리고 상징에서 의미로의 변이가 상징적 관련성이며, 상징적 관련성에서 대상에 대한 지각에 정서가 나타난다.[41] 상징적 관련성을 도덕과수업으로 대치하면, 교수라는 상징은 학생의 이전의 앎에서 파생되어 학습된다. 이전의 앎에 의해 도덕적 대상이 인식되고, 공간 속에서 소리와 그림으로 지각되는 도덕과 교수라는 상징의 인식 내용이 창의적으로 추상화되어 도덕적 의미로 전환된다.

이러한 연계 관계에서 관념의 세계가 먼저 있고, 거기서 감각적 실체가 생겨나는 것은 아니다. 상징의 대상물이 먼저 존재하고 거기서 상징이 생겨난 것이 아니라, 체험할 수 있는 상징적 표현에서 상징의 대상을 연역하는 것이다. 이것이 바로 '상징의 연역성'이다.[42] 상징의 표상이 의미하는 바와 그 표상이 사라짐으로써 의미하는 바는 이원적이며, 상징은 이원적으로 타당성을 가진다. 이원적 타당성으로 발생하는 의미 관계는 고형된 것이 아니라 연역적 특성을 가진다.[43] 상징에서 의미로 변이를 일으키는 상징적 관련성에서 언제나 상징일 뿐이든가, 아니면 언제나 의미일 뿐인 경험 요소는 존재하지 않는다.[44] 상징에서 의미로 변환되는 상징적 관련성에서 상징과 의미의 구성요소 간의 관계는 고정적이지 않다. 예를 들어, 시인이 나무에 대한 서정시를 쓰기 위해 숲으로 간다면, 이때 시인에게는 나무가 상징이고 낱말은 의미이다. 그러나 시인이 아닌 독자에게는 낱말이 숲 속에서 시인의 희열을 맛볼 수 있도록 해주는 상징이다.[45] 즉 화자의 측면에서는 사물로부터 낱말에 이르는 상징적 관련성이 있다면, 청자의 측면에서는 낱말로부터 사물에 이르는 상징적 관련성이 있다. 마찬가지로 교사의 측면에서는 도덕적 내용이 상징이고 도덕과수업이 의미이지만, 학생의 측면에서 교사의 교수가 상징이고 도덕적 내용이 의미이다. 교사를 중심으로 보면, 교육과정의 내용 요소는 시인의 측면에서 본 나무와 같은 상징이며, 교사의 교수는 시인의 측면에서 본 시와 같다. 반면 이를 학생을 중심으로 보면, 교사의 교수는 독자의 측면에서 본 시이며, 교육과정은 독자의 측면에서 본 시인의 나무와 같다. 도덕과수업에서 교사가 생산한 상징이 도덕적 의미와 연결되기 위해서는 그 상징에 대한 해석이 필요하며, 상징의 해석이 곧 도덕과 학습이라 할 수 있다.

상징적 상상력에 의한 학습

상징에서 감각적 기표 측면과 추상적 의미 측면은 하나의 전체를 이룬다. 기표 측면은 그 자체를 넘어 무엇인가를 말하지만, 거기에는 부정확한 요소가 개입되며, 직관할 수 있는 대상의 성격과 상징이 지니는 의미의 연계 관계는 직관적 상상력에 의해 성립된다. 직관적 상상력에 의해 상징은 현실적인 면과 허구적인 면을 포괄적으로 수용하는 유기적 조직체로 성립된다. 유기적으로 조직된 상징에는 관념의 세계와 감각적 실체라는 측면이 동시에 적절하고 타당한 이중적 언급이 있다.[46] 이중적 언급으로 상징은 감각적 매개체와 의미가 전체를 이룬다. 전체 속에 유기적으로 성립된 관계를 해석할 때, 감각적 기표와 관념의 기의는 연계된다.

뒤랑(Durand)은 개념적으로 의식을 외계에 표출시키는 방법을 직접적인 방법과 간접적인 방법으로 구분한다. 직접적인 방법은 지각이나 단순한 감각에서 이루어지는 것처럼 대상이 직접 정신에 드러나는 것이다. 간접적인 방법은 대상이 감수성에 직접적으로 나타나지 않는 경우를 말한다. 간접적 의식인 경우 현존하지 않는 대상은 이미지를 통해 의식에 재현되어 나타난다. 그러나 직접적인 사고와 간접적인 사고의 차이는 개념적인 구분처럼 확연한 것은 아니다. 이미지의 차이도에 따라 지각적으로 그 존재를 확인할 수 있는 완전히 합치하는 극단과 전혀 합치하지 않아 기호에 기의가 결여되는 극단으로 구분된다. 상징은 기의가 전혀 겉으로 드러나 보이지 않은 경우로, 하나의 기호가 감각으로 느낄 수 있는 하나의 대상을 지칭하는 것이 아니라 의미로만 귀결되는 경우이다.[47] 상징적 상상력은 상징적 기호의 특수한 성격에 따라 기표에 부여된 감추어진 의미를 나타내는 것이다. 상징적 상상력은 기표와 기의로 나뉘는 상징 자체의 상호대립적 단절을 유추나 종합에 의해 연결함으로써, 주체의 충동에 의한 형상화와 객체적 환경의 적응 사이에서 균형을 잡아주는 기능을 한다.[48)]

상징적 상상력은 상징의 이중적 의미를 구성하고 해석한다. 상징의 속성은, 우의적(寓意的) 형상이 감각과의 관계에서 지니고 있는 원심적인 특성을 한 단계 뛰어넘는 구심적인 존재라는 데에 있다. 이러한 상징의 속성은 확실하게 지칭할 수 없는 대상을 형상화한다. 그 구체적 기호에서는 지각하기 어렵지만, 그 형상적 표현 자체가 원천이 되어 관념으로 연장된다. 상징에서는 기표에 의해 기표 속의 설명할 수 없는 관념이 나타난다. 상징에서 눈에 보이는 반쪽, 즉 기표는 최대한의 구체성을 띠는 반면, 불가시적이고 설명할 수 없는 상징의 다른 반쪽 역시 별도의 논리적인 면을 형성하고 있다. 그래서 상징적 기호에는 다양하고 반대적인 의미까지도 착색될 수 있다. 상징적 기호의 특수한 성격을 드러내 보여주고, 상징의 유연성을 이루는 것이 상징적 상상력이다.[49)]

상징적 상상력은 감각적인 기표의 지각을 구심적으로 연장하여 감추어진 기의를 드러낸다. 상징 자체에 결여된 기의를 구현하기 때문에, 상징적 상상력은 객관적이지 않은 간접적 인식 방법이다. 상징적 상상력은 주체와 객체 사이의 편향을 방지하면서 객관적 합리주의를 넘어 인간과 세계를 연결시켜 주는 힘을 갖는 인식 양태이다. 상징적 상상력은 실증적인 과학주의적 이성과 대비된 열려 있는 간접적 사고이다. 도덕과수업은 추상적인 도덕적 주제를 표현하여 의미와 정서를 소환하는 과정이다. 도덕과 교수를 상징으로 본다면, 학습이란 곧 추상적인 도덕적 주제에 대한 감각적 표현이 도덕적 의미와 상징적으로 연관되는 과정이다. 이 과정을 가능케 하는 것이 상징적 상상력이다. 상징적 상상력을 통해 도덕적 상징이 의미로 전환되는 것이 가능하다면, 수업에서는 이 상상력을 중요하게 고려해야 한다. 상징적 관계로 이루어진 도덕과수업에서 교수를 해석하는 학습은 상상적 자유를 요청한다. 상상적 자유가 허용될 때, 도덕과수업은 하나의 의미체가 될 수 있다. 설명으로만 이루어진 수업, 형식 논리에만 근거하여 설계된 수업, 특정 반응을 조작하는 신호만 있는 수업에서는 상상적 자유가 허용되지 않는다. 상상적 자유가 있는 수업을 위해서는, 최소한 교사의 메시지가 직접적으로 설명되기보다는 간접적으로 표현되는 교수텍스트, 정답을 확인하기 위한 것이 아니라 탐구하여 자신의 이해를 표현할 수 있는 교수텍스트가 제시되어야 한다. 세상에 대한 구체적 경험이 도덕적 관점이 되고, 도덕적 관점으로 도덕적 사상을 이해하면서 행위를 결정하고, 자신의 결정을 지지하고 반성하면서, 다시 세상을 경험하는 도덕적 관점을 형성하는 교수텍스트가 제시되어야 한다.

요컨대, 교사는 도덕과수업이라는 표현을 통해 도덕적 의미를 구체화하며, 학생은 이 구체화된 표현을 통해 도덕적 의미를 학습한다. 도덕적 의미와 도덕적 표현이 하나의 전체를 이루고 있는 것이 바로 도덕과수업이다. 도덕적 의미와 구체적 표현이 분리될 수 없는 전체를 이루고 있다는 점에서 도덕과수업은 일종의 상징이다. 도덕과수업을 상징으로 이해할 때, 신호와 같은 도덕과수업에서 벗어날 수 있다. 그리고 신호와 같은 도덕과수업에서 벗어날 때, 도덕과수업은 교육이라는 보다 인간적인 문화로 존재할 수 있다. 인간적 문화인 도덕과수업이라는 상징을 구성하기 위해 교사는 먼저 교육내용이라는 상징을 해석하고 이해해야 한다. 그리고 그 상징에서 찾은 도덕적 의미, 도덕적 정서, 도덕적 행동을 수업이라는 시간과 공간에서 교수텍스트라는 매개체를 통해 표현해야 한다. 이때, 학생은 내면화된 인지구조와 도덕적 지식을 가지고 반응하면서 교수텍스트를 의미로 전환한다.

2. 도덕과 교수텍스트의 저자성

초등 도덕과수업을 위한 '기본적 과정 · 절차'와 '단원 체제 · 구성'

도덕과 교수텍스트를 직접 쓰는 것이 쉬운 일은 아니다. 도덕과 교수텍스트 구성의 어려움은 여러 요인에서 비롯된다. 예를 들어, '실천적 행동 목표의 달성, 교과 역량 함양에 적합한 교수학습 방법 활용, 학생의 발달 수준을 고려한 수업, 흥미 있는 내용의 제시, 개인차를 고려한 수업, 공동의 탐구 기회 제공' 등 수많은 요인을 교수텍스트 쓰기에서 고려해야 한다. 초등 도덕과는 상대적으로 시수는 적게 배당된 교과이지만, 교수텍스트 구성은 쉽지 않은 교과이다. 이로 인해 교과용 도서를 복제하여 수업하거나, 심지어 다른 활동으로 대치하거나 생략하는 경우도 발생한다.

하지만 도덕과가 대치하여 생략할 수 있는 교과는 아니다. 인간이 공기 없이 생존할 수 없듯이, 도덕 없이 인간답게 생활할 수는 없다. 도덕이 생략된 삶이라면, 사람은 인간다움 없이 생존을 위해 본능적으로 움직이거나, 높은 지능을 간교하게 사용하는 포유류의 한 종이 될 뿐이다. 삶에는 도덕적 측면이 있고, 이상적 인간의 특성인 인성이 있는 한, 이를 본격적으로 가르치고 배우는 도덕과는 필수적이다. 도덕과의 성격을 인식하고 공감하는 교사라면, 도덕과수업을 대치하거나 생략하지도 않고,

교과용 도서나 기성의 교수안을 복제하는 수업도 지양할 것이다. 복제하는 수업은 교사의 주체적 이해를 담고 있지 않거나, 자신이 교수할 특정한 학습 주체를 상정하지 않거나, 원저자의 이해를 수업자의 이해처럼 가장하는 것이기 때문이다. 반면, 복제하지 않고 교사가 쓴 도덕과 교수텍스트는 마치 예술품처럼 주제에 대한 수업자의 상이한 해석을 상이한 표현으로 구체화할 것이다. 복제된 예술품에 원본과 동일한 예술적 가치를 부여하기 어렵듯, 복제된 교수텍스트에 직접 쓴 교수텍스트와 동일한 교육적 가치를 부여하기도 어렵다.

도덕과 교수텍스트 구성의 난점을 고려하면서, 수업 구성의 부담을 줄이기 위해서는 교사가 참조할 수 있는 적절한 안내가 제공되어야 한다. 그 안내는 참조하기에 용이하고 효율적일 뿐 아니라, 도덕과에 합당한 양질의 학습경험을 제공할 수 있어야 한다. 교사를 위한 교과용 도서에서는 수업 구성에 필요한 표준화되고 편람화된 절차를 안내하고 있다. '도덕과 교수학습의 기본적 과정 · 절차', '도덕과 기본형 단원 체제 · 구성', '도덕과의 주요 교수학습 모형' 등이 그 안내이다. 하지만, 이우드(Eaude)에 의하면, 교육이 표준화된 목표 도달을 강조하면서, 교사가 채택하도록 상대적으로 간단하고 효율적인 기법을 편람화하였고, 이로 인해 교사의 판단 범위는 축소되었다.[1] 도덕과에서도 목표 도달을 위해 간단하고 효율적인 기법의 편람화 방식을 취하고 있다. 수업을 위해 편람화된 과정, 절차, 모형, 체제 등을 제시하면서도 교사의 판단 범위가 축소되지 않도록 하기 위해서는, 이에 대해 참조할 정도의 전시 가치를 부여할 필요가 있다. 교사는 도덕과수업의 특성, 내용 요소, 학습 목표, 교수 의도, 학습 내용, 수업 시간, 학생 여건 등을 고려하여 가장 적절한 수업 방안을 고려해야 한다. 그러나 무지가 창조의 필요조건이 아니듯, 교사의 판단도 도덕과수업에 관한 참조 자료의 무지 상태에서 이루어지기는 어렵다. 그래서 교과용 도서에서 교사를 위해 제안한 안내를 이해할 필요가 있다.

교과용 도서에서 도덕성을 구성하는 인지 · 정의 · 행동이라는 세 측면과 각각에 해당하는 여섯 요소의 통합적 접근에 기초하여 '도덕과수업의 기본적 과정 · 절차'를 제시한다면, 도덕성 함양을 의도하는 도덕과 교수텍스트를 쓰기 위해서는 그것을 참조할 필요가 있다. 즉, '지식이해 중심의 수업 과정 · 절차(학습 문제 인식 및 동기 유발 – 가치 사례 제시 및 관련 규범 파악 – 가치 규범 탐구 및 이해의 심화 – 도덕적 정서 및 의지의 강화 – 정리 및 확대 적용과 실천 생활화)', '가치판단 중심의 수업 과정 · 절차(학습 문제 인식 및 동기 유발 – 도덕적 문제 사태의 제시 및 분석 – 도덕적 판단 · 합리적 의사결정의 학습 – 도덕적 정서 및 의지의 강화 – 정리 및 확대 적용과 실천 생활화)', '모범감화 중심의 수업 과정·절차(학습 문제 인식 및 동기 유발－도덕적 모범의 제시와 관련 내용 파악－도덕적 모범의 탐구 및 감동 감화－도덕적 정서 및 의지의 강화－정리 및 확대 적용과 실천 생활화)', '가치심화 중심의 수업 과정·절차(학습 문제 인식 및 동기 유발－가치 사례의 제시 및 성찰－가치 규범의 추구 및 심화－도덕적 정서 및 의지의 강화－정리 및 확대 적용과 실천 생활화)', '실습실연 중심의 수업 과정·절차(학습 문제 인식 및 동기 유발－모범 행동의 제시 및 이해－모범 행동의 실습 실연－도덕적 정서 및 의지의 강화－정리 및 확대 적용과 실천 생활화)', '실천체험 중심의 수업 과정·절차(학습 문제 인식 및 동기 유발－실천체험 주제 설정 및 계획－실천체험 학습 활동의 실행－실천체험 결과 발표 및 도덕적 정서·의지 강화－정리 및 확대 적용과 실천 생활화)'를 수업의 주안점을 고려하여 교수텍스트 구성에 참조할 수 있다.[2)]

더불어, 특정 단원과 차시 구성을 위해서는 학생이 사용하는 교과서의 단원 체제와 차시 구성도 살펴보아야 한다. 예를 들어, 하나의 내용 요소를 다루기 위해 단원을 4차시로 구성하고 있다면, 단원 체제와 각 차시의 구성을 이해해야 한다. 교과서가 한 단원을 4차시로 설정하고, '1차시 기본 학습: 도덕적 모범 탐구 및 지식이해 중심(학습 문제 인식 및 동기 유발－도덕적 모범 사례 제시 및 탐구－가치 규범의 탐구 및 이해의 심화－도덕적 심정/행동의 강화－정리 및 확대 적용과 실천 생활화)', '2차시 발전 학습1: 도덕적 행동 중심(학습 문제 인식 및 동기 유발－바람직한 도덕적 행동의 제시 및 이해/실천체험 주제 설정 및 계획－도덕적 행동의 실습실연/실천 체험 활동의 실행－도덕적 심정/행동의 강화－정리 및 확대 적용과 실천 생활화)', '3차시 발전 학습2: 도덕적 지혜 중심(학습 문제 인식 및 동기 유발－도덕적 문제 사태의 제시 및 분석－도덕 판단·합리적 의사결정의 연습－도덕적 심정/행동의 강화－정리 및 확대 적용과 실천 생활화)', '4차시 심화 학습: 도덕적 심정 중심(학습 문제 인식 및 동기 유발－도덕적 모범의 제시와 관련 내용 파악/가치 사례의 제시 및 성찰－도덕적 모범 탐구 및 감동 감화/가치 규범의 추구 및 심화－도덕적 정서 및 의지의 강화－정리 및 확대 적용과 실천 생활화)'으로 제시된 단원 구성 체제와 각 차시별 구성 방안을 참조하면서 교수텍스트를 구성할 수 있다.[3)]

또한, 도덕성 함양을 위한 '도덕과수업의 기본적 과정·절차'와 교과서 구성을 위한 '도덕과 단원 체제·구성'의 관계도 살펴보아야 한다. 예를 들어, 1차시 기본 학습은 도덕적 모범 탐구 및 지식·이해 함양에 주안점이 있으므로 모범감화 중심과 지식이해 중심의 수업 과정, 2차 발전 학습1은 도덕적 행위 기능 및 능력 함양에 주안점이 있으므로 실습실연과 실천체험 중심의 수업 과정, 3차시 발전 학습2는 도덕적 사고·판단력의 함양에 주안점이 있으므로 가치판단 중심의 수업 과정, 4차시 심화 학습은 도덕적 감정·정서와 도덕적 열정·의지 강화에 주안점이 있으므로 모범감화 중심과 가치심화 중심의 수업 과정을 함께 참조하면서 교수텍스트를 구성할 수 있다.

초등 도덕과수업을 위한 주요 교수학습 모형

도덕과 교수텍스트 구성을 안내하기 위해 기본 과정 및 구성 체제와 더불어 제시된 것이 도덕과의 주요 교수학습 모형이다. 도덕과의 주요 수업모형을 적용하기 위해서는 기본 과정 및 구성 체제와의 관계도 고려해야 한다. 도덕과수업의 기본 과정 및 단원 체제와 주요 수업모형의 관계를 살펴보기 위해서는, 먼저 도덕적 가치의 교육과 직접적으로 관련된 교수학습 모형의 특성 및 단계를 살펴볼 필요가 있다.

개념분석 수업모형과 직접적으로 관련된 이론은 윌슨(Wilson)의 개념분석법에서 찾을 수 있다. 윌슨에 의하면, 사실이나 가치, 혹은 단어의 고유한 의미나 정의에 관해 묻는 것이 아니라 용법에 따라 특정한 의미를 고려하기 위한 사고의 기술이 개념분석법이다. 그는 개념적 질문에 답하기 위해 적용할 수 있는 사고의 기술로써 개념적 질문 분리하기, 정답을 찾는 감각 익히기, 전형적 사례 찾기, 반대 사례 찾기, 관련 사례 찾기, 경계 사례 찾기, 가상 사례 찾기, 사회적 맥락 검토하기, 이면의 불안감 검토하기, 현실적 결과 검토하기, 언어적 결과 검토하기를 제안한다.[4] 이에 터하여, 교사용 지도서에 제시된 이 모형의 구체적인 절차는 '가. 분석될 가치 개념의 확인－나. 개념의 전형적인 사례와 개념에 반대되는 사례 탐구－다. 개념의 경계에 해당하는 사례 확인－라. 그 개념과 관련된 개념의 분석－마. 가상적인 사태에의 적용－바. 분석된 의미의 수용 여부 검토와 정리'이다.[5] 이러한 절차는 주로 해당 사례와 사용 맥락 검토를 중심으로 도덕적 개념을 분석하여 올바른 이해를 도모하려는 것이다. 따라서 개념분석 수업모형은 도덕적 이해를 중심으로 도덕성의 함양을 의도하는 모형으로 볼 수 있다.

가치분석 수업모형은 가치분석 이론과 관련된다. 이 이론은 합리적인 가치판단과 갈등 해결 능력을 위한 교수에 주안점을 두는 이론이다. 가치판단을 일종의 평가적 판단으로 보면서, 가치 평가대상에 가치 평가용어를 결부한 것을 가치판단으로 이해한다. 따라서 가치판단이 합리적으로 이루어지기 위해서는 판단대상과 관련된 사실근거와 판단에 수반된 원리근거가 합당해야 한다. 이를 수행하기 위한 전략으로 가치문제를 확인하고 명료화하기, 알려진 사실들을 수집하고 조직하기, 알려진 사실이 참인지 평가하기, 사실의 관련성을 명료화하기, 잠정적 가치 결정하기, 결정에 함의된 가치원리를 검사하기가 제시된다. 그리고 교수절차로는 단순 가치모형에 근거한 기본절차와 확대 가치모형에 근거한 확대절차가 제시된다.[6] 이에 터하여, 교과용 도서에 제시된 이 모형의 구체적인 절차는, '가. 도덕적 문제 사태의 제시－나. 가치문제의 확인과 명료화－다. 자기 입장의 설정 및 사실적 타당성 탐색－라. 잠정적 가치 결정 및 가치원리의 검사－마. 입장의 수정 및 의사결정－바. 실천 동기 강화 및 일상생활에의 확대 적용'이다.[7] 이러한 절차는 지적이고 경험적인 접근을 통해 도덕적 문제와 갈등을 합리적으로 판단하고 결정하는 데 주안점을 둔다. 따라서 가치분석 수업모형은 도덕적 가치판단을 중심으로 도덕성의 함양을 의도하는 모형으로 볼 수 있다.

가치명료화 수업모형은 래스(Raths) 등이 개발한 가치교육이론에 근거한다. 이 이론에서 가치는 경험으로부터 형성된다고 보며, 경험이 정적이지 않다면 가치도 정적일 수 없다고 본다. 따라서 특정 가치의 전달보다는 개인의 잠재적 가치를 가치형성의 과정을 거쳐 정가치로 형성하는 데 초점을 둔다. 그리고 가치형성의 과정을 자유로이 선택하기, 여러 대안들로부터 선택하기, 각 대안의 결과를 심사숙고한 후에 선택하기, 선택을 소중히 여기고 행복해하기, 선택한 것을 기꺼이 공언하기, 선택에 따라 행동하기, 반복 행동을 통해 생활양식으로 굳히기로 제시한다.[8] 이에 터하여 교사용 지도서에 제시된 이 모형의 구체적인 절차는, '가. 도덕적 문제 사태의 제시－나. 선택－다. 존중－라. 행동'이다.[9] 이러한 절차는 자신의 가치에 대한 명료하고 합리적인 선택, 그 선택에 대한 정서적 존중, 그 선택에 근거한 행동을 위한 것이다. 따라서 가치명료화 수업모형은 도덕적 이해, 판단, 정서, 행동을 중심으로 도덕성의 함양을 의도하는 모형으로 볼 수 있다.

도덕적 토론 수업모형은 콜버그(Kohlberg)의 인지적 도덕 발달론을 배경으로 한다.[10] 이 이론에서 콜버그는 도덕 발달을 보편적이고 자연적인 경향으로 보면서, 질적 차이가 있는 도덕판단 수준에서 상위 단계로의 촉진을 강조한다. 각 단계에서 특징적으로 제시되는 판단의 이유는, 1단계에서는 권위자의 명령을 따르고 벌을 피하는 것이며, 2단계에서는 자신의 욕구를 충족시키고 시장의 거래 관계로 고려되는 인간관계이며, 3단계에서는 사람들에게 인정받거나 다수에 의해 이루어지는 행동이며, 4단계에서는 사회질서를 유지하기 위해 의무를 다하는 것이며, 5단계에서는 공리주의적 혹은 사회 전체의 유용성이며, 6단계에서는 자유, 평등, 정의 원리이다. 이러한 단계의 상향적 촉진을 위해 도덕적 딜레마를 제시하고 자극적인 발문을 통해 토론한다.[11] 이에 터하여 교사용 지도서에 제시된 이 모형의 구체적인 절차는 '가. 도덕적 문제 사태의 제시－나. 도덕적 토론의 도입－다. 도덕적 토론의 심화－라. 실천 동기 강화 및 생활에의 확대 적용'이다.[12] 이러한 절차는 도덕 딜레마 토론을 통해 도덕 판단력을 높이는 데 중점을 둔다. 따라서 이 모형은 도덕적 판단을 중심으로 도덕성의 함양을 의도하는 모형으로 볼 수 있다.

도덕 이야기 수업모형은 이야기의 능력을 활용한다. 이야기는 정보를 효과적으로 기억하도록 할 뿐 아니라, 의사소통 중인 정보에 대해 정서적으로 영향을 미친다.[13] 이러한 이야기를 활용하여 서사적으로 접근한 도덕교육의 특징은 도덕적 경험의 '인지적, 정의적, 행동적 차원의 상호관계'를 중시하는 도덕적 이야기를 제공해 주며, 자신의 도덕적 이야기를 할 기회를 제공해 주고, 저작하기의 과정을 통해 권위와 책임을 증진시키며, 자기 자신의 경험에 대해 반성하고 현재의 도덕적 갈등을 분명하게 인식하게 하고, 올바른 도덕적 결정을 내리고 자신의 도덕적 접근을 재구성하게 한다.[14] 도덕교육 측면에서 이야기의 활용방식을 살펴보면 최근 전통적인 스토리텔링에서 내러티브적 접근법으로의 패러다임 전환이 이루어지고 있으며, 교사용 지도서에 제시된 이야기 수업모형은 내러티브 접근법에 근거하여 단계가 설정되었다.[15] 교사용 지도서에 제시된 이 모형의 구체적인 절차는, '가. 학습 문제의 인식과 동기 유발－나. 도덕 이야기의 제시와 주요 내용 파악－다. 도덕 이야기의 탐구 및 자신의 도덕적 경험 발표와 공유－라. 자신의 도덕 이야기 또는 유사한 상상의 이야기 구성－마. 정리 및 확대 적용과 실천 생활화'이다.[16] 이러한 절차는 도덕적 이야기를 통해 가치 규범의 이해, 도덕적 문제 해결 판단, 감동을 통한 도덕적 심정 및 실천 성향 증진에 주안점을 둔다. 따라서 이 모형은 도덕적 이해, 판단, 심정 함양을 중심으로 도덕성의 함양을 의도하는 모형으로 볼 수 있다.

도덕적 가치의 교육과 직접적인 연관성을 갖는 주요 수업모형을 도덕과수업의 기본 과정 및 구성 체제와 연관 지어 볼 수 있다. 예를 들어, '1차시 기본 학습: 도덕적 모범 탐구 및 지식이해 중심(지식이해 중심)'은 개념분석 수업모형, 가치명료화 수업모형, 도덕 이야기 수업모형, 경험 학습 수업모형과 관련성이 크다. '2차시 발전 학습1: 도덕적 행동 중심(실습실연 중심)'은 가치명료화 수업모형과 관련성이 크다. '3차시 발전 학습2: 도덕적 지혜 중심(가치판단 중심)'은 가치분석 수업모형, 가치명료화 수업모형, 도덕적 토론 수업모형, 도덕 이야기 수업모형과 관련성이 크다. '4차시 심화 학습: 도덕적 심정 중심(가치심화 중심)'은 가치명료화 수업모형, 도덕 이야기 수업모형과 관련성이 큰 것으로 분석할 수 있다. 도덕과수업의 기본 과정과 구성 체제는 "－을 위한" 과정이다. 예를 들어, 도덕성의 인지적 측면에서 도덕적 지식·이해와 도덕적 사고·판단, 도덕성의 정의적 측면에서 도덕적 감정·정서와 도덕적 열정·의지, 도덕성의 행동적 측면에서 도덕적 행동 기술·능력과 도덕적 실천·습관을 형성하기 위한 과정이다. 혹은 1차시에서는 가치 규범의 탐구 및 이해를 심화하고, 2차시에서는 도덕적 행동의 실습 실연/실천 체험 활동을 하고, 3차시에서는 도덕적 판단·합리적 의사결정을 하고, 4차시에서는 도덕적 모범 탐구 및 감동 감화/가치 규범의 추구 및 심화를 위한 과정이다. 이는 특정 목적 달성을 위해 요구되는 과정을 제시한 것이다. 도덕과의 주요 수업모형은 주로 "－을 통한"이라는 기법이다. 즉 개념분석 기술을 통해서, 가치분석 전략을 통해서, 가치명료화 과정을 통해서, 도덕적 토론 활동을 통해서, 도덕적 이야기 양식을 통해서라는 기법이다. 따라서 각 차시에서 어떤 모형을 반영할지는 그 차시가 '－을 위한' 차시인가와 연관 지어 고려해야 한다.

메시지 중심의 도덕과수업 구성

도덕과수업의 기본 과정 및 단원 체제와 주요 수업모형의 관계를 수업의 주안점과 기법을 고려하여 관련지을 수 있다. 예를 들어, 1차시에서는 '－수업모형을 통해 도덕적 가치 규범을 이해하고', 2차시에서는 '－수업모형을 통해 도덕적 행동을 익히고', 3차시에서는 '－수업모형을 통해 도덕적 문제를 판단하고', 4차시에서는 '－수업모형을 통해 도덕적 심성을 함양하는' 것이다. 기본 과정 및 구성 체제, 그리고 수업모형을 연관 지어 적용하면, 편람화의 목적에 부합할 수 있다. 편람화된 도덕과수업은 도덕적 가치의 이해, 도덕적 행동의 연습, 도덕적 문제의 판단, 도덕적 심정의 형성이다. 도덕과수업을 이해－행동－판단－심정의 순서로 선형화하고, 이에 합당한 기법을 안내하는 것은 효율적인 편람화이다. 하지만, 도덕과수업 구성에는 저자성이 있으며, 편람화의 제한을 넘어 자신의 메시지를 표현하기 위한 자유로운 수업 구성도 검토해야 한다.

먼저, 단원별 구성 체제의 논리가 도덕성 요소일 필요가 있는가이다. 도덕성 요소라는 측면에서 단원 구성의 논리가 제시되면, 도덕성 요소 간의 개념적 관계에 따라 수업이 순차적으로 고정되므로, 교사의 수업 구성의 여지를 축소할 수 있다. 단원의 구성 체제의 논리를 도덕성이 아닌 단원의 내용 구성의 논리로 변경하면, 고정된 순서를 벗어날 수 있으며 교사의 수업 구성의 여지를 확보할 수 있다. 둘째, 도덕과수업의 기본 과정과 단원별 구성 체제의 틀이 직선적일 필요가 있는가의 문제이다. 도덕과수업의 기본 과정과 구성 체제의 단계는 직선적 틀 속에서 제안되고 있다. 직선적 단계는 일종의 순차적 신호라는 고정된 틀로 다가오고, 따라서 순차 변경의 융통성이 축소되거나, 그 변경을 시도할 때 부담스러운 정당화를 요구받게 된다. 만약 수업 구성의 단계가 출발점과 종착점이 명확하지 않은 원형이라면, 그래서 어디서 시작해도 되고 어디서 마쳐도 된다면, 교사의 수업 구성의 개방성은 더 확보될 수 있다. 셋째, 도덕과수업 구성에서 학습 문제 인식 및 동기 유발, 그리고 정리 및 확대 적용과 실천 생활화가 꼭 필요한가의 문제이다. 어떤 형식의 수업이든 그 수업은 시작이 있을 것이고 끝이 있을 것이며, 그 시작과 끝 사이가 전개일 것이다. 수업에는 시작, 전개, 마무리가 있을 수밖에 없다. 그런데 여기서 시작을 왜 꼭 학습 문제 인식 및 동기 유발로 해야 하는가? 그리고 끝을 왜 꼭 정리 및 확대 적용과 실천 생활화로 해야 하는가? 도덕과수업에서 학습 문제 인식 및 동기 유발, 정리 및 확대 적용과 실천 생활화라는 고정된 틀이 도덕과수업의 구성에 제약을 준다면, 수업 구성의 개방성을 확보하기 위해 이를 정형화할 필요성은 크지 않다.

만약 도덕과수업 구성이 면 위의 선이 아니라 구 위의 원에 비유된다면, 직선적 비유의 제한은 줄어들 수 있다. 원에 비유된다면, 도착점과 출발점은 하나이며, 그 지점은 교사가 저자성을 가지고 선택할 수 있다. 구의 표면에 하나의 원을 그었을 때, 그 원은 구 내부에 있는 내용을 지나가는 원이 된다. 그 구에는 세상에 대한 구체적 경험, 도덕적 관점, 도덕적 결단, 도덕적 반성 등 도덕적인 마음이 되기 위한 무수한 내용이 들어 있고, 구의 표면을 지나는 원은 이 내용을 지나게 된다. 그리고 구의 표면 어디에 원을 긋고, 어떤 내용을 지나갈지는 교사가 판단할 몫이다. 구의 표면에는 항상 이면이 있으며, 그 표면과 이면을 결정하는 것은 교사의 판단이다.

또한 직선이든 원이든 선의 굵기나 모양, 색채와 재질과 같은 교수학습 방법도 교사가 선택할 몫이다. 예를 들어, 도덕적 각오의 글쓰기, 행위 결과 상상하기, 웹 자료 활용, 봉사 학습, 프로젝트 학습, 사회정서 학습, 칭찬과 인정, 상징 만들기, 슬로건 만들기, 포스터 그리기, 가치 저널 쓰기, 가치 이야기 쓰기, 시 짓기, 마인드맵 만들기, 카드 뽑기나 분류하기, 돌아가며 글쓰기, NIE 탐구 활동하기, 미디어 활용, 노래 활용, 인물 학습, 선행록 작성, 포스트잇 붙이기, 색깔 표현 토론, 인터뷰하기, 좋아하는 것 소개하기, 특별한 사람 소개하기, 들은 말 반복하여 전달하기, 친구와 협상하기, 이유나 원인 조사하기, 사회적 기술 연습하기, 다른 사람의 입장 생각하기, 표정이나 몸짓에서 감정 찾기, 인물의 행동 찾기, 경험 공유하기, 행동을 가치와 연관시키기, 가치와 관련된 행동 찾기, 다양하게 인사하기, 수행문 만들기, 가치왕 찾기, 질문 만들기, 작가나 인물에게 편지쓰기, 감정을 확인하고 이름 붙이기, 자신과 타인의 강점 찾기, 특정 강점을 가진 사람 찾기, 목표 정하기, 잠시 멈추고 생각하기, 사진 보고 감정 찾기, 역할 놀이, 자신에게 말하기, 보상이나 배상하기, 눈을 맞추고 대화하기, 협동 학습하기, 게시하기, 리더 없이 토론하기, 자신이나 타인을 알리기, 학급 가치 그래프 그리기, 학급 가치 온도계 만들기, 행동 과제 수행하기, 학급 동아리 만들기, 뇌 그림 그리기, 학급 이벤트 만들기, 덕목 명함 만들기, 가치공간 만들기, 도덕 선생님 되기, 갈등카드와 평화카드 만들기, 그림 보고 생각하기, 공익광고 활용하기 등 무수히 많은 선택지가 있다.[17] 저자성 있는 도덕과 교수텍스트를 쓰기 위해 교육과정, 교과용 도서 등을 참조하는 것은 필요조건이지 충분조건은 아니다. 이러한 자료를 읽고 해석하여 학생에게 전하고자 하는 전체 이야기, 그 이야기를 전하기 위한 내용, 내용 제시에 적합한 순서, 내용에 대한 표현 방법을 고려하는 것은 수업의 저자인 교사의 몫이다. 저자성 있는 도덕과수업에서는 기본 과정, 구성 체제, 수업모형의 절차적 단계보다는 교육과정을 해석한 교사의 메시지 전달에 적절한 응집성을 가진 내용을 선정하여 형식적으로 결속되도록 하는 것이 우선되어야 한다.

교사가 저자성을 가지고 전달하고자 하는 도덕적 의미를 교수텍스트로 구성하더라도, 그 텍스트가 학생에게 매개하는 의미가 고정된 것은 아니다. 도덕과수업이라는 의사소통 과정에서 교수텍스트의 표현 의미와 학생의 수용 의미 사이의 개방성을 인정하기 위해 텍스트(text)의 뜻을 확인할 필요가 있다. 텍스트의 개념은 라틴어 어원적으로 '직물'로서 문자의 조직 내지는 구조의 뜻을 지닌다.[18] 가장 상례화된 의미에서 텍스트는 모든 씌어진 문서나 인쇄된 문서를 가리킨다. 하지만 텍스트는 써진 언어에 한정되지 않는다. 화자나 저자가 자신의 마음 자체를 청자나 독자의 마음에 이식할 수 없기에, 정보, 의미, 이해, 정서, 의도, 행동 등을 중개할 수 있는 매체를 필요로 하며, 일반적으로 화자/저자와 청자/독자의 마음을 중개하는 매체를 텍스트라고 한다. 언어적 상호작용에 관심을 두면, 언어적·비언어적 기호체계를 사용하는 특수한 형태의 상호작용 행위가 커뮤니케이션이며, 이는 대개 기호연속체인 텍스트를 매개로 해서 이루어지므로 커뮤니케이션 행위를 위한 도구가 텍스트이다.[19] 텍스트는 저자와의 연관에서 독립되며, 이미 만들어진 것이 아니라 지속적으로 의미를 생산하는 과정이며, 기의의 구조가 아니라 기표의 끝없는 유희이며, 개방적인 의미체계이다. 여기서 텍스트에 확정된 의미가 있음을 전제로 하는 저자의 존재는 부인되며, 저자가 텍스트에서 표현하고자 한 의도는 절대적인 것이 아니라, 기표체계가 다양한 의미를 지니도록 개방시켜 놓은 것이다.[20] 텍스트는 의사소통의 매체로서 개방적인 의미를 산출하는 기호체계이며, 의미를 산출하는 기호체계가 되기 위한 자질인 텍스트성(textuality)을 갖추어야 한다.

텍스트성이란 텍스트를 텍스트답게 만들어주는 것을 가리킨다. 텍스트학에서는 이러한 조직을 응집성(cohesion)이나 일관성(coherence)의 관점에서 다룬다. 응집성이 형태통사론적인 결합에서 비롯되는 것이라면, 일관성은 메시지의 내용과 관련된 의미론적 혹은 화용론적 구성에 관한 것이다. 그리고 텍스트성의 개념에는 경험성, 물질성, 규범성이 있다. 경험성은 특정한 목적을 수행하려는 발신자가 수신자에게 특정 상황에서 텍스트의 산출행위를 수행하는 것이다. 발신자는 텍스트의 산출 능력을, 수신자는 해석 능력을 각각 지니고 있으며, 이 능력의 실행으로 텍스트가 산출되고 해석된다. 물질성은 언어적 생산물인 텍스트가 특정한 매체의 도움을 받아서 고정되어 구체적으로 실현되는 것이다. 규범성은 텍스트의 생산 여건과 관련하여, 텍스트를 산출하는 행위가 특정한 사회적 실천에 상응하는 행위이다. 사회적 실천은 규범적인 요구를 충족시켜야 하며, 규범적 요구는 텍스트를 하나의 장르로 존재하게 한다.[21] 따라서 텍스트의 기호나 언어적 의사표시가 의미 산출을 가능하게 하는 응집성, 일관성, 경험성, 물질성, 규범성 등을 갖출 때, 텍스트성 있는 텍스트라 할 수 있다. 텍스트는 말하여지든 써지든 그것은 일종의 연속적인 기호를 사용하는 해석 가능한 의미체이며, 그 의미체는 저자의 의도를 넘어 확장된 의미 생산에 개방적인 체계이다. 교사에게 일종의 작품인 교수텍스트는 학생의 반응을 통해 교사의 의도를 넘어선 의미가 학습되는 교수학습의 매체이다. 도덕과 교수텍스트에서 교사는 도덕적인 마음을 형성하기 위해 내용 요소에서 전하고자 하는 도덕적 의미를 연속적인 기호를 사용하여 표현하지만, 그 표현에서 수용되고 생산되는 의미는 미확정적이다. 따라서, 교수텍스트 구성에 교사의 저자성이 있다면, 교수텍스트에 반응하는 학생의 학습에는 개방성이 있다.

CHAPTER

02

교수텍스트의 실제

CHAPTER

02

교수텍스트의 실제

1. '윤리적 성찰'에 관한 어린이 철학교육 방법 중심의 교수텍스트

1) 교수텍스트

자기에게 어떤 말을 했는지 생각해 보기

✪ 만약 사람의 눈이 카메라 같다면, 무엇을 더 볼 수 있을까?

✦ 사람의 눈이 휴대폰 카메라 같다면, 무엇을 더 볼 수 있을지 상상해 보기.

✪ 자기에게 어떤 말을 했을까?

✦ 초등학교에 들어오기 전 자기에게 했던 말.

•
•

✦ 초등학교에 들어와서 이전 학년까지 자기에게 했던 말.

•   •

✦ 올해 자기에게 한 말.

•   •

✪ 내가 했던 말 중에서 다음에 해당하는 말은 무엇일까?

새롭게 보거나 표현하는 것과 관련된 말	• •
이전의 판단을 바꾸는 것과 관련된 말	• •
다른 사람과 관계 맺는 것과 관련된 말	• •
모임에서 함께 일하는 것과 관련된 말	• •

✪ 내가 했던 말이 변했다면, 그것은 어떤 공부 때문일까?

✦ 새롭게 보거나 표현하는 것과 관련된 말이 변했다면, 어떤 공부 때문인가?

✦ 이전의 판단을 바꾸는 것과 관련된 말이 변했다면, 어떤 공부 때문인가?

✦ 다른 사람과 관계 맺는 것과 관련된 말이 변했다면, 어떤 공부 때문인가?

✦ 모임에서 함께 일하는 것과 관련된 말이 변했다면, 어떤 공부 때문인가?

도덕 시간에는 어떤 공부를 할까?

✪ 아래와 같은 세상이 있기 위해 사람들은 어떤 공부를 했을까?

사람들이 한 공부는 무엇일까?

✪ 사람들이 한 공부 중에서 도덕 시간과 관계있는 것은 무엇인가?

✪ 사람들이 도덕 공부를 하지 않았다면, 세상은 어떤 모습일지 상상해서 그림을 바꿔 그려 보기.

도덕 시간에는 어떤 물음이 있었나?

✪ 다음 이야기에서 토의하고 싶은 물음을 찾고, 그 이유 말하기.

<꼬마 기린 "노우스"의 마지막 수업>1)

오늘도 학교에 늦었다. 그런데 교실 분위기가 평소와 좀 달랐다. 이번 주가 지나면 우리 반 친구인 기린 노우스가 다시 동물원으로 돌아가기 때문이었을까?

그동안 참 신기한 일이 많았다. 내 친구 브리안이 동물원에 갇혀 있는 꼬마기린 노우스에게 말을 가르치고, 노우스가 사람의 말을 배워 사용하고, 픽시와 가족들이 노우스를 집으로 데려와 함께 생활하고, 학교에 다니고 싶어 하는 노우스가 우리 반에서 함께 공부하고...... 그런 추억이 있는 노우스가 다음 주 동물원에 있는 기린 무리로 다시 돌아가겠다고 한다.

"여러분, 노우스와 공부하는 마지막 도덕 시간입니다. 다음 주에 노우스가 다시 동물원으로 돌아가기로 했어요."

특별한 날만 입는 정장을 갖춰 입으신 선생님은 차분한 목소리로 수업을 시작하셨다.

"노우스와 함께 한 도덕 시간에 서로 많이 묻고 생각했던 것 같습니다. 그런데 구체적으로 어떤 물음이 있었는지 갑자기 잘 떠오르지 않습니다. 단지 우리가 왜 그 많은 질문을 했을까? 무엇을 위해서 했을까? 이런 생각이 드네요."

참 이상하다. 여느 때 같으면 선생님이 말씀하셔도 친구들은 떠들고 장난치고, 조용히 하라는 선생님 목소리는 교실 밖까지 나가곤 했는데. 오늘은 다르다. 교실이 마치 일요일 아침처럼 조용하다.

그때, 노우스가 말했다.

"도덕적인 사람이 되기 위해서였던 것 같아요. 제가 사람의 말을 배우면서, 옳은 방식으로 사는 것을 '도덕적'이라고 한다는 것을 알게 되었어요."

선생님께서 노우스에게 또 질문하셨다.

"그럼, 노우스는 '도덕적'이라는 것에 관해 공부하면서 무엇을 배웠지?"

"저는 도덕적으로 사는 것도 말을 배우는 것과 비슷하다는 것을 배웠어요. 제가 말을 배울 때, 먼저 단어들을 하나씩 듣고, 연습하고, 그것을 함께 사용해서 문장으로 만드는 것을 배웠어요. 도덕적으로 사는 것도 그런 것 같다고 생각했어요."

노우스는 선생님의 질문을 예상했다는 듯 바로 대답했다. 그리고 마지막 도덕 시간이라고 생각해서인지 평소보다 길게 발표했다.

"그리고 제 자신에 대해 생각하게 된 것 같아요...... 도덕적으로 살려면 자기를 속여서는 안 된다는...... 뭐, 그런 생각들을 많이 했어요."

함께 토의하고 싶은 물음	그 물음을 토의하고 싶은 까닭

✪ 도덕 시간에 있었던 물음을 생각하면서 토의하기.

<table>
<tr><th colspan="2">도덕 시간에 가장 기억에 남는 구체적인 물음</th></tr>
<tr><td colspan="2">•
•
•
•</td></tr>
<tr><th>'좋은 삶'과 더 관련된 물음</th><th>'옳은 삶'과 더 관련된 물음</th></tr>
<tr><td>•
•</td><td>•
•</td></tr>
<tr><th>'좋은 삶'이 뜻하는 것</th><th>'옳은 삶'이 뜻하는 것</th></tr>
<tr><td></td><td></td></tr>
<tr><th colspan="2">'도덕적인 사람'이란?</th></tr>
<tr><td colspan="2"></td></tr>
</table>

무엇을 갖추어야 도덕적인 사람일까?[2)]

✪ 다음 질문을 생각하면서 '잘하는 것'과 '연습'의 관계에 대해 토의하기.

① 잠자려면 잠드는 연습이 필요한가?
② 먹으려면 먹는 연습이 필요한가?
③ 연습하지 않고 신발 끈을 묶기를 배울 수 있는가?
④ 연습 없이도 잘 할 수 있는 것이 있는가?
⑤ 연습 없이도 할 수 있지만, 잘하기 위해서 연습이 필요한 것이 있는가?
⑥ 연습을 해야만 잘 할 수 있는 것이 있는가?
⑦ 연습하면 좋은 습관을 개발할 수 있다고 생각하는가?
⑧ 연습하면 나쁜 습관을 개발할 수 있다고 생각하는가?
⑨ 연습의 좋은 점은 무엇인가?
⑩ 연습이란 무엇인가?

연습 없이도 잘할 수 있는 것	연습하면 더 잘할 수 있는 것	연습해야만 잘할 수 있는 것
• • • •	• • • •	• • • •

✪ 다음 질문을 생각하면서 연습해야 할 것에 대해 토의하기.

<질문1> 지우는 친구로부터 곧 스케이트장에서 열릴 생일파티에 초대를 받았다. 하지만 지우는 스케이트를 전혀 못 탄다. 어떻게 해야 할까?

① 초대를 거절해야 할까?
② 생일파티까지 스케이트 연습을 하면서 기다리다가, 최고가 되기를 원해야 할까?
③ 모든 사람에게 다른 종류의 파티를 하자고 설득해야 할까?
④ 다리에 깁스를 하고 파티에 참석해야 할까?
⑤ 매일 스케이트 연습을 하면서 파티를 준비해야 할까?

⑥ 기타

<질문2> 민영이는 어릴 때 식구들이 서로 많이 다투었기 때문에, 다투는 것을 매우 싫어한다. 어른이 되어 자신이 가족을 갖는다면, 자주 다툴 수 있다고 걱정한다. 어떻게 해야 할까?

① 가족을 갖지 말아야 할까?
② 결혼하지 말아야 할까?
③ 다투는 것을 금지해서 다툼이 일어나지 않도록 해야 할까?
④ 다툼이 어떻게 시작되는지 이해하려고 애쓰면서 다툼을 방지하거나 중재하는 방법을 연습해야 할까?
⑤ 다툼이 일어날 때 그곳을 떠나 피해야 할까?
⑥ 기타

필요할 때를 대비해 미리 연습하면서 준비해야 할 것	• •
이 연습을 언제 그만해도 된다고 생각하나요?	• •
도덕적인 사람이 되기 위해 연습하면서 준비해야 할 것	• •
이 연습을 언제 그만해도 된다고 생각하나요?	• •

✪ 다음 질문을 생각하면서 토의하기.

① 자신이 누구인지 어느 정도나 확실한가?
② 자기가 다른 사람을 아는 것보다 자신에 대해 더 잘 아는가?
③ 치과의사가 자신의 치아에 대해 아는 것보다 자신의 치아를 더 잘 알고 있는가?
④ 자기 신발이 발에 어떻게 느껴지는지 세상 누구보다도 더 잘 알고 있는가?
⑤ 당신은 자신의 생각에 대해 알고 있는 세상에서 유일한 사람인가?
⑥ 세상에서 어떤 다른 사람이 자신의 생각을 자기보다 더 잘 표현할 수 있는가?
⑦ 자신이 무엇인가를 할 때, 늘 그것을 왜 하는지 알고 있는가?
⑧ 자신이 했던 것을 왜 그렇게 했는지 궁금해한 적이 있는가?
⑨ 종종 자신이 원하지 않았던 것을 원했으면 하고 생각한 적이 있는가?

✦ 이 질문은 무엇을 생각하기 위한 질문일까?

✪ 다음 사례를 읽고 생각하기.

- 영민: "모두 나를 사랑하지만, 단지 그들은 그것을 인정하고 싶지 않을 뿐이야. 그래서 늘 나에 대해 나쁘게 말해."
- 경아: "모두 항상 내게 잘해주지만, 그들은 나를 속이고 있는 것 같아. 그래서 나는 정말로 나를 미워한다고 생각해."
- 준우: "아이스크림을 얹고 파이를 곁들인 바나나 요리를 세 개 정도 먹는 것이 내 체중 문제와 어떻게 관련된다는 것이지?"
- 지우: "나는 지금 학교를 그만두고, 직장을 구해서, 부자가 된 다음 다시 학교로 돌아오면 된다고 생각해.
- 준영: "습관 같은 것은 없어. 내가 어떤 것을 하더라도, 멈추고 싶다면 나는 언제든지 멈출 수 있어."

✦ 위의 사람 중에서 자신을 속이고 있는 사람은 누구라고 생각하는가?

✦ 사람은 언제 자신을 속인다고 생각하는가?

✦ "너 자신을 알라"라는 말은 무슨 뜻일까?

✦ 왜 자신을 알아야 한다고 생각하는가?

✪ 다음 예를 보고 토의하기.

- 영민: "옳은 것을 하는 것만으로 충분해. 그것을 사랑할 필요는 없어."
- 경아: "옳든 그르든, 나는 내가 한 것은 다 사랑해."
- 준우: "옳든 그르든, 나는 내가 한 것은 다 싫어."
- 지우: "나는 그른 것 하기가 싫어요."
- 준영: "세상에는 여러 종류의 사람이 있어. 하지만 정말로 좋은 사람은 옳은 것을 사랑하고 그른 것을 싫어하고, 그것에 따라 행동하는 사람이야."
- 경숙: "'옳은 것'을 사랑할 수는 없어. 단지 사람을 사랑할 수 있을 뿐이야."

✦ 도덕적인 사람은 무엇을 사랑할까?

✪ 다음 질문을 생각하고 토의하기.

- 신뢰받는 사람이 좋은 인성을 갖추지 못할 수 있는가?
- 예의 바른 사람이 좋은 인성을 갖추지 못할 수 있는가?
- 행복한 사람이 좋은 인성을 갖추지 못할 수 있는가?
- 아름다운 사람이 좋은 인성을 갖추지 못할 수 있는가?
- 지적인 사람이 좋은 인성을 갖추지 못할 수 있는가?
- 사나운 사람은 좋은 인성을 가질 수 있는가?
- 역겨운 사람은 좋은 인성을 가질 수 있는가?
- 용서하지 않는 사람은 좋은 인성을 가질 수 있는가?

✦ 좋은 인성을 갖춘 사람이란 어떤 사람일까?

✪ 다음 물음에 답하면서 인성을 어떻게 확인할 수 있는지 생각하기.

- 경아: "입이 큰 사람은 관대해. 언제나 확실히 그래."
- 준우: "누가 진실한지 아닌지 쉽게 말할 수 있다. 부자는 그렇고 가난한 사람은 그렇지 않아."
- 지우: "누가 비열하고 사악한지 혹은 아닌지를 정말 알고 싶다면, 자기가 관찰되고 있다는 것을 모를 때 그 사람을 살펴보면 쉽게 알 수 있어."
- 준영: "그 사람이 지적인 사람이라면, 좋은 인성을 가졌다고 할 수 있어."
- 지원: "나는 말투로 사람을 판단한다. 만약 세련되게 말한다면, 그 사람은 아마 정직하지 않을 거야."
- 소연: "얼마나 좋은 사람이지는 자선단체에 얼마나 많이 기부하는지를 보면 쉽게 알 수 있어."
- 수영: "사람이 행동하기 전에 생각을 먼저 한다면, 진짜 자기 인성을 감출 수 있어. 정말로 어떤지 알려면, 즉흥적으로 행동하는 것을 관찰해야 해."
- 영민: "행위 결과로 사람의 인성을 판단할 수는 없어. 사악한 사람의 행동이 좋은 결과를 낳을 수도 있고, 좋은 사람의 행동이 재앙을 낳을 수도 있어."
- 준철: "한 사람의 인성이 어떤지 알려면, 그 사람이 살아가는 원칙을 알면 되지. 그 원칙이 좋은 원칙이면, 그 사람은 좋은 인격을 가진 거야."

✦ '인성'이 사람의 도덕적 마음이나 행동을 뜻한다면, 위의 예 중에서 자신이 동의하는 사람을 찾고, 그 이유를 말하기.

동의하는 사람	그 이유

✦ 자신이 어떤 인성을 가진 사람인지를 어떻게 알 수 있을까?

✪ **지금까지 공부한 것을 가지고, 자신에게 어떤 말을 할까?**

- 내가 꼭 해야 하는 것은 ( )이야.
- 내가 하지 말아야 하는 것은 ( )이야.
- 내가 책임져야 하는 것은 ( )이야.
- 나는 내가 ( ) 것을 알게 되었어.
- 나는 내가 ( ) 것을 보고 놀랐어.
- 나는 내가 ( ) 것에 기뻤어.
- 나는 내가 ( ) 것을 깨달았어.

✪ **만약 사람의 눈이 카메라 같다면, 무엇을 더 볼 수 있을지 다시 생각해 보기.**

✦ 사람의 눈이 휴대폰 카메라 같다면, 무엇을 더 볼 수 있을지 다시 상상해 보기.

✦ 이 활동을 한 이유는 무엇이라고 생각하는가?

2) 어린이 철학교육 방법을 중심으로 교수 내용 표현하기

교수 내용

이 텍스트에서는 '도덕 공부'를 '윤리적 성찰'의 관점에서 탐구한다. 학생은 학교에서 도덕 시간에 배우는 것이 자신의 삶과 어떤 관계가 있는지 의문을 가질 수 있다. 이 의문에 대해, 도덕 공부를 통해 자신을 반성하고 올바르게 살기 위해 노력하는 것이 더 나은 자신과 세상을 위해 중요하다는 답을 찾을 수 있다. 도덕 공부를 왜 하는지를 묻고 답하는 과정에서 올바르게 산다는 것의 의미와 중요성을 알고, 어떻게 하면 올바른 삶을 살 수 있을지를 생각하며, 올바르게 살아가는 데 필요한 능력을 갖추려는 윤리적 성찰은 도덕적 삶을 가능하게 하는 마음이다.[3]

인식 주체의 마음이 도덕적 마음을 닮기 위해서는 이전의 도덕적 경험과 그 경험에 대한 성찰을 소환하고, 그것이 자신의 삶에 미친 영향을 분석하는 비판적 사유의 과정을 순환하면서 윤리적으로 자신을 평가해야 한다.[4] 이때, 자기평가는 자신의 행위, 도덕적 품성, 신념, 동기에 대한 도덕적 평가이다. 이러한 도덕적 평가는 자신에게 수용된 공동체의 도덕적 기준을 척도로 하므로, 그것은 자신에 의한 평가이면서 동시에 타인에 의한 평가이기도 하다. 자기평가를 통해 자신에게 도덕적 행동을 안내하고 가르치며 스스로 자신의 행동을 통제하는 능력을 기를 수 있다.[5] 자기통제력은 기준에 맞춰 살아가기 위해 자신의 반응을 통제하는 능력으로, 이 능력은 바람직하지 못한 행동을 하려는 충동을 억제하여 더 바람직한 행동을 선택하도록 한다. 자기통제력의 반의어로는 충동적, 자제력 부족, 폭발적, 인내심 부족 등이 있다.[6] 자기평가를 통해 윤리적으로 성찰하여 자기통제력을 기르기 위해서는 도덕적 앎을 형성하는 도덕 공부가 있어야 한다.

윤리적 성찰의 상징적 의미 도식에는 자기 자신을 '되돌아 봄'이 있다. 도덕적 주체의 윤리적 성찰을 위해서는 도덕 공부가 필요하며, 도덕 공부를 통해 선한 마음을 알고, 그 앎과 자신을 반성적으로 비교하면서 '너 자신을 알라'는 권유를 실행하고, 그 실행을 통해 인식 주체의 마음은 도덕 시간에 공부한 도덕과 닮을 수 있다. 윤리적 성찰은 도덕적 기준에 따라 과거와 현재와 미래의 도덕적 경험과 가능성을 분석하고 비판하면서, 도덕적인 존재로서 자기 자신을 평가하는 것이다. 이를 위해서는 도덕 공부에 힘쓰려는 마음, 그 공부를 통해 자신을 되돌아보려는 마음, 도덕적인 사람이라는 목적지를 지향하려는 마음을 계속해서 함양해야 한다. 이 마음을 함양하기 위해 자신에게 어떤 말을 했는지, 도덕 시간에 어떤 공부를 했는지, 도덕 시간에 무엇을 묻고 답했는지, 도덕적인 사람이 되기 위해 무엇을 갖추어야 하는지를 탐구하는 경로를 설정할 수 있다. 그 경로를 거치는 교수텍스트에서는 전체적으로 '도덕 공부를 하면서 자신에게 어떤 말을 했으며, 그 말은 어떻게 변했으며, 어떤 말을 하고 싶은지 생각해 보자'라는 이야기를 한다. 이 이야기를 표현하기 위해 나를 볼 수 있다고 가정하기, 과거 자신에게 한 말과 그 말의 분류, 말의 변화와 공부의 관계, 세상과 도덕 공부의 관계, 도덕 시간의 물음과 도덕의 관계, 도덕적인 사람이 되기 위한 준비, 자신에 대한 이해, 도덕적인 사람이 갖추어야 하는 것, 도덕적인 사람이 되기 위한 성찰을 중심으로 수업 내용을 구성한다. 윤리적 성찰을 이야기하기 위해서는 내용을 비판적 사고와 배려적 사고를 중심으로 반성적으로 탐구할 수 있는 방법으로 표현하는 것이 중요하다. 이에 적합한 방법 중 하나가 어린이 철학교육 방법이다.

어린이와 철학하기

도덕과 교육과정은 도덕과의 정체성에 대한 고민을 담고 있다. 그 고민 중 하나는 도덕과의 접근법에 관한 것이다. 최근 도덕과 교육과정에서는 '자율적이고 통합적인 인격 형성을 위해 윤리학적 접근을 중심으로 하되, 다루는 주제의 성격에 따라 도덕 심리학, 정치철학 등 연관된 여러 학문의 접근 방법을 학제적으로 활용한다.'라고 진술하고 있다.[7] 윤리학적 접근에 관한 진술은 이전 교육과정인 '2009 교육과정에 따른 2012 도덕과 교육과정'에서도, '2007 도덕과 교육과정'에서도 확인할 수 있다.[8] 반면 7차 교육과정기에 해당하는 '1997 도덕과 교육과정'은 '바람직한 삶을 위한 도덕 규범과 가치문제를 다루는 규범 과학적 관점과 사회질서 및 국가·민족의 발전을 위한 국민 의식 형성 문제를 탐구하는 사회과학적 관점을 중심으로 학제적(學際的, interdisciplinary)인 접근을 시도한다.'라고 진술하고 있다.[9] '1997 도덕과 교육과정'의 '규범 과학적 관점과 사회과학적 관점 중심'에서 '2007 도덕과 교육과정' 이후 '윤리학적 접근 중심'으로의 전환은 도덕과의 정체성 확립을 위한 고려 중 하나이다.

이는 윤리학적 접근을 명시적으로 진술하기 시작한 '2007 도덕과 교육과정' 해설에서 확인할 수 있다.

……교육과정에서는 도덕과 교육이, 여타 교과들과 달리, 도덕적 덕목과 규범 및 가치문제를 체계적으로 다루고, 도덕적 사유와 실천을 연계하는 윤리학적 접근 방법을 방법론적인 축으로 명시하였다……도덕과 교육의 성격을 드러내는데 또 다른 중요한 측면은 접근 방법의 문제이다. 독립적인 교과는 다른 교과와는 구별되는 독특한 내용과 방법을 요구하기 때문이다……제7차 교육과정에서 도덕과 교육의 접근 방법으로서 "도덕은 바람직한 삶을 위한 도덕규범과 가치문제를 다루는 규범 과학적 관점과 사회질서 유지 및 국가 · 민족의 발전을 위한 국민의식 형성 문제를 탐구하는 사회과학적 관점을 중심으로 학제적인 접근을 시도한다"라고 함으로써 인접 교과와의 정체성 혼란을 가져오게 된 점을 바로잡자는 것이다.[10)]

독립교과로서 도덕과 정체성의 중심축은 '독특한 내용과 방법'에 있으며, 방법론의 중심이 윤리학적 접근이다. 윤리학적 접근을 중심으로 수업이 구현될 때, 방법론적 측면에서 제기되는 도덕과의 정체성 문제를 완화할 수 있다. 하지만 포괄적 수준에서 진술되는 교육과정에 구체적인 구현 방안까지 담기는 어렵다. 교육과정 수준의 진술을 구체화하기 위해서는, 그 진술을 수업으로 표현하는 방안을 고려해야 한다.

어린이를 대상으로 하는 초등 도덕과수업에서 윤리학적 접근이라는 방법론을 어떻게 구현해야 하는가? 이에 답하기 위해 '윤리학적 접근'이라는 표현에 주목할 수 있다. 스크로그앤(Straughan)에 의하면, '도덕적(moral)'이라는 말은 평가적(evaluative) 의미와 서술적(descriptive) 의미로 사용된다. 도덕적이라는 말이 사람 · 행위 · 의도 · 정책 · 결정에 특정한 종류의 가치와 표준을 할당하고, 이에 대해 특정한 종류의 시인을 표현한다면 평가적 의미로 사용된 것이다. 반면, 다른 범주와 구별될 수 있는 논제 · 관심 · 활동 등의 특정한 범주로서 '도덕적 영역'을 언급하기 위해 사용된다면, 서술적 의미로 사용된 것이다.[11)] '윤리적'이라는 표현도 평가적 의미와 서술적 의미를 함께 갖는다. 이런 이유로 교육과정에서 '윤리적'이라 표현하지 않고 '윤리학적'이라고 표현한 것은 다른 영역과 구별되는 서술적 의미의 방법론적 측면을 강조한 것이다. '윤리학적'이라는 방법론적 측면은 철학이라는 상위 범주의 방법론을 공유한다. 이는 사전적 의미에서 '도덕 · 윤리에 관한 철학' 정도로 정의되는 윤리학의 의미를 통해 확인할 수 있다.[12)] 윤리학을 '도덕 · 윤리에 관한 철학'이라 한다면, 윤리학적 접근은 '도덕 · 윤리적 내용에 관한 철학적 접근'이다. 윤리학 혹은 윤리학적이라는 말에서 '도덕·윤리적'이 다른 철학 분야와 차별되는 일종의 종개념(種槪念)이라면, '철학적 접근'은 철학 분야를 포괄하는 유개념(類槪念)이다. 따라서 도덕과 교육과정의 '윤리학적 접근'이라는 방법론의 진술에서, 재차 방법론적 측면에 초점을 맞추면 이는 곧 윤리적 내용에 대한 철학적 접근이라 할 수 있다.

그러면 초등학생에게 어떻게 철학적 접근을 할 것인가? 이에 대한 단초를 찾기 위해 어린이를 위한 철학교육을 제안하고 실행한 소위 '어린이 철학교육(philosophy for children)' 및 이를 도덕교육과 연관시켜 논의한 연구 성과를 참조할 수 있다. 어린이 철학교육과 도덕교육을 연관시켜 논의한 앞선 연구들은 도덕교육에 대한 어린이 철학교육의 관련성 및 가능성, 일반적 방법론 도입의 필요성 및 그 적용에 초점을 두었다.[13] 이러한 연구를 토대로 어린이 철학교육과 도덕과수업의 연계 가능성을 찾을 수 있다.

초등 도덕과에서 도덕적 내용을 철학적으로 공부하기 위해서는 어린이와 함께 철학하기가 가능한지부터 살펴보아야 한다. 마르텐스(Martens)에 의하면, 철학적 물음은 일상생활에서 구체화된 어린이의 물음과 요구에서도 찾을 수 있다. '그것이 도대체 무슨 뜻이며, 그와 함께 내가 뭘 해야 하지?', '무슨 생각을 했고 무엇을 말한 것인지 분명하게 말해 달라', '왜 특정한 것을 원하거나 원하지 않는지, 그 이유를 말해 달라', '왜 하필 이 상황에서 그것이 문제가 되지?' 등이다. 만약 일관되게 이러한 물음을 던지고 생각하기를 시작한다면, 철학적이라고 여길 만한 물음에 도달할 수 있다.[14] 철학과 상관된 이러한 물음에 철학적 태도와 방식이 더해지면 이는 곧 철학함이 된다.

그러면 철학에 해당하는 태도와 방식은 무엇인가? 마르텐스에 의하면, 새로운 통찰과 논증을 공개할 수 있고, 흥분을 견뎌 내고, 잠정적 대답이라는 것을 받아들이고, 새로운 통찰로부터 자신의 생각과 행위 결과를 이끌어낼 수 있는 태도가 철학적 태도이다. 그리고 주어진 문제에 대해 적절하고 분명한 개념과 논증을 사용하고, 다른 사람이 생각하는 것에 대해 개념적이고 논증적으로 대처하는 방식이 철학적 방식이다.[15] 이와 같은 태도와 방식의 단초가 되는 사고 형태가 있다면, 어린이는 철학을 하고 있는 것이며 철학함이 가능한 것이다. 어린이와 함께 철학하기는 철학의 정적 영역을 어린이 수준에서 맞춰 가르치기보다는, 철학의 반성적이고 비판적이고 개방적이며 대화적인 역동성을 강조하고 이를 가능하게 하는 과정이라 할 수 있다.

어린이와 함께 철학하기는 철학함이라는 반성적이고 비판적이며 역동적인 철학의 모습을 통해 어린이가 삶에 대해 진지하게 통찰하도록 한다. 마르텐스에 의하면, 어린이와 함께 철학함의 실천을 네 가지 방향으로 정리할 수 있다. 첫째, '대화－행위'이다. 여기서는 주장하기, 캐묻기, 검토하기, 공동의 대화로서 동의하거나 거부하기 등의 언어적 행위들이 실행되고 반성된다. 이는 특히 립맨(Lipman)의 '어린이 철학교육'에서 찾을 수 있다. 둘째, '개념－형성'이다. 여기서는 좁게 한정된 개념의 분석과 분리, 그 개념의 상이한 적용 방식을 직접 체험해 보는 것이 실행된다. 이는 카일(Kyle)이 윌슨의 '개념분석'과 관련하여 서술한 것에서 찾을 수 있다. 셋째, '스스로의 경이'이다. 여기서는 행복, 자유, 신, 시간, 언어, 동일성 등과 같이 철학의 전통적인 '중요 물음'을 놀이 속에서 다룬다. 이는 특히 매튜(Matthews)에서 발견할 수 있다. 넷째, '계몽'이다. 여기서는 스스로 생각함이라는 칸트의 준칙이나, '너 자신의 오성을 사용할 용기를 가져라'라는 요구가 중점적으로 다루어진다. 이는 특히 벤야민(Benjamin)을 통해서 어린이와 함께 철학함이 엄격한 이성주의와 열광적 낭만주의라는 함정으로부터 벗어날 수 있는 방식으로 제안된다. 이러한 주요 방향에는 철학함을 자극할 수 있는 실제적 사례가 주어지고, 이어 그 구상 방향이 분명해지고 비판적으로 토론되며, 구상 방향에 일치하거나 혹은 반하는 철학적 이론으로 맺는 닮음이 있다.[16] 이러한 주요 접근법에서 '언어－행위'는 언어적 행위의 실행과 반성을, '개념－형성'은 개념의 적용 방식 체험을, '스스로의 경이'는 전통적 철학적 물음을, '계몽'은 자유로운 삶의 방식을 지향한다. 각 접근법에는 이러한 다름과 더불어, 실제적인 사례 제시, 비판적 토론, 철학적 이론으로 맺기라는 닮음도 있다. 이는 경험과 관련성을 가짐으로써 어린이의 흥미와 사고를 자극하고, 대화적 사고 과정에서 스스로 철학적 의미를 찾고, 물음이 철학적 내용과 관련됨으로써 철학함의 성격을 유지하려는 노력으로 볼 수 있다.

다름과 닮음을 가진 어린이와 함께 철학을 하려는 실천 중에서 도덕과를 위한 방법론으로 소위 '대화－행위'에 주목할 필요가 있다. '개념－형성'은 '개념분석 수업모형'이라는 도덕과 수업모형이 하나로 고착됨으로써 철학함을 강조하기에 다소 제한이 있다. '스스로의 경이'에서 지향하는 전통적인 주요 철학적 물음은 도덕·윤리라는 도덕과의 내용 범위를 넘을 수 있다. '계몽'에서 자유로운 삶을 위한 엄격한 이성주의와 열광적 낭만주의 벗어나기는 도덕과의 직접적 목적과는 다소 거리가 있다. 반면, '언어－행위', 즉 '어린이 철학교육(Philosophy for Children)'은 윤리적 탐구를 철학교육 과정에서 직접적으로 다루고 있다.

도덕과에서 어린이 철학교육의 의의

'어린이 철학교육'을 주도한 립맨 등에 의하면, 어린이에게 철학이 적합하지 않다는 것은 잘못된 인식이다. 철학을 보다 폭넓게 이해하면 체계적 학문으로서의 철학뿐 아니라, 사고하는 모든 행위가 철학적 행위라고 볼 수 있기 때문이다. 그렇게 보면 어린이도 나름대로 사고하고 있는 것이다. 감정적으로 자유롭고 상상력이 풍부한 어린이가 올바르게 사고하고 행동하기 위해 철학은 필요한 것이다.[17] 립맨 등은 사고 행위를 철학적 행위로 보면서, 철학적 사고가 가능한 아동관을 전제한다. 세상에 대해 묻고, 사고하고, 추리하고, 판단하고, 통합적으로 탐구하는 사고를 할 수 있다면, 어린이도 철학적 사고를 하는 것이다. 어린이가 철학적 사고의 단초를 가지고 있다면, 어린이를 대상으로 하는 교육은 철학적 물음을 지속적으로 제기하고, 답을 탐구하고, 그 탐구를 통해 새로운 물음과 심화된 답을 추구하도록 해야 한다. 아동관과 더불어 립맨 등은 어린이 철학교육의 필요성을, 지식은 많으나 지혜는 부족해 철학적으로 메마른 사회적 상황에서도 찾는다.[18] 어린이가 성장하고 있고 앞으로 살아갈 사회 역시 이 문제를 가질 것이다. 이러한 사회적 상황에 놓인 어린이를 지혜로운 사람이 되도록 교육하기 위해서는 어린이 철학교육이 필요하다. 지혜는 지식의 단순한 암기나 전달을 통해서가 아니라 자유롭고 상상력이 풍부한 바른 탐구를 통해 가능하며, 이를 가능하게 하는 것이 철학교육이기 때문이다.

아동관과 사회적 상황을 고려할 때 어린이 철학교육의 필요성에 동의하더라도, 초등교육에서 철학교육을 실행하기 위해서는 독립교과로서의 철학교육부터 검토해야 한다. 현행 초등교육과정에서 철학은 교육과정상의 교과로 편성되어 있지 않을 뿐 아니라, 그 가능성도 크지 않다. 이 상황에서도 어린이에게 철학교육이 필요하다면, 철학교육적으로 접근한 교과교육은 하나의 대안이 될 수 있다. 특히 도덕과에서 철학교육적 접근이 적극적으로 고려되어야 한다. 도덕과는 삶의 도덕적 의미를 포괄적 주제로 하며, 도덕적 의미는 전달보다는 발견을 통해 파악될 수 있으며, 발견은 합리적 탐구를 통해 가능하기 때문이다. 삶의 도덕적 의미 발견을 지향하는 도덕과에서 철학교육적 접근을 반영한다면, 어린이 철학교육의 필요성을 교과교육에 적극적으로 반영할 수 있다.

도덕과 교육에서 어린이 철학교육적 접근을 반영하기 위해서는, 먼저 어린이 철학교육과 학교 교육과정의 연관성부터 확인해야 한다. 립맨 등에 의하면, 첫째, 학교 교육과정은 학생이 호기심을 가지고 적절한 단서를 포착하여 스스로 의미를 찾을 수 있는 여건을 제공해야 한다. 둘째, 학교 교육과정은 학생의 부적절하고 어설픈 사고 활동 단계를 더 적절한 사고 단계로 개선해야 한다. 셋째, 학교 교육과정은 인식적 기능의 기반이 되는 사고 활동 증진을 조장해야 한다. 넷째, 학교 교육과정은 사고 기능에 중요한 영향을 미치는 비판적 습관과 본질적 질문을 제기하는 방법을 개발해야 한다. 다섯째, 학교 교육과정은 광범위한 정신적 활동이 시작되며 사고 기능에 필수적인 토론과 대화를 조장해야 한다. 이를 수행하는 학교 교육과정에서 철학적으로 사고하고 대화하는 철학교육은 필수적이다.[19] 어린이 철학교육은 의미 찾기, 사고 단계 개선, 인식적 기능 개선, 비판적 습관과 본질적 질문 제기, 사고 활동 증진을 추구하는 학교 교육과정과 밀접한 연관성을 가진다. 어린이 철학교육과 학교 교육과정의 연관성은 철학교육적 접근을 통한 윤리학적 접근 중심의 초등 도덕과로 전이될 수 있다. 학교 교육과정에 편성된 도덕과에서 어린이 철학교육적 접근을 반영한다면, 어린이가 스스로 도덕적 의미를 발견하고, 도덕적 판단력과 추론 능력을 개선하고, 비판적이고 본질적인 도덕적 질문을 제기하고, 도덕적 토론과 대화를 조장하는 도덕과수업과 연계될 수 있다.

어린이 철학교육과 학교 교육과정의 일반적 연관성과 더불어, 도덕과와의 직접적 연관성도 찾아볼 수 있다. 립맨 등에 의하면, 철학에서는 가능한 명료하고 논리적으로 사고하는 것을 배워야 하고, 직면한 문제와 그 사고의 관련성을 밝혀야 하며, 참신한 대안을 찾고 새로운 선택지를 두는 방식으로 사고해야 한다고 일관되게 주장한다. 이를 도덕교육에 적용하면, 어린이는 가능한 명료하고 논리적이며 효과적으로 사고하는 방식, 그리고 그 사고에 대해 사고하는 방식을 배워야 한다. 그리고 도덕적 문제를 확인하고 그것을 사고하고, 적절한 윤리적 탐구인지를 반성하는 것을 배워야 한다. 따라서 철학적인 윤리적 탐구의 목적은 어린이에게 특정한 구체적 가치를 가르치려는 것이 아니다. 그보다는 가치, 기준, 실천에 관해 개방적이며 지속적으로 고려하도록 하는 것이다. 모든 관점과 사실을 개방적이고 공개적으로 고려하고 토의하려는 것이다. 그러한 토의와 반성은 정해진 규칙을 익히고 그것을 지키라고 주장하는 방식보다 도덕적 책임감과 도덕적 현명함을 더 함양할 수 있다.[20] 또한, 인격 함양을 위해서도 어린이에게 문제가 담긴 내용을 제시하고, 그것을 살펴보고, 토의하고, 함께 토의하려는 흥미와 동기를 부여해야 한다. 어린이 철학교육 방법이 '숙고적 토의', '윤리적 탐구', '도덕적 추론' 등 어떻게 불리든 그것이 성공적으로 활용된다면, 어린이는 이전 세대가 발견한 가치에 자신도 동의할 기회를 가질 수 있다.[21] 철학적인 도덕적 사고와 반성을 통해 도덕적 가치에 어린이가 동의함으로써 도덕적 책임감, 도덕적 현명함, 인격 함양에 기여할 수 있다는 측면에서 어린이 철학교육은 도덕교육과 연관성을 갖는다.

어린이 철학교육을 활용한 윤리학적 중심의 도덕과수업은 학교 교육과정에서 어린이 철학교육이 갖는 긍정적 역할을 공유할 수 있다. 더불어, 어린이 철학교육이 도덕교육에 갖는 긍정적 역할도 공유할 수 있다. 이를 공유한다면, 호기심과 경이감을 가지고 도덕적인 질문을 제기하고, 합리적으로 탐구하여 도덕적 의미를 발견하는 도덕과수업에 접근할 수 있다. 이를 통해 도덕적 사고의 합리성, 도덕적 자아의 일관성에 기여하는 도덕과수업을 기대할 수 있다.

어린이 철학교육의 실천 기준

어린이 철학교육에서는 합리적 탐구를 통한 의미의 발견 및 경이로움과 미적 감수성이 함께하는 탐구공동체를 지향한다. 그리고 철학적 주제를 담은 문학적 텍스트를 활용하여 토의하는 철학교육을 제안한다. 어린이 철학교육에서는 탐구공동체 형성, 철학적 텍스트의 활용, 토의의 안내에서 교사의 역할을 강조한다.

먼저, 탐구공동체 형성을 위한 교사의 역할이다. 립맨 등에 의하면, 교실을 철학적 생각이 고무되는 탐구공동체로 이끄는 것이 교사의 주된 역할이다. 이를 위해 교사는 함축성 있는 다양한 견해 제시하기, 명백한 견해와 그 기반과의 연관성 찾기, 생각 전개를 막는 확정적 해답 자제하기, 생각의 전개와 다양한 견해 격려하기, 의미 있는 철학적 토의인지 확인하기, 자연스럽게 대화 이끌기, 어린이 스스로 철학적 문제에 몰두할 수 있는 기회 제공하기, 합리적 결론에 도달하는 방법 가르치기 및 실천하도록 하기 등을 한다. 특히 도덕교육과 관련하여 교사는 학생의 의지나 신념의 자유로운 표현, 가치의 다양성에 대한 이해, 올바른 가치판단을 위해 특정 가치를 편애하지 않아야 한다. 객관적인 선택 기준을 정하고, 이성적으로 우위에 있으며 도덕적 정당성이 있는가를 결정하고 유도하는 습관을 갖도록 해야 한다. 상반되는 신념이나 의지가 기준과 어떤 차이점이 있는지를 찾아 학생 스스로 고치도록 해야 한다. 스스로 판단하고 가치를 깨닫고 내면화하는 과정을 강조해야 한다. 인식론적 고찰, 무모순성과 자기 동일성 같은 논리적 고찰, 부분－전체 관계 같은 미적 고찰이 윤리적 탐구에 포함되도록 해야 한다.[22] 스프로드(Sprod)에 의하면, 도덕교육에서 이러한 윤리적 탐구공동체는 합리성과 그에 따른 자율성의 발달, 윤리적 삶이 요구하는 반성적 숙고의 강화, 그리고 이 두 가지가 학생의 삶 속에서 연관되는 조건을 제공한다.[23] 이러한 교사의 역할은 어린이 철학교육적으로 접근한 윤리학적 접근 중심의 도덕과수업 방법이기도 하다. 윤리학적 접근 중심의 도덕과수업을 하는 교실은 일상생활과 연관된 도덕적 문제에 대해 호기심을 가지고 사고 활동을 하면서, 윤리적 질문을 제기하고 그 의미를 발견하도록 조장해야 한다.

탐구공동체 형성을 위한 교사의 역할은 철학적 텍스트와 관련하여 더 구체화된다. 립맨 등에 의하면, 교사는 어린이의 철학적 자각 가능성을 높여 주는 환경 조성하기, 철학 소설의 각 장에서 주제 도출하기, 어린이가 찾지 못한 주제 제시하기, 주제를 소화하기 어려울 경우 경험과 관련 지어 주기, 철학이 생활에 가져오는 변화를 알려주고 일생 생활을 의미 있게 해줄 지평 열기, 학생이 자기만족이나 독단에 빠지지 않고 삶의 지평을 확대하도록 대안적 견해 소개하기, 학생의 주도권을 조장하고 정식화 돕기, 학생이 설정한 가정에 대한 검토와 포괄적 해답을 위한 조언하기를 할 수 있어야 한다.[24] 더불어, 철학 전반을 도덕과와 연결시켜야 한다는 로벡(Rohbeck)에서도, 텍스트를 지향하는 대화에서 대화를 유도하는 교사의 역할을 찾을 수 있다. 철학적 텍스트는 본질적인 철학적 개념이 명확해지는 단계, 논증의 흐름을 재구성하는 단계, 비판과 판단이 이루어지는 단계로 이해된다. 이러한 인식단계가 전개되는 수업에서 철학적 사유를 위해서는 자신의 사유를 전개할 수 있는 물음과 대답이 필요하다. 학생이 다른 사람의 도움이 없이 공부하기는 어려운 주제라면, 교사가 중심에 있는 대화의 유도가 있어야 한다.[25] 철학교육 텍스트와 관련된 교사의 역할은 교실에서 수업 구성을 위한 방법이기도 하다. 즉 철학적 텍스트 제시, 철학적 주제 도출, 미발견 주제 제시, 경험과 관련한 주제의 이해, 일상생활 속에의 의미 이해, 대안적 견해 소개, 정식화하기, 비판적 판단 등이다. 도덕에 관한 윤리학적 탐구를 위해서는 이러한 수업 구성 방법이 교수학습 활동으로 구체화되어야 한다.

탐구공동체에서 교사는 어린이 철학교육 텍스트를 활용하여 철학적 토의를 안내한다. 립맨 등은 어린이 철학교육에서는 철학적 토의를 안내하는 다양한 대화 방법을 제안한다. 즉, 비판적 질문과 창의적 반성에 참여시키는 대화 전략, 추론 능력을 증진시키는 철학적 대화 촉진하기, 잠재적 관심에 생기를 넣어주는 견해나 의견 유발하기, 학생이 자신을 표현하도록 돕는 명료화 및 수정하기, 진의를 탐색하는 재진술 하기, 의미 발견을 돕는 해석하기, 동일한 용어를 동일한 의미로 사용하는 정합성 추구하기, 개념을 신중히 규정하는 정의 요구하기, 가정의 근거를 생각하는 가정 탐구하기, 논리적 오류에 빠지지 않도록 오류 지적하기, 충분한 논거를 수립하도록 돕는 논거 요구하기, 알게 된 방법을 설명하는 알게 된 방법 요구하기, 다른 가능성을 검토하는 대안 유발하기 및 검토하기, 더 높은 수준의 논의를 이끄는 토의 조정하기 등을 제안한다.[26] 철학적 토의를 안내하기 위해 제안된 이러한 방법들은 윤리학적 접근 중심의 도덕과수업에서 학생과 대화하는 방법이기도 하다. 리드(Reed)에 의하면, 어린이 철학교육에서의 대화는 다른 교육적 방법보다 논리적 우선성을 가지며, 다른 방법을 통합할 수 있는 유연성과 탐구를 지속시키는 흥미를 고려한다.[27] 어린이가 도덕에 관해 윤리학적으로 탐구하기 위해서는 다양한 방법들을 통합하여 흥미를 지속시킬 수 있는 대화 방법이 우선되어야 한다. 이때, 토의를 안내하는 방법은 학생과 대화하는 교수학습 방법으로 전환될 수 있다. 이를 통해 학생은 자신의 사고를 조직하고, 타인의 생각을 평가하고, 모순 없이 자기 생각을 정리하고, 논거와 주장이 정합성을 갖고, 반성적으로 사고한다.

어린이 철학교육의 실천 기준은 어린이가 서로를 존중하며 적극적이고 자유롭게 논리적인 생각을 할 수 있는 개방적인 분위기의 탐구공동체를 형성하는 데 있다. 이 실천 기준을 도덕과수업에 초점을 두고 반영한다면, 교실은 도덕적 의미 발견을 위해 합리적으로 대화하고 탐구하는 공동체가 형성되어야 한다. 도덕과수업의 구성 단계에서는 도덕적 탐구를 위한 텍스트 제시, 텍스트를 탐구할 수 있는 능력 학습, 텍스트와 관련된 도덕적 물음 탐색(탐구 주제 도출하기, 탐구 주제 이해하기, 경험과 관련지어 이해하기, 대안적 견해 찾기, 정식화하기 등), 도덕적 물음에 대한 이해 및 정리, 도덕적 물음에 심화된 답을 지속적으로 탐구하도록 고무하기를 고려해야 한다. 교수학습 활동에서는 예시를 통해 개념 구체화하기, 유사 용어의 비교를 통한 개념 파악하기, 개념분석을 통한 의미 명료화하기, 견해나 의견 유발하기, 가치대상 및 상황을 통해 자신의 가치판단을 표현하기, 표면적 이유와 이면의 이유 생각하기, 자신의 견해를 주장하기 위한 합당한 이유 확인하기, 모순을 확인하여 정합성 있는 관점 확인하기, 보편적 기준을 확인하고 정의 내리기, 다른 사람의 입장을 고려하여 탐구하기, 전체와 부분의 관계를 파악하여 오류를 논리적 수정하기, 이유 요구하기, 알게 된 방법 요구하기, 대안 유발하기, 관련 요소를 고려하여 대안 검토하기, 경험적 사례에서 의도와 결과 검토하기, 전제와 결론에 있는 추론을 검토하여 논거 검토하기 등의 탐구 방법을 교사의 발문에 활용할 수 있다.

어린이 철학교육 텍스트 『노우스』의 스토리와 주요주제

어린이 철학교육을 위해 립맨 등이 개발한 일련의 텍스트 중 초등학생을 위한 텍스트에는 『키오와 구스(*Kio & Gus*)』, 『픽시(*Pixie*)』, 『해리 스토틀마이어의 발견(*Harry Stottlemeier's Discovery*)』, 『토니(*Tony*)』, 『노우스(*Nous*)』 등이 있다. 이 중 초등학생이 윤리적 문제를 다루기에 적합한 텍스트가 『노우스(*NOUS*)』이다.[28] 초등 도덕과에서 어린이 철학교육 방법을 통한 윤리학적 접근 중심의 수업을 위해 어린이 철학 동화 『노우스』를 살펴볼 필요가 있다. 이 이야기에서 화자는 픽시(Pixie)라는 어린이다. 그의 친구 브리안(Brian)은 동물원에 있는 새끼기린 노우스에게 인간의 언어를 가르친다. 그 후 인간의 언어를 습득한 노우스로부터 다른 기린과 어울리지 못한다는 이야기를 듣는다. 그래서 픽시와 그의 가족은 노우스를 동물원에서 집으로 몰래 데려온다. 픽시의 집에 머물던 노우스는 학교에 다니고 싶어 한다. 학교에 가게 된 노우스는 학급 어린이와 함께 수업을 듣는다. 수업 장면으로는 주로 픽시 어머니와 메를(Merle) 선생님이 맡고 있는 철학수업이 제시된다. 이후 기린이 말을 하고 학교에 다닌다는 사실이 세상에 알려지게 되고, 노우스가 납치되는 사건이 발생한다. 한동안 노우스를 찾지 못하다가 마침내 픽시가 노우스를 발견하여 납치범으로부터 구출한다. 이 과정에서 노우스는 많은 생각을 하게 되고, 더불어 노우스가 픽시 가족과 함께 생활하는데 예상되는 어려움 등을 고려하여 동물원으로 돌아가기로 결심한다. 노우스가 많은 사람의 환송을 받으며 친구들과 함께 동물원을 향해 행진하면서 이야기는 끝난다.

구체적으로 1장은 새로운 이야기 및 등장인물 소개, 픽시가 밤에 시계를 보기 위해 자매의 침대 옆 탁자에 갔다가 초콜릿을 몰래 먹게 된 일, 브리안이 새끼기린에게 말을 가르치게 된 상황 등으로 구성된다. 2장은 브리안이 픽시에게 새끼기린을 위해 무엇인가를 해야 한다고 말하는 내용, 새끼기린 노우스가 다른 기린들이 자신과 관계하지 않으려 한다는 말을 듣고 픽시가 놀라는 내용, 노우스를 집에 데려오기 위해 픽시와 가족 그리고 브리안이 회의하는 내용 등으로 구성된다. 3장은 집으로 데려온 후 노우스가 학교에 가고 싶어 하는 내용, 엄마와 픽시가 철학 과목을 학교에서 가르치는 문제로 토론하는 내용, 노우스 혼자 집에 남겨졌을 때 도둑이 들어오지만 오히려 놀라 달아나는 내용 등으로 구성된다. 4장은 노우스가 처음으로 학교에 가게 된 일, 픽시의 어머니는 처음으로 철학 수업을 하면서 '어떻게 살아야 하는지'라는 도덕적 질문을 던지고 학생이 이에 답하는 내용 등으로 구성된다. 5장은 메를 선생님과의 수업에서 학급 어린이들이 언어 학습과 관련하여 노우스와 인터뷰하는 내용 등으로 구성된다. 6장은 노우스로 인하여 픽시의 아버지가 동물원 측으로부터 고소당할 상황에 처하게 되며, 노우스에게 출판사 · 서커스단 · 대학 · 영화사 등이 거액을 제시한 것에 대한 우려, 픽시의 어머니가 철학수업에서 도덕적 의사결정에 추가할 것을 논의한 후 그룹별로 토론 주제를 정하여 학습하는 내용, 모든 것에 이유가 있다고 생각하는 노우스가 픽시에게 끊임없이 그 이유를 물어보는 내용, 노우스가 자신이 학습그룹에 들지 않은 것과 철학 공부가 어려운 것을 고민하면서 픽시와 대화하는 내용 등으로 구성된다. 7장은 도덕을 교수하는 두 가지 방법으로 픽시 어머니의 '윤리적 탐구'와 메를 선생님의 '도덕 교수' 방법을 소개하고, 먼저 메를 선생님의 방법에 관해 설명하고 토의하는 내용, 이모가 선물한 장난감 배를 욕조에 띄우기 위해 물을 채우다 넘친 일로 픽시 자매가 다투는 내용, 노우스가 픽시에게 파티에 초대받기를 바라지 않는다면 아첨할 필요가 없다고 충고하는 내용, 브리안이 전화를 해서 메를 선생님의 도덕 교수가 가진 문제를 어머니와 논의하고 이에 대해 노우스와 픽시가 대화하는 내용 등으로 구성된다. 8장은 픽시 어머니와의 수업에서 그룹별로 주제(정서 · 덕과 악덕 · 인격, 의도 · 추론 · 도덕적 상상, 대안 · 결과 · 판단)를 토의하는 내용, 노우스를 입양하자는 픽시의 제안에 대해 현실적인 문제를 제기하는 어머니와의 대화 등으로 구성된다. 9장은 노우스가 납치된 후 약 일주일 정도 찾지 못하다가 소풍지에서 우연히 납치범의 차를 보고 노우스를 발견한 픽시가 노우스를 구출하는 내용, 노우스는 납치된 동안 생각한 것을 말하면서 정서 · 덕과 악덕 · 인격 · 의도 · 추론 · 상상 · 대안 · 결과 · 판단과 더불어 이상과 가치를 말하고, 모두를 위해 동물원으로 돌아가겠다고 결정한 후, 사람들의 환송을 받으며 동물원을 향해 행진하는 내용 등으로 구성된다.

교사용 매뉴얼에서는 『노우스』의 각 장에서 논의 가능한 주요 주제(leading ideas)를 제시한다.[29]

- 제1장: 옳음, 거짓말, 이야기 지어내기, 권리 갖기, 공정, 안과 밖, 지어낸 대 진짜(Made up vs. For Real), 등장인물, 가능함, 성장과 변화, 선물, 지적임, 학습, 교수(Teaching), 사람으로 대우할 수 있는 것, 연습과 실행.
- 제2장: 우정, 사고(Thinking), 인간, 타인을 위협하기, 중요성, 질문과 대답, 이해, 거부된 감정, 정치적 난민과 망명, 천진난만함, 결과, 법적

결과.

- 제3장: 의사결정, 행복하기, 구조(The rescue), 철학이란?, 초등학교에서 철학하기, 도둑, 자랑하기.
- 제4장: 어떻게 살아야 하나?, 좋음과 나쁨, 만족, 옳은 것 하기를 어떻게 느껴야 할까?, 가치 있는 것이란?, 도덕적, 자랑스러운 것이란?, 궁금함, 숙고, 윤리학: 주요 이론적 입장, 고려와 기준, 우연과 우연의 일치, 나눠 갖기, 대안, 정직, 성향으로서의 덕과 악덕, 도덕적 인격, 정서, 추론, 판단, 상상과 도덕적 상상.
- 제5장: 스포츠, 불성실하기 혹은 배신, 보존하기, 통합과 결속, 개인, 희생, 계시, 아름다움, 인간, 성인(Saint), 벌, 기꺼이 함, 타당한 이유, 참, 좋은, 기준.
- 제6장: 해(Harm), 의도, 이득, 모든 것에 이유가 있을까?, 목적, 사람이 너무도 인간적일 수도 있을까?, 다른 사람 믿기, 합당함, 영원히, 도덕교육과 교수방식.
- 제7장: 윤리적 탐구, 메릴 선생님의 도덕수업 방법, 메릴 선생님의 첫 번째 덕 목록, 책임, 진실성, 교대로 하기, 지적 덕목, 대화, 타당성.
- 제8장: 정서와 감정에 관한 이사벨의 의견, 배려, 관계, 공동체, 중용, 제랄도의 덕과 악덕 목록, 강점·준비됨·성향, 인격, 비유, 판단, 도덕적 추론, 도덕적 상상, 상황 고려하기, 도덕 원리나 준칙, 도덕적 이상으로서 잔인함 제거하기, 입양, 절차.
- 제9장: 납치, 조심하기, 겸손, 교육, 결정 정당화하기, 일관성, 자연, 해방과 자유, 이상(Ideals), 우정, 담화와 언어, 완전, 반성, "너 자신을 알라", 설득, 책임, 교사, 양보와 타협, 배려.

초등학교에 어린이 철학교육이 교과로 설정되어 있다면, 이 텍스트 전체를 직접 활용하면서 주요 주제를 가르치고 배울 수 있다. 그러나 철학교육이 독립교과로서 설정되지 않은 상황에서는 어려운 일이다. 이러한 상황을 고려하고, 특히 도덕과 교수텍스트를 쓰기 위해 어린이 철학교육을 참조하는 데 초점을 둔다면, 어린이 철학교육 텍스트와 주요 주제를 도덕과 교육과정과 연관시켜야 한다. 주요 주제와 도덕과 교육과정의 내용 체계의 연계성을 고려하여 관련 주요 주제를 선별하고, 선별된 주제에 따라 철학교육 텍스트를 재구성해야 한다. 재구성을 위해 도덕과 교육과정의 내용 요소를 『노우스』의 주요 주제와 관련지을 수 있다. 주요 주제와 도덕과 교육과정 내용 요소를 관련지을 때, 내용 요소와 구체적으로 연관된 주요 주제를 우선적으로 고려한다. 그리고 표면적인 진술상의 연관성이 적더라도 주요 주제에 대한 토의 활동과 탐구활동이 내용 요소의 성취기준과 관련되는지를 고려한다.

어린이 철학교육 방법 중심의 교수텍스트 구성

어린이 철학교육의 의의와 방법을 반영하여 도덕과 교수텍스트를 구성하기 위해서는 먼저, 교육과정의 내용 요소와 어린이 철학교육의 주요 주제의 관련성을 고려해야 한다. 초등 도덕과 교육과정의 내용 요소인 윤리적 성찰은 어린이 철학교육의 윤리적 탐구를 위한 텍스트인 『노우스』의 주요 주제와 포괄적으로 관련된다. 많은 주요 주제들이 관련되기 때문에 그 주제를 모두 교수텍스트에 반영하기는 어렵다. 제한된 시간에 이루어지는 도덕과수업을 염두에 두면서, 내용 요소에 대한 교사의 이해와 의도를 반영하여 주요 주제를 선별해서 담을 수밖에 없다. 그리고 어린이 철학교육에서 교실이 탐구공동체가 되도록 제안하는 기본적 구성 단계를 교수텍스트 단계로 반영할 수 있다. 다양한 주제를 포함하면서 교화적이지 않은 이야기 형태의 텍스트를 제공하고(텍스트 제시하기), 그 텍스트에서 학생이 찾은 질문을 분류하여 교사와 학생이 함께 토의할 주제를 결정하고(탐구 주제 정하기), 결정된 주제를 교실공동체에서 반성적 대화 활동을 통해 탐구할 수 있도록 사고 기술이나 도구 등을 견고하게 학습하고(탐구 능력 다지기), 학습 문제와 토론방안을 활용하여 선정된 주제를 탐구하고(탐구하기), 학습을 더 다양하게 표현하고 통합하면서 보강된 판단에 따른 학습한 의미의 심화를 조장하는(학습 반응 조장하기) 구성 단계이다.[30] 이 구성 단계를 참조하여, 윤리적 성찰을 위해 선정한 내용을 제시할 수 있다.

요컨대, 어린이 철학교육 방법 중심의 도덕과 교수텍스트에서는 탐구 가능한 활동을 제시하는 것이 중요하다. 예시한 교수텍스트에서는 윤리적 성찰을 위해 도덕적 존재로서 '나 자신을 알기'를 위한 탐구 활동을 중심으로 어린이 철학교육 방법을 활용하였다. 이를 위해 '도덕공부를 하면서 나에게 어떤 변화가 있었나?', '도덕공부는 왜 하나?', '도덕시간에 무엇을 생각했나?', '왜 도덕적인 사람이 되어야 하는가?' '도덕적이란 무엇인가?', '도덕적인 사람이 되기 위해서는 무엇을 어떻게 해야 하나?',

‘나 자신을 어떻게 얼마나 알고 있는가?’라는 탐구 질문을 중심으로 어린이 철학교육 방법을 반영하였다. 물론 예시한 교수텍스트는 이렇게 표현할 수밖에 없어서 그렇게 표현한 ‘표현의 부재에 대한 표현’이며, 어린이 철학교육 방법 중심으로 교수하는 하나의 예시일 뿐이다. 도덕과수업을 위해 어린이 철학교육 텍스트와 방법론의 활용 가능성은 충분히 인정할 수 있지만, 재고해야 하는 측면도 있다. 첫째, 어린이 철학교육을 위한 텍스트의 특성이다. 이건(Egan)에 의하면, 이야기는 정보를 기억 가능한 형식으로 효과적으로 전하는 능력과 의사소통 중인 정보에 대한 청자의 감정을 지향하는 능력을 가진다. 그리고 교수에서 이야기의 가치는 교육내용에 대한 학생의 정서 및 이와 관련된 상상력을 불러일으키는 힘이다.[31] 어린이 철학교육 텍스트에서는 철학적 주요 주제 도출을 위한 진술 방식을 취함으로써, 이야기 텍스트에서 정서의 환기라는 측면을 충족하는지 재고할 필요가 있다. 둘째, 교사용 매뉴얼에 제시된 교수형식이다. 어린이 철학동화에서 제시된 탐구 방법은 크게 토의활동과 탐구활동으로 제시된다. 물론 도덕과수업의 저자로서 교사는 제시된 방식을 선택하고 학습활동으로 전환하여 적용해야 한다. 만약 이를 그대로 차용한다면, 일정하게 반복되는 학습 활동 속에서 학생은 어린이 철학교육적 접근에 차츰 흥미를 잃을 수도 있다. 셋째, 어린이 철학텍스트에서 주요 주제를 도출하는 방식이다. 교사용 매뉴얼에서 주요 주제를 전체 이야기보다는 특정 진술에 초점을 두고 도출한다. 특정 진술에 초점을 두고 주요 주제를 도출함으로써, 학생이 전체 이야기의 전개와 다소 거리가 있는 주제라고 생각할 수도 있다. 이러한 제한점은 도덕과수업을 위해 어린이 철학교육을 활용하는 경우 재고되어야 하는 측면이다. 하지만, 어린이 철학교육 방법을 활용한다면, 도덕과의 정체성이 부각된 도덕과 교수텍스트 쓰기의 아이디어는 충분히 얻을 수 있다.

2. '자주'에 관한 가치탐구 방법 중심의 교수텍스트

1) 교수텍스트

스스로 한다는 것은?

✪ **다음 중 '스스로 움직임'에 해당하는 것은?**

✦ 다음 카드를 '스스로 움직임', '스스로 움직이지 않음', '결정하기 어려움'으로 나누기.

① 도로를 달리는 자동차	② 집안을 다니는 로봇청소기	③ 주인에게 꼬리치는 강아지	④ 바람에 움직이는 나뭇가지	⑤ 말을 똑같이 따라 하는 앵무새
⑥ 사냥감을 쫓아가는 사자	⑦ 금연하지 못하는 아저씨	⑧ 분리수거 하는 아주머니	⑨ 태어난 곳으로 오는 연어	⑩ 바둑 대결을 하는 인공지능
⑪ 시험공부 열심히 하는 누나	⑫ 새끼를 지키는 얼룩말	⑬ 정직해야 살 수 있는 외계인	⑭ 태양 주위를 돌고 있는 지구	⑮ 계획 없이 돈을 쓰는 형

- '스스로 움직임'에 해당하는 카드:
- '스스로 움직이지 않음'에 해당하는 카드:
- '결정하기 어려움'에 해당하는 카드:
- '스스로 움직임'의 공통점은?

✪ 만약 하루가 100시간이고 스스로 결정할 수 있다면, 카드의 활동을 몇 시간 정도 할까?

(　　) 시간	(　　) 시간	(　　) 시간

(　　) 시간	(　　) 시간	(　　) 시간
	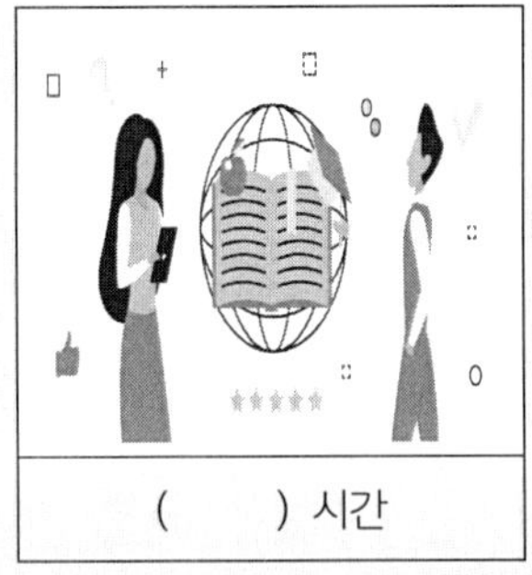	
(　　) 시간	(　　) 시간	(　　) 시간

(　　) 시간	(　　) 시간	(　　) 시간

✦ 시간을 정할 때, 중요하게 생각한 것은 무엇인가?

- 첫 번째로 중요하게 생각한 것:
- 두 번째로 중요하게 생각한 것:
- 세 번째로 중요하게 생각한 것:

✪ 자신이 중요하게 생각한 것에 대해 어느 정도 알고 있나?

✦ 자신이 중요하게 생각한 것에 대해 어느 정도로 분명하게 알고 있나?

(충분히)	5	4	3	2	1	(전혀)

✦ 자신이 중요하게 생각한 것을 자유롭게 선택했나?

(충분히)	5	4	3	2	1	(전혀)

✦ 자신이 중요하게 생각한 것을 여러 사람에게 공개하거나 자랑할 수 있나?

(충분히)	5	4	3	2	1	(전혀)

✦ 자신이 무엇을 중요하게 생각하는지 자기에게 물어보았나?

(충분히)	5	4	3	2	1	(전혀)

✦ 자신이 중요하게 생각하는 것과 다른 사람이 중요하게 생각하는 것이 충돌한다면 잘 해결할 수 있나?

(충분히)	5	4	3	2	1	(전혀)

✦ 자신이 중요하게 생각하는 것에 기초해서 행동을 계획하는가?

(충분히)	5	4	3	2	1	(전혀)

어떤 것이 소중할까?

✪ 사람이 소중하게 생각하는 것은 무엇일까? 사람에 따라 왜 차이가 있으며, 그 차이에 따라 생기는 결과는 무엇일까?

고통 없음, 활기참, 성취감, 세계 평화, 아름다운 세상, 평등, 가족의 안정, 자유, 행복, 갈등 없음, 국가의 안정, 즐거움, 자아 존중, 칭찬, 가까운 친구 관계, 지혜, 포부 있음, 넓은 마음, 낙천적임, 깨끗함, 용기 있음, 다른 사람을 용서함, 협동, 정직, 창의적임, 독립적임, 지적임, 논리적임, 다정함, 충실함, 예의 바름, 믿음직함, 자제함, 성공, 건강

부모님에게 소중한 것	① ② ③ ④ ⑤
친구에게 소중한 것	① ② ③ ④ ⑤
대부분의 사람에게 소중한 것	① ② ③ ④ ⑤

✦ 사람마다 소중한 것들이 왜 다를까?

✦ 사람이 소중하게 생각하는 것들을 무엇이라고 이름을 지어 주면 좋을까?

✪ 내게 소중한 것의 순서는?

✦ 나에게 소중한 것의 순서 정하기.

내게 소중한 것의 순서			
1		6	
2		7	
3		8	
4		9	
5		10	

✪ 내게 소중한 것을 어떻게 실천할까?

✦ 내게 소중한 것을 생활 속에서 잘 실천되는 순서대로 정리하기.

내게 소중한 것이 잘 실천되는 순서			
1		6	
2		7	
3		8	
4		9	
5		10	

✦ 내게 소중하지만 생활 속에서 잘 실천되지 않는 것을 앞으로 한 달 동안 실천할 방법을 찾거나 계획 정하기.

- 나는 일주일에 걸쳐 다음과 같은 방법이나 계획으로 ________을(를) 행동으로 표현한다.

· 제1주의 행위: ______________________________

· 제2주의 행위: ______________________________

· 제3주의 행위: ______________________________

· 제4주의 행위: ______________________________

✦ 내게 소중한 것 중에서 서로 충돌할 수 있는 것을 찾아보기.

- 내게 소중한 것들에서 서로 충돌할 수 있는 것은 __________과(와) __________ 이다.
- 이 두 가지가 충돌하는 이유는 무엇인가?
- 이 두 가지의 충돌을 줄이는 방법이나 계획은 무엇인가?

나와 친구에게 소중한 것을 서로 알아보기

✪ <나와 친구의 소중한 것을 알기 게임> 하기

(▻게임 방법: 각자 자신의 말을 출발점에 놓고 돌아가면서 주사위를 던진다. 해당 숫자만큼 자신의 말을 옮기고, 해당 영역의 카드 중에서 원하는 주제를 정하여 1분 정도 이야기한다. 질문을 받는 경우 대답을 할지는 자유롭게 결정한다. 1회를 마치면 정해진 시간 동안 같은 방법으로 게임을 계속한다. 게임이 끝나면 자신의 의견을 서로 솔직하게 표현한다.)

<일상생활> 아래 주제에 대한 자신의 행동과 그 이유를 말하기	**<사회적 문제>** 아래 주제에 대한 자신의 의견과 그 이유를 말하기
① 대화하는 태도	① 학교의 규칙
② 공부하는 방식	② 환경 보존과 개발 방식
③ 놀이하는 태도	③ 시험 제도
④ 돈을 쓰는 방식	④ 외국인을 대하는 태도
⑤ 선물을 교환하는 방식	⑤ 여성과 남성의 권리
<관계> 아래 대상과의 관계에서 가장 소중한 것에 대해 이야기하기.	**<갈등>** 아래의 갈등 해결에서 가장 소중한 것을 이야기하기.
① 보호자	① 친구가 자신의 비밀을 말하면서 부모님께 그 문제를 어떻게 알려야 할지 나에게 물었다.
② 반려동물	② 괴롭힘을 당하는 친구가 학교를 그만두려고 한다는 것을 알게 되었다.
③ 나 자신	③ 친구들의 의견을 그대로 따라주었기 때문에, 내가 친구에게 인기 있다는 것을 알게 되었다.

④ 선생님	④ 공연 입장권을 구하지 못했는데 친구가 슬쩍 들어가자고 제안한다.
⑤ 가장 친한 친구	⑤ 친구가 함께 어려운 과제에 도전하자고 제안한다.

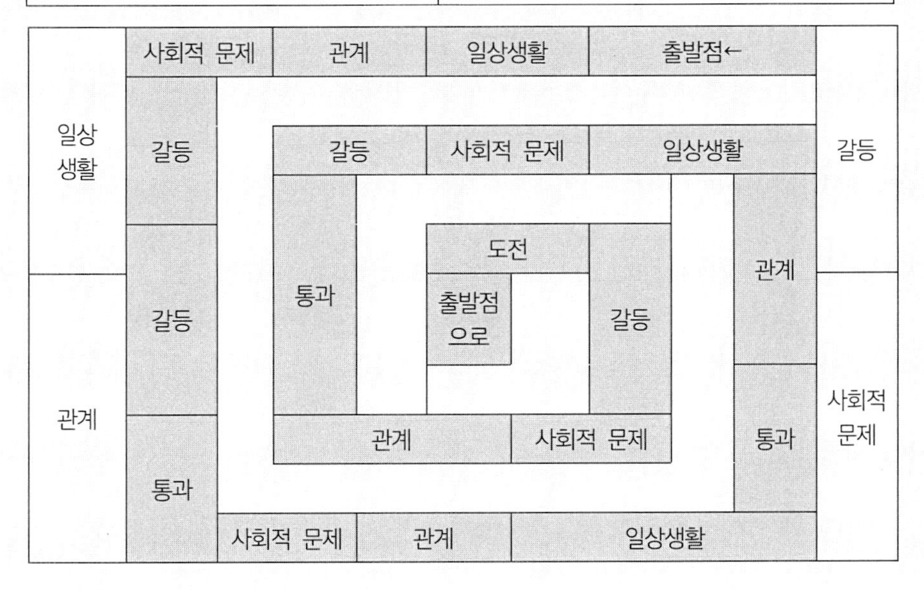

✪ 서로 소중하게 생각하는 것 대화하기

✦ 게임을 함께한 친구와 서로 묻고 답하기.

- 정말로 소중히 여기는 것은 무엇인가?
- 소중한 것 중 생활에서 가장 자주 보여주는 것이 가장 소중한 것인가?
- 소중한 것 중 생활에서 실천하기 어려운 것이 있다면, 그 이유는 무엇인가?

✦ 서로에 대해서 알게 된 것을 전해 주기.

- 친구가 소중하다고 믿고 있는 것은 무엇이라고 생각하는지 전하기.
- 친구가 소중하다고 믿는 것을 얼마나 생각한 것이라고 느껴지는지 전하기.
- 친구가 소중하다고 생각하는 것의 순서에 대해 전하기.
- 친구가 소중하다고 생각하는 것이 행동으로 어떻게 나타나는지 전하기.
- 친구에 대해 오해하고 있던 것과 이해하게 된 것은 무엇인지 전하기.

소중한 것에 따라서 스스로 움직이는가?

✪ 다음 중에서 자신에게 소중한 것 스스로 하기에 도움이 되는 것 선택하기

① 해야 할 일의 목록을 만들고, 매일 목록에 있는 일 한 가지씩 하기

② 중요한 일 먼저 마치기

③ 텔레비전, 핸드폰, 간식, 유튜브나 카톡 등에 마음이 흐트러지지 않고 집중하기

④ 매주 작은 목표를 정하고, 기한 내에 완수하고 점검하기

⑤ 역할모델의 자취를 따라갈 수 있는 방법을 찾고, 가능하면 그 사람과 대화하기

⑥ 도중에 예상치 못한 장애를 만나도 포기하지 않기

⑦ 의미 있고 마음에 드는 활동 두 가지를 선택해 몰입하기

⑧ 가장 중요한 목표를 달성하기 위해 평소보다 더 열심히 하기

⑨ 동기를 주는 인용문이나 시를 읽고, 종이에 적어서 가지고 다니기

⑩ 내 목표를 적어 정기적으로 읽어볼 수 있는 곳에 붙여 두기

⑪ 어려운 과제를 처음부터 끝까지 해내 자신의 끈기를 증명하기

⑫ 수행하기 쉬운 일부터 목록을 작성하고 계속해서 어려운 일로 고쳐가기

⑬ 사랑하는 사람과 함께 목표를 정하고 격려와 충고를 기꺼이 받아들이기

✪ 내게 소중한 것을 생각하면서, 앞에서 했던 '만약 하루가 100시간이고 스스로 결정할 수 있다면, 카드의 활동을 몇 시간 정도 할까?'를 다시 하기.

- 처음과 비교해서 달라진 것이 있다면, 그 까닭은 무엇인가?
- 처음과 비교해서 차이가 없다면, 그 까닭은 무엇인가?

✪ 스스로 하기를 생각하면서, 앞에서 했던 '스스로 움직임에 해당하는 카드'를 다시 분류하기

- 처음과 비교해서 달라진 것이 있다면, 그 까닭은 무엇인가?
- 처음과 비교해서 차이가 없다면, 그 까닭은 무엇인가?
- 스스로 행동하기란 어떤 것인가?

2) 가치탐구 방법을 중심으로 교수 내용 표현하기

교수 내용

이 교수텍스트에서는 '생활 계획'을 자주의 관점에서 탐구한다. 학생은 생활 속에서 자신의 가치관을 기준으로 스스로 생활을 계획하고 실행하는 문제에 직면할 수 있다. 이 문제를 탐구하면서 자신의 가치관을 반성적으로 형성하고, 그 가치관을 실현하기 위해 스스로 생활을 계획하고, 실행하려고 노력하는 것이 자주적이고 자율적인 사람이 되기 위해 중요하다는 것을 인식할 수 있다. 자주적이고 자율적인 삶의 의미와 중요성을 이해하고, 자신의 가치관에 따라 생활을 계획하고, 그것을 실천하려고 노력한다면, 이는 도덕적인 삶을 가능하게 하는 자주적인 마음이다.[1)]

자주에서 '자(自)'는 '...부터'라는 뜻으로, 시(始)와 의미가 통한다. '주(主)'는 촛대[王]와 그 촛대 위에 타고 있는 불꽃[\ ]을 의미한다. 밤의 등불이 한 집 또는 한 가족의 중심 위치를 차지한다는 것에서 '주인'이라는 뜻을 나타낸다. 자주란 자기 스스로가 주인이 되어 자기 주도적이며 주체적인 삶을 살아가는 덕성을 말한다. 자주적인 덕성을 가진 사람은 일을 남에게 미루거나 남의 힘에 의존하여 처리하기보다는 스스로 판단하고 결정하여 자율적으로 실천하는 자세를 가지고 있다. 자율은 자신의 가치관에 근거해서 자기결정을 내리는 도덕적 주체의 능력이다.[2)] 하지만 자율성은 다른 사람의 도움을 전혀 받지 않고 행동하거나, 다른 사람을 고려하지 않고 행동하는 것을 의미하지는 않는다.[3)] 자율이란 소속된 집단이나 관계 맺음 속에서 자유의 제한을 인정하면서, 그 집단이나 관계가 작용하는 방식, 구성원에게 중요한 것을 하는 방식, 구성원이 믿는 것에 따라 행동하는 방식에서 목소리를 내고 선택하는 것이다. 이러한 자주와 자율의 덕을 함양하기 위해, 먼저 자기 자신을 바르게 이해하고 스스로를 존중하는 자기 존중의 자세가 중요하다. 자기 존중은 자기를 가치 있는 존재라고 믿고 스스로를 사랑하고 존중하며 적극적으로 자기를 발전시키기 위해 애쓰는 것이다. 또한 도덕적 문제에 부딪혀 여러 대안을 모색하면서 합당한 해결을 도모하고, 바람직한 원리나 규범을 찾아 적용하면서 보다 도덕적인 삶을 영위하는 자세도 중요하다. 더불어 자기 계발의 자세, 도덕적 이상(moral ideal)을 추구하는 자세도 중요하다.[4)]

자주적인 삶이 불필요한 의존이나 간섭 없이, 가치관에 근거하여 결정한 바를 스스로 실행하려는 자세라면, 자주의 상징적 의미 도식에는 '스스로 정한 방향으로 움직임'이 있다. 자주의 도덕적 의미는 자신의 가치관을 반성하고 존중하면서, 형성된 가치관에 근거하여 스스로 결정하고 실천하려는 마음이다. 그 마음을 함양하기 위해 스스로 한다는 것의 의미, 자신의 가치관에 대한 이해, 서로의 가치관에 대한 이해, 가치관에 따라 선택하고 실천을 계획하기라는 탐구 경로를 설정할 수 있다. 이 경로를 거치는 교수텍스트에서 전체적으로 '자신이 소중하게 생각하는 것과 그 우선순위에 따라 스스로 어떻게 움직이고 싶은지 생각해 보자'라는 이야기를 한다. 이 이야기를 표현하기 위해 스스로 움직인다는 것의 의미, 시간 활용 계획하고 그 이유 생각하기, 가치관 이해하기, 자신의 가치관 확인하기, 서로의 가치관 확인하기, 가치관 실천 계획하기, 시간 활용 다시 계획하기를 중심으로 수업 내용을 구성한다. 자주적인 삶을 이야기하기 위해서는 가치관을 확인하고, 반성하고, 가치관 실현을 위한 생활을 계획하는 것이 중요하다. 자주라는 도덕적 가치를 가치관에 따라 스스로 실천 계획을 수립하기라는 관점으로 표현하기에 적합한 방법 중 하나가 가치탐구 방법이다.

가치탐구 워크숍

같은 대상이 다르게 보이는 이유 중 하나는 사람마다 관점이 다르기 때문이다. 과학자와 예술가는 같은 대상을 다르게 이해할 수 있다. 만약 과학자라면 아마도 대상을 주로 그리고 자주 과학적인 관점에서 이해할 것이다. 그 과학자가 생물학자라면 주로 그리고 자주 생물학의 관점에서 대상을 이해할 것이다. 그렇다고 그 생물학자에게 화학이나 물리학적 관점이 전혀 없지는 않을 것이다. 단지 그 생물학자의 관점의 위계에서 그것이 부각될 뿐이다. 한 개인에게도 하나의 관점만 있는 것은 아니다. 복수의 관점 중에서 상황에 따라 특정한 관점이 은폐되기도 하고 부각되기도 한다. 이 과정에서 특정 관점이 주로 그리고 자주 나타난다. 시간의 흐름 속에서 성장하는 개인에게 주로 그리고 자주 나타나는 관점은 계속해서 변하고 수정되고 재구성된다. 이는 그 개인에게 소중한 것들이 달라지기 때문이거나, 소중한 것들의 순서가 달라졌기 때문이다. 개인에게 소중한 것은 개인적 가치이며, 소중한 것의 순서는 개인적 가치 위계, 곧 가치관이다. 가치관이 다르기 때문에, 도덕적 상황에서 활성화되거나 부각되는 도덕적 관점도 다를 수 있다. 도덕적 갈등의 해소와 도덕적 성장을 위해서는 가치관에 대한 이해와 반성이 선행되어야 한다. 가치탐구이론은 가치관의 이해 및 반성적 형성을 목적으로 시몬즈(Simons)에 의해 제안된 이론이며, 이 이론을 실천하기 위한 방법이 '가치탐구 워크숍(the Values Exploration Workshop)'이다.[5] '가치

탐구 워크숍'은 일곱 개의 절차로 이루어진 가치탐구 활동이다.

제1단계: 자아가치의 진단

이 단계는 현재 자기 자신은 가치척도상 어디에 위치하고 있으며, 앞으로는 어디에 위치하기를 바라는가에 대해 생각할 기회를 제공하는 일종의 자아가치의 진단 단계이다. 워크숍은 참여자가 자신의 가치를 진단하는 일로부터 시작된다. 이 단계에서는 16개의 중요한 가치가 제시된다. 16개의 가치는 지식, 자아 통찰, 경험, 자유 선택, 자랑, 행동, 계획, 내적 갈등, 통합성, 개방성, 타인에게 비추어진 명료성, 타인에 대한 지각, 갈등의 해결, 변명, 개발, 삶의 방향이다. 이 각각에 대해 자아 가치를 진단한다. 여기서 '10'은 가장 좋은 또는 가장 높은 척도를 나타낸다. '0'은 가장 나쁜 또는 가장 낮은 척도를 나타낸다. 현재의 위치와 정도를 결정하여 해당 칸에 'N'(Now)을, 앞으로 소망하는 위치와 정도를 결정해서 해당 칸에 'W'(Wish)를 표시한다.

1. 지식:

당신은 가치 및 가치탐구 과정의 본질에 대해 어느 정도나 알고 있습니까?

완전하게 알고 있다.	10	9	8	7	6	5	4	3	2	1	0	전혀 모르고 있다.

2. 자아통찰:

당신은 당신 자신의 가치에 대해 어느 정도로 분명하고 정확한 지식을 가지고 있습니까?

확실히 알고 있다.	10	9	8	7	6	5	4	3	2	1	0	전혀 모르고 있다.

3. 경험:

당신의 가치는 어느 정도로 당신 자신의 삶의 경험으로부터 개발되었습니까?

전적으로 나 자신의 삶의 경험에 기초되어 있다.	10	9	8	7	6	5	4	3	2	1	0	나 자신의 경험 이외의 요인에 기초되어 있다.

4. 자유선택:

당신은 당신의 가치를 어느 정도로 대안들 가운데서 자유롭게 선택합니까?

모든 가치가 자유롭게 선택되었다.	10	9	8	7	6	5	4	3	2	1	0	자유롭게 선택된 가치는 아무것도 없다.

5. 자랑:

당신은 당신의 가치를 어느 정도로 소중하게 여깁니까? 당신의 가치를 공개적으로 말하며 자랑할 수 있습니까?

전부를 완전하게 공개적으로 말할 수 있다.	10	9	8	7	6	5	4	3	2	1	0	전적으로 사적이며 소중히 여기는 편도 아니다.

6. 행동:

당신의 가치는 어느 정도나 행동으로 표현됩니까?

행동에는 항상 가치가 작용하며 모든 가치가 행동으로 표현된다.	10	9	8	7	6	5	4	3	2	1	0	행동으로 표현되는 가치는 결코 없다.

7. 계획:

당신은 어느 정도나 당신 자신에게 '나의 가치는 무엇인가?'를 묻고 그러한 가치들에 기초해서 행동을 계획합니까?

항상 가치와 관련된 행동을 계획한다.	10	9	8	7	6	5	4	3	2	1	0	결코 가치와 관련된 행동을 계획하지 않는다.

8. 내적 갈등:

당신은 어느 정도나 적극적으로 당신의 가치 중에 갈등하는 가치가 있나 살펴봅니까? 그런 다음, 그들의 화해 방법을 찾는 노력을 합니까?

항상 갈등이 있나 살펴보며 화해를 추구한다.	10	9	8	7	6	5	4	3	2	1	0	결코 갈등을 찾아보거나 화해를 추구하지 않는다.

9. 통합성:

당신의 가치는 어느 정도로 일관성 있는 가치체계로 조직되어 있습니까?

가치가 우선 체계로 통합되어 있다.	10	9	8	7	6	5	4	3	2	1	0	관련 없는 가치들이 허술하게 모여 있다.

10. 개방성:

당신은 다른 사람들과 인간관계를 맺으려 하거나 유지할 때 어느 정도로 그들에게 당신의 가치를 자유롭게 표현합니까?

완전히 개방적이고 가치에 대해 솔직하다.	10	9	8	7	6	5	4	3	2	1	0	가치에 대해서는 결코 말하지 않는다.

11. 타인에게 비추어진 명료성:

당신의 가치에 대해 다른 사람들이 얼마나 정확하게 지각하고 있습니까?

다른 사람들은 나를 완전하고 정확하게 알고 있다.	10	9	8	7	6	5	4	3	2	1	0	아무도 나의 가치를 완전하고 정확하게 알고 있지 못하다.

12. 타인에 대한 지각:

당신은 다른 사람들의 가치를 얼마나 정확하게 지각하고 있습니까?

다른 사람들의 가치를 아주 정확하게 지각하고 있다.	10	9	8	7	6	5	4	3	2	1	0	다른 사람들의 가치가 무엇인지 모른다.

13. 갈등의 해결:

당신은 당신의 가치와 다른 사람의 가치가 충돌하여 발생된 가치문제를 얼마나 잘 해결할 수 있습니까?

다른 사람과의 가치갈등을 아주 효과적으로 해결할 수 있다.	10	9	8	7	6	5	4	3	2	1	0	전혀 가치갈등을 해결할 수 없다.

14. 변명:

당신은 당신의 가치를 충동적이고 사려 없이 행한 것에 대한 변명으로 사용합니까?

나는 나의 가치를 결코 변명으로 사용하지 않는다.	10	9	8	7	6	5	4	3	2	1	0	가치는 변명일 뿐 그 이상의 것이 아니다.

15. 개발:

당신은 어느 정도로 더 이상 의미 없는 오래된 가치를 버리고 새로운 가치를 개발합니까?

나는 항상 새로운 가치의 개발에 힘쓰고 더 이상 의미 없는 오래된 가치는 버린다.	10	9	8	7	6	5	4	3	2	1	0	나의 가치는 결코 변하지 않는다.

16. 삶의 방향:

당신의 가치는 어느 정도로 당신의 삶의 방향 설정에 작용합니까?

나의 삶의 방식은 나의 가치에 기초되어 있다.	10	9	8	7	6	5	4	3	2	1	0	나의 가치가 나의 삶의 방향을 결정하는 일은 드물다.

참여자는 각각의 가치와 관련해서 현재 자기가 실현하고 있는 가치의 위치 또는 정도와, 앞으로 소망하는 위치 또는 정도를 척도 위에 표시한다. 이 검사는 가치탐구자(valuer)로서 자신에 대한 생각의 틀을 제공해 준다. 현재 만족하고 있는 가치는 무엇이며 어떤 것인가를 발견하고 확인시켜 주는 기능을 한다. 제1단계가 끝날 무렵에 참여자는 '이상의 가치들이 당신의 삶에 적용될 때 당신은 어떤 견해의 가치(들)에 가장 만족합니까?', '세 개의 가치를 선택하여 실천할 기회가 주어진다면 당신은 어떤 견해의 가치들을 선택하겠습니까?', '제시된 가치탐구의 견해 가운데 당신이 중요하다고 생각하는 것 중에서 혹시 빠진 것은 없습니까? 있다면, 그것은 무엇이며, 그것이 당신에게 중요한 이유는 무엇입니까?'와 같은 질문에 답한다.

제2단계: 가치이론의 이해

이 단계는 참여자의 이해를 돕기 위해 가치의 개념과 이론을 소개하는 단계이다. 참여자에게 가치현상에 대한 이해와 전체 워크숍 활동의 본질을 더 분명히 이해할 수 있도록 지적 배경을 제공하는 것이 목적이다.

제3단계: 가치의 분류 및 체계수립

이 단계는 워크숍의 참여자들이 100개의 가치로 구성된 '시몬즈의 가치검사지(Simmons' Values Survey)'가 주어진다. '가치검사지'에 제시된 100개의 가치는 다음과 같다.

> '1.생활수준의 향상, 2.토지의 소유, 3.실내배관, 전기와 같은 현대적 설비, 4.건강, 5.행복한 노년생활, 6.충분한 사회보장 제도, 7.일의 성공, 8.행복하고 건강한 자녀 갖기, 9.행복한 가족구성원 되기, 10.사회정의의 유지, 11.신념을 위한 투쟁, 12.국가 없는 세계, 13.황홀한 상태, 14.평온한 상태, 15.변화무쌍한 세계, 16.안정된 세계, 17.강한 개성의식, 18.남과 함께 있는 즐거움, 19.항상 변화를 이끄는 존재, 20.다른 사람을 부리어 나에게 좋은 세상이 되게 하는 데서 맛보는 즐거움, 21.나의 가치에 반하는 압력에의 저항, 22.새로운 현대적 생활방식의 개발, 23.좋은 삶으로 입증된 절대 확실한 생활의 유지, 24.사회적 문제해결을 위한 열의 있는 대처, 25. 조용한 외교술을 통한 사회적 논쟁의 해결, 26.모든 기분의 절제, 27.내적 자아와

의 친밀, 28.개방 및 타인의 수용, 29.맛이나 충동에 따르는 감각적 경험의 즐거움, 30.사교집단 참여, 31.계속적으로 적극적인 목적의 추구, 32.모든 삶의 방식에 대한 감정이입의 경험, 33.근심걱정 없이 자유롭게 떠도는 존재상태, 34.항상 경험을 통제하는 존재, 35.장애의 극복 또는 정복, 36.모험과 자극의 추구, 37.보다 그들 자신이 되도록 남을 돕는 협조와 겸손의 기쁨, 38.예술작품의 아름다움, 39.미적 대상의 창조, 40.기본적 지식에 기여하기, 41.아이디어 구상과 생각하는 즐거움, 42.부의 희망, 43.지역사회 참여, 44.정치참여 활동, 45.다른 사람의 삶에 책임을 짐, 46.조직과 지도를 위한 시간의 사용, 47.남을 즐겁게 해줌, 48.파티에의 시간투자, 49.성취를 인정받음, 50.명사가 되는 기회, 51.봉사, 52.자선, 53.안락한 생활, 54.의미 있는 생활의 영위, 55.평화로운 세상에서의 삶, 56.인간평등, 57.자유로운 삶의 영위, 58.성숙한 인간, 59.안정된 국가에서의 삶, 60.타인존중, 61.존중받기, 62.구원의 성취, 63.지혜의 성취, 64.참된 우정의 경험, 65.효도(부모사랑), 66.반항을 통한 깨달음, 67.나 자신의 생애를 개발하고 유지하기, 68.결혼과 가정을 이루고 유지하기, 69.압박받는 사람들을 옹호하기, 70.민주주의 사회의 유지, 71.능률적 사회의 유지, 72.이념지지의 회피, 73.경험의 즐거움, 74.우리 시대의 과학 기술의 경이, 75.자아충동의 통제, 76.수용한 규칙의 준수, 77.게으름의 회피, 78.강력한 중앙정부를 통한 질서유지, 79.공동체감의 성취 또는 만인에의 소속감, 80.예절바르고 규범적인 인간, 81.보다 만족스러운 자아개발, 82.훌륭한 사람다운 느낌, 83.규율적 생활의 영위, 84.걱정 없는 세상, 85.있는 그대로의 환경 수용, 86.주위의 변화가능성에 대한 인식, 87.세계변화를 위한 수단의 개발 또는 발견, 88.진, 89.선, 90.질서, 91.유일무이한 존재, 92.단순성, 93.정의, 94.놀기 좋아함, 95.모든 것과의 관련의식, 96.생동감, 97.운명의 수용, 98.승리, 99.나 자신이 됨, 100.청렴'

제시된 가치를 '지시분류(forced sort)'와 '자유분류(free sort)'에 따라 분류하여 자신의 가치체계를 수립한다. '지시분류'에서는 자신에게 의미 있고 중요한 가치로부터 가장 의미 없고 중요치 않은 가치를 '가치의 집단 분류표'에 분류한다. 제시된 분류표에서 아래의 수는 집단을, 위의 수는 분류되는 가치의 수를 나타낸다.

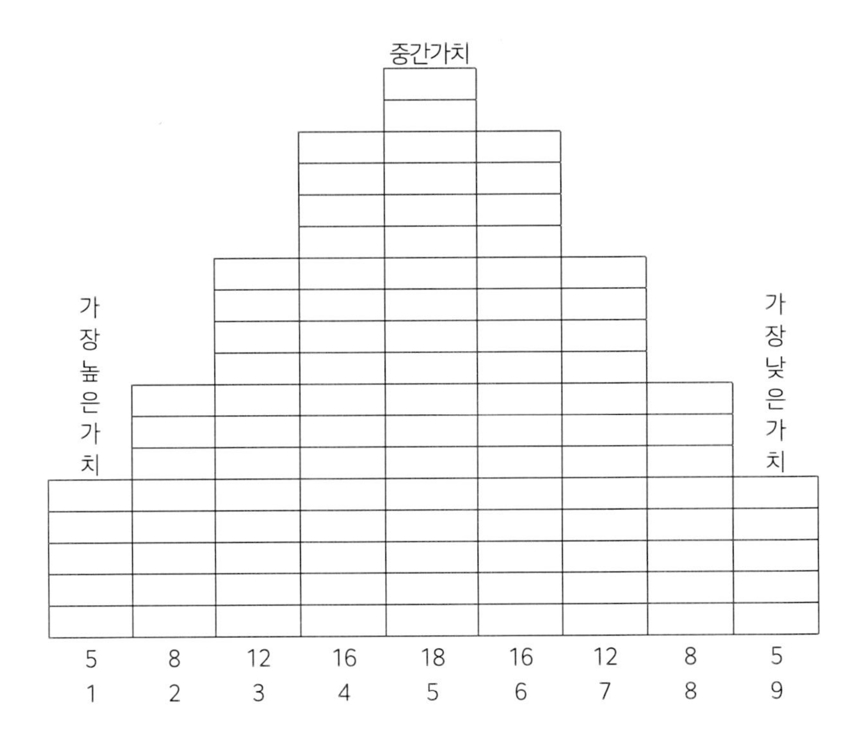

'자유분류'에서는 100개의 가치 가운데서 자신에게 의미 없다고 생각되는 가치는 버릴 수도 있고, 의미 있는 다른 가치들이 있다면 보충하여 정상분포 곡선 모양에 관계없이 개인의 독특한 가치체계를 조직한다.

제4단계: 가치의 실현 및 갈등 화해의 계획

이 단계에서는 자신의 가치를 일상생활에서 행동으로 표현할 것을 요구한다. 또한 가치 간에 갈등이 있으면 그것을 화해 또는 해결할 것도 요구한다. 이 활동은 가치 실현(Value Actualization)과 가치화해(Value Reconciliation) 방법을 중심으로 전개된다. 가치실현에서는 '가치검사지'에 나타나 있는 100개의 가치진술 가운데서 의미 있고 중요하다고 생각하는 정도에 따라 상위 가치 13개를 선정한다. 일상생활에서 이들 가치가 행동에 의해 분명히 그리고 공개적으로 표현되는 정도에 따라 서열을 매긴다. 최하위를 차지하는 세 개의 가치를 향후 일주일에 걸쳐 행동으로 표현할 방법과 계획을 세운다. 가치갈등 화해의 방법에서는 먼저 '가치검사지'에서 상위 가치 25

개를 선정한다. 그 가치 중에 상호갈등을 일으키거나, 일으킬 수 있거나, 상호불일치한다고 생각되는 두 가치를 찾는다. 그리고 갈등하거나 불일치하는 두 가치가 서로 다른 점 또는 갈등하는 점을 기록하고, 그 가치들을 함께 표현할 수 있는 행동 방식을 개발한다.

제5단계: 다른 사람의 가치에 친숙하기

이 단계는 '가치 게임(Val−You Game)'으로 이루어진다. 이 게임은 워크숍 참여자의 일상생활에서 나타나는 가치를 확인하고, 사회적으로 논란이 되는 문제를 해결하는 근본원리에 대해 이야기할 기회를 주는 것이 목적이다. 이 게임은 소집단을 구성하여 서로가 자신의 가치를 공개적으로 말하고 일상생활의 활동이 가치에 기초되어 있는 방식과 갈등 및 위기 등을 극복하는 데 있어서 가치가 어떻게 활용되는가를 탐구할 수 있도록 구안되었다. '가치게임'을 위해서는 게임판과 '대화 토픽 카드'를 준비한다. 게임판의 양식은 다음과 같다.

일상생활에의 도전
사회적 이슈 | 사회적 이슈 | 위기 및 갈등 | 관계 | 통과 | 도전 | 출발점←
위기 및 갈등
통과
위기 및 갈등 | 위기 및 갈등 | 통과 | 통과 | 사회적 이슈 | 도전
도전 | 도전 | 관계
관계 | 사회적 이슈 | 관계 | 사회적 이슈 | 위기 및 갈등 | 위기 및 갈등
관계
사회적 이슈 | 관계 | 출발점으로 돌아가시오 | 도전 | 관계
위기 및 갈등 | 통과 | 통과 | 사회적 이슈
사회적 이슈
통과 | 도전 | 관계 | 위기 및 갈등 | 사회적 이슈 | 관계 | 도전
통과
도전 | 관계 | 사회적 이슈 | 도전 | 위기 및 갈등 | 통과

대화토픽은 다음과 같다.

<위기 또는 갈등> 어떤 가치가 그러한 위기 또는 갈등의 해결에 적용될 수 있는가를 찾아본다. 그 가치를 중심으로 문제의 해결을 위한 노력을 한다.
1. 중병을 앓는 사랑하는 가족이 고통에서 벗어나기 위해 당신에게 안락사를 요구한다.
2. 당신은 부모가 산아제한약의 복용을 금지하는 친구로부터 약의 제공을 요청받았다.
3. 당신은 논란이 되고 있는 의견을 결코 표현하지 않는 이유로 인기가 있음을 갑자기 알게 되었다.
4. 연주회의 입장표를 구하지 못했는데 슬쩍 들어가자고 친구가 제안한다.
5. 당신은 인종이 다른 사람을 사랑하고 있음을 알게 된다.
6. 친구가 자기는 동성연애자라고 고백하면서 어떻게 그의 가족들에게 말해야 하느냐고 당신에게 물었다.
7. 당신은 소득세를 속이면 교회에 내는 헌금을 두 배로 낼 수 있는 방법을 알게 되었다.
8. 당신은 외설물을 검열하는 위원회에서 일해 달라는 요구를 받았다.
9. 친구가 당신에게 어려운 시험을 치러 보자고 제안한다.
10. 당신은 애인이 혼자 파티에 갔는데 아주 매력적인 사람으로부터 위층의 아파트로 살짝 가자는 제안을 받는다.
11. 당신은 학생들의 노력에 대해 평점을 내었다. 그러나 당신 자신은 쉽게 쉽게 하는 사람임을 알게 되었다.
12. 당신은 친구가 고등학교 학생에게 마약을 팔아 등록금을 내고 있는 것을 발견하였다.

<사회적 이슈> 그 토픽에 관해 의견을 말한다. 그 의견에 함의된 중요한 가치가 무엇인가를 말한다.
1. 여성의 권리(정치)
2. 내가 가진 것을 남을 위해 쓰는 것과 나를 위해 쓰는 것
3. 점수제도(학교)
4. 산아제한을 하는 약(건강)
5. 나에게 예배가 의미하는 것
6. 연금수혜자가 일을 하여야 하는가(일)
7. 시험결혼(사랑, 성)

8. 급진적 저항자(법률, 규칙, 권위)
9. 나에게 백만 불이 생기면 무엇을 하겠는가(돈)
10. 안락사(노화, 죽음)
11. 혼혈아의 미래(인종)
12. 나를 가장 생기 넘치게 해주는 것

<일상생활에서의 도전> 자신의 행동과 생각을 말한다. 어떤 가치가 그러한 행동을 결정하는가를 말한다.
1. 당신의 식사하는 태도
2. 당신의 공부하는 태도
3. 당신의 파티에서의 태도
4. 당신이 시청하는 TV 프로그램
5. 당신의 신문 읽는 방식(이유)
6. 당신의 선물 주는 방식
7. 당신의 돈 쓰는 방식
8. 당신의 계획된 생애
9. 당신의 놀이하는 게임
10. 당신의 잠자는 습관
11. 새로운 사람을 만날 때 당신의 감정
12. 당신의 옷 입는 습관
13. 당신의 소유물을 돌보는 방식
14. 당신의 게으름 부리는 방식
15. 당신의 당황해하는 모양과 당신을 당황케 하는 것

<관계> 사람과의 관계에서 표현된 또는 관련된 가장 중요한 가치에 대해 이야기한다.
1. 아버지
2. 아내 또는 남편(여자친구 또는 남자친구)

3. 형제자매
4. 내가 아는 외국인
5. 친척
6. 어머니
7. 나의 반려동물
8. 이모 또는 이모부(고모 또는 고모부)
9. 나의 가장 친한 친구
10. 내가 가장 싫어하는 적
11. 나의 아이들
12. 사촌
13. 낯선 사람들
14. 사장 또는 교사
15. 나 자신

게임이 끝난 후에 참여자들은 '나는 정말로 나의 감정과 의견을 참되게 표현했는가?', '나는 나 자신을 분명하게 표현했는가?, '다른 놀이자가 나의 가치에 대해 정확하게 지각하고 있는가?', '나는 내가 표현한 가치를 정말이지 소중히 여기고 자랑하는가?' 등을 중심으로 자아평가를 해 보도록 한다.

제6단계: 가치의 상호 의사소통

이 단계에서는 서로의 가치를 알 수 있도록 두 사람이 직접 대담(interview)한다. 파트너와의 대담에서는 '어떤 사람이 당신에게 당신의 인생에서 정말로 소중한 것이 무엇이냐고, 당신이 정말로 자랑하고 소중히 여기는 것이 무엇이냐고 물으면, 당신은 그들에게 무엇을 말할 수 있는가?', '당신은 일상생활을 통해 어떤 가치를 가장 자주 보여주는가? 그것이 당신이 가장 마음에 새기고 소중히 여기는 가치인가?', '당신은 일상생활에서 표현 또는 실현하기 어려운 어떤 가치를 가지고 있는가? 있다면, 그러한 이유는 무엇인가?' 등과 같은 질문을 하고 이에 답한다. 이 과정에서 참여자는 서로의 의견과 생각을 교환하고 가치갈등을 확인하면서 보다 정확하게 서로의 가치를 배울 수 있다. 그리고 파트너로부터 얻은 자신에 대한 정보를 참고하여 자신의 가치와 조화되는 행동 방식을 선택할 수 있다. 대담이 끝난 후, '파트너의 중요한 가치일 것이라고 믿고 있는 것', '파트너의 가치가 그에 의해 얼마나 잘 숙고된 것인지', '파트너가 그의 가치들을 하나의 체계로 수립했는지, 아니면 조직되어 있지 않는지', '파트너의 가치가 행동으로 표현되는지' 등에 대한 의견과 생각을 상호 교환한다.

제7단계: 정리 및 함께 하기

이 단계에서는 아직도 알고 싶은 것이 있으면 그것을 명료화하는 기회를 제공한다. 이를 위해 참여자는 가치의 본질에 대해 자신이 갖게 된 결론(들), 자신의 가치에 대한 결론(들), 가치 및 가치탐구에 대한 의문이나 문제를 기술한다. 그리고 이에 대한 일반적 결론, 개인적 결론, 그리고 문제가 되는 것에 대해 함께 이야기를 나눠본다.

가치탐구 워크숍은 주로 성인을 대상으로 긴 시간 동안 이루어지는 활동이며, 하나의 특정 가치보다는 가치관을 여러 가치의 위계로 전제하면서 진행되는 활동이다. 이를 도덕과수업에 반영하기 위해서는 재구성이 필요하다. 먼저, 특정 내용 요소를 교수하기 위해서는 각 단계를 학생이 이해할 수 있는 말로 바꾸어 교수 단계나 학습 요소에 반영해야 한다. 예를 들어, '현재 나의 상태는 어떤가?(제1단계 : 자아가치의 진단)', '나는 그것에 대해 얼마나 알고 있나?(제2단계: 가치이론의 이해)', '그것은 나에게 어느 정도로 중요한가?(제3단계: 가치의 분류 및 체계수립)', '중요한 것을 어떻게 실현할까?(제4단계: 가치의 실현 및 갈등화해의 계획)', '다른 사람의 생각을 알아볼까?(제5단계: 다른 사람의 가치에 친숙하기)', '다른 사람과 나의 생각을 알아볼까?(제6단계: 가치의 상호 의사소통)', '무엇을 알았나?(제7단계: 정리 및 함께 하기)'로 바꿀 수 있다. 다음으로, 여러 차례 긴 시간 동안 이루어지는 활동을 가능한 적은 횟수와 짧은 시간으로 압축하여 반영해야 한다. 이를 위해서는 워크숍이 각 단계의 활동에서 핵심적인 내용과 방법을 교수텍스트의 의도에 맞게 선별할 필요가 있다. 그리고 특정 가치보다는 여러 가치의 위계를 대상으로 하는 활동과 내용 요소와의 연관성을 고려해야 한다. 이를 위해서는 도덕과의 내용 요소 중에서 가치관과 밀접하게 연관된 내용 요소를 선별할 필요가 있다. 가치탐구 워크숍을 기계적으로 적용하기보다는, 이에 대한 이해를 바탕으로 교수텍스트에서 표현하려는 이야기와 내용에 합당한 방식으로 활용하는 방안을 고려해야 한다. 예시한 교수텍스트에서는 가치탐구 워크숍을 초등학교 도덕과수업이라는 제한점을 고려하면서 반영하려는 시도이다.

3. '정직'에 관한 유추적 이해 방법 중심의 교수텍스트

1) 교수텍스트

닮은 특성 찾기

✪ 다음 자료에 꾸미는 말을 넣는다면, 어떤 말을 넣을까?

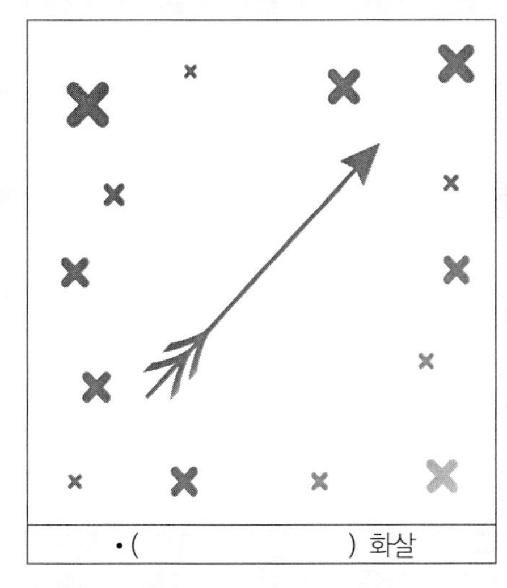

• (   ) 화살

• (   ) 자세

✪ 아래 <예>처럼 <보기>를 설명하기

○ "나무:가지 :: 사람:팔"
○ 나무와 가지의 관계는 사람과 팔의 관계라고 할 수 있다.
그 이유는 가지가 나무의 (㉠)이듯, 팔은 사람의 (㉠)이기 때문이다.

<보기>

✦ '일:돈 :: 축구선수:골인'이라고 할 수 있다.

그 이유는?

✦ '회사:투자 :: 씨앗:양분'이라고 할 수 있다.

그 이유는?

✦ '장인:공예품 :: 할머니:장맛'이라고 할 수 있다.

그 이유는?

✦ '선생님:상담 :: 친구:대화'라고 할 수 있다.

그 이유는?

✦ '나무:대나무 :: 마음:양심'이라고 할 수 있다.

그 이유는

비슷한 특징을 가진 대상 찾기

✪ 아래 <예>처럼 <보기>를 설명하기

<예>

ㅇ '새:날개 :: 물고기:《 ① 》'

새와 날개의 관계는 물고기와 《 ① 》의 관계라고 할 수 있다.

그 이유는 날개가 새의 (㉠)이듯, 《 ① 》은 물고기의 (㉠)이기 때문이다.

<보기>

✦ 길:도로 :: 사람의 말:《　　　　　》이라고 할 수 있다.

그 이유는?

✦ 나무:대나무 :: 사람의 말:《　　　　　》이라고 할 수 있다.

그 이유는?

✦ 시계:모래시계 :: 사람의 말:《　　　　　》이라고 할 수 있다.

그 이유는?

✦ 책:사전 :: 사람의 말:《　　　　　》이라고 할 수 있다.

그 이유는?

✦ 과녁:화살 :: 사람의 말:《　　　　　》이라고 할 수 있다.

그 이유는?

✦ 몸:자세 :: 말:《　　　　　》이라고 할 수 있다.

그 이유는?

✪ <보기>에 있는 말을 사용하여 아래 <예>처럼 만들어 보기

<예>

ㅇ '《 ① 》:《 ② 》 :: 《 ③ 》:《 ④ 》'

ㅇ 《 ① 》과 《 ② 》의 관계는 《 ③ 》과 《 ④ 》의 관계라고 할 수 있다.

그 이유는 ______________________________ 때문이다.

<보기>
나무, 대나무, 소나무, 길, 도로, 시계, 모래시계, 책, 사전, 과녁, 화살, 몸, 자세, 간식, 게임, 사실, 들음, 소리, 목격, 일, 감정, 예의, 말, 약속, 곧음, 바름, 세움, 정확, 푸름, 덮음, 깨끗, 굽은, 휜, 삐뚤어짐, 사실, 드러냄, 숨김, 가림, 마침, 믿음, 만족, 꾸밈, 지킴, 진리, 최선, 어김, 고의, 실수, 이익, 나, 친구, 사회, 배려, 희생, 자신, 친구, 사회, 선의, 악의, 역할, 가식, 결과, 정직, 거짓, 고발, 고자질, 고백, 비밀, 핑계, 선언, 용기, 버림, 희생, 책임, 성실, 존중, 도덕

ㅇ《____》:《____》 :: 《____》:《____》

《____》과 《____》의 관계는 《____》과 《____》의 관계라고 할 수 있다.

그 이유는 ____ 때문이다.

ㅇ《____》:《____》 :: 《____》:《____》

《____》과 《____》의 관계는 《____》과 《____》의 관계라고 할 수 있다.

그 이유는 ____ 때문이다.

ㅇ《____》:《____》 :: 《____》:《____》

《____》과 《____》의 관계는 《____》과 《____》의 관계라고 할 수 있다.

그 이유는 ____ 때문이다.

ㅇ《____》:《____》 :: 《____》:《____》

《____》과 《____》의 관계는 《____》과 《____》의 관계라고 할 수 있다.

그 이유는 ____ 때문이다.

ㅇ《____》:《____》 :: 《____》:《____》

《____》과 《____》의 관계는 《____》과 《____》의 관계라고 할 수 있다.

그 이유는 ____ 때문이다.

정직의 특징 찾기

✪ 아래 <그림>에 '㉠정직, ㉡솔직, ㉢거짓, ㉣숨김, ㉤비밀 지킴, ㉥고자질, ㉦선의의 거짓말'은 어디쯤 위치할지 표시하기.

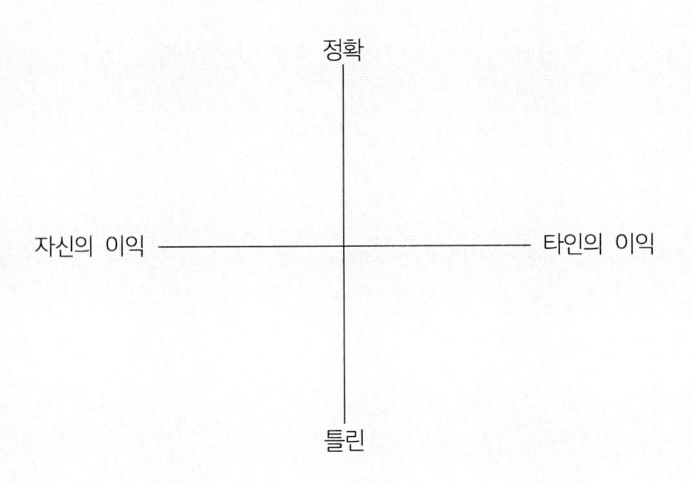

✪ 글을 읽고 물음에 답하기.

링컨이 의회 의원 선거에 출마했을 때였습니다. 당에서는 그에게 2백 달러의 선거 자금을 지원해 주었습니다. 그런데 링컨은 선거가 끝나자, 곧바로 199달러 25센트를 편지와 함께 당으로 돌려보냈습니다. 그는 편지에 이렇게 썼습니다. '나는 선거 기간 중에 말을 타고 다녔으므로 비용이 전혀 들지 않았습니다. 다만, 한 노인에게 음료수를 대접하느라 75센트를 지출했을 뿐입니다. 그래서 나머지 돈을 반납합니다.' 링컨의 이러한 정직성은 당원들을 감동시켰고, 결국 그는 대통령 후보로 추대되었습니다.[1)]

✦ "링컨의 정직:199달러 25센트 :: 나의 정직: (____________________)"

✦ 이렇게 비교한 이유는 무엇인가?

정직의 의미 확인하기

✪ 글을 읽고 사람이 어떤 이유에서 사실을 말할 때 정직하다고 할 수 있는지 생각하기.2)

너는 너 자신을 이긴 거야

오늘은 시험을 보는 날입니다. 윤희는 이번 시험을 대비해 열심히 공부했습니다. 그런데 윤희가 풀기 어려운 문제가 하나 있었습니다. 아무리 생각해도 도무지 답이 떠오르지 않자, 윤희는 점점 초조해지기 시작했습니다. 옆에 앉은 종수가 윤희의 고민을 알아차리고는 답을 보여주려고 답지를 슬그머니 윤희 쪽으로 밀었습니다. 윤희는 자신의 실력대로 시험을 치러야 한다고 생각했기 때문에 종수가 보여주는 답을 절대 보지 않으려고 애썼습니다. 그러나 시험이 끝난 것을 알리는 종이 울리려는 순간, 윤희는 그만 종수의 답을 베끼고 말았습니다.

'아니, 저 아이가.......'

멀리서 윤희의 행동을 보고 계시던 선생님은 내심 놀랐지만 못 본 척하고 기다리셨습니다. 시험지를 들고나오는 윤희의 모습이 당당하던 평소와 달랐습니다. 그리고 선생님 앞에 선 윤희는 작고 떨리는 목소리로 말했습니다.

"선생님, 정말 죄송해요, 제가 친구의 답을 베껴 쓰고 말았어요."

"윤희야, 고맙다. 사실을 말한 이유가 무엇이니?"
"왜냐하면, ...

그러자 선생님께서 말씀하셨습니다.

"윤희야! 네가 정직하게 말해 주어서 기쁘구나. 스스로 잘못을 인정하고 정직하게 말했기 때문에 너는 자신을 이긴 것이란다!"

선생님은 윤희의 어깨를 두드려 주며 힘을 북돋아 주셨습니다.3)

① 나는 거짓말하라고 배우지 않았다. 나는 오직 배운 대로 한다. 그래서 나는 늘 사실을 말한다.

② 나는 사실을 말한다. 왜냐하면 다른 사람이 나에게 사실을 말하도록 하는 가장 좋은 방법이기 때문이다.

③ 나는 늘 사실을 말한다. 왜냐하면 나는 그것만 알기 때문이다.

④ 나는 항상 사실을 말한다. 왜냐하면 거짓말은 역겹기 때문이다.

⑤ 나는 항상 사실을 말한다. 왜냐하면 정직하게 보이고 싶기 때문이다.

⑥ 나는 항상 사실을 말한다. 왜냐하면 그렇게 하지 않으면 벌을 받는 것이 무섭기 때문이다.

⑦ 나는 항상 사실을 말한다. 왜냐하면 다른 사람들은 나에게 그것을 기대할 권리가 있기 때문이다.

⑧ 사실을 말하는 것이 훨씬 쉽기 때문이다. 거짓말은 꾸며내야 하기 때문이다.

⑨ 기타: ______________________________

✪ 윤희가 어떤 이유를 말할 때 정직하다고 할 수 있는지 생각하기.

"윤희야, 고맙다. 사실을 말한 이유가 무엇이니?"

"왜냐하면, ...

____

✪ 처음 자료에 넣은 꾸미는 말을 <보기>처럼 정직으로 바꾼다면, 세상에 정직한 것은 또 어떤 것이 있을까?

• (정직한) 도로	• (정직한) 대나무
• (정직한) 시계	• (정직한) 사전
• (정직한) 화살	• (정직한) 자세

✦ 세상에 있는 (정직한) 것

• (정직한)____________

• (정직한)____________

• (정직한)____________

• (정직한)____________

• (정직한)____________

• (정직한)____________

✪ 처음 자료에 넣은 꾸미는 말의 대상을 마음으로 바꾼다면, 정직을 어떻게 그릴 수 있을까? 자신이 생각하는 정직을 그림으로 나타내고, 그 그림의 제목을 정하고, 그 뜻을 설명하기.

정직을 나타내는 그림	
그림의 제목	
그림과 제목의 뜻	

2) 유추적 이해 방법을 중심으로 교수 내용 표현하기

교수 내용

이 교수텍스트에서는 '사실 전달'을 '정직'의 관점에서 탐구한다. 학생은 자신과 타인에게 인식한 사실을 어떻게 전해야 할지 고민하는 상황에 직면할 수 있다. 이 문제에 관해 탐구하면서, 사실을 전하고 약속을 지키는 데 있어 자신과 타인의 믿음 및 입장을 고려하여 합당한 방식으로 표현하는 것이 중요하다는 것을 인식할 수 있다. 정직과 관련된 선택의 상황에서 정직의 의미와 필요성을 이해하고, 올바른 의사결정을 하고 유혹을 이겨내어, 그 결정을 실천하려고 노력한다면, 이는 도덕적 삶을 가능하게 하는 정직한 마음이다.[4)]

정직은 거짓이나 꾸밈이 없는 바르고 곧은 마음이다. '정(正)'은 '일(一)'과 '지(止)'가 합쳐진 글자로, 오직 하나〔一〕인 양심에 그쳐〔止〕서 바르게 행동하며 정도를 지킨다는 뜻이다. '직(直)'은 '십(十)'과 '목(目)', '은(乚)'이 합쳐진 글자로 '은(乚)'은 숨긴다는 의미를 담고 있다. 따라서 열 눈이 보는바 아무리 숨겨도 드러나지 아니함이 없음을 뜻한다. 진실을 사랑하거나 존중하는 마음인 정직은 타인에 대한 정직, 자신에 대한 정직, 자기가 하는 일에 대한 정직 등의 측면에서 생각할 수 있다. 정직은 타인에 대해 거짓되지 않으려는 노력, 자신의 역할에 대해 최선을 다하려는 노력, 자신의 인식과 다른 적당한 이유와 변명을 꾸며내어 자기 자신을 속이지 않으려는 노력을 포함한다.[5)] 정직과 진정성은 자신에게 진실하게 자기의 내적 상태, 의도, 책임을 정확히 드러내는 것이다. 정직한 사람은 거짓말, 기만, 핑계, 가식을 피하고 자기 내면의 빛을 따라 옳은 일을 하는 사람이다.[6)]

정직이 사실, 감정, 생각, 역할을 자신에게 이롭게 감추거나 꾸미지 않고, 다른 사람에게 미칠 영향을 고려하면서 책임 있게 드러내거나 마치려는 마음이라면, 정직의 상징적 의미 도식에는 '곧음'이 있다. 정직한 마음은 세상의 곧음을 닮으려는 마음, 자신의 믿음을 왜곡하지 않으려는 마음, 타인의 이익을 배려하면서 진실의 표현을 왜곡하지 않으려는 마음이다. 인식 주제가 체험 속의 곧음을 마음의 곧음이라는 측면과 연결하고, 곧은 마음을 배려하는 마음을 가지고 표현하는 방식을 결정하고, 곧은 마음을 왜곡했을 때의 경험을 소환하여 반성적으로 성찰하려고 노력할 때 바르고 곧은 마음을 형성할 수 있다. 그 마음을 함양하기 위해 사물의 바름과 곧음 인식하기, 정직을 유추적으로 이해하기, 정직에 내포된 특성 찾기, 정직의 의미 적용하기라는 탐구 경로를 설정할 수 있다. 이 탐구 경로를 거치는 교수텍스트의 전체적 이야기는 '세상에 바름과 곧음이 있듯이 마음에도 바르고 곧은 마음이 있는데, 곧고 바른 마음을 어떻게 나타내야 하는지 생각해 보자'이다. 이 이야기를 표현하기 위해 세상에 있는 곧음 확인하기, 사물의 곧음과 사람의 곧음 연관 짓기, 곧음과 말을 연관 짓기, 곧음과 정직을 연관 짓기, 정직에 내포된 개념적 특성 찾기, 정직한 마음 표현하기, 정직한 사례 판단하기, 정직의 의미 적용하기를 중심으로 수업 내용을 구성한다. 이와 같은 내용으로 정직을 이야기하기 위해서는 세상에 있는 곧음이라는 측면이 인식 주체의 마음에 형성되어 있는 곧음이라는 도식을 소환하고, 이와 연관시켜 정직이라는 도덕적 가치가 의미 있게 수용되는 것이 중요하다. 곧거나 바른 대상과 추상적 정직이라는 논리적 수준이 다른 두 측면을 연결하여 이해하기 위해 적합한 방법 중 하나가 유추적 이해 방법이다.

유사성에 의한 유추 관계

도덕과수업은 도덕적 사상(事象)으로 도덕적 개념을 표현하고, 그 표현을 통해 도덕적 개념을 이해하여, 그 개념이 도덕적 마음으로 형성되는 과정을 지향한다. 이 과정에서 구체적인 도덕적 사상과 추상적인 도덕적 개념 사이에는 질적 차이가 있다. 그리고 인식 차원의 도덕적 개념과 존재 차원의 도덕적 마음 사이에도 질적 차이가 있다. 따라서 도덕적 사상을 통해 도덕적 개념을 교수하여 도덕적 마음을 형성하려는 도덕과수업은, 이러한 질적 차이의 연결하는 방법을 모색해야 한다. 유추적 이해는 질적 차이가 있는 두 측면을 연결하는 방법 중 하나이다.

도덕과수업에서 이질적 대상의 연결은 논리적으로 보면 일종의 비약이라고 할 수 있다. 상이한 질적 차이의 간극을 논리적으로 매개하기 어렵다면, 도덕과수업에서 이질적 대상의 연결을 위해 비약을 긍정하는 사고 형식을 고려해야 한다. 구체적인 도덕적 사상에 대한 지각에서 추상적인 도덕적 개념에 대한 인식으로의 비약, 추상적인 도덕적 개념의 인식에서 존재론적인 도덕적 마음의 형성에 이르는 비약을 고려해야 한다. 도덕과수업에서 이러한 비약은 명료한 해명이 곤란한 난제이지만, 어떻게든 그 해명을 시도해야 하는 불가피한 전제이기도 하다. 이 난제를 완화하기 위해 상이한 질적 차이를 매개하여 연관 짓는 유추적 이해에 주목할 수 있다. 도덕과수업은 이질적 대상이 공존하고 만나는 공간이며, 유추는 이질적 대상이 연관되는 표현과 이해이기 때문이다.

유추란 본래 수학에서 기인한다. 수학에서 유추는 비례법칙으로 잘 알려져 있다. 즉 'a : b = c : d'라는 비례법칙이 수학적 유추라고 할 수 있다. 철학에서의 유추는 이미 알려진 지식에서 모르는 것을 찾아내는 것이다. 미지의 것을 찾아낸다는 점에서는 철학에서의 유추와 수학에서의 유추는 일맥상통한다. 하지만, 수학적 유추는 양을 찾는 것이 목적이지만 철학적 유추는 질을 찾는 것이다. 이런 관점에서 질적 유추가 목적인 철학적 유추에서는 수학의 양에 해당하는 부호 '='를 사용할 수 없다. 일반적으로 질적인 유추에서 사용하는 부호는 '∷'이다.[7] 예를 들어, 질적인 유추에서 나무와 가지의 관계는 몸과 팔의 관계라고 할 때, '나무:가지∷몸:팔'로 표현된다. 여기서는 나무라는 대상이 가진 특정 성질과 몸이라는 대상이 가진 특정 성질을 알고 있다는 것이 전제된다. 이 대상이 가진 기지의 성질이 일치하기 때문에 다른 성질도 일치한다는 것이다. 이는 나무와 몸의 유사성에 근거하여 나무와 가지의 관계를 몸에 투사함으로써 팔이라는 특수한 대상을 도출하는 사고이다.

'A:B∷C:D'의 형식을 취하는 질적인 유추는 논리적 필연성보다는 정당화 가능한 개연성에 근거한다. 잉글리쉬(English)에 의하면, 여기서 C와 D 항은 A와 B 항의 연결과 같은 방식으로 관련된다. 이때 A와 B항 그리고 C와 D항 사이의 결합은 저차적 관계로 규정된다. '나무:가지∷몸:팔'이라는 유추에서, 가지는 나무의 일부이고 팔은 인체의 부속기관으로 추론된다. 나무와 가지 그리고 신체와 팔 사이의 이러한 결합은 저차원 관계의 사례이다. 반면, 고차원 관계는 더 멀리 떨어진 개념들 사이에서 발생한다. 이는 더 먼 개념들 사이의 관계적 유사성의 결정을 요구한다. 그래서 'A:B'를 'C:D'에 연결하는 능력은 더 고차적인 관계를 포함한다. 예를 들어, '나무:가지∷몸:팔'이라는 유추에서, '나무:가지'와 '몸:팔'을 연관짓기에 앞서 나무와 몸에 의해 공유되는 유사성을 지각할 수 있어야 한다.[8]

유사성을 지각하는 능력은 인지 활동의 가장 근본적 측면 중 하나이다. 이 능력은 재인, 범주화, 학습에서 결정적 역할을 할 뿐만 아니라, 과학과 창의성에서도 중요한 기능을 담당한다. 예컨대 학습은 단순히 새로운 사실을 기억에 첨가하거나 동일한 추론 규칙을 적용하여 이루어지는 것이 아니다. 이미 존재하는 지식 중에서 새로운 학습과 밀접하게 관련된 지식을 확인하여, 새로운 사실을 그 지식과 결합시킬 수 있는 능력에 달려 있다. 이 연결 과정에서 일차적인 역할을 담당하는 것이 바로 유사성이다. 대상들 간의 유사성을 심리학에서는 전통적으로 두 가지 측면에서 접근하였다. 하나는 심리적 공간을 상정하고 대상이 심리적 공간의 특정한 장소에 위치한다고 가정하여, 두 대상 간의 유사성을 심리적 거리의 함수로 간주하는 입장이다. 이러한 가정에서 제기된 유사성 모형을 공간모형(spatial model)이라 한다. 다른 하나는 대상을 세부 특징의 집합으로 간주하고, 두 대상 간의 유사성을 공유하는 세부 특징과 하나의 대상만이 가지고 있는 세부 특징의 함수로 간주하는 입장이다. 이 입장에서 제기된 유사성 모형을 세부특징기반모형(feature-based model)이라 부른다.[9] 심리학적 유사성은 심리적 공간에서 거리의 원근이나 세부 특징의 집합에서 같음과 다름의 정도로 설명할 수 있다.

한편, 유사성은 크게 표면유사성과 심층유사성으로 구분된다. 표면유사성은 겉으로 드러난 속성에 근거하는 반면, 심층유사성은 공통적 관계에 의한 구조에 근거한다. 예를 들어, 태양계와 원자 간의 유사성에서, 태양 주위를 돌고 있는 혹성과 원자핵 주위를 돌고 있는 전자 간에 표면적으로는 아무런 대응 관계가 없지만, 궤도에 따라 회전하고 있다는 관점에서는 대응성을 보이고 있다.[10] 정미린의 정리에 의하면, 유사성은 완전 유사성, 구조 유사성, 표면 유사성, 변칙적 유사성으로 구분된다. 혹은 요소 유사성, 관계 유사성, 체제 유사성으로 구분된다. 여기서 표면 유사성은 외형적으로만 유사한 경우, 구조 유사성은 구조적으로 유사한 경우, 완전 유사성은 표면 유사성과 구조 유사성을 동시에 만족하는 경우, 변칙적 유사성은 표면 유사성과 구조 유사성이 모두 없는 경우를 의미한다. 요소 유사성은 기저영역과 목표영역 요소의 특징이 유사한 경우, 관계 유사성은 기저 영역의 요소와 목표영역의 요소 간의 관계가 유사한 경우, 체제 유사성은 구조적 일관성이 있어 관계 간의 관계가 유사한 경우를 의미한다. 여기서 요소 유사성은 표면 유사성을 의미하며, 관계 유사성과 체제 유사성은 구조 유사성을 의미한다.[11] 따라서 기저 혹은 근원영역과 목표영역에서 외관상 유사한 속성이 드러난 것이 표면유사성이나 요소 유사성이다. 반면 외관상 유사한 속성이 감추어지고 외관상 드러나지 않는 이면 속성들의 관계 혹은 그 관계의 관계가 유사한 것이 심층유사성 혹은 구조유사성, 관계유사성, 체계유사성에 해당한다.

유사성은 근원영역이 목표영역과 관련되는 방식에 따라 구분된다. 질적인 관계를 성립시키는 유추적 유사성은 양적으로 환원되지 않는 근원영역과 목표영역의 연관관계를 통해 목표영역을 이해하는 유사성이다. 양적으로 환원되지 않는 유사성에 의해 성립되는 질적인 유추관계는 유추적 사고에 의해 파악된다. 먼저, 이러한 유추적 사고의 논리적 형식으로는 유비논증(類比論證)이 있다. 이 논증은 두 가지 다른 유형에 속하는 대상의 비교에 근거한다. 유비논증이 전개되는 틀은 우선 전제에서 어떤 종류의 대상이 다른 종류의 대상과 몇 가지 점에서 서로 비슷하다는 사실이 확인되어 있음을 진술한다. 그리고 첫 번째 종류의 대상이 그 밖의 어떤 특성을 갖고 있다는 사실을 지적하는데, 두 번째 종류의 대상이 이 추가된 특성을 갖고 있는지는 아직 알려져 있지 않다. 이런 전제로부터 유비에 의해 두 종류의 대상이 몇 가지 점에서 비슷하므로 다른 점에서도 비슷하다고 결론을 내린다. 이로 말미암아 두 번째 종류의 대상 역시 첫 번째 종류의 대상이 지닌 것으로 밝혀져 추가되었던 속성을 갖게 된다.[12] 따라서 유비논증은 'X는 G, H, F'이고, 'Y도 G, H'이므로 'Y는 F'라는 추론이다. 유비논증 형식의 추론은 두 대상 중 한 대상이 가진 특성을 이미 확인할 수 있을 때, 다른 대상이 그 속성을 공유하므로 두 대상을 같은 수준으로 범주화할 수 있고, 따라서 그 범주의 대상은 미지의 속성도 공유할 것이라고 추론한다. 이 추론의 정당성은 기지의 지식에 근거한 두 대상 사이의 유사성 여부에 달려 있다. 두 대상이 공유하는 기지의 속성의 같음이 클수록 유비논증은 강화되고, 반대로 두 대상의 다름에 해당하는 내용이 클수록 약화된다.

질적 유사성에 근거한 속성 추론을 포함하여 기지의 지식을 통해 미지의 특수를 추론하는 유추의 특성은 '경험의 유추'에서 확인할 수 있다. 유추는 시공간 내에서 현실적 인식 대상이 되는 특수를 찾는 사유이다. 이를 위해서는 특수로서 그 대상이 가능하고, 그 대상이 있고, 그 대상으로 있어야 한다. 이때 특수에 해당하는 대상은 개념적으로 규정되는 것이 아니라 다른 대상과의 연속적인 관계 속에서 결정된다. 칸트의 경험의 유추는 산재한 개개 현상들의 현존재에 있어서 서로의 상호관계의 연속성을 규정한다. 경험의 유추는 모든 산재되어 있는 개개의 현상들이 그 현존재라는 측면에서 서로 필연적 관계에 있고, 그 관계는 시간과 공간의 역동적 연속성의 토대 위에서 가능함을 보여준다.[13] 백종현에 의하면, 어떤 것이 경험적으로 포착 가능하려면, 공간·시간상에 나타나고 양적으로 질적으로 규정될 수 있으면 그것은 '있을 수 있다.' 그리고, 어떤 것이 원리상 감각될 수 있으면 그것은 '실제로 있다.' 또 어떤 것이 실제로 있는 것과 실체와 속성, 원인과 결과, 상호 공존의 법칙에 따라 관계 맺어 있으면 그것은 '반드시 있다.' 이는 경험적인 사고 작용이 그 사고 대상의 존재 방식을 규제하는 원리이다.[14] 김정주에 의하면, 현상하는 대상 자체의 현존을, 현존에 관해서 현상하는 대상의 상호관계를 다루는 것이 칸트의 경험의 유추이다. 이 이유에서 칸트는 경험의 유추가 선천적 구성의 가능성을 포함하지는 않지만, 경험에서 무엇을 발견해야 하는가를 가르쳐준다는 의미에서 규제적이라 한다. 경험의 유추에서 유추라는 개념은 관계의 원칙에만 적용된다. 이는 수학적 유추와 구별된다. 수학적 유추는 동종적 요소의 두 분량 관계의 동일성을 표현해 주는 정식이다.

그러나 철학적인 경험의 유추는 이종적 요소의 두 질적 관계의 동일성을 표현해 준다.[15] 따라서 경험의 유추는 현존 간의 관계를 규제하는 철학적 유추이다. 철학적 유추는 양적 관계의 동등성이 아니고, 질적 관계의 동등성이다. 즉 철학적 유추는 관계항을 규정하는 것이 아니라 관계 자체를 규정한다. 예를 들어서 '이도령:성춘향∷로미오:X'라는 유추가 있다면, '로미오와 줄리엣'에 대한 어떤 경험을 하지 않고는 'X=줄리엣'이라는 결론에 도달할 수 없다. 다만 주어진 유추에서 선험적으로 규정할 수 있는 것은 이도령과 성춘향의 관계와 동일한 관계가 로미오와 X 사이에 성립된다는 것뿐이다.[16] 그래서 경험의 유추는 미지항에 해당하는 특수를 선험적으로 확정하여 제출하지 않고, 경험적 규칙으로 그 특수가 될 수 있는 가능 조건을 제출하는 철학적 유추이다. 실체와 속성, 원인과 결과, 상호 공존의 법칙에 따라 현상을 규제하는 형식으로, 특수를 통해 특수를 규제하여 질적 동등함을 표현하는 것이 철학적 유추이다.

질적으로 동등한 특수를 규제하는 철학적 유추는 직접 지각되지 않는 인간의 정신적 속성을 표현하고 이해하기에 적합하다. 실버(Silver)에 의하면, 인간의 정신적 속성을 표현하는 데는 물질적 우주와의 유추에 뿌리를 두고 있다. 언어의 본질, 기원, 용법을 살펴보면, 물질적 우주와 인간의 마음 사이의 관계를 볼 수 있다. 고대 그리스 사람들은 인간을 소우주(microcosm)라고 불렀고, 인간을 거대한 세계의 축도로 간주했다. 이때 자연의 모든 것은 인간의 마음에 상응한다. 만약 자연으로부터 이러한 상징적 기호를 취하지 않는다면, 하나의 관념을 표현한다는 것은 불가능하다. 정신적 속성은 그에 부합하고 상응하는 자연의 대상에 따라서 이름을 지었다. 자연의 세계보다 상위에 있는 정신적인 이해, 의지, 사고, 감정의 모든 원리가 신체를 가진 인간에게 언어로 소환되도록 자연적 상징에 의해 표현되었다. 예를 들어 정신적인 것의 특성을 표현하기 위해 자연적인 것에서 취한 다양한 형용사(쓴, 감미로운, 신, 따뜻한, 차가운, 긴, 짧은, 높은, 낮은, 어두운, 밝은, 가까운, 먼, 검은, 흰)를 사용한다. 이러한 형용사는 마음의 상태나 특성을 서술하기 위해 사용된다.[17] 이러한 언어의 발달은 마음의 법칙이 물질을 규제하는 법칙의 작용 양식과 유사하다는 사실에 근거한다. 그렇지 않으면, 자연적 과정이나 대상을 기술하는 말을 정신적 개념들을 상징화하는데 사용할 수 없다.[18] 신체를 가진 인간은 정신적인 것을 말하기 위해 자연적인 것의 특성으로 정신적인 것의 특성을 이해한다.

유추적인 도덕적 이해

자연적인 대상을 통해 정신적인 개념을 유추적으로 이해하는 것은 도덕영역에서 흔히 확인될 수 있다. 예를 들어, '소우주:인간::곧은 자연물:정직'이라는 표현과 이해에는 이질적인 유사성 관계를 연결하는 개념체계가 있다. 이는 인간의 개념체계는 유사성에 근거한 개념적 과정에 크게 의존하기 때문이다.[19] 이 개념체계에서 개념의 이해는 근원영역의 속성과 구조를 목표영역에 투사하고, 이를 통해 목표영역은 명료하고 새롭게 구성되고 표현되고 이해되기 때문이다.[20] 구조－투사 은유 이론의 기본 통찰은 유추가 근원영역에서 목표영역으로 지식을 투사한다는 것이다. 이때 근원영역의 대상이 가진 관계 체계를 목표영역의 대상도 가진다. 이때 유추는 관계적 공통성에 주목하는 방식이며, 최대한의 구조적 대응을 찾기 위해 목표영역의 대상과 상응하는 근원영역의 대상을 설정한다. 근원영역과 목표영역의 상응하는 대상은 서로 닮지 않아도 되며, 대상은 상응하는 관계 구조 속에서의 역할에 의해 결정된다. 투사과정에서 핵심은 조직성의 원리로서, 고립된 속성보다는 추론적 중요성을 가진 고차적 관계를 포함한 속성의 체계를 투사한다.[21]

이는 도덕적 이해에서 은유적 이해의 인식 배경에 유추적 이해가 있음을 나타낸다. 도덕을 좋음이라고 이해하거나, 도덕을 옳음이라고 이해하는 경우, 여기서 목표영역은 도덕이고 근원영역은 좋음이나 옳음이다. 나아가 좋음이나 옳음은 좋은 것이나 옳은 것을 통해 표현되고 이해된다. 그래서 '도덕은 좋음이다'라고 할 때, 좋음이라는 근원영역은 도덕이라는 목표영역에 투사된다. 나아가 '도덕은 좋은 것'이라고 한다면 좋은 것의 근원 영역은 도덕이라는 목표영역에 투사된다. '도덕:(좋음::좋음:)좋은 것'이라는 은유적 표현과 이해의 배경에는 유추적 이해가 있다. 이러한 이해에서 이전에 경험하여 알고 있는 좋은 것에 관한 앎이 투사된다. 구체적으로 정직은 곧음이라는 표현을 보자. 이때 정직은 목표영역이고 곧음은 근원영역이다. 정직이라는 추상적인 도덕적 개념의 이해에는 곧음이라는 구체적 경험이 투사된다. 이는 '정직:(곧음::곧음:)곧은 것'이라는 유추적 이해에 의해 이루어진다.

이러한 유추적 이해는 도덕적 갈등 상황의 판단에서도 볼 수 있다. 예를 들어, 하인즈의 딜레마에서 '아내를 위해서 약을 훔쳐야 하는가?'에 대한 판단이다. 여기서 '아내를 위해 약을 훔쳐야 한다.' 혹은 '아내를 위해서라도 약을 훔쳐서는 안 된다.'라는 판단이 가능하다. '아내를 위해 약을 훔쳐야 한다.'라는 판단은 '아내를 위해 약을 훔치는 것은 사랑하는 아내를 살리기 위해 남편으로서 당연한 행동이다.'라는 이유에 근거할 수 있다. 반면, '아내를 위해서라도 약을 훔쳐서는 안 된다.'는 판단은 '사랑하는 아내를 살리기 위해서라도 남편이 약을 훔치는 것은 절도에 해당하는 것이다.'라는 이유에 근거할 수 있다.[22] 전자에는 '(남편:아내::)아내에 대한 사랑:약의 획득'이라는 유추적 이해가 있다면, 후자에는 '(남편:사회::)규칙의 준수 위반:약의 획득)'이라는 유추적 이해가 있다. 이러한 유추적 이해에서 괄호를 친 부분만 나타나면, 그것은 '약의 획득은 사랑이다.' 혹은 '약의 획득은 절도이다.'라는 판단이 된다. 어떤 유추에 근거하느냐에 따라 이 문제에 대한 판단은 달라질 수 있다. 결국 도덕적 판단에는 은유적 이해가 있고, 은유적 이해는 유추적 이해를 배경으로 한다. 이처럼 유추적 이해는 은유적 이해의 인식 배경이며, 따라서 근원영역을 통해 목표영역을 이해할 때 근원영역의 이해를 유추적으로 투사한다. 이 과정에서 잘 알고 있는 근원영역으로 상대적으로 잘 모르는 미지의 목표영역을 구성하고, 근원영역과 목표영역의 유사성을 새롭게 연결하여 목표영역에 관해 추론한다. 여기서 근원영역과 목표영역의 유사성에 따른 유추적 이해를 통해 새로운 앎이 형성된다.

한편, 질적으로 상이한 범주의 유추관계를 전제로 하는 다른 이해와 표현에는 상징이 있다. 유영옥에 의하면, 상징이란 '질적으로 다른 범주에 속하는 두 개의 사물과 개념이 어떤 유추작용에 의해 전자가 후자를 표상하는 관계에 있을 때 그 전자'를 말한다. 상징 개념에 대한 정의는 매우 다양하고 유동적이지만, 일차적으로 유추작용을 중심으로 살펴볼 수 있다. 일반적으로 상징은 그것이 가리키는 대상과의 사이에 유추적 합치성을 그 특징으로 하고 있다. 예를 들어 백색은 순수의 상징이요, 적색은 정열의 상징이다. 저울은 정의의 상징이며, 십자가는 기독교의 상징이다. 이렇듯 상징과 대상이 하나의 물질계에 또 하나는 정신계에 속하므로, 그 두 사항은 유추관계로 연결된다. 나아가 상징이 상징 대상과 유추관계에 있다는 것은 상징의 본질적 특성에 어떤 논리적 비약이 있음을 함축한다. 왜냐하면 유추작용이란 질적으로 다른 두 개의 사항 사이에 간극을 메워주는 것으로, 그 과정에서 비약이 불가피하기 때문이다.[23] 상징은 이중의 의미, 이중의 기호 작용이 있기 때문에 유동적 의미, 즉 기표가 나타내는 기의는 유추관계에 있는 제2의 의미를 갖는다.[24] 이처럼 상징은 유추적 합치성을 그 특징으로 한다. 유추관계로 인해 상이한 차원의 상징과 그 대상영역이 연결되고, 논리적 연결로는 불가한 상이한 차원을 연결하는 논리적 비약이 가능하게 된다. 그리고 유추관계는 유동적인 의미 표현이 가능하며, 이중의 의미 표현이 가능하게 한다. 상징에서 상이한 차원의 논리적 비약이 가능하고, 기표가 나타내는 기의가 유동적 의미를 갖는 것이 가능한 것은 기표와 기의의 관계를 유추적 이해를 통해 파악하기 때문이다.

도덕영역에서 유추적 이해가 요구되는 것은 도덕적 사상이 표상하는 도덕적 의미가 도덕이기 때문이다. 도덕과수업은 구체적인 도덕적 사상으로 추상적인 도덕적 개념을 표현하는 일종의 상징이다. 도덕적 사상이 상징적이고 그것을 표현하는 도덕과수업 역시 상징적이라면, 도덕과수업의 논리는 명제적 원리를 적용하는 사고에 한정되지 않는다. 따라서 도덕과수업에서는 상징적 표현을 유연하고 다양하게 파악하는 유추적 이해를 고려해야 한다. 유추적 사고의 기본적인 형식은 'A:B∷C:D'이다. 이러한 형식에서 흔히 D항을 찾아 그것을 정당화하는 것이 기본적인 유추적 사고이다. 이때, D항을 찾기 위해서는 A, B, C항에 관한 기지의 지식을 활용하여 추론하여야 한다. 이 추론에서 A, B, C라는 개별자에 대한 특수한 사실과 개별자들 각각의 유사성을 구성하는 구조를 투사하여 추론해야 한다. 이러한 추론을 통해 D항에 대한 가설을 수립하고, D에 대한 사실에 따라 그 가설을 정당화하여 연관지어야 한다. 이처럼 기지의 지식이나 경험을 통한 유사성에 근거하여 특수에서 특수를 발견하여, 구체적 사상과 개념을 연결하는 유추적 이해는 도덕적 앎을 심화 확장시킬 수 있는 방식이다.

유추적 이해의 교육적 활용

부스트롬(Boostrom)에 의하면, 유추는 사고를 방해할 수 있다. 사물을 한 가지 관련성으로 생각할 때, 항목의 쌍이 수많은 가능성 있는 관계를 지닐 수 있다는 사실을 잊어버릴 수 있기 때문이다. 그러나 유추를 상상적으로 사용하여 그 관계를 찾아내고 생각해 낼 수 있다면 사고도 열릴 수 있다.[25] 교육의 장면에서 개념의 이해를 촉진하고, 문제 해결을 위해 열린 사고로서 유추적 사고를 주요 도구로 활용한 분야가 수학이다. 이경화에 의하면, 유추는 수학자가 미지의 세계를 탐험하는 도구이다. 수학의 역사에서 유추적 사고를 활용하여 새로운 이론을 구축한 사례를 집합론, 무한급수의 합, 음수, 복소수에서 찾을 수 있다.[26] 이 사례에서 찾을 수 있는 유추적 사고의 중요한 기능은 의도적인 표현의 변형과 가설생성, 모호성의 유발과 해결이다. 먼저, 유추적 사고는 불완전한 직관 또는 정당화되지 않은 추측을 사용하는 맥락을 제공한다. 식 또는 표현의 유사성에 근거하여 표현 방법을 의도적으로 변형하면서 연결성을 추구하는 것과, 기존의 개념이나 성질을 유지하려는 가설적 사고에 따르는 두 기능이 유추적 사고에 내재되어 있다. 유추적 사고에 기초한 가설 생성은 개념적 이해를 동반하지 않으며, 이 때문에 인식론적 장애가 발생하고, 이를 극복하기 위해 의도적인 표현의 변형이 시도되며, 이를 통해 수학적 지식이 안정된 체계를 이룬다. 다음으로, 수학적 발견 또는 수학적 지식의 구성 과정에서 유추적 사고의 목적은 하나의 맥락에 머무르지 않고 다양한 표현 도구 개발을 통한 복수의 맥락 형성에 의해 모호성을 유발하고, 그것을 해결하는 것이다. 유추적 사고에 의해 표현 도구를 새로이 개발하거나, 새로운 관계 또는 새로운 성질에 대한 가설을 생성하면서, 모호성이 극대화되고 이를 해결하면서 다시 안정을 찾게 된다. 이 과정을 반복하는 가운데 새로운 수학적 지식을 구성하거나 기존 지식의 엄밀성을 획득한다. 수학자의 유추적 사고 과정은 '의도적인 개념과 관계, 표현의 변형'을 통한 '모호성의 유발', 이를 통한 '지식 체계의 불안정화', '모호성의 해결을 통한 지식 체계의 안정화'로 특징지어진다.27) 수학분야에서는 유추적 사고를 통해 논리적 비약이 있음에도 기지의 수학적 사실들을 연결하여 새로운 수학적 지식을 얻는다. 유추에 의해 지식이 서로 연결되고 이론적으로 체계화되어 새로운 수학적 지식에 적용된다. 이러한 유추적 사고의 의의에 터하여 이경화는 유추적 사고의 교육적 시사점을 제시한다. 첫째, 수학 학습 과정에서 표현 방법 또는 대상과 대상 사이의 관계를 변형해보도록 하고, 그 변형에 의해 기존 지식 체계에 어떤 변화가 생기는지 알아보도록 하는 기회를 제공해야 한다. 둘째, 수학을 지도하는 과정에서 모호성을 유발하고 도전하여 안정을 꾀하는 경험을 제공하는 것이 필요하다. 셋째, 불완전한 정당화 또는 정당화의 보류가 학교 수학을 지도하는 과정에서도 고려되어야 한다.28)

수학교육 분야에서 유추적 사고는 표현 방법이나 대상 사이의 관계를 변형하는 경험의 제공, 그 변형에 의한 기존 지식 체계의 변화를 발생시키는 인식 경험의 제공, 모호성의 유발과 안정적 극복 경험의 제공, 불완전한 정당화와 정당화의 보류 경험의 제공이라는 교육적 의의를 갖는다. 이러한 교육적 의의는 수학교육 분야에 한정된 것은 아니다. 이러한 학습경험은 도덕교육 분야에서도 필요하다. 흔히 도덕과수업에서 학생은 교수학습 상황에서 제시된 질문에 대해 이미 정답을 다 알고 있다고 생각한다. 이로 인해 학생은 도덕과수업에서 도덕적 탐구에 대한 흥미를 나타내지 않는다는 문제점이 제기된다. 이를 해결하기 위해 교사는 정답이 정해져 있지 않은 도덕적 문제를 제시하고, 학생은 이를 탐구하여 새로운 도덕적 앎에 도달할 수 있어야 한다. 이 과정에서 관계를 변형하는 경험, 기존 지식 체계를 변화시키는 경험, 모호성의 유발과 극복 경험, 불완전한 정당화가 인정받는 경험 등을 가능케 하는 유추적 이해를 활용한 도덕과 교수학습이 적극적으로 고려되어야 한다.

도덕과수업에서 유추적 이해의 활용

도덕과수업에서 유추적 이해가 필요한 이유는 그 교육적 기능뿐 아니라 도덕이라는 영역 자체가 유추적 이해를 요청하기 때문이다. 도덕과수업은 구체적인 도덕적 사상과 추상적인 도덕적 개념을 연결하는 것이다. 도덕과수업은 지각적 도덕적 사상 속에 감추어진 도덕적 의미를 드러내는 교수학습이다. 이러한 이중의 의미 표현은 직접적으로 의미를 설명하여 전달하는 것이 아니라 간접적으로 의미를 표현하고 이해하는 것이다. 유추적 이해는 감각 현상에서의 지각을 추상적 관념으로 확대하여 상이한 두 수준을 연결한다. 도덕적 사상과 도덕적 개념의 관계를 인지하기 위해서는 유추적 이해를 통해 다양한 관계를 설정하고 모호성을 유발하고 가능한 정당화를 통해 도덕적 탐구와 발견이 가능한 학습경험을 제공해야 한다. 예를 들어, '도덕은 사람이 가야 하는 길이다'라는 표현은 도덕을 길을 따라 이동하는 것에 비추어 이해하는 것이다. 도덕 자체를 설명하고 이해하기 어렵기 때문에 길을 따라 이동하는 익숙한 경험을 통해 유추적으로 이해하는 것이다. 유추적 이해를 통해 추상적이고 잘 모르는 영역을 구체적이고 잘 아는 영역에 근거하여 사고하는 것이다.

유추적 이해를 도덕과수업에 적용해야 하는 이유는 도덕과 교육과정에서도 찾을 수 있다. 예를 들어, 도덕과 교육과정에서 도덕과의 성격을 '학생의 경험 세계에서 출발하여 자신을 둘러싼 현상을 탐구하고 내면의 도덕성을 성찰함과 동시에 스스로 삶 속에서 실천하는 과정을 추구하는 도덕함의 시간과 공간을 제공하는 교과'로 진술한다.[29] 여기서 '도덕함'이라는 과정이 학생의 구체적 경험에서 출발하여 도덕적 현상을 탐구하여 내면의 도덕성을 성찰하고 삶 속에서 실천하는 것이라면, 그 출발점은 경험 세계에 근거한 탐구이다. 경험 세계에 근거한 탐구를 가장 포괄적으로 보면 도덕과수업은 도덕을 가르치는 것이고, 도덕은 좋음과 옳음을 내용으로 하며, 교육과정상의 내용 체계는 도덕 혹은 좋음과 옳음을 핵심 가치와 내용 요소로 구체화한 것이다. 여기서 상대적인 경험 세계는 핵심 가치이다. 이를 반영하여, 예를 들어, '도덕:좋음∷좋음:성실', '도덕:좋음∷좋음:배려', '도덕:옳음∷옳음:정의', '도덕:옳음∷옳음:책임' 등과 같은 유추관계를 기본 틀로 도덕과수업을 구성할 수 있다. 보다 하위범주인 핵심가치에서 시작한다면 상대적인 경험 세계는 내용 요소이다. 이를 반영하여, 예를 들어, '성실:정직∷배려:협동', '배려:협동∷정의:준법', '정의:준법∷책임:자연애' 등과 같은 유추관계를 틀로 하여 수업을 구성할 수도 있다.

하지만 실제 도덕과수업은 내용 요소의 교수학습 수준에서 이루어진다. 그래서 수업의 장면을 고려한다면, 내용 요소 수준에서 유추적 이해를 중심으로 수업을 구성하는 방안을 고려해야 한다. 예를 들어, '정직한 삶은 어떤 삶일까?(정직한 삶)'라는 내용 요소를 유추적 이해를 활용하여 도덕과수업으로 구성하는 방안을 고려해야 한다. 도덕과수업에서 유추적 이해를 활용한다면, 수업의 단계는 간단한 유추적 이해를 요구하는 양식부터 점차 복잡한 유추적 이해를 요구하는 양식으로 구성될 수 있다. 유추적 이해를 요구하는 가장 간단한 단계는 'A:B∷C:D'라는 이미 형성된 유추관계를 제시하고 이를 해명해 보는 형식이다. 그 다음 단계는 'A:B∷C:(D)'처럼 하나의 항을 생략하고 그것을 완성해 보는 형식이다. 마지막 단계는 'A:B∷C:D'에서 'A:(B∷C:)D'와 같은 형식을 이해하거나 완성해 보는 것으로 소위 은유적 이해를 요구하는 형식이다. 혹은 'A:B∷C:D'에서 'A(:B∷C:D)'와 같은 형식을 이해하거나 완성해 보는 것으로 소위 상징적 이해를 요하는 형식이다. 이러한 유추적 이해의 수준을 수업 구성의 단계로 반영하여 구성할 수 있다.

먼저, 유추적 이해를 요구하는 'A:B::C:D' 형식을 활용한다. 학생이 이 형식에 요구되는 유추적 이해를 연습하도록 '나무:가지∷사람:팔'과 같은 유추관계를 제시하고, 유추적으로 이해하도록 한다. 이 안내와 연습에 터하여, 정직 개념의 이해와 관련된 유추관계의 표현을 제시하고, 이 관계가 성립될 수 있도록 하는 가능한 해명을 시도해 보도록 한다. 이때 학생의 열린 사고를 위해 다양한 해석을 인정하고, 내용 요소와 간접적으로 관련된 보기와 직접적으로 관련된 보기를 함께 제시한다. 이를 통해 수업이 진행됨에 따라 점차 중심 내용 요소로 수렴될 수 있도록 구성한다.

다음 단계에서는 유추적 이해를 요하는 'A:B∷C:(D)' 형식을 활용한다. 학생이 하나의 항이 생략된 형식을 완성하는 유추적 이해를 연습하도록 '새:날개∷물고기:___'와 같은 유추관계를 제시하고, 이 유추관계를 완성하고 해명하도록 한다. 이 안내와 연습에 터하여, 학생은 정직 개념의 이해와 관련된 유추관계를 직접 완성하고 그 관계를 해명한다. 학생이 유추관계의 완성과 해명에서 전체와 부분 같은 유추관계의 대비를 명확히 하지 못하고 불완전하게 정당화하더라도, 이를 인정하여 가설적 사고에 도전할 수 있도록 한다. 그리고 언어적 표현과 함께 정직이라는 개념에 내포된 요소들과 관련 개념들을 유사성 공간에서 도식적으로 표현하고 사고하도록 한다. 이 전개 단계에서는 도입 단계에 비해 수업의 내용 요소를 더 노출시켜 도입 단계와 전개 단계의 학습이 정리 단계에서 수렴되도록 한다.

그 다음 단계에서는 유추적 이해를 요하는 'A:(B∷C:)D' 형식 혹은 'A:(B∷C:D)' 형식을 활용하여 수업을 구성한다. 먼저, 학생이 'A:(B∷C:)D' 형식을 이해할 수 있도록 '아이:어른 : : _____ : _____'와 같이 두 항이 생략된 유추를 예시하고 이에 대한 연습을 통해 제시된 보기를 완성하고 해명하도록 한다. 이에 터하여, 수업의 내용 요소와 관련된 유추 형식을 직접 완성하고, 관련된 유추적 이해를 제시하도록 한다. 여기서 필요하다면, "마음은 호수다"와 같은 은유적 표현을 예시하고, 마음과 호수를 통해 은유적 표현에 함의된 유추관계의 이해를 연습해 볼 수도 있다. 그리고 'A:(B : : C:D)' 형식을 활용하여, 학생이 내용 요소와 관련된 자신의 이해를 상징적으로 표현해 보도록 한다. 이때도 필요하다면, 다른 추상적 내용과 관련된 상징적 표현을 예시할 수 있다. 그리고 끝으로 정직이라는 내용 요소와 자신의 이해를 구체적으로 관련짓는 유추적 표현을 완성함으로써, 추상적 도덕적 개념의 이해를 자신의 행동과 관련지어 구체화하도록 한다.

요컨대, 도덕과수업은 두 측면을 연결하는 과정이다. 그 한 측면은 도덕적 사상이고, 다른 측면은 그 사상이 표현하는 도덕적 개념이다. 도덕과수업의 한 측면은 감각의 차원에 뿌리를 두고 있으며, 다른 측면은 관념의 세계와 닿아 있다. 그래서 도덕과수업에는 상징적 측면이 있다. 상징은 한 끝이 닿아 있는 불가시의 세계, 즉 정신의 세계를 가시의 세계, 즉 물질의 세계로 바꾸어낸다. 상징은 겉으로 드러난 객관적 존재의 차원을 넘어서 초경험적 세계에 감추어진 주관적 내용의 차원을 지닌 것으로서 그것이 처한 맥락 속에서 인식 주체의 해석에 따라 다양한 의미를 나타낸다.[30] 도덕적 사상과 도덕적 개념이라는 상이한 두 측면이 전체를 이루는 상징적인 도덕과수업에서는 질적으로 상이한 두 세계가 만나 서로 분리되지 않고 연결된다. 교수학습의 과정에서 구체적인 도덕적 사상과 추상적인 도덕적 내용은 유추관계에 의해 연결될 수 있다. 질적으로 상이한 측면은 유추관계를 통해 상관되고, 교사와 학생은 유추적 이해를 중심으로 그 유추관계를 합당하게 파악하고 새롭게 발견한다. 도덕적 사상과 도덕적 개념의 연결의 중심에 유추관계와 유추적 이해가 있다면, 도덕과수업은 명제적 도덕법칙을 논리적으로 적용하는 사고보다는 개연적인 유추적 이해에 근거한 수업을 구성하고, 경험적인 도덕적 사상과 추상적인 도덕적 내용의 관계를 능동적으로 해석하고 발견하여 연결하는 경험을 제공할 필요는 있다. 예시한 교수텍스트는 이러한 학습경험을 제공하려는 시도이다.

4. '우정'에 관한 은유적 이해 방법 중심의 교수텍스트

1) 교수텍스트

사람 사이의 거리와 그 사이에 있는 것 찾기

✪ 나와의 거리는 얼마나 될까? 그 사이에는 무엇이 있을까?

관계	거리	그 사이에 있는 것
부모님		• • • •
형제		• • • •
친척		• • • •
옆집 사람		• • • •
동네 사람		• • • •

같은 학년 학생		• • • •
같은 학교 학생		• • • •
같은 버스에 탄 사람		• • • •
같은 지역에 사는 사람		• • • •
존경하는 인물		• • • •
좋아하는 연예인		• • • •
선생님		• • • •
같은 반 친구		• • • •

친구 사이에 있는 것 찾기

✪ 그림 속에 내가 있다면, 친구와의 사이에는 무엇이 있을까?

친구 사이에 있는 것은?	친구 사이에 있는 것은?

친구 사이에 있는 것은?	친구 사이에 있는 것은?

친구 사이에 있는 것은?	친구 사이에 있는 것은?

친구 사이에 있는 것은?	친구 사이에 있는 것은?

✪ 나와 친구 사이의 거리가 멀어졌을 때 친구 사이에 있었던 일, 거리가 가까워졌을 때 친구 사이에 있었던 일은?

나와 친구 사이의 거리가 멀어졌을 때	
나와 친구 사이의 거리가 가까워졌을 때	

친구 사이의 소중한 것 찾기

✪ 친구와 소중한 것 사이의 공통점은?

내 친구, 배구공1)

한 남자가 무인도에 밀려왔습니다. 남자는 모래사장에 도와 달라는 글씨를 크게 써 보기도 하고, 멀리서 볼 수 있게 불도 피워 보았지만 아무도 오지 않았습니다. 그렇게 하루하루가 흘러갔습니다.

남자는 모닥불에 구워 먹는 생선의 맛이 얼마나 고소한지 말하고 싶었습니다. 하지만 말할 사람이 없었습니다. 남자는 혼자서 소리도 질러 보고 크게 웃어도 보았습니다. 그러나 어떠한 것도 재미가 없었습니다. 남자는 너무나 외롭고 힘들었습니다.

그러던 어느 날 남자는 배구공을 발견했습니다. 그는 이것을 친구로 만들기로 했습니다. 너무 외로워서 친구가 필요했기 때문입니다.

남자는 배구공에 얼굴을 그려 넣고 머리카락을 만들어 주었습니다. 이름도 지어 주었습니다. 배구공 친구에게 혼자 심심하고 속상했던 마음도 털어놓았습니다. 또 재미있는 이야기를 들려주고 함께 노래를 부르기도 했습니다.

얼마 후, 남자는 가족과 친구들이 있는 곳으로 돌아가려고 무인도를 떠날 계획을 세웠습니다. 남자는 바닷가에 쓸려 온 나뭇조각을 모았습니다. 나무줄기로 나뭇조각을 이어 뗏목을 만들고 먹을 열매도 실었습니다. 마침내 뗏목을 타고 배구공 친구와 함께 바다로 나아갔습니다.

그 후 그 남자가 구조되었습니다.

사람들은 '배구공 친구' 이야기를 듣고 그 남자에게 물었습니다.

"당신이 무인도에 표류되기 전에 사람들과 함께 살 때의 친구들과 그 '배구공 친구'의 공통점은 무엇인가요?"

그 질문에 대해 그 남자는 이렇게 답했습니다.

"____"

✪ 나에게 '무인도에 표류한 사람'의 '배구공'과 같은 것은

- 무인도에 표류한 남자: 배구공 = 나: (   )

✪ 사람들의 질문에 나라면 어떤 답을 했을까?

"당신이 무인도에 표류되기 전에 사람들과 함께 살 때의 친구들과 그 '배구공 친구'의 공통점은 무엇인가요?"

그 질문에 대해 그 남자는 이렇게 답했습니다.

"____"

✪ 나에게 친구는 어떤 사람인지 생각하기[2)]

- 내가 좋아하는 사람이다.
- 나를 잘 아는 사람이다.
- 나를 사랑하는 사람이다.
- 내가 편안함을 느끼는 사람이다.
- 내가 비밀을 털어놓는 사람이다.
- 나에게 의지하는 사람이다.
- 나에게 어떤 것도 묻지 않는 사람이다.
- 내가 걱정하는 사람이다.
- 나를 좋아하는 사람이다.
- 내가 사랑하는 사람이다.
- 나와 의견이 합치하는 사람이다.
- 내가 믿는 사람이다.
- 나를 실망시키지 않는 사람이다.
- 나에게 화를 내지 않는 사람이다.
- 지쳐도 불평하지 않는 사람이다.
- 나를 걱정하는 사람이다.

✪ 자신이 위에서 선택한 것에 대해 다음을 생각하거나 논의해 보세요.

✦ 만약 "친구는 내가 좋아하는 사람이다."를 선택했다면,

- 자신이 좋아하는 모든 사람은 친구인가?
- 친구는 아니지만 자신이 좋아하는 사람이 있는가?
- 오직 자신이 좋아하는 사람만 자신의 친구인가?
- 자신이 좋아하지 않지만, 친구라고 생각하는 사람이 있는가?

✪ 만약 '친구는 나와 의견이 합치하는 사람이다.'를 선택했다면,

- 나와 의견이 합치하는 모든 사람은 친구인가?
- 친구는 아니지만 나와 의견이 합치하는 사람이 있는가?
- 오직 나와 의견이 합치하는 사람만 친구인가?
- 나와 의견이 합치하지 않지만 친구라고 생각하는 사람이 있는가?

(다른 선택에 대해서도 위와 같은 형식의 질문에 답해 보세요.)

우정의 의미 이해하기

✪ 친구 사이가 더 가까워지고 더 단단해지기 위해 필요한 것은 무엇이며, 그러한 것이 많이 있는 마음을 무엇이라고 부를까?

더 가까워지기 위해 필요한 것	더 단단해지기 위해서 필요한 것
필요한 것이 많이 있는 마음의 이름: ( )	

✪ 자신이 지은 마음의 이름을 가진 친구와 함께 하고 싶은 일은 무엇이며, 아마 부모님이나 선생님도 내 나이로 돌아간다면 친구와 함께 할 것 같은 것은 무엇인가?

	나와 친구가 함께 하고 싶은 것	부모님이나 선생님도		
		그럴 것이다	아닐 것이다	모르겠다.
오늘				
이번 주에				
이번 달에				
이번 학기에				
올해				
5년 내에				
10년 내에				
어른이 되어서				

✪ 나는 친구에게, 친구는 나에게 어떤 말이나 행동을 할까?(듣고 싶은 말, 하고 싶은 말, 실제로 할 말, 역할극 하기)

✦ 시험을 잘못 보았을 때
✦ 생일을 맞았을 때
✦ 부모님이나 선생님께 걱정을 들었을 때
✦ 여행을 다녀온 후
✦ 다른 사람의 물건을 주웠을 때
✦ 학교 규칙을 어기려고 할 때
✦ 다른 학생을 따돌리려고 할 때
✦ 좋은 책을 읽었을 때
✦ 나와 의견이 다를 때
✦ 자신의 단점을 말할 때
✦ 슬퍼하고 있을 때
✦ 장래 희망을 말할 때
✦ 자신감이 없어 할 때
✦ 서로 어떤 친구가 되고 싶냐고 물었을 때

✪ '친구와 나와의 거리는 얼마나 될까?', '친구와 나 사이에는 무엇이 있을까?'를 다시 생각하고 표현하기.

관계	거리	그 사이에 있는 것	거리를 줄이고, 그 사이를 좋은 것으로 채우는 방법
같은 학년 친구		• •	
같은 반 친구		• •	
가장 친한 친구		• •	

2) 은유적 이해 방법을 중심으로 교수 내용 표현하기

교수 내용

이 교수텍스트에서는 '친구 사이'를 '우정'의 관점에서 탐구한다. 학생은 생활 속에서 친구란 어떤 의미가 있는 사람이며, 그 관계를 유지하고 강화하기 위해서 어떻게 행동해야 하는지에 의문을 가질 수 있다. 이 물음에 대해 탐구하면서, 자신과 친구 사이 관계에서 마음의 거리를 좁히고 그 간격을 좋은 것으로 메우고, 함께 도덕적인 가치를 실현하려고 노력하는 것이 진정한 우정을 위해서 중요하다는 것을 인식할 수 있다. 친구의 소중함과 친구 사이에 지켜야 할 예절을 알고, 서로의 입장을 이해하고 배려하면서, 친구 사이에 발생할 수 있는 갈등을 해결하여 더불어 살아가면서 성장하려고 노력하는 우정은 도덕적인 삶을 가능하게 하는 마음이다.[3]

우정은 더불어 살아가는 친구 사이에 관계되는 덕으로, 인(仁)의 정신이 친구 관계 속에 구현되어 가는 것이다. 우정은 우(友)와 정(情)이 합쳐진 글자인데, 이때 '우(友)'는 '우(又)'와 '우(又)'의 합자로서 손에 손을 맞잡은 동무를 뜻하며, '정(情)'은 '심(心)'과 '단(丹)'이 합쳐져 속에서 우러나오는 뜨거운 마음을 의미한다. 우정은 동무끼리 나누는 진실되고 뜨거운 마음이다. 공자는 착한 사람과 함께 있으면 마치 지란(芝蘭)의 방에 든 것과 같아서 더불어 향기 있는 사람이 되고, 착하지 못한 사람과 함께 있으면 마치 절인 생선 가게에 든 것 같아서 역겨운 냄새가 배게 되니 군자는 반드시 그 함께 있을 자를 삼간다고 가르쳤다. 벗 사이에는 간절하게 상대방의 허물을 충고하고 선의 도리로 권면해야 한다고도 가르쳤다. 아리스토텔레스는 진정한 우정을 나누는 사람은 서로에게 선의를 품고 상대방에게 선을 원하며, 그것을 서로 인지하는 사람이라 하였다. 증자는 벗으로서 인(仁)을 향상시킬 수 있다고 하였으며, 맹자는 벗에게 선을 권하는 것은 친구의 도리라고 가르쳤다. 사람은 누구를 친구로 하느냐, 기쁨과 고통을 함께하는 참다운 친구가 유무에 따라 삶의 질과 행복이 크게 달라진다. 특히 기대와 동조를 중시하는 청소년기는 좋은 친구와 진정한 우정을 경험하고 지속하는 것이 주요한 시기이다. 이 시기에 서로를 수단이 아닌 목적으로 대하며 신의와 존중을 바탕으로 하면서 서로의 선을 증진하는 내면의 관계를 지속하는 것이 필요하다.[4] 친구 관계에서 진정한 우정은 자기의 이익을 추구하기 위한 수단적 관계는 아니며, 서로의 이상과 발전 및 더불어 공동체의 이상과 이익에 기여하는 관계이다.[5]

우정은 서로의 사이를 더 단단하고 가깝게 하면서, 서로 선한 도움을 주고받는 관계를 지속하려는 마음이라면, 우정의 상징적 의미 도식에는 '밀접한 사이를 유지하면서 함께 가는 것'이 있다. 진정한 우정은 신의에 기초하여 서로를 공경하고 참다운 인간으로서 삶을 살아갈 수 있도록 서로 돕고 힘을 합쳐 노력하는 관계를 지속하려는 마음이다. 그러한 마음을 공부하기 위해서 사람들 사이의 거리와 내용 확인하기, 친구 사이에 있는 것 찾기, 친구 사이에 있는 소중한 것 찾기, 우정의 의미 이해하기라는 탐구 경로를 설정할 수 있다. 이 경로를 거치는 교수텍스트에서는 전체적으로 '친구 사이에는 무엇이 있으며, 밀접한 친구와 오랫동안 함께 무엇을 하고 싶은지 생각해 보자'라는 이야기를 한다. 이 이야기를 표현하기 위해 사람들 사이의 거리와 그 사이에 있는 것 생각하기, 생활 경험에서 나와 친구 사이에 있는 것 찾기, 친구와의 사이의 거리가 변했을 때 그 사이에 있었던 것 살펴보기, 친구와 소중한 것의 공통점 찾기, 친구의 의미 생각하기, 친구 사이를 밀접하게 하기 위해 해야 하는 것 확인하기, 친구와 함께 하고 싶은 것 생각하기, 친구 사이에 지켜야 할 언행 확인하기를 중심으로 교수 내용을 구성한다. 이 내용을 교수하면서, 밀접한 사이를 유지하며 목적지를 향해가는 근원영역을 우정이라는 추상적 가치라는 대상영역과 연결하는 것이 중요하다. 구체적인 경험의 영역에서 정직이라는 추상적인 가치의 영역을 연결하기에 적합한 표현 방법 중 하나가 은유적 이해이다.[6]

도덕적 사고의 발견적 측면

도덕적 사고는 자신에게 의미 있는 삶을 가능케 해야 한다. 의미 있는 도덕적 사고와 관련하여, 한 성인이 죽은 아들을 안고 다니는 여인에게 가족 중 죽은 사람이 없는 집에서 곡식을 얻어오면 그 슬픔을 치유해 주겠다고 말한 일화를 생각해 보자. 그 여인은 곡식을 얻을 수는 있지만, 죽은 가족이 없는 집에서 곡식을 얻는 것은 불가능하다는 것을 깨닫는다. 이것은 성인이 자신의 도덕적 이해를 간접적으로 표현한 것이다. 이를 통해서 그 여인은 슬픔이란 모든 사람에게 있고, 모든 사람은 그 슬픔을 이기고 자신의 삶을 살아가고 있다는 가르침을 이해하게 된다. 이것은 자신에게 의미 있는 도덕적 이해이며, 이러한 이해는 도덕률의 객관적 적용을 넘어선 의미의 발견에서 이루어진다. 이를 교육의 장면에서 본다면 도덕적 예화를 통한 가르침이다.[7] 교사의 도덕적 이해를 간접적으로 표현한 교육내용의 의미가 이전과는 다르게 발견된 것이다. 도덕적 발견을 가능케 하는 예화에는 드러난 표현과 감추어진 의미가 있다. 감추어진 의미는 드러난 표현이 사라지면서 그것이 상징하는 의미와 새롭게 연결될 때 드러난다.

도덕적 사고에는 주어진 특수한 도덕적 상황을 이해하여 그 의미를 발견하는 측면이 있다. 이 측면은 소위 반성적 판단과 관련된다. 규정적 판단이 특수를 보편 밑에 포섭하는 것이라면, 반성적 판단은 특수만이 주어지는 경우에 특수에서 보편을 찾아내는 것이다.[8] 반성적 판단력은 주어진 개별자에 관여하여 고유한 보편자를 발견하는 능력이다. 반성적 판단으로서 발견은 유비에 의한 상세화로 개별적인 상황들의 전체적 유사성을 찾는 것이며, 개별적인 상황은 전체적 유사성을 상징하는 것이다.[9] 발견은 개별적인 상황의 전체적 유사성을 찾는 것이며, 이때 개별적 상황은 감추어진 유사성을 상징한다.

구체적 상황에서 그것이 상징하는 전체적 유사성이라는 보편을 이해하는 일이 발견이다. 이는 구체와 추상 사이의 새로운 관계의 설정이며, 관계의 설정은 구체와 추상 사이의 단절의 극복이다. 폴라니(Polanyi)는 진정한 발견은 엄격한 논리적인 수행이 아니라, 문제를 해결하는데 장애였던 '논리적 간극'의 극복이라고 한다.[10] 논리적 간극은 자신을 혼란스럽게 했던 문제이며, 발견은 이러한 문제를 벗어나기 위한 충동과 노력이다. 논리적 간극을 넘으려는 지적인 충동과 노력이 발견적 정렬이다. 이러한 발견적 정렬이 인식 주체의 개념에서 비롯되는 충동이라면, 타인과의 논리적 간극에서 비롯되는 지적 충동은 설득적 정렬이다. 발견적 정렬은 모든 근본적인 논쟁의 원천인 설득적 정렬로 전환하며, 전화되어야 한다.[11] 발견은 논리적 간극을 해소하고자 하는 노력이며, 이는 설득적 정렬로 전환된다. 창조적 과학자들은 자신의 발견을 통해서 이전과 다른 세상을 보고, 여기에는 설득하고자 하는 마음이 수반된다. 도덕적 사고에서도 논리적 간극을 극복한 발견이 이루어진다면, 그것을 주장하고자 하는 마음이 수반될 수 있다.

설득적 정열이 수반된 발견은 자신이 이전에 생각하지 못한 것을 새롭게 관련짓는 것에서 비롯된다. 새로움은 진부하거나 관습적이 아닌 창의적인 사고를 요구한다. 창의적인 사고는 답이 없는 질문에 대해 자신의 답을 찾는 것이다. 적어도 창의적인 사고가 요구되는 도덕과수업은 학생에게 이미 암시된 정답을 확인하도록 하거나, 혹은 '이것'과 '저것'으로 고정된 표현을 선택하도록 하는 수업에서는 벗어난다. 도덕과수업에서 학생의 사고가 보편적인 도덕률을 개별적인 상황에 적용하는 방식으로만 이루어진다면, 학생의 능동적인 도덕적 사고를 촉진하기는 어렵다. 이러한 사고가 설득을 위한 정서를 수반하기는 더욱 어렵다.

도덕적 사고의 발견적 측면은 구체적인 경험에 근거하여, 그 경험에 담겨 있는 추상적 의미와의 간극을 창의적으로 연결하고 구성하는 일이다. 도덕적 가치와 그것을 표현한 개별적인 상황과의 간극을 연결하고 구성하는 노력이 도덕적 발견이다. 도덕과수업은 학생에게 도덕적 발견거리를 제시하고, 그것의 도덕적 의미를 해석하고, 그 해석을 창의적으로 표현하는 일이다. 이 수업에서 단 하나의 고정된 객관적인 정답은 없다.

연결과 구성의 인지도구인 은유

도덕적 발견은 단절의 연결과 창의적 구성이라는 측면을 가진다. 이 측면은 구체적인 것과 추상적인 것의 새로운 연결과 그 구성을 통해 수행된다. 이 수행을 가능케 하는 인지도구가 은유이다. 은유는 구체적 영역을 투사하여 낯선 추상적 영역을 이해하는 인지도구이기 때문이다. 김종도에 의하면, 은유와 환유의 가장 두드러진 차이점은 은유가 두 개의 다른 영역 사이의 관계라면, 환유는 하나의 포괄적인 영역 내에서 두 영역 사이의 관계이다. 은유는 하나의 영역 모체로 아우를 수 없는 다른 영역 모체들 사이의 사상인 반면, 환유는 동일한 영역 모체 내의 두 하위 영역 사이의 사상이다.[12] 그래서 은유에서는 상이한 범주의 유사성이 수립되므로 다양한 해석이 가능하다.[13] 이처럼 은유는 인지적으로 거리가 먼 영역 사이의 사상이며, 상이한 두 영역의 단절을 연결한다. 그리고 그 연결이 다양하게 구성될 수 있다는 점에서 발견적 이해의 인지도구가 된다. 은유는 단순히 문학적 고안물이 아니라 사고의 본질적 수단이다.[14]

연결과 구성의 인지도구로서 은유에 대한 인식론적 접근은 가능한 인지의 실제에 부합해야 한다. 자연화된 인식론은 인식론과 자연과학 사이의 연속성을 추구한다.[15] 그래서 자연화된 인식론에서 인식의 구조는 경험 과학적 탐구와 분리되지 않으므로, 여기서 산출된 앎에 관한 이해는 실제적 인지과정과 부합한다. 자연화된 인식론 속에서 실제적 인지과정으로 은유를 해명한 것이 개념적 은유(conceptual metaphor)이다. 개념적 은유는 '근원영역'과 '목표영역'으로 구성된다. '근원영역'과 '목표영역'은 경험의 측면에서 대조적이다. 전자는 직접적 경험에서부터 나온 것이므로 구체적·물질적이며, 명확하고 구조화된 경험이다. 한편 후자는 추상적·비물리적이며, 불명확하고 구조화되지 않은 경험이다.[16] 여기서 익숙한 영역을 낯선 영역으로 투사할 때는, 익숙한 영역에 수반된 정서가 함께 투사된다. 예를 들어, '도덕은 아버지의 가르침이다'라고 했을 때와 '도덕은 어머니의 배려이다'라고 했을 때, 아버지와 어머니에 대한 경험에는 정서가 수반되며, 이 정서는 도덕의 이해에 투사된다.[17] 또한 '정의는 아버지이고, 배려는 어머니이다'라고 했을 때, 정의에는 대체로 아버지와 관련된 정서가 수반되며, 배려에는 어머니와 관련된 정서가 수반된다. 더 구체적으로, 어떤 학생이 '통일은 합치는 거예요'라고 하고, 다른 학생은 '통일은 섞는 거예요'라고 했다고 가정해보자. 전자의 경우에 통일은 '물건'의 합침으로, 후자의 경우는 '색'의 섞임에 근거해서 이해된다. 이때 아동은 '합치는 것에 대한 부피감의 확장'과 '섞임에 의한 질적인 변화'와 관련된 경험을 소환하게 된다. 이때 '부피감의 확장'과 관련된 정서나 '섞임에 의한 질적 변화'와 관련된 정서가 수반되며, 이것은 '통일'의 이해에 투사된다. 따라서 구체적인 경험에 근거하여 이해된 도덕적 개념에는 정서의 수반이 가능하다.

은유는 구체적인 것과 추상적인 것의 간극을 정서를 수반하여 새롭게 연결하고 구성하는 인지의 도구이다. 도덕과수업에서 은유는 창의적 구성이라는 측면에서 학생들의 능동적 사고를 촉진할 수 있으며, 정서가 수반된 이해라는 측면에서 행위의 가능성을 촉진할 수 있는 사고이다. 이건(Egan)에 의하면, 은유는 단지 문자적인 구절이나 문장에 의해서 다루어질 수 있는 것보다 더 영향력 있고, 생동감 있고 풍부한 의미를 제시하기 위해 계속해서 특정한 대체를 만든다.[18] 은유는 '문자적'으로 다루어질 수 있는 것보다 더 풍부한 의미를 제시한다. 헨리(Henle)는 은유의 상징성과 의미론적 기능을 관련시켜, 새로운 상황에 대해서 언어를 확장하는 기능, 창조적인 기능, 상징화된 상황에 수반되는 감정의 측면을 해명한다.[19] 은유는 이중적인 의미론적 관계로 분석될 수 있다. 은유의 이중성은 드러난 유사성과 드러나지 않은 유사성에 주목하도록 하는 것이다. 은유의 상징성에 근거한 의미론적 접근에서 볼 때, 은유의 의미론적 구조와 그 이해에는 심리적 측면이 반영된다. 즉 은유적 표현에는 문자적 의미의 충돌이 있으며, 그 이해를 위해서는 단서와 관습에 관한 의식이 수반된다. 이 과정에서 단서와 관습의 심리적 측면이 반영된다. 그리고 은유는 새로운 것에 이름을 붙이거나, 이미 알려진 것에 근거해서 부각되지 않은 측면에 관심을 소환하는 것이다. 이것은 새로운 이름의 부여, 특성의 부각, 관계의 설정이라는 측면에서 창의적인 것이다.

샌더스와 샌더스(D. Sanders, J. Sanders)에 의하면, 일상적인 삶의 익숙한 사례에서 도출되는 은유는 학생에게 새로운 지식, 새로운 이론, 새로운 정보를 내면화하도록 돕는다. 은유는 뇌의 두 가지 분리된 사고의 과정을 연결하도록 한다. 그 연결로써 이미지가 언어화되며, 특정한 사실에 대한 이미지가 산출된다. 은유는 문자적인 것과 회화적인 것, 사실적인 것과 상상적인 것, 증명된 것과 직관적인 것을 연결시킨다.[20] 은유적 교수는 마음 속에 개념을 습득하도록 능동적으로 자극하는 방법이다. 은유적 교수를 통해 지적으로는 학생에게 이미 학습된 구체적인 것과 개념을 연관지을 수 있게 되며, 정서적으로는 새로운 지식이 자신의 삶의 경험에 들어맞기 때문에 자연스럽게 자기 동기화된다.[21] 은유는 구체적인 회화적 사고와 추상적인 문자적 개념을 창의적으로 연결하도록 한다. 그리고 문자적 언어 이전의 회화적 사고는 자신의 삶과 관련된 정서가 자연스럽게 수반되도록 한다. 은유적 이해의 근원영역은 회화적이라는 측면에서 영상적 표현 양식, 혹은 이미지라고 볼 수 있다. 그 이미지가 대상영역과 관련되는 과정에는 다양한 연결과 구성이 가능하다.

은유적 이해는 정서를 수반한 연결과 구성이라는 측면에만 한정되지는 않는다. 은유적 이해에서 대상영역을 이해하기 위해 설정된 근원영역의 차이는 개념이나 문제에 접근하는 관점과 실천에도 영향을 미친다. 예를 들어, 스텐베르그(Stenberg)에 의하면, 지능을 어떤 은유에 근거하여 이해하느냐에 따라, 지능은 개인 내적인 면에 중점을 두고 이해되기도 하며, 개인의 외적인 면에 중점을 두고 이해되기도 한다. 지능에 관한 지리적, 컴퓨터적, 생물학적, 인식론적인 은유는 개인의 내적인 측면에 초점을 맞추는 반면에, 인류학적, 사회적 은유는 개인의 외적인 영향을 강조하게 된다.[22] 지능을 어떤 은유에 근거하여 이해하느냐에 따라 지능은 가르쳐 질 수 있는 것인가에 대한 상이한 관점을 낳게 된다. 또한 가르쳐 질 수 있는 것이라면 어떻게 접근되어야 하는지에 대해 상이한 접근과 실천을 낳게 된다. 이처럼 은유적 이해는 수행에도 영향을 미치게 된다.

은유적 연결은 개인의 창의적 연결임과 동시에, 은유의 근원영역이 문화 속의 개인에 근거한다는 점에서 타인과의 공유된 연결이다. 은유적 교수는 익숙하지 않은 것과 익숙한 것을 창의적으로 연결하는 기본적인 의사소통의 도구이다. 또한 명료하게 경험한 것에서 불명료하게 부여된 것을 학습하는 도구이다. 따라서 도덕과수업에서 은유적 이해는 단절을 연결하여 구성하는 발견적 이해의 인지적 도구라고 할 수 있다. 은유는 구체적인 경험과 추상적인 도덕적 개념의 단절을 연결시킨다. 그리고 표현된 교육내용에서 드러난 것과 감추어진 의미의 단절을 연결시킨다. 그 연결은 '문화 속의 개인의 경험'에 근거한 번역이라는 점에서 개방적인 연결이다. 그리고 개방적인 연결은 개인적으로 볼 때는 의미를 부여할 수 있는 창의적 연결이다. 이러한 단절의 창의적 연결을 가능케 하는 인지적 도구로서의 은유가 도덕과수업에 반영될 때, 그 수업은 정서를 수반하는 수업에 가까워질 수 있다. 정서를 수반하는 도덕과 수업은 인지와 정서, 그리고 행위의 가능성을 포괄하는 통합적인 도덕과수업에 가까워질 수 있다.

은유적 이해의 활용

은유는 구체적인 경험에 근거하여 추상적인 개념을 연결하고 구성하는 인지도구이다. 도덕과수업에서 은유적 접근은 추상적인 도덕적 내용을 학생의 경험에 근거하여 연결하도록 한다. 은유적 이해는 근원영역을 통한 목표영역의 이해이며, 근원영역은 도식적으로 인식 주체에게 내면화된 경험이다.

여기서 근원영역은 일종의 도식적 원형(prototype)을 의미한다. 벤슨(Benson)에 의하면, 원형은 특정한 속성의 가장 좋은 예시로서 제시된 대상의 적절한 표본에서 나온다. 이러한 원형적 표상은 구성적이고, 구조적인 정보를 구체화시킨다.[23] 리드(Reed)에 의하면, 도식은 더 보편적이고 여러 가지 다양한 구체적인 보기를 표상한다. 특정 범주를 구성하는 많은 구체적인 보기를 표상하는 원형과 매우 흡사하다.[24] 은유적 이해는 경험의 평균적인 도식적 표상에 근거한 추상적 개념의 이해로 볼 수 있다. 추상적 개념의 이해를 위해서는 이러한 원형적 도식으로서의 근원영역의 소환과 확장이 고려되어야 한다. 은유에 의한 수업을 위해서는 먼저, 도덕적 개념이나 도덕적 문제와 관련된 도식적 근원영역을 소환한다. 근원영역이 소환된 이후에는 근원영역에 관해 더 세밀하게 이해한다. 근원영역의 세밀한 이해는 목표영역의 세밀한 이해를 위한 투사를 가능하게 하기 때문이다. 그리고 근원영역의 이해가 정서를 수반한 이해가 되도록 그 근원영역에 최대한 근접할 필요가 있다. 이를 위해서 자신이 그 근원영역이 되도록 시점을 전환한다. 시점의 전환 후에는 자신이 그 대상이 되어 도덕적 사태를 살펴본다. 이를 통해 가치중립적인 근원영역은 사람들 사이의 도덕적인 문제로 연결된다. 그리고 자신에게 의미 있게 이해된 도덕적 개념이나 사태의 이름을 부여하여 추상화한다. 나아가 그 이해의 다양한 전개를 창의적이고 이상적으로 구성하여 자신과 타인에게 설득한다. 이를 교수텍스트에 반영하기 위해 교수학습 요소로 구체화할 수 있다.

첫째, 근원영역의 소환하기(잘 아는 것 찾아보기)이다. 도덕과수업의 교육내용에 대한 은유적 이해를 위해서는 구체적 경험 대상의 소환이 요구된다. 추상적인 도덕과 교육내용에 대한 구체화 과정을 위해서 학생은 이미 내면화되고 체득된 근원영역을 소환해야 한다. 그 근원영역에는 언어적 표현 이상의 신체적·정서적 경험이 함의된다. 따라서 학생은 교육내용과 관련된 근원영역을 확인하고, 이를 통해 정서가 수반된 도덕적 이해를 시작하게 된다. 이를 위해 다음과 같은 교수학습 활동을 활용할 수 있다. '회화적으로 표현하기'로, 도덕과수업 내용과 관련된 구체적 경험이 소환되도록 자극하며, 이를 회화적으로 표현하도록 한다. '관련된 강조점 찾기'로, 회화적 표현에는 주변적 정보와 핵심적 정보가 동시에 표현된다. 따라서 핵심적 정보에 집중하고, 그것을 표현함으로써 정보를 판단해 보도록 한다. '강조점을 도식화하기'로, 교육내용과 관련해서 발견한 강조점을 도식적으로 표현하도록 한다. 도식적으로 표현된 원형은 구체적인 대상의 발견을 위한 토대가 된다.

둘째, 근원영역의 이해(잘 아는 것 살펴보기)이다. 근원영역에 대한 세밀한 탐색이 목표영역으로 투사되었을 때, 그 목표영역의 의미를 더 상세히 드러낼 수 있다. 예를 들어, 정의(正義)를 저울이라는 근원영역을 통해서 이해했다면, 저울의 다양한 종류에 대한 탐색, 저울의 세부 사항에 대한 탐색은 정의의 의미를 더 명확히 밝혀 줄 수 있다. 공유된 도덕적 이해를 위해서는 교육내용에 대한 근원영역의 이해가 상세화되어야 할 뿐 아니라, 가능한 포괄적이어야 한다. 이를 위해서 다른 학생과의 근원영역의 유사성을 비교하는 것이 요구된다. 이 과정에서 교육내용을 은유적으로 이해하기 위한 근원영역은 확장된다. 이를 위해 다음과 같은 교수학습 활동을 활용할 수 있다. '도식의 구체적인 대상 찾기'로, 교육내용과 관련된 도식적 이해를 구체화시킬 수 있는 대상을 찾아보도록 한다. 이 과정에서 구체적인 대상과 관련된 경험의 소환이 이루어진다. '다른 대상 확인하기'로, 근원영역이 사적인 것으로 한정되지 않고 공유된 이해를 가능하게 하도록 다른 사람의 근원영역을 확인하도록 한다. 이 과정에서 근원영역은 더 포괄적으로 확장된다. '나의 대상과 비교하기'로, 다른 학생의 근원영역을 확인하고, 나의 근원영역과 유사점과 차이점을 비교함으로써, 자신의 근원영역이 수정되거나 보완될 수 있다.

셋째, 근원영역으로 전환하기(잘 아는 것 되어보기)이다. 근원영역의 세밀한 이해는 근원영역을 은유적으로 투사하여 목표영역을 이전보다 더 의미 있도록 하기 위한 것이다. 그러나 이 단계에서 자신이 그 대상이 되지 못한다면, 그것은 자신과 근원영역이 분리된 상태로 머물게 된다. 여기서 자신이 그 근원영역이 된다면, 근원영역에 대한 경험이 자신과 분리되지 않은 채 목표영역에 투사될 수 있다. 이것은 은유가 인지적 투사에 한정되지 않고, 정서가 수반된 투사를 가능하게 하는 과정으로 이해할 수 있다. 예를 들어, 내가 '마음은 거울이다'라는 은유에 근거해서 마음을 이해했다고 해보자. 이 경우 내가 거울을 관찰하는 경우보다는 내가 거울이 되었을 때, 거울에 대한 경험은 자신과 분리되지 않고 인지적으로나 정서적으로 공유된다. 이를 위해 다음과 같은 교수학습 활동을 활용할 수 있다. '대상이 되어 보기'로, 내가 그 대상이 되고, 대상이 된 자신을 표현해 봄으로써 근원영역에 대해 주목하지 못했던 점이 부각될 수 있다. 이것은 대상영역의 상세한 이해를 위한 토대가 된다. '대상의 행위 검토하기'로, 근원영역은 사람들 사이의 일과 관련됨으로써 도덕적 의미를 지니게 된다. 근원영역의 대상을 물활론적으로 이해하여 사람들에게 미치는 활동을 검토하도록 한다. '행위에 대한 반응 보기'로, 그 행위가 사람들에게 미치는 영향을 확인함으로써, 행위의 가치를 인식하게 된다. 이를 위하여 다른 사람의 정서적 반응을 살펴보도록 한다.

다섯째, 근원영역의 추상화(이름 지어보기)이다. 이는 교육내용과 관련되어 소환된 경험을 수준을 달리하는 추상적인 도덕적인 교육내용과 연결하는 과정이다. 이 추상화 과정은 사회 속에서 인식 주체의 경험을 통하여 의미 있는 도덕적 이해를 형성하거나, 기존의 도덕적 가치에 의미를 부여하는 과정으로 이해할 수 있다. 이것은 학습내용을 구체화한 것을 상향적으로 이동하도록 하는 과정이다. 이를 통해서 학생은 구체적 현상 이면의 추상적인 의미를 발견하게 되며, 이 순간을 '자신의' 도덕적 이해를 가능하게 하는 일종의 통찰의 순간으로 볼 수 있다. 이를 위해 다음과 같은 교수학습 활동을 활용할 수 있다. '대상을 사람으로 바꾸기'로, 대상을 사람으로 바꿈으로써, 대상을 통한 이해는 사람들 사이의 도덕적 행위로 변화된다. 이 과정에서 대상에 수반된 정서는 도덕적 행위에도 수반된다. '사람의 행위를 비교하기'로, 구체적인 도덕적 행위의 공통점을 확인함으로써, 도덕적 행위의 포괄적 이해를 가능하게 한다. 이는 행위의 추상화를 위한 단계로 고려될 수 있다. '행위에 이름 짓기'로, 구체적인 행위를 포괄할 수 있는 이름을 명명함으로써, 도덕적 행위는 추상적 가치와 연결된다. 이렇게 연결된 추상적인 도덕적 가치는 명제적 표현에 한정되지 않는다.

여섯째, 추상화의 이상적 구성(가장 아름답게 표현하기)이다. 추상적인 도덕적인 교육내용을 구체적 경험에 근거하여 이해하였다면, 이것을 창의적으로 구성하여 표현하는 것이 요구된다. 이것은 도덕적 이해의 표현이라는 측면과 더불어 그 표현이 이상화되어 설득되는 측면을 염두에 둔 것이다. 또한 이것은 단 하나의 옳은 답을 찾는 것이 아니라, 자신이 이해한 도덕적 개념을 창의적으로 표현하는 것이다. 이를 위해 다음과 같은 교수학습 활동을 활용할 수 있다. '이름을 이상적으로 표현하기'로, 도덕적 개념을 은유적 이해에 근거하여 이해했다면, 정서가 수반된다. 정서가 수반된 이해가 세상에서 이상적으로 나타나는 모습을 회화적으로 표현하도록 한다. '이상의 실제화 탐색하기'로, 도덕적인 이상에 가깝게 되기 위해서 요구되는 일들을 반성적으로 탐색하도록 한다. 여기에는 자신의 발견을 설득하고자 하는 정열이 담겨 있다.

요컨대, 흔히 도덕과수업은 규범의 적용과 그 적용 결과에 대한 설득으로 나타난다. 이 수업에서는 실천적 삼단논법 형식에 따른 논리적 연역 과정으로 도덕률과 도덕판단을 관련시킨다. 그 과정에는 넓은 범주의 행동이 옳거나 그르다고 말하는 일반원리, 특정한 사태가 그 범주에 속하므로 그 원리의 지배를 받는다는 확인, 그리고 특정한 행동을 해야 한다거나 해서는 안 된다는 결론이 관여된다.[25] 그래서 학생은 제시된 사례의 객관적 특성을 찾고, 그 특성에 특정 원리나 규범을 적용한다. 이때 학생이 도덕률을 상황에 직접적으로 적용하기 위해서는 그 상황에 대한 단 한 가지의 타당한 개념화, 단일한 의미의 문자적 개념을 가진 도덕률, 그리고 필요충분조건에 의한 도덕적 상황과 도덕률의 규정이 있어야 한다.[26] 즉, 상황에 도덕률이 객관적으로 적용되기 위해서는, 상황의 객관적 속성과 문자적 개념과의 대응 규칙이 존재해야 한다. 여기서 도덕적 사고는 도덕적 개념의 명제적 정의와 상황의 객관적 속성에 존재하는 관계를 확인하는 것이다. 이처럼 도덕적 사고를 도덕률의 적용으로 간주하는 수업에서 정서가 수반된 도덕적 앎이 이루어지기 어렵다. 주체와 독립적이라는 점에서 의미 있는 앎이 되기는 어려우며, 의미 없는 앎에는 정서가 수반되기 어렵기 때문이다. 예시한 교수텍스트가 의미 있는 도덕적 앎을 의도한 표현이다.

5. '존중'에 관한 이야기 형식 중심의 교수텍스트

1) 교수텍스트

같음만 있는 세상

✪ 내가 우주 비행사가 되어 다른 별에 갔을 때 어떤 사람을 만날지 상상하기.[1]

나는 우주 비행사예요. 온갖 별을 조사하고 다니는 게 내 일이랍니다. 뒤에도 눈이 있어서 앞뒤를 동시에 볼 수 있는 사람들로 가득한 어느 별에서, 나는 뒤가 안 보이는 특별한 사람이 되었습니다." 우주 비행사가 도착한 별들은 당연한 '나'가 당연하지 않은 온통 낯선 세계였습니다. 내가 살던 공간에서 '정상'이었던 나는 다른 세상에서는 평범하지 않은 존재가 되었습니다. 보이는 사람과 보이지 않는 사람은 세상을 느끼는 방식이 전혀 달랐습니다. 재미있게 느껴지는 '다른' 세상을 사는 사람이지만, 닮은 점을 찾으면 반갑고, 다른 점을 만나면 신기해하면서, 우리는 서로를 존중하는 좋은 친구로 지낼 수 있다는 걸 깨닫습니다.

✦ <예> 뒤에 눈이 있는 사람이 사는 별, 다리가 긴 사람이 사는 별, 하늘을 날 수 있는 사람이 사는 별, 몸이 흐물흐물한 사람이 사는 별, 입이 기다란 사람이 사는 별, 눈이 없는 사람이 사는 별 등.

✦ 내가 상상한 사람: ______________________________

자신과 다른 별의 사람이 만나는 모습	서로의 대화

✪ '만약 똑같다면?' 어떤 일이 일어날지 미완성 문장을 완성하기.

- 모든 사람의 직업이 우주 비행사라면,
- 모든 사람이 투시력이 있다면,
- 모든 사람이 뒤에도 눈이 있다면,
- 모든 사람의 외모가 똑같다면,
- 모든 사람이 능력이 똑같다면,
- 모든 사람의 목소리가 똑같다면,
- 모든 사람의 표정이 항상 똑같다면,
- 모든 사람이 좋아하는 음식이 똑같다면,
- 모든 사람이 좋아하는 스포츠가 똑같다면,
- 모든 사람이 여행하고 싶은 곳이 똑같다면,
- 모든 사람이 나이가 똑같다면,
- 모든 사람이 한 사람만 존경한다면,
- 모든 사람의 좋아하는 자동차의 모습이 똑같다면,

다른 세상 속의 나

✪ 그동안 '당연하지'라고 생각한 것이 '당연하지 않네'라고 생각할 수 있는 상황은?

<보기>
- 모든 사람이 손으로 음식을 먹는데, 나만 수저를 사용하는 경우.
- 모든 사람이 머리를 길게 기르는데, 나만 머리가 짧은 경우.
- 모든 사람이 왼쪽으로 가는데, 나만 오른쪽으로 가는 경우.
- 모든 사람이 영어를 하는데, 나만 한국어를 하는 경우.
- 모든 사람이 학교에 가는데, 나만 집에 있는 경우.

(내가 생각한 상황)
○ 모든 사람이 ________________________________,
나만 ________________________________ 경우.

(내가 생각한 상황)
○ 모든 사람이 ________________________________,
나만 ________________________________ 경우.

(내가 생각한 상황)
○ 모든 사람이 ________________________________,
나만 ________________________________ 경우.

✦ 내가 모든 사람에게 신기하게 생각하는 것은 무엇일까?
✦ 모든 사람이 나에게 신기하게 생각하는 것은 무엇일까?
✦ 모든 사람이 그들끼리만 있다면 어떤 느낌일까?
✦ 모든 사람이 나와 함께 있다면 어떤 느낌일까?
✦ 모든 사람에게 내가 하고 싶은 말은 무엇일까?
✦ 모든 사람이 나에게 하고 싶은 말은 무엇일까?

✪ 우리가 사는 세상이 지금과 다르다면?

✦ 갑자기 빛이 사라져서 아무것도 볼 수 없다면,
- 어떻게 물건을 보관할까?
- 어떻게 학교에 갈까?
- 어떻게 자판기에서 물건을 살까?
- 어떻게 엘리베이터에서 내릴까?
- 어떻게 공연을 감상할까?
- 어떻게 친구를 알아볼까?
- 어떻게 옷을 고를까?

✦ 갑자기 소리가 사라져서 아무것도 들을 수 없다면,
- 어떻게 음악을 즐길까?
- 어떻게 수업을 들을까?
- 어떻게 어머니가 나를 부를까?
- 어떻게 뉴스를 확인할까?
- 어떻게 전화할까?
- 어떻게 친구와 놀까?

✦ 갑자기 빛이 사라져서 아무것도 볼 수 없다면,
- 어떤 능력이 더 발달할까?
- 어떤 것을 더 많이 느낄까?
- 어떤 활동을 더 많이 할까?
- 어떤 직업을 더 많이 갖게 될까?
- 어떤 사람이 인기 있을까?

✦ 갑자기 소리가 사라져서 아무것도 들을 수 없다면,
- 어떤 능력이 더 발달할까?
- 어떤 것을 더 많이 느낄까?
- 어떤 활동을 더 많이 할까?
- 어떤 직업을 더 많이 갖게 될까?
- 어떤 사람이 인기 있을까?

같음과 다름이 있는 세상

✪ 서로 다른 사람이 만난다면, 좋은 점과 힘든 점에 관해 어떤 대화를 할까?

✦ 'A: 빛이 없는 세상 사람'과 'B: 소리가 없는 세상 사람'은 서로의 좋은 점과 힘든 점에 대해 어떤 대화를 할까?

- A가 말하는 좋은 점:
- B가 말하는 좋은 점:
- A가 말하는 힘든 점:
- B가 말하는 힘든 점:
- A와 B가 서로에게 하고 싶은 말:

✦ 'A: 하루에 10명의 친구와 5시간 노는 세상 사람'과 'B: 하루에 혼자 얌전히 1권의 책을 5시간 읽는 세상 사람'은 서로의 좋은 점과 힘든 점에 대해 어떤 대화를 할까?

- A가 말하는 좋은 점:
- B가 말하는 좋은 점:
- A가 말하는 힘든 점:
- B가 말하는 힘든 점:
- A와 B가 서로에게 하고 싶은 말:

✦ 'A: 초음속의 속도로 움직일 수 있는 세상 사람'과 'B: 달팽이 정도의 속도로 움직이는 세상 사람'은 서로의 좋은 점과 힘든 점에 대해 어떤 대화를 할까?

- B가 말하는 좋은 점:
- A가 말하는 힘든 점:
- B가 말하는 힘든 점:
- A와 B가 서로에게 하고 싶은 말:

✦ 'A: 어른만 있는 세상 사람'과 'B: 어린이만 있는 세상 사람'은 서로의 좋은 점과 힘든 점에 대해 어떤 대화를 할까?

- B가 말하는 좋은 점:
- A가 말하는 힘든 점:
- B가 말하는 힘든 점:
- A와 B가 서로에게 하고 싶은 말:

✪ 우리가 사는 세상에서 사람들의 반응에 표시하기.

	나	아버지	어머니	형	누나	친구	이웃	외국인
바닷가재가 가장 맛있다.								
배고프면 짜증이 난다.								
베개를 안 베면 잠을 못 잔다.								
목에 간지럼을 타지 않는다.								
엄마가 안아주면 좋다.								
칭찬을 들으면 기분이 좋다.								
힙합이 좋다.								
가고 싶은 곳에 편안히 가고 싶다.								
100m를 15초 안에 달릴 수 있다.								
가족과 함께 살고 싶다.								
유튜브를 보면서 식사하고 싶다.								
내가 좋아하는 일을 하고 싶다.								
몸이 아프면 치료를 받고 싶다.								

같음과 다름이 어울린 세상

✪ 우리가 사는 세상에서, 나와 다른 사람이 많이 다른 것은 무엇일까? 그리고 왜 다를까?

- 나와 많이 다른 것:
- 나와 많이 다른 이유:

✪ 우리가 사는 세상에서, 나와 다른 사람이 많이 비슷한 것은 무엇일까? 그리고 왜 비슷할까?

- 나와 많이 비슷한 것:
- 나와 많이 비슷한 이유:

✦ '나와 많이 다른 사람'과 '나와 많이 비슷한 사람'은 서로 어떤 말을 하고 싶을까?

- '나와 많이 다른 사람에게' 하고 싶은 말:
- '나와 많이 다른 사람이 내게' 하고 싶은 말:
- '나와 많이 비슷한 사람에게' 하고 싶은 말:
- '나와 많이 비슷한 사람이 내게' 하고 싶은 말:

✪ '말주머니가 있는 그림'으로 책 표지를 만들고, 서로 같은 점과 다른 점이 있는 사람이 함께 사는 세상에 관한 이야기를 만들기.

✦ 자신과 다름이 있는 사람의 예 찾기

- 나는 (   ) 사람이고, 그는 (   ) 사람이다.
- 나는 (   ) 사람이고, 그는 (   ) 사람이다.
- 나는 (   ) 사람이고, 그는 (   ) 사람이다.

✦ 나와 다름이 있는 사람이 함께 사는 세상 상상하기

서로 다름이 있는 사람이 만나는 모습	서로의 대화

✦ '말주머니'가 있는 책 표지 그림과 이야기.

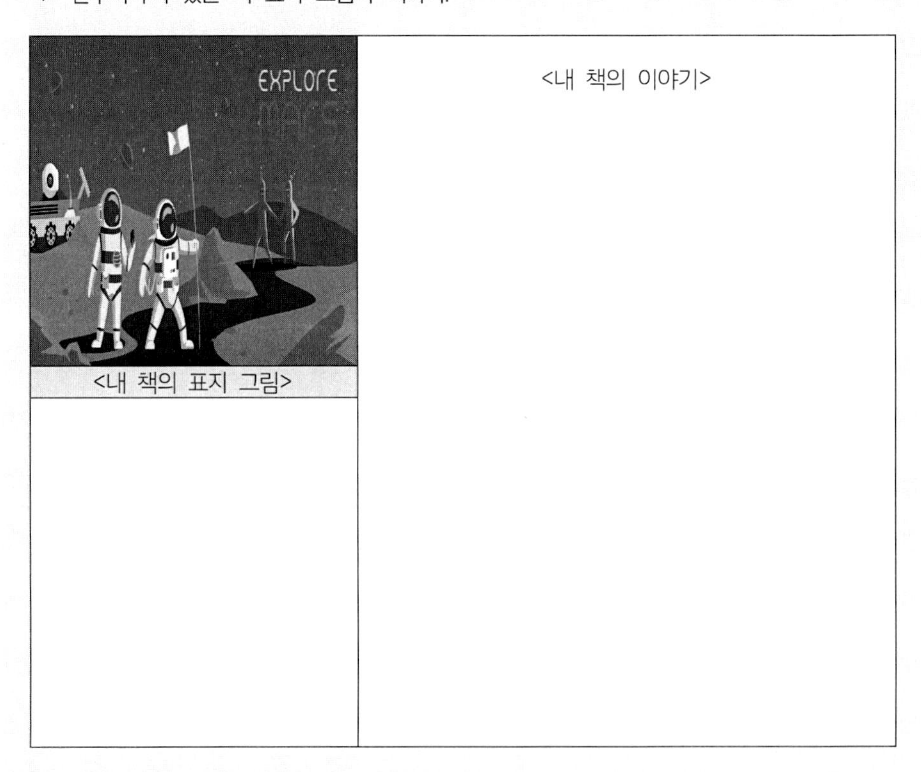

<내 책의 표지 그림>

<내 책의 이야기>

2) 이야기 형식을 중심으로 교수 내용 표현하기

교수 내용

이 교수텍스트에서는 '같음과 다름'을 '존중'의 관점에서 탐구한다. 학생은 생활 속에서 다른 사람이나 대상의 같음과 다름을 경험하고, 그것을 어떻게 대우해야 하는지의 문제에 직면할 수 있다. 이 문제를 탐구하면서, 세상의 같음과 다름에는 그 주체가 선택한 것도 선택하지 않은 것도 있으며, 모든 것이 같거나 다른 것보다는 같음과 다름의 조화가 있어야 세상이 지속될 수 있고, 익숙하고 당연하다고 생각하는 것을 반성하고 서로의 다름을 존중하는 것이 중요하다는 답을 찾을 수 있다. 특히 다문화 사회에서 다양성을 수용해야 하는 이유를 이해하고, 다른 사람과 문화에 대한 자신의 태도를 반성하고, 공정하게 대하는 태도를 실천하려고 노력한다면, 이는 도덕적 삶을 가능하게 하는 존중의 마음이다.[2)]

존중은 정중하고 사려 깊은 방식으로 사람과 사물, 일, 환경 등을 귀하게 여기고 배려하고 공경하는 것이다. 그 대상이 존엄성을 가진 가치 있는 존재라는 것을 보여주는 것이다. 존중은 자신에 대한 존중, 타인에 대한 존중, 모든 형태의 생명과 그것을 지탱시키는 환경에 대한 존중 등으로 구성된다. 존중의 출발은 자기 자신에 대한 존중이다. 자신의 권리, 가치, 존엄성을 존중하는 것은 나와 타인의 삶에 긍정적 영향을 미친다. 존중은 자신을 넘어 타인 및 인간 이외의 존재까지 확대된다. 자신을 존중하듯 타자의 권리, 가치, 존엄성을 존중하는 것은 모두의 복지나 행복에 기여한다. 존중을 보여주는 행동은 다양하지만, 일반적으로 황금률(당신이 대우받고 싶은 대로 상대를 대하라)은 존중을 가장 잘 예시한다. 존엄한 존재로 대우받는 학생이 타자의 존엄성을 더 존경할 수 있다.[3)] 개인의 존엄에 대한 존중을 실제적으로 보여주는 태도가 존경이다. 존경의 개념은 정의, 평등권, 이익을 만족시킬 수 있는 가능성, 자유에 대한 인정, 신뢰, 확신, 열망에 대한 주의 깊은 관심, 교양, 예의 바름, 고려, 겸손 등을 전제로 한다. 존엄성은 자신에 대한 특별한 도덕적 태도이며, 개인의 가치를 인정하는 사회가 신분, 지위, 재산에 관계없이 인간에 대해 취하는 태도이다. 자신의 존엄성을 주장하고 유지하기 위해서는 그에 상응하는 도덕적 행위를 수행해야 한다. 한 개인의 존엄성은 다른 사람의 그것도 존중하고, 그에 부합하는 권리와 기회를 인정할 것을 요구한다.[4)]

존중이 같음은 같게 대우하면서, 다름도 차별하거나 무시하지 않고 중요하게 대우하는 것을 뜻한다면, 존중의 상징적 의미 도식에는 '줄이거나 낮추지 않고 더하거나 높임'이 있다. 존중은 다양성의 이유와 가치를 인정하면서, 자신의 같음과 다름이 공정하게 대우받기를 원하듯, 타자의 같음과 다름에 대해서도 공정하게 인식하고 대우하는 것을 실천하려는 마음이다. 그 마음은 자신의 가치를 인정하는 자기에 대한 존중에서 출발하여, 다른 사람이나 다른 존재의 가치를 인정하는 것으로 확대된다. 나와 타자가 공유하는 가치와 권리를 인정하면서, 동시에 나와 타자의 차이에 상관없이 평등하게 대우받을 권리를 인정하는 것이다. 이를 다문화 사회에 적용하면, 문화의 다양성을 수용하고, 공정하게 대하려는 마음을 가지는 것이다. 그 마음을 함양하기 위해서 같음만 있는 세상 상상하기, 다른 세상 속에 있는 나 상상하기, 같음과 다름이 함께 있는 세상 생각하기, 같음과 다름이 함께 어울린 세상 생각하기라는 탐구 경로를 설정할 수 있다. 이 경로를 거치는 교수텍스트에서는 전체적으로 '같음만 있거나 다름만 있는 세상을 상상하면서, 같음과 다름이 있는 조화로운 세상을 위해 다름을 어떻게 대우할지 생각해 보자'라는 이야기를 한다. 이 이야기를 표현하기 위해 외계 행성 사람과의 만남 상상하기, 같음만 남은 결과 상상하기, 낯선 상황에 있는 자신 상상하기, 다른 상황에 있는 자신 상상하기, 서로 다른 세상 사람들의 대화 상상하기, 세상 사람의 같음과 다름 확인하기, 자신과 세상 사람의 같음과 다름 찾기, 말주머니가 있는 그림을 그리고 이야기 만들기를 중심으로 수업 내용을 구성한다.

학생은 같음만 있거나 다름만 있다면 어떤 일이 발생하며, 같음과 다름은 어디에서 비롯되었으며, 같음과 다름이 함께 있을 때 바람직한 측면을 상상하면서 탐구한다. 자신의 경험에 근거하여 상상하고, 상상한 내용을 통합적으로 연결하여 도덕적 이상을 제시한다. 직접적 경험과 상상적 경험을 연결하여 자신의 이상을 구체화하기에 적합한 표현 방법 중 하나가 이야기 형식이다.

이야기 형식의 수업

도덕과수업에서 학습 목표가 제시된 순간, 학생이 그 수업의 결과가 이미 확정되어 있다고 느낀다면 이후의 과정은 불필요한 반복과 지루한 확인으로 다가온다. 확정된 목표를 위한 반복과 확인에 참여하는 일은 부담스러운 과정이다. 이를 해결하는 방법은 학생이 사용하고 있는 앎을 활용하면서, 학습 목표를 제시하지 않는 접근법이다. 그 접근법의 단초를 어머니가 아이에게 이야기를 들려주는 상황에서 찾을 수 있다.[5] 어머니는 아이에게 이야기를 들려주면서, 대개 자신이 들려주는 이야기를 듣고 어떤 목표에 도달해야 할지 말하지 않는다. 아이는 어머니의 이야기를 부담 없이 들으면서, 이미 알고 있는 개념을 활용하여 그 이야기를 이해하고 상상하고 느낀다. 만약 도덕과수업이 이야기를 말하고 듣는 이 상황을 닮는다면, 부담없는 학습도 가능하다.

도덕과수업에서 이야기를 한다면, 그것은 교육과정의 내용 요소에 관한 이야기이다. 교사는 내용 요소를 주제로 이야기하기 위해서는 먼저 그것을 이해한다. '이 내용 요소는 무엇인가?', '이 내용 요소는 도덕적 삶에서 왜 중요한가?', '이 내용 요소의 의미와 중요성을 어떻게 나타내야 하는가?' 등을 파악한다. 그리고 자신의 이해를 학생이 공감할 수 있도록 표현한다. 이 표현에는 내용 요소의 의미, 수업의 전개, 그리고 학생의 능력 등이 고려된다. 도덕과수업이라는 이야기는, 교사가 이해한 의미를 학생의 능력을 고려하여 시간의 계열 속에서 구성하여 표현한 텍스트이다. 텍스트의 이해는 이해하는 독자, 이해 대상인 텍스트, 이해하는 활동이 상호작용하며 이루어진다.[6] 수업이라는 이야기의 독자로서 학생은 이미 획득된 개념을 사용하여 이 텍스트와 상호작용한다. 수업이라는 텍스트가 이야기 형식으로 고려될 때, 학생의 앎을 활용하면서, 학습 목표를 제시하지 않는 수업을 모색할 수 있다.

수업을 이야기 형식으로 보기 위해서는 먼저, 수업에 관한 지배적인 관점부터 검토해야 한다. 이건은 수업에 관한 지배적인 은유를 '조립라인 모형(assembly line model)'으로 본다. 조립라인에서는 최종적으로 생산될 물건을 계획하고, 이를 생산하기 위해 조립해야 할 부품을 결정하고, 이 부품을 조립할 수 있는 노동자를 선발하고 조직하고, 만족스럽게 생산되었는지를 평가한다. 수업을 이에 비유할 때, 먼저 목표를 정하고, 그 목표를 성취하기 위해 필요한 내용을 결정하고, 그 내용을 효과적으로 조직하는 방법을 선택한 후에, 목표가 달성되었는지를 평가한다.[7] 이건은 조립라인 은유에서 '목표－내용－방법－평가'라는 공학적 모형이 비롯되었다고 보면서, 공학적 관점의 수업관에서 벗어나 '이야기 형식(story form)'에 근거한 수업 구성 방식을 제안한다.[8]

1. 중요성 확인하기(이 주제에서 가장 중요한 것은 무엇인가? 아이들에게 그것이 왜 문제가 되어야 하는가? 그것에 관해 정서적으로 관여된 것은 무엇인가?)
2. 상반된 쌍 찾기(그 주제의 중요성을 가장 잘 파악할 수 있는 유력한 상반은 무엇인가?)
3. 이야기 형식으로 내용을 조직하기(3.1 그 주제에 접근하기 위해, 상반을

가장 극적으로 구체화하는 내용은 무엇인가? 3.2. 발전된 이야기 형식으로 그 주제를 가장 잘 표현할 수 있는 내용은 무엇인가?)

4. 결론(그 상반에 내재된 극적인 갈등을 해결하는 최선의 방식은 무엇인가? 그것을 찾기 위해 상반을 어느 정도로 중재하는 것이 적절한가?)
5. 평가(그 주제가 이해되었는지, 그것의 중요성이 파악되었는지, 그 내용이 학습되었는지 어떻게 알 수 있는가?)

이야기 형식 모형은 공학적인 과정에서 목표에 도달하기 위해 이야기를 활용하기보다는, 수업을 하나의 이야기로 보는 것이다. 수업의 시작에서는 기대를 설정해야 하며, 결말에서는 이 기대를 만족시켜야 한다. 기대와 결말이 전체 형식 속에서 밀접하게 결합되도록 수업이나 단원의 시작과 끝을 구성한다. 그리고 이야기 형식 모형은 배경이 되는 상반을 기준으로 내용을 선정하고 조직한다.

이야기 형식의 수업은 이야기의 특성을 수업에 반영하는 것이다. 도덕과수업을 이야기로 보면, 학생은 수업이라는 이야기를 통해 도덕을 이해한다. 어머니가 이야기를 들려주는 상황에서, 아이는 그 이야기를 이해하는 나름의 개념을 가지고 있으며, 이야기를 통해 자신이 가지고 있는 개념을 명료화한다. 이야기 형식의 도덕과수업에서는 학생이 개념을 가지고 수업에 임한다는 것을 인정하며, 수업을 통해 이미 가지고 있는 개념은 더 명료해진다. 그리고 아이는 이야기를 들을 때, 정서적으로 반응하며 흥미있게 듣는다. 도덕과수업을 이야기로 보면, 학생은 수업 자체에 흥미를 가지며, 이해에는 정서가 담재될 수 있다. 또한 아이에게 이야기를 들려줄 때, 도달해야 할 목표를 말하지 않는다. 도덕과수업을 이야기로 보면, 목표를 제시하지 않는 수업도 정당화될 수 있다.

수업을 이야기 형식으로 이해할 때 학생에게 요청되는 사고는 목표에 이르는 논리적 사고라는 제한을 벗어날 수 있다. 서사는 물질 차원에서 확인되는 것이 아니기 때문에 상상력으로 재구성할 때 그 세계는 제 모습을 드러낸다. 서사의 이해에서 상상력의 작용은 필수적인 항목이다.[9] 수업을 이야기로 보면, 논리적 사고뿐 아니라 교사의 이야기를 수용하는 유력한 인지 도구로써 상상력의 활용이 가능하다. 이건에 의하면, 상상력은 대상을 현존할 수 있는 것으로 생각하는 능력이며, 마음의 의도적인 작용이다. 상상력은 새로운 것을 생성하는 근원이며, 지각과 의미의 구성에 관련되며, 합리적 생각을 훨씬 풍부하게 하는 능력이다.[10] 대상의 현존을 생각하는 의도적 능력은 이미 형성된 관점을 반영하여 대상의 의미를 수립하고 구성한다. 이것은 이미지 형성과 관련된다는 점에서 개념을 정서적으로 소통할 수 있도록 한다. 그리고 상상력이 새로운 생성의 근원이면서 지각과 의미 구성에 관련된다는 점에서, 합리성을 저해하지 않으면서 새로운 가능성을 탐구할 수 있도록 한다. 그리고 교육에서 중요하게 고려되는 정서의 발달은 정서와 상상력의 결합에서 더 분명해진다.[11] 상상력은 합리성을 저해하지 않으면서 정서가 수반된 의미 있는 지식을 가능케 한다.

수업을 이야기 형식으로 구성한다는 것은 서사적인 마음의 양식을 따르는 수업이다. 서사적인 양식은 의미 형성을 자극하고 계발하기 위한 것이다. 이야기 형식은 사건의 연쇄를 의미 있게 하고, 논리적이면서도 정서적인 이해를 위한 것이다. 상상력을 활용하는 교수는 서사의 구성과 가능성의 수립에서 더 분명해진다. 상상력은 개인적 의미 구성, 합리적인 새로운 가능성의 탐구, 정서가 담재된 의미 형성이라는 교육적 가치를 가지는 능력이다. 상상력의 교육적 가치는 도덕과수업에서 더욱 부각될 수 있다. 이건에 의하면, 다른 사람의 삶을 의미 있게 만드는 수단, 지식의 인간적 의미, 희망, 걱정, 그리고 의도 등에 대해 학생이 상상력을 사용하도록 하면, 그것은 도덕성과 관련된 문제에 초점이 맞추어진다.[12] 도덕적 행동을 위해서는 인물과 사건이 도덕적 관점에서 구성되는 도덕적 앎이 전제되어야 한다. 상상력은 자신, 타인, 상황 등을 사실적으로 지각하고, 이에 직접적으로 나타나지 않는 새로운 의미와 가능성을 탐구한다. 이 구성에 포함된 요소들과 선택한 대안을 이미지화함으로써, 인간적 정서가 있는 도덕적 앎을 가능케 한다. 상상력을 활용한 이야기 형식의 도덕과수업에서 부담 없고 정서가 있는 학습을 기대할 수 있다.

낭만적으로 구성한 이야기 형식의 수업

상상력을 활용하는 이야기 형식의 교육적 의의를 인정하더라도, 이를 도덕과수업에 반영하기 위해서는 초등학생의 특성을 고려해야 한다. 이건에 의하면, 다른 신체적 · 지적인 특성과 마찬가지로, 상상력은 나이와 경험에 따라 변한다. 나이와 경험에 따라 공통적인 특성도 있지만, 상이한 특성도 있다. 그래서 상상력을 활용하고, 자극하고, 계발하기 위해서는, 학생의 상상적 삶에서 전형적인 일반적 특성을 살펴야 한다.[13] 이건은 역사적 과정에서 발달된 이해 방식과 순서에 따라 누적적으로 정교화되는 상상적 이해의 발달 특성을 제시한다. 사회적 도구가 이해의 도구로 전환된다는 비고츠키(Vygotsky)를 수용하여, 역사적으로 전개된 문화적 도구가 개인에게도 반복되며, 이것이 인지 도구화하여 이해의 발달에 영향을 미치는 것으로 본다.[14] 대부분의 현생 인류와 그 조상에게 정신의 진화는 뇌와 문화의 공동 발달의 산물이다. 뇌의 성장과 관련해서 더 많은 인지 도구 사용의 증거를 찾을 수 있다.[15] 이건에 의하면, 다른 유기체와 인간이 차별되는 특성 중 하나는 출생 후의 급격한 뇌성장이다. 뇌성장의 많은 부분은 상징과 관련된다. 인간은 소리라는 단순한 음성적 상징을 의미와 결합시키고, 이어 이미지라는 문자적 상징을 의미와 결합시킨다. 이 문자적 상징을 읽고 쓰도록 가르치는 것은 상대적으로 쉬운 문제지만, 그 사용을 즐기도록 하는 것은 어려운 문제이다. 문식성이라는 부호화와 해독 기술의 습득을 넘어, 그 기술이 큰 기쁨과 능력을 얻을 수 있도록 하는 것이 중요하다. 신체의 음성을 사용한 언어적 의사소통, 그리고 그 언어를 신체 밖의 문자적 상징으로 재현한 의사소통 이후에, 인간은 이론적 사고라는 기법을 배운다. 이론적 사고는 구체적 대상에서 개념과 이론을 도출하고, 특정 규칙에 따라 도출한 것을 다루고, 그 결과를 다시 개별 대상에 적용하는 것이다.[16]

이에 따라 이건은 음성성 도구, 문식성 도구, 이론적 도구를 중심으로 상상력의 발달 특성을 제시한다. 먼저, 음성성 도구와 관련하여, 음성이라는 신체적 도구는 처음 고안된 단순한 목적을 넘어 인지적 도구로 사용된다. 이에 해당하는 구체적인 인지 도구로는 이야기, 은유, 상반된 쌍, 운율, 리듬, 유형, 농담과 유머, 심상, 잡담, 놀이, 신비, 초보적인 문식성 도구 등이 있다.[17] 문식성을 습득한 학생이 지니게 될 주요한 인지 도구로는 현실감, 극단적 경험과 실재의 한계, 영웅과의 제휴, 경이감, 수집과 취미, 지식과 인간적 의미, 서사적 이해, 반항과 이상을 추구하는 능력, 맥락 바꾸기, 문식적 시각, 초보적인 이론적 사고 도구 등이 있다.[18] 이론적 사고를 개발하면 지니게 될 주요 인지 도구로는 추상적 실재의 인식, 행위 원인의 인식, 일반적 개념과 예외의 파악, 권위와 진리의 탐구, 메타 서사적 이해 등이 있다.[19] 이러한 인지 도구는 정신적 삶의 주된 도구이다. 인지 도구는 학생에게 세상에 관한 지식을 의미 있게 만들어 문제 해결에 도움을 주는 단서이다. 이 도구는 유익한 인지 도구로서 학습 과정에서 그 배치가 고려되어야 한다.

상상력을 활용하는 교수법에서는 주요 인지 도구에 초점을 맞춘 이야기 형식의 교수 구성을 강조한다. 상상력의 활용과 관련된 단계에서 초등학교에 해당하는 시기는 문식성 도구의 단계이다. 대개 7세나 9세부터 14세나 16세 사이에서 나타난다.[20] 이건은 이 시기의 상상적 이해의 특성을 반영한 수업 구성을 '낭만적 구성(Romantic Framework)'으로 제시한다.[21]

1. 영웅적 특성 확인하기: 그 제재에서 핵심적인 영웅적 인간 특성은 무엇인가? 그 특성이 불러일으키는 정서적 이미지는 무엇인가? 그 제재에서 경이감을 가장 잘 불러일으키는 것은 무엇인가?
2. 서사적 구조로 제재 조직하기:
   2.1. 초기 접근: 그 제재의 어떤 측면이 핵심적으로 확인된 영웅적 특성을 가장 잘 구체화하는가? 이것은 어떤 극단적 경험이나 실제의 한계를 나타내는가? 어떤 이미지가 이 측면을 포착하도록 하는가?
   2.2. 수업이나 단원의 체계 구성하기: 영웅적 특성이 가장 잘 나타나도록 어떻게 그 내용을 서사적 구조로 조직할까?
   2.3. 그 내용을 인간화하기: 서사의 어떤 측면이 인간의 정서를 가장 잘 나타내고 경이감을 불러일으키는가? 그 내용에서 전통이나 관습에 대한 분명한 이상이나 도전은 무엇인가? 그 제재에서 어떤 유머를 찾을 수 있는가?
   2.4. 세부 사항 탐구하기: 그 제재에서 학생이 가장 철저하게 탐구할 수 있는 부분은 무엇인가?
3. 마무리: 그 제재를 만족스럽게 마무리할 수 있는 최선의 방법은 무엇인가? 학생은 어떻게 만족감을 느낄 수 있는가? 어떻게 제재에 대한 경이감을 불러일으킬 수 있는가?
   3.1. 마무리 활동: 그 제재를 학생에게 의미 있게 차분히 호소하는 활동은 무엇인가?
   3.2. 초기 형식의 이론적 사고: 이론적 사고에 수반되는 인지 도구의 사용을 어떻게 조장할 수 있는가?
4. 평가: 그 내용이 학습되고 이해되었는지 어떻게 알 수 있는가? 그리고 학생의 상상력을 활용하고 자극했는지 어떻게 알 수 있는가?

낭만적 구성을 위해서는 먼저, '영웅적 특성'을 확인한다. 교사는 교수할 제재에 인물을 경이롭게 만드는 핵심적인 영웅적 특성이나 가치, 정서가 있는지를 찾는다. 그리고 그것을 지각하고, 느끼고, 사고하도록 영웅적 특성을 포착하는 이미지를 고려한다. 다음으로 '서사적 구조로 제재 조직하기'에서는 이야기 형식으로 내용을 조직한다. 이를 위해 먼저, 제재에서 확인된 영웅적 특성을 극적으로 구조화하는 이야기를 고려한다. 이 이야기의 조직을 통해 학생에게 무엇을 표현할지 고려한다. 더불어 학생이 그 이야기 구조에서 어떤 이미지를 포착할지, 극단적 경험과 실재의 한계가 나타나는지, 이상과 도전은 무엇인지, 어떤 유머를 찾을 수 있는지, 상세히 탐구할 부분은 무엇인지 등을 고려한다. 그리고 이야기의 전체 구조에서 극적 사건이나 갈등을 고려한다. 이를 통해 제재의 영웅적 특성을 방해한 것이 무엇인지를 부각시켜 정서적 관점에서 제시될 내용을 생각하도록 한다. '마무리'에서는 학생이 만족감을 느끼면서 제재를 마무리하는 방법을 고려한다. 이를 위해서 제재의 의미를 차분히 호소하거나 극적 긴장을 해결하는 방법이나 활동을 고려한다. 또는 더 향상된 인지 도구를 활용하여 제재를 새롭게 이해할 수 있도록, 이론적 사고의 인지 도구를 반영한 활동도 고려한다. 끝으로 '평가'에서는 제재의 이해, 중요성의 파악과 상상력의 활용 등을 평가한다.

요컨대, 도덕과수업에서 교사가 흔히 접하게 되는 문제 중 하나는 교수하고자 하는 개념을 이미 학생이 사용하고 있다는 점이다. 도덕과수업에서 교수하고자 하는 최상위의 개념은 옳음과 그름, 혹은 좋음과 나쁨이다. 그 하위의 개념으로는 정직, 자주, 성실, 절제, 책임, 용기, 효도, 예절, 협동, 민주적 대화, 준법, 정의, 배려, 애국·애족, 평화·통일, 생명 존중, 자연애, 사랑 등 많은 도덕적 가치가 있다. 비록 학생이 명확히 정의하지는 못하더라도, 수업을 시작하기 전에 이미 학생은 세상을 도덕적 관점에서 이해하는 수단으로 이 개념을 사용하고 있다. 이로 인해 도덕과수업에서는 수업의 출발에서 학습 목표의 제시와 동시에 수업이 마무리되는 현상이 발생하기도 한다. 학생은 이미 그것을 사용하고 있기에 스스로 그 목표에 도달했다고 생각한다. 이 문제에 대한 대안은 어머니가 아이에게 이야기를 들려주는 장면과 닮은 이야기 형식의 도덕과수업에서 찾을 수 있다. 예시된 교수텍스트는 주로 상상력을 활용하는 이야기 형식 중심의 수업을 의도한 것이다.

6. ‘공감’에 관한 가치분석 방법 중심의 교수텍스트

1) 교수텍스트

다름의 종류

✪ 다음에서 찾을 수 있는 다름은 무엇인가?

(　　　　　　)의 다름

(　　　　　　)의 다름

(　　　　　　)의 다름

(　　　　　　)의 다름

(　　　　　　)의 다름

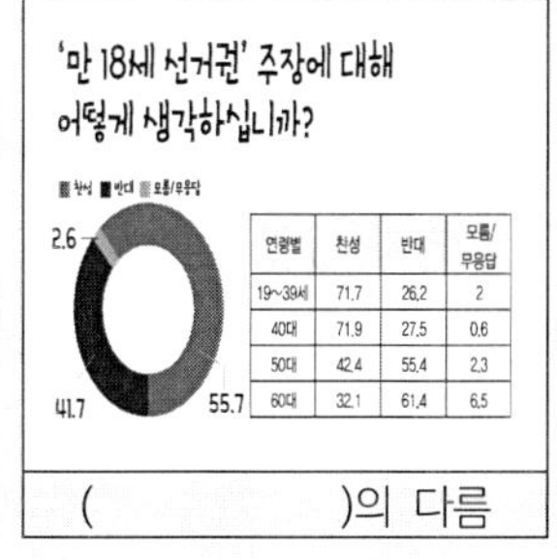

연령별	찬성	반대	모름/무응답
19~39세	71.7	26.2	2
40대	71.9	27.5	0.6
50대	42.4	55.4	2.3
60대	32.1	61.4	6.5

(　　　　　　)의 다름

✪ 세상에 있는 다름 중에서 그 차이를 줄일 필요가 없는 다름과 차이를 줄여야 하는 다름에는 어떤 것이 있을까?

세상에 있는 다름의 예	
차이를 줄일 필요가 없는 다름의 예	
차이를 줄여야 하는 다름의 예	

판단의 다름

✪ 판단의 다름에는 어떤 것이 있을까?

내 마음속에 있는 판단의 다름	
부모님과의 판단의 다름	
친구와의 판단의 다름	
나이 차이가 있는 사람과의 판단의 다름	

✪ 다음 주제와 관련하여, 어떤 다른 판단이 있을 수 있을까?

학교 관련	<판단대상>
	<판단㉮>
	<판단㉯>
진로 관련	<판단대상>
	<판단㉮>
	<판단㉯>
인터넷 관련	<판단대상>
	<판단㉮>
	<판단㉯>
환경 관련	<판단대상>

	<판단㉮>
	<판단㉯>
인권 관련	<판단대상>
	<판단㉮>
	<판단㉯>
기타	<판단대상>
	<판단㉮>
	<판단㉯>

✪ 서로 다른 판단과 관련된 사실은 무엇일까?(위 주제에서 선택하기)

판단 대상	관련된 사실	사실의 분류	
( )		<판단㉮>를 지지하는 사실>	
		<판단㉯>를 지지하는 사실>	

✪ 판단㉮, 판단㉯를 지지하는 관련 사실을 중요한 순서대로 정리하기.

판단㉮	(　　　　　　　　　　　　　　　　　　　　)		
지지하는 사실 1		이 사실이 판단을 지지하는 이유	
지지하는 사실 2		이 사실이 판단을 지지하는 이유	
지지하는 사실 3		이 사실이 판단을 지지하는 이유	
지지하는 사실 4		이 사실이 판단을 지지하는 이유	
지지하는 사실 5		이 사실이 판단을 지지하는 이유	

판단㉯	(　　　　　　　　　　　　　　　　　　　　)		
지지하는 사실 1		이 사실이 판단을 지지하는 이유	
지지하는 사실 2		이 사실이 판단을 지지하는 이유	
지지하는 사실 3		이 사실이 판단을 지지하는 이유	
지지하는 사실 4		이 사실이 판단을 지지하는 이유	
지지하는 사실 5		이 사실이 판단을 지지하는 이유	

✪ 판단①, 판단②에서 지지하는 이유를 합쳐서 간단히 정리하기.

✦ 판단①을 지지하는 이유:

( )

✦ 판단②를 지지하는 이유:

( )

✪ 자신이 지지하는 판단을 결정하고 그 이유를 검토하기.

✦ 나의 판단:

( )

✦ 판단의 이유:

( )

✪ 그렇게 결정한 이유를 검토하기.

✦ 나의 이유를 받아들일 수 없는 다른 예는 없는가?

✦ 나의 이유보다 더 중요하게 생각해야 하는 다른 이유는 없는가?

✦ 내가 다른 사람이라도 그 이유를 받아들일 수 있는가?

✦ 그 이유에 따라 모든 사람이 행동해도 그 결과를 받아들일 수 있는가?

판단의 차이 줄이기

✪ 나와 친구가 다른 판단을 했다면, 그 차이가 어디서 생긴 것인지 찾기.

✦ 수집한 관련 사실의 수에 차이가 있는가?

✦ 수집한 사실의 분류에 차이가 있는가?

✦ 사실의 우선순위를 정할 때 차이가 있는가?

✦ 사실이 판단을 지지하는 이유에 차이가 있는가?

✦ 판단을 지지하는 이유를 합쳐서 간단히 정리할 때 차이가 있는가?

✦ 판단을 제시할 때 차이가 있는가?

✦ 판단의 이유를 검토할 때 차이가 있는가?

✪ 판단이 다른 원인을 찾아 판단의 차이 줄이기.

✦ 친구와 나의 판단이 다른 원인은 무엇인가?

판단의 차이가 발생한 원인	

✦판단이 다른 원인을 줄이기 위해서 어떻게 해야 하나?

판단의 차이를 줄이기 방법	

✪ **판단의 차이가 발생한 원인을 확인하여 다시 판단하기.**

✦ 판단의 차이가 발생한 원인을 줄였는가?

✦ 나의 결정에는 변화가 있는가? 그 이유는 무엇인가?

✦ 친구의 결정에는 변화가 있는가? 그 이유는 무엇인가?

판단의 차이를 줄여야 하는 이유

✪ 충돌한 결과는?

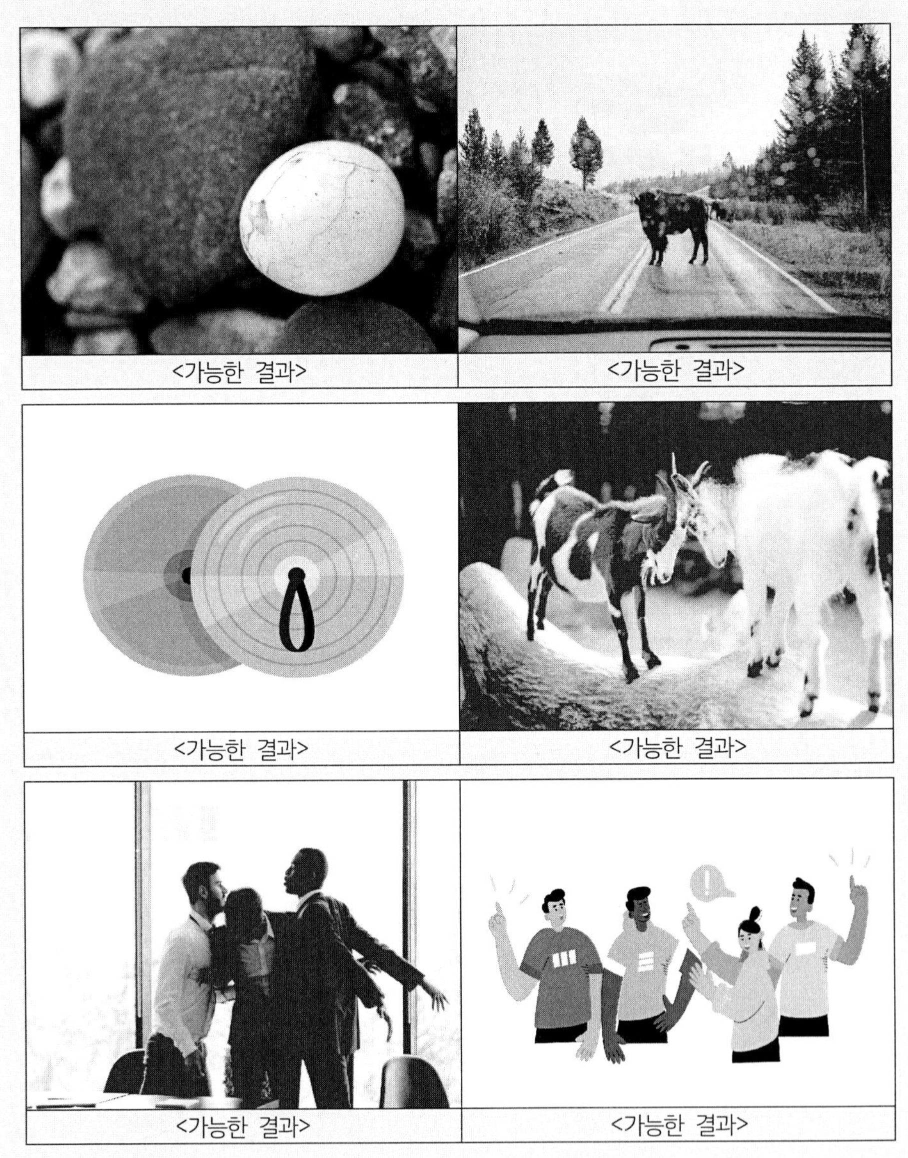

<가능한 결과>	<가능한 결과>
<가능한 결과>	<가능한 결과>
<가능한 결과>	<가능한 결과>

✪ 사람들이 소중하게 생각하는 것과 내가 소중하게 생각하는 것.

✦ 사람들이 소중하게 생각하는 것은 무엇인가?

사람들이 중요하게 생각하는 것				
1.	2.	3.	4.	5.
6.	7.	8.	9.	10.
11.	12.	13.	14.	15.

✦ 이 중에서 내게 소중한 순서대로 정리하기.

내게 중요한 순서			
1순위		7순위	
2순위		8순위	
3순위		9순위	
4순위		10순위	
5순위		11순위	
6순위		12순위	

✪ 만약 사람들과 내가 소중하게 생각하는 것이 충돌할 때 어떻게 할까?

✦ 다른 사람과 내가 소중하게 생각하는 순위가 같은 것이 충돌하는 경우.

	처음 판단	판단의 이유	이유의 검토	나의 판단	충돌을 줄이는 방법
1-4순위가 충돌하는 경우					
5-8순위가 충돌하는 경우					
9-12순위가 충돌하는 경우					

✦ 다른 사람에게 우선순위가 높은 것과 내게 우선순위가 낮은 것이 충돌하는 경우

	처음 판단	판단의 이유	이유의 검토	나의 판단	충돌을 줄이는 방법
다른 사람의 높은 ( )번째와 나의 낮은 ( )번째 순위의 것이 충돌하는 경우					

✦ 다른 사람에게 우선순위가 낮은 것과 내게 우선순위가 높은 것이 충돌하는 경우

	처음 판단	판단의 이유	이유의 검토	나의 판단	충돌을 줄이는 방법
나의 높은 ( )번째와 다른 사람의 낮은 ( )번째 순위의 것이 충돌하는 경우					

✪ **판단의 다름을 줄일 수 있는 대화 만들기.**

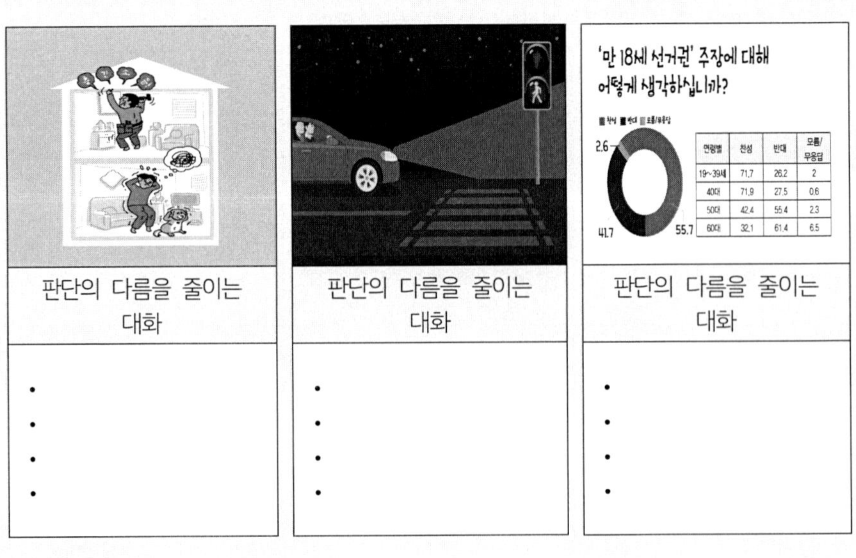

판단의 다름을 줄이는 대화	판단의 다름을 줄이는 대화	판단의 다름을 줄이는 대화
• • • •	• • • •	• • • •

2) 가치분석 방법을 중심으로 교수 내용 표현하기

교수 내용

이 교수텍스트에서는 ‘다른 생각’을 ‘공감’의 관점에서 탐구한다. 학생은 생활 속에서 개인적으로 혹은 사회적으로 생각이나 판단의 차이에서 비롯된 충돌이나 갈등을 해소하는 문제에 직면할 수 있다. 이에 대해 서로 합리적으로 판단하기 위해서는 어떤 근거와 과정이 필요하며, 근거와 과정의 차이를 확인하는 것이 갈등 해소에 중요하다는 것을 인식할 수 있다. 다양한 갈등이 발생하는 이유를 알고, 갈등 해결을 위한 능력을 기르고, 대화를 통해 이성적으로 해결하려는 마음은 다른 사람의 생각을 공감적으로 수용하는 도덕적 삶을 가능하게 하는 마음이다.[1)]

갈등 해결에서 갈등(葛藤)은 칡을 의미하는 갈(葛)과 등나무를 뜻하는 등(藤)이 합쳐진 말이다. 칡은 왼쪽으로 등나무는 오른쪽으로 감아 올라가는 성질이 있어 이 둘이 서로 감기면 풀기 어려운 현상을 말하는 것이다. 일반적으로 갈등은 둘 또는 그 이상의 서로 대립하는 힘들의 부딪힘이나 투쟁으로 정의된다. 이러한 갈등은 주체의 측면에서 개인과 집단 내외의 상호 간 갈등, 성격 측면에서 파괴적 갈등과 건설적 갈등 등으로 분류된다. 갈등이 건설적으로 해결되기 위해서는 사람과 문제를 구분하여 문제 자체에 접근할 것, 상호 이로움을 얻을 수 있는 선택 거리를 창조할 것, 공정한 해결이 가능하도록 객관적 기준을 사용할 것 등이 강조된다. 갈등 해결 역량을 함양하기 위해서는 원만한 갈등 해결에 필요한 가치, 신념, 태도, 인식 능력과 정서 능력, 적극적인 경청과 의사소통 능력, 비판적·창조적 사고 능력, 대화 및 협동 능력, 의사 결정 능력과 문제 해결 능력 등을 길러주는 일이 필요하다.[2)]

공감이 생각의 차이를 줄이기 위해 서로 다른 판단이 발생한 근거를 이해하고, 각자의 판단이 수용 가능한지를 검토하고, 차이가 발생한 원인과 그 차이를 줄여 갈등을 해결하려는 자세라면, 공감의 상징적 의미 도식에는 ‘차이의 줄임’이 있다. 갈등의 해결에서 공감은 서로의 판단이나 이익이 충돌할 때, 상대의 정서적 상태를 고려하면서, 대화를 통해 건설적으로 해결하려는 마음이다. 그 마음을 함양하기 위해서는 다름의 종류 확인, 판단의 다름에 관한 인식, 판단의 차이 줄이기, 판단의 차이를 줄여야 하는 이유 찾기라는 탐구 경로를 설정할 수 있다. 이 탐구 경로를 거치는 교수텍스트에서는 전체적으로 ‘세상에는 차이를 줄여야 하는 다름이 있고, 그 다름 중 판단의 차이를 줄이기 위해서는 어떻게 해야 하는지 생각해 보자’라는 이야기를 한다. 이 이야기를 표현하기 위해 다름의 종류, 차이를 줄여야 하는 다름, 다양한 판단의 다름, 판단과 관련된 사실근거, 판단과 관련된 원리근거, 판단의 수용가능성, 판단 차이의 발생 원인 확인, 다시 판단하기, 다른 사람의 입장과 이익을 고려한 판단의 차이 줄이기 등을 중심으로 수업 내용을 구성한다. 공감에 관한 이야기를 하기 위해서는 다른 사람의 입장과 정서 상태를 우선적으로 경험하라는 설득만으로는 부족하다. 합리적으로 입장의 차이를 줄이면서, 이익고려의 우선순위를 조정하는 대화가 선행되어야 한다. 일방적으로 판단을 반복하면서 충돌하기보다는, 합리적으로 판단하고, 그 차이를 확인하여 줄이고, 이익의 우선순위를 조정하기에 적합한 방법 중 하나가 가치분석 방법이다.

가치분석의 이해

무도덕적인 관점이나 제약 없는 상대주의를 완화하는 방법은, 정당화 가능한 행위원리를 객관적 사실에 근거하여 합리적으로 판단하는 것이다. 가치교육에서 합리성을 강조하는 주요한 접근법으로는 가치분석(Value Analysis) 이론이 있다.[3] 쿰스(Coombs)와 묵스(Meux)에 의하면, 가치분석의 교육목표는 (1) 학생이 논의대상인 가치문제에 관해 가능한 가장 합리적인 결정을 하도록 돕기, (2) 학생이 합리적인 가치결정을 하는데 필요한 능력과 성향을 계발하도록 돕기, (3) 학생에게 다른 집단 구성원과의 가치갈등을 해결하는 방법 가르치기이다.[4] 이처럼 가치분석 이론은 이성적으로 사고하여 합리적인 가치 결정을 하거나 가치갈등을 해결하는 능력과 방법을 함양하는 교수에 주안점을 두는 이론이다.

가치분석 이론에서 사용하는 '가치'라는 용어는 가치판단(value judgement)의 맥락에서 사용된다. 가치판단은 대상을 가치의 측면에서 평가하는 판단으로, 평가대상, 평가용어, 평가척도, 평가관점으로 이루어진다. 가치판단은 평가적 판단이다. 평가적 판단은 평가대상을 평가관점에서 평가용어로 평가척도를 부여하여 진술된다. 평가적 판단 혹은 평가적 진술인 가치판단은 사실판단과 구별된다. 가치판단과 사실판단이 다르지 않다는 생각의 결함은 사실진술을 검증하는 데 사용하는 절차로 가치진술을 검증할 때 나타난다. 사실진술을 검증하는 절차(verification procedure: VP)에는 세 가지 유형이 있다. VP1은 사실진술이 관찰 가능한 특수한 조건을 말하고 있을 때, 그 조건을 관찰하여 검증할 수 있다. VP2는 사실진술을 참인 다른 사실진술로부터 연역함으로써 검증하는 과정으로, 전제가 참이라면 결론은 참으로 간주된다. VP3는 일반화를 검증할 때 이용되는데, 예측한 조건이 존재하면 그 일반화가 참이라는 것을 확인하는 증거로 제시하는 것이다. 그러나 가치주장은 관찰 가능한 조건을 단순히 알리거나 기술하는 것이 아니므로 VP1에 의해서 검증될 수 없다. 그리고 연역논증의 결론은 전제에 함축되지 않은 것을 주장하지 않거나, 사실주장으로부터 평가적 결론을 도출하는 논증은 타당하지 않으므로 VP2에 의해서 검증될 수 없다. 그리고 일반적인 가치진술에서는 관찰 가능한 현상을 기술하고 있지 않으므로 평가적 진술은 VP3에 의해 검증될 수 없다. 평가적 진술은 태도나 감정을 단순히 표현한 것이 아니다. 평가적 진술은 그 진술의 정당성과 적합한 이유의 관련성이라는 측면에서, 단순한 태도나 감정의 표현은 아니다. 평가적 주장을 받아들이거나 믿어야 하는지를 결정할 때는, 그 주장을 정당화할 수 있는가를 검토한다. 평가적 추론에 대한 적합한 설명은 관련 있는 이유와 관련 없는 이유를 구별한다. 따라서 평가적 주장은 정당화될 수 있는 태도의 표현이며, 정당한 권위를 가져야 하므로 단순한 태도나 감정 표현에 한정되지 않는다.[5)]

사실판단은 판단자가 사실의 진위 여부를 진술하는 것이라면, 가치판단은 평가자가 가치원리를 언명하는 것이다. 이때 가치판단에 함축된 가치원리는 지지하는 사실을 평가용어와 결부시킨다. 사실이 가치판단과 결부되기 위해서 평가대상과 관련된 사실에 값을 부여하여 가치를 귀속시키는 가치준거가 필요하다. 가치준거와 가치원리는 구별된다. 가치준거는 가치결정을 내리는 과정 속에 개입된다. 가치원리는 가치결정의 결과로서 나타난다. 가치준거는 평가과정에서 그 평가를 지지하는 특성, 즉 기술과 준거를 하나만 가진다. 가치원리는 지지하는 두 개 이상의 기술과 준거를 가진다. 가치준거는 가치결정을 하는 맥락에서 적용되는 것인데 비해, 가치원리는 결정의 산물로써 드러나는 것이다. 가치판단에는 여러 가지 다양하고 갈등하는 준거가 활용되지만, 이에 수반되는 가치원리는 오직 하나뿐이다. 가치준거는 가치대상이 지닌 각각의 측면을 따로따로 평가할 수 있게 해주지만, 가치대상을 전체로서 평가하는 기준을 제공하지는 못한다. 이에 비해 판단에 수반된 가치원리는 가치대상에 전체로서 적용된다. 가치원리는 여러 가지 다양하고 갈등하는 준거의 주장을 판결하는 하나의 복잡한 원리이다.[6)] 따라서 평가대상과 관련된 사실을 수집하고, 수집된 사실에 가치준거에 따라 값을 부여하여, 가치원리가 담재된 평가용어로 평가대상을 진술하는 것이 가치판단이다.

가치판단은 평가대상과 가치용어를 결부하는 것이다. 이것이 정당한 이유를 가지기 위해서는 평가대상과 관련된 사실에 근거해야 한다. 이 사실에 가치용어가 부여되기 위해서는 개개의 관련 사실에 값을 부여해야 하는데, 이를 가능케 하는 것이 가치준거이다. 이 과정을 통해 이루어진 가치판단에는 가치원리가 들어 있다. 가치판단이 합리적이기 위해서는 판단의 대상이 분명해야 하고, 그 대상과 관련된 참인 사실이 광범위하게 수집되어야 하고, 이 판단에 수반된 원리를 받아들일 수 있어야 한다.

가치분석의 전략

가치분석 이론에서는 평가적 결정에서 수행해야 하는 전략으로 '가치문제를 확인하고 명료화하기', '알려진 사실들(purported facts)을 정리하기(수집하고 조직하기)', '알려진 사실이 참인지 평가하기', '사실의 관련성(relevance)을 명료화하기', '잠정적 가치결정하기', '결정에 함의된 가치원리를 검사하기'를 제시한다.

- '가치문제를 확인하고 명료화하기'는 판단하는 관점과 대상을 분명히 하는 것이다. 가치대상을 가리키는 용어를 명료화하는 방법으로 용어 정의하기와 해당 사례 찾기를 사용할 수 있다.
- '알려진 사실들을 정리하기(수집하고 조직하기)'는 가치판단을 위해 타당한 사실을 수집하는 것이다. 이를 위하여 사실적 주장과 평가적 주장을 구별하고, 사실은 비교적 넓은 범위에서 수집하며, 수집된 사실들을 정리한다. 이 수집된 사실을 정리할 때 사실수집표를 활용할 수 있다.
- '알려진 사실이 참인지 평가하기'는 사실적 주장의 종류에 따라 사실적 주장이 참인지를 평가하는 것이다. 가치결정에 타당한 사실에는 특수한 사실, 일반적 사실, 조건적 사실이 있다. 여기서 특수한 사실적 주장은 단 하나의 사건이나 사태를 서술한 것으로, 그 주장이 서술하는 사건이나 사태를 관찰함으로써 입증된다. 일반적 사실은 경험적 일반화의 진술로서, 그것을 지지하거나 논박하는 특수한 사실을 발견함으로써 입증된다. 조건적 사실은 그 조건의 결과로서 기술된 일이 과거에 있었는지 여부를 확인함으로써 입증된다.
- '사실의 관련성(relevance)을 명료화하기'는 사실의 타당성을 명료화하는 것이다. 사실은 가치대상에 대한 사실이며, 평가자가 가치판단의 관점에서 그 사실에 대해 평가하는 준거를 가지고 있을 때 타당하다. 평가자가 사실에 가치를 부여한다고 믿는 준거를 분명히 형성함으로써 사실의 타당성을 결정할 수 있다. 따라

서 그 준거가 가치결정이 이루어지는 관점과 같은 관점의 판단을 나타내는지, 그 준거를 정말로 믿고 있는지, 그 준거를 믿을 정당한 이유가 있는지를 검토해야 한다. 사실의 타당성을 명료화하는 방법으로 '증거카드'를 활용할 수 있다.

- '잠정적 가치결정하기'는 잠정적으로 가치결정을 하는 것이다. 이 과제는 별도의 과제가 아니라, 앞의 전략을 수행하는 과정에서 이루어진다.
- '결정에 함의된 가치원리를 검사하기'는 원리의 수용 여부를 검사하는 것이다. 평가자가 가치판단을 수용하기 위해서는 가치판단에 수반된 가치원리를 수용할 수 있어야 한다. 이 가치원리의 수용가능성을 결정하는 데 사용할 수 있는 검사로는 새로운 사례검사, 역할교환검사, 보편화 결과검사, 포섭검사 등을 활용한다. 새로운 사례검사는 평가자가 가치원리를 형성한 후, 그 원리를 다른 사례에 적용할 경우에 이루어지는 판단을 수용할 수 있는지를 고려하는 검사이다. 포섭검사는 평가자가 가치원리를 형성한 후, 그 가치원리가 그가 수용하는 보다 일반적인 가치원리의 한 사례임을 보여주는 사실을 수집하여, 상위 원리에 포함시켜 정당화하는 방법이다. 역할교환검사는 평가자가 어떤 원리의 적용에 의해 영향받는 다른 사람의 역할을 상상적으로 교환한 후, 그 원리가 그 역할을 하는 자신에게 적용되더라도 수용할 수 있는지를 고려하는 것이다. 보편화 결과검사는 비슷한 상황에 놓여 있는 사람들 모두가 평가되고 있는 행동을 한다면 그 결과가 어찌될지를 생각한 후, 그것을 수용할 것인지를 고려하는 검사이다.[7)]

평가적 결정을 위한 수행 전략에서 '가치문제를 확인하고 명료화하기', '알려진 사실들(purported facts)을 정리하기(수집하고 조직하기)', '알려진 사실이 참인지 평가하기'는 평가대상의 사실근거와 관련된다. 이는 가치판단을 합리적으로 하기 위해서는 근거할 사실을 수집해야 하는데, 수집한 사실은 판단대상과 관련된 참인 사실이어야 하기 때문이다. '사실의 관련성(relevance)을 명료화하기'는 가치준거와 관련된다. 이는 판단대상과 관련된 사실이 참이라도, 그것은 가치준거와 타당하게 연관된 사실이어야 하기 때문이다. '잠정적 가치결정하기', '결정에 함의된 가치원리를 검사하기'는 가치결정에 수반된 가치원리의 정당화와 관련된다. 이는 잠정적 가치 결정에는 가치원리가 개입되며, 이 가치원리가 정당한 것이어야 그 결정을 수용할 수 있기 때문이다.

가치분석의 교수절차

가치판단 이론에서는 합리적 판단을 위해 설정된 전략에 근거하여 교수절차를 제안한다. 교수절차에는 '기본절차'와 '확대절차'가 있다. 여기서 기본절차는 아래의 단순가치모형에 근거한다.[8] 단순가치모형은 가장 간단한 가치판단을 도식적으로 설명한 것이다. 단순가치모형은 가치대상, 가치용어, 기술(description), 준거의 네 요소로 구성된다. 여기서 가치대상은 평가되고 있는 대상이다. 가치용어는 가치판단을 하기 위해 가치대상에 적용되는 말이다. 기술은 가치용어에 타당한 가치대상의 특징에 관한 사실적 진술이다. 준거는 가치용어가 가치대상에 적용되는지를 판단하는 데 적용되는 규칙이나 표준이다. 단순가치모형에 근거한 기본절차는 '제1단계: 주제를 선정한다, 제2단계: 충분한 원자료를 준비한다, 제3단계: 적절한 분위기를 조성한다, 제4단계: 긍정적 진술과 부정적 진술의 목록을 작성하고 서열을 매긴다, 제5단계: 학급토의를 한다, 제6단계: 가능한 해결안을 명료하게 진술한다, 제7단계: 질의응답시간을 가진다, 제8단계: 관찰하고 제언한다'로 구성된다.

확대절차는 아래의 확대가치모형에 근거한다.[9] 확대가치모형은 단순가치모형을 확대하여 실제적 가치판단을 도식적으로 설명한 것이다. 이 모형은 가치대상, 가치용어, 기술, 준거 등이 하나 이상인 경우를 나타내는 모형이다. 확대가치모형에 근거한 확대 절차는 '제1단계: 주제를 선정한다, 제2단계: 충분한 자료를 제공한다, 제3단계: 적절한 분위기를 조성한다, 제4단계: 긍정적, 부정적 진술의 목록을 작성하고 서열을 매긴다, 제5단계: 증거카드를 작성한다, 제6단계: 긍정적, 부정적 증거카드를 검토한다, 제7단계: 증거카드에 대한 학급토의를 한다, 제8단계: 원인목록을 작성하고 서열을 매긴다, 제9단계: 개인면담을 한다, 제10단계: 가능한 해결책의 목록을 작성하고 서열을 매긴다, 제11단계: 해결책을 위한 긍정적, 부정적 증거카드를 작성한다, 제12단계: 가능한 해결책의 증거카드에 대해 집단토의를 한다, 제13단계: 초빙전문가와 질의응답시간을 가진다, 제14단계: 관찰하고 제언한다'로 구성된다.

가치갈등의 해결

기본절차와 확대절차는 가치문제에 대해 학생이 합리적 결정을 하거나, 이를 위해 요구되는 능력을 계발하기 위한 것이다. 가치분석이론은 이와 더불어 가치갈등의 해결 방법도 제시한다. 가치판단 간에 갈등이 있다면, 그 원인은 가치판단의 여섯 가지 과제를 수행하는 방식에 차이가 있기 때문이다. 가치갈등 해결의 교수전략은 수행과제의 차이를 합리적으로 줄이기 위한 것이다.

가치갈등의 해결전략으로 첫째, 가치문제의 해석에서 생기는 차이를 줄인다. 이를 위한 방법으로 생략된 진술 완성하기, 가치문제에서 용어를 명료화하기, 관점을 명료화하기가 있다. 둘째, 수집된 사실 간의 차이를 줄인다. 이를 위한 방법으로 사실주장과 평가적 주장 구별하기, 고려된 사실의 범위에서 차이 줄이기가 있다. 셋째, 알려진 사실의 확실성에 대한 평가에서 생기는 차이를 줄인다. 이를 위한 방법으로 증거의 규칙에 관한 지식 검사하기, 엄격함의 기준 차이 확인하기가 있다. 넷째, 사실의 타당성에 관한 차이를 줄인다. 이를 위한 방법으로 사실의 관련성 대 무관성 확인하기, 관련된 사실의 긍정적인 값과 부정적인 값 확인하기가 있다. 다섯째, 잠정적 가치판단에서 생기는 차이를 줄인다. 이를 위한 방법으로 일반적인 가치판단을 둘 이상의 구체적인 가치판단으로 나눠보기, 사실수집표의 보조적 가치판단 검사하기, 여러 가지 가치판단 시도하기가 있다. 여섯째, 가치원리의 수용성 검사에서 생기는 차이를 줄인다. 이를 위한 방법으로 새로운 사례검사에서는 다르게 평가될 수 있는 새로운 사례 찾기, 포섭검사에서는 원리의 차이인지 표현의 차이인지 확인하기, 원리에 대한 가능한 사실 추가하기가 있다. 역할교환 검사에서는 역할의 상황을 더 자세히 기술하기가 있다. 보편화 결과 검사에서는 일어날 수 있는 결과에 대해 평가하기가 있다.[10] 가치갈등이란 가치판단의 차이이다. 가치판단에 갈등이 있다면, 그 원인은 가치판단의 여섯 가지 과제를 수행하는 방식에 차이가 있기 때문이다. 가치갈등 해결의 교수전략은 수행과제의 차이를 합리적으로 줄이기 위한 것이다.

가치분석 이론은 가치갈등 해결을 위한 논리적, 절차적, 심리적 원리를 반영하여 가치갈등 해결을 위한 절차를 제시한다. 즉, '1단계: 최초의 가치판단 기록하기', '2단계: 긍정적 진술과 부정적 진술 비교하고 수정하기', '3단계: 수정된 긍정적 진술과 부정적 진술의 순위 정하기', '4단계: 갈등의 중요한 원인 찾기', '5단계: 갈등의 가장 중요한 원인에 대한 증거카드 비교하고 수정하기', '6단계: 수정된 긍정적 진술과 부정적 진술의 순위 다시 정하기', '7단계: 가치원리 비교하고 수정하기', '8단계: 수정된 가치원리 비교 검사하기', '9단계: 가치원리 개정하기', '10단계: 최종 가치판단 비교하기'이다.[11]

요컨대, 가치분석 이론의 초점은 합리적인 가치판단과 가치갈등의 해결에 있다. 가치분석 이론에 따르면 가치갈등이나 이익의 충동은 가치판단이나 이익고려의 차이에서 발생하므로, 갈등이나 충돌을 해결하기 위해서는 그 차이가 발생한 원인을 확인하여 줄여야 한다. 이 이론에서 강조하는 합리성은 가치판단의 상대성을 완화하고, 가치갈등을 이성적으로 해소할 수 있도록 한다. 하지만, 이 이론이 초등학생을 위해 개발된 이론은 아니기 때문에, 초등학생의 수준을 고려하여 이 이론을 활용해야 한다. 또한 가치분석의 교수절차도 특정 내용 요소를 교수하는 도덕과수업에 적합하게 활용해야 한다. 이상에서 제시한 교수텍스트는 가치분석 이론의 교육목표 중 '합리적으로 가치갈등을 해결하는 방법 가르치기'에 초점을 두었다. 이를 위해 편람화된 절차를 적용하기보다는, '가치판단의 차이가 발생한 원인을 찾아 그 차이를 줄임으로써 가치갈등을 해소하기'라는 가치분석 이론의 초점을 활용한 학습경험 제공에 주안점을 두었다. 합리적 판단을 통한 갈등의 해소에서는 정서적 반응을 직접적으로 설득하지 않는다. 다른 사람의 생각을 공감적으로 수용하기 위해서는 정서적 반응을 설득하기보다는, 판단의 차이를 이성적으로 줄이도록 교수하려는 의도를 반영한 교수텍스트이다.

7. '공익 추구'에 관한 도덕적 토론 방법 중심의 교수텍스트

1) 교수텍스트

규칙이 있는 이유

✪ 다음 자료에서 변하지 않는 것이 변한다면?

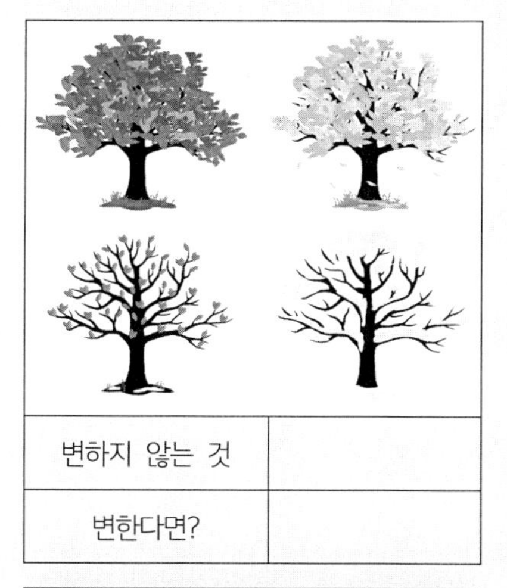

변하지 않는 것	
변한다면?	

변하지 않는 것	
변한다면?	

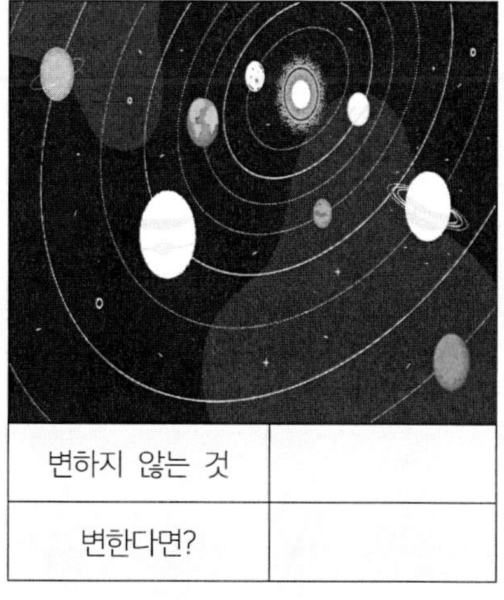

변하지 않는 것	
변한다면?	

변하지 않는 것	
변한다면?	

✪ 사람은 왜 모여 살까?

✦ 내가 하고 싶은 일은?

내가 하고 싶은 일 10가지

✦ 혼자서도 할 수 있는 일은?

10가지 중 혼자서도 할 수 있는 일

✦ 다른 사람과 함께 있어야 할 수 있는 일은?

10가지 중 다른 사람과 함께 있어야 할 수 있는 일

✦ 함께할 때의 생길 수 있는 문제는?

사람들과 함께 하고 싶은 일을 할 때 생길 수 있는 문제

✦ 모두가 더 행복하기 위해서 필요한 약속은?

하고 싶은 일을 함께하면서 더 행복하기 위해 필요한 약속

✦ 더 행복하게 살기 위해 약속을 정한다면?

자신이 어른이 되어, 많은 사람이 더 행복하기 살기 위해 정할 약속

✦ 함께 모여 살면서 더 행복하기 위해 정한 약속 중에서, 오래전부터 있었거나, 쉽게 고칠 수 없거나, 어기면 벌을 받는 약속은?

• • • • • • • • •
• 이런 약속의 이름을 정한다면?: • 이 약속을 지키려는 마음이나 행동에 이름을 정한다면?:

규칙에 대한 생각의 차이

✪ 다음 상황에서 찾을 수 있는 생각의 차이는?

상황 ①		• 어떤 상황일까? • 어떤 생각의 차이가 있을 수 있을까? • 생각의 차이에 따라 어떤 결과가 일어날 수 있을까?
상황 ②	**달리기 대표**[1)] 오늘은 교내 체육 대회에 나갈 달리기 대표 선수를 뽑는 날이다. 지난달부터 열심히 연습한 은서도 대표 선수를 뽑는 결승전의 출발선에 섰습니다. "준비", "땅!" 출발 소리와 함께 모두 열심히 뛰던 중, 평소에 달리기를 가장 잘하던 영수가 결승점을 앞에 두고 그만 넘어졌습니다. 그사이 은서는 힘차게 달려서 결승점에 가장 먼저 들어왔습니다. 영수가 대표 선수로 나가지 못하게 되자, 평소 영수와 친하게 지내던 친구들이 말했습니다. "우리 반 대표로 영수가 나가야 해. 영수가 우리 반에서 가장 잘 뛰는 것은 모두가 알고 있는 사실이야." 그러자 이에 반대하는 의견들도 나왔습니다. "하지만 대표 선수를 뽑는 시합에서 은서가 이겼잖아. 영수가 대표 선수로 나가게 된다면 은서가 억울하지 않을까?"	• 어떤 상황일까? • 어떤 생각의 차이가 있을 수 있을까? • 생각의 차이에 따라 어떤 결과가 일어날 수 있을까?

✪ 상황①, 상황② 중 하나를 선택하여, 물음에 답하기.

✦ 자신의 판단은 무엇인가?

✦ 왜 그렇게 해야 한다고 생각하는가?

✦ 자신의 입장을 선택한 이유와 가장 가까운 것은 무엇인가?

㉮ 어떤 태도를 가져야 혼나지 않을까?

㉯ 어떤 태도를 가져야 내게 이익일까?

㉰ 어떤 태도를 가져야 선생님이나 부모님이 좋아할까?

㉱ 어떤 태도를 가져야 한다고 정해져 있을까?

㉲ 어떤 태도를 가져야 더 많은 사람에게 이로울까?

㉳ 어떤 태도를 가지는 것이 사람의 도리일까?

✦ 그 상황에 어떤 내용이 더해졌을 때, 자신의 판단이 바뀔 수 있는가?

✦ 나의 입장에 따라 어떤 결과가 일어날 수 있는가?

✦ 모든 사람이 자신과 같은 판단을 한다면, 어떤 결과가 일어날 수 있을까?

✦ 자신의 입장을 다시 선택한다면, 그 이유는 무엇인가?

㉮ 어떤 태도를 가져야 혼나지 않을까?

㉯ 어떤 태도를 가져야 내게 이익일까?

㉰ 어떤 태도를 가져야 선생님이나 부모님이 좋아할까?

㉱ 어떤 태도를 가져야 한다고 정해져 있을까?

㉲ 어떤 태도를 가져야 더 많은 사람에게 이로울까?

㉳ 어떤 태도를 가지는 것이 사람의 도리일까?

✦ 자신의 판단이나 그 이유에 변화가 있는가?

✦ 만약 변화가 있다면, 왜 달라졌는가?

판단의 이유

✪ 다음 상황에 대해 생각해 보세요.[2)]

<상황①>

유럽에서, 한 부인이 이상한 종류의 암으로 죽어 가고 있었다. 그 부인의 주치의 생각에 그녀를 구할 수 있는 약이 있었다. 같은 마을에 사는 약사가 최근 특별한 재료를 사용하여 개발한 약이었다. 약을 만드는 비용이 많이 들었지만, 약사는 비용의 10배나 되는 약값을 정했기 때문에 약이 아주 비쌌다. 비용은 20만원 정도 들었지만, 작은 약 한 알의 값은 200만원 정도 되었다. 그 부인의 남편인 하인즈는 약값을 마련하기 위해 아는 사람들을 찾아가 돈을 빌렸지만, 약값의 반인 100만원 정도밖에 마련할 수 없었다. 그래서 그는 약사에게 찾아가 자신의 아내가 죽어 가고 있으니, 약값을 좀 깎아 주거나 외상으로 달라고 부탁했다. 약사는 "나는 내가 개발한 약으로 돈을 벌려고 합니다."라고 말하여 거절했다. 그래서 하인즈는 낙담하게 되고, 아내를 위해 약을 훔치기 위해 약국에 침입했다.

Ⅰ. 하인즈가 약을 훔쳐야 한다고 생각합니까?(하나만 고르세요) · 훔쳐야 한다 ( ) · 훔쳐서는 안 된다 ( ) · 잘 모르겠다 ( ) Ⅱ. 자신이 위와 같이 판단할 때, 다음 12가지 고려사항들(판단에 대한 이유들)이 어느 정도로 중요하다고 생각하는지 ○표 하세요.	매우 중요하다	꽤 중요하다	약간 중요하다	별로 중요하지 않다	전혀 중요하지 않다
1. 법을 지켜야 한다.					
2. 남편으로서 아내를 살리기 위해 도둑질하는 것은 당연하다.					
3. 약을 훔치다가 걸리면 감옥에 갈 것이다.					
4. 하인즈는 프로레슬링 선수이거나 프로레슬링 선수들에게 영향력이 있는 것 같다.					
5. 훔치는 것이 하인즈 자신을 위한 것인지 혹은 오직 다른 사람을 돕기 위한 것인지 생각해 본다.					
6. 약사가 그 약을 최초로 개발했으므로 그의 권리를 인정해야 한다.					

7. 삶의 본질은 죽음을 끝내는 것보다 더 개인적으로나 사회적으로나 둘러싸여 있다.					
8. 다른 사람을 어떻게 대하느냐 하는 것은 보편적 가치에 달려 있다.					
9. 약사는 부자에게만 유리한 법의 보호를 받고 있다.					
10. 하인즈의 경우 법은 사회 구성원의 가장 기본적인 권리(생명권)를 보호하는 데 방해가 된다.					
11. 약사는 욕심이 많고 인정이 없으므로 약을 도둑맞아도 싸다.					
12. 하인즈의 경우 도둑질이 사회 전체에 더 많은 이익을 가져다 준다.					

위 12가지 고려 사항들 중에서 가장 중요한 것을 순서대로 4개를 고르고 번호를 쓰세요.

- 첫 번째로 중요한 것 (　　)
- 두 번째로 중요한 것 (　　)
- 세 번째로 중요한 것 (　　)
- 네 번째로 중요한 것 (　　)

✪ 상황①에 대한 다음 물음에 대해 답해 보세요.

✦ 하인즈는 그 약을 훔쳐야 하는가?

✦ 왜 그렇게 생각하는가?

✦ 하인즈 부인이 그 약을 훔치라고 했다고 가정하면, 자신의 입장이 달라지는가?

✦ 하인즈는 아내가 아니라도 고민했을까?

✦ 하인즈는 왜 절도를 금지하는 법을 따라야 하는가?

✦ 부모님이라면 어떻게 해야 한다고 하실까?

✦ 실제로 가족을 위한 물건을 훔친 사례를 알고 있는가?

✦ 사람의 생명을 구하기 위해 모든 사람이 도둑질한다면 어떤 일이 벌어질까?

✦ 모든 사람이 도둑질을 금지하는 법을 어긴다면 어떤 일이 벌어질까?

✦ 약사의 입장에서 보면, 어떤 영향이 있을까?

✦ 친구와 서로 입장이나 중요한 이유의 우선순위에 차이가 있다면, 서로의 입장이나 이유의 우선순위를 바꾸도록 어떻게 설득할까?

✪ 위 물음에 답한 후 상황①의 고려사항 중 가장 중요한 것 4개를 한 번 더 정하기.

✦ 첫 번째로 중요한 것 (   )

✦ 두 번째로 중요한 것 (   )

✦ 세 번째로 중요한 것 (   )

✦ 네 번째로 중요한 것 (   )

✪ 처음 고른 것과 비교해 보세요. 만약 차이가 있다면, 왜 달라졌나?

<상황②>

하인즈는 약을 훔치기 위해 약국에 침입했다가 감옥에 갔다. 10년 형을 선고받았는데, 2년 정도 감옥살이를 하다가 탈옥하여, 다른 고장으로 가서 이름을 바꾸고 살았다. 그는 돈을 모아 마침내 큰 회사를 설립했다. 그는 근로자들에게 최고의 임금을 주었으며, 대부분의 이윤을 암치료를 위한 병원을 짓는데 사용하였다. 20년 정도 지났을 때, 그 마을의 재단사는 회사 사장이 경찰이 체포하기 위해 열심히 찾고 있는 탈옥수 하인즈라는 것을 알게 되었다.

Ⅰ. 재단사는 하인즈를 감옥으로 돌려보내기 위해 경찰에 고발해야 한다고 생각합니까?(하나만 고르세요) ·고발해야 한다 ( ) ·고발하지 말아야 한다 ( ) ·잘 모르겠다 ( ) Ⅱ. 자신이 위와 같이 판단할 때, 다음 12가지 고려사항들(판단에 대한 이유들)이 어느 정도로 중요하다고 생각하는지 O표 하세요.	매우 중요 하다	꽤 중요 하다	약간 중요 하다	별로 중요 하지 않다	전혀 중요 하지 않다
1. 하인즈는 그동안 자기가 나쁜 사람이 아니라는 것을 충분히 증명했다.					
2. 죄를 지은 사람이 매번 감옥에서 도망쳐 나오면 또 범죄를 저지른다.					
3. 감옥이 없고 법의 제재를 받지 않은 사회가 더 살기 좋을 것이다.					
4. 하인즈는 그동안 사회에 죄값을 다 갚은 것이다.					
5. 하인즈가 그동안 해온 선행을 무시하고 그를 다시 감옥에 보내는 것은 공평한 처사가 아니다.					
6. 특히 자선적인 사람에게 사회를 떠났으니까 감옥은 필요없다.					

7. 하인즈를 감옥에 보내는 것은 잔인하고 매정한 것 같다 .					
8. 다른 죄수들은 감옥살이를 하고 있는데 하인즈만 감옥에 보내지 않고 그냥 놔두는 것은 불공평하다.					
9. 재단사와 하인즈는 친한 사이이다.					
10. 하인즈의 사정이야 어떻든 도망친 죄수를 고발하는 것은 시민으로서의 의무이다.					
11. 국민의 뜻과 모든 사람들의 이익이 최대한으로 존중되어야 한다.					
12. 감옥에 가는 것이 하인즈나 다른 모든 사람들을 위해서나 좋다.					

위 12가지 고려 사항들 중에서 가장 중요한 것을 순서대로 4개를 고르고 번호를 쓰세요.

- 첫 번째로 중요한 것 (　　)
- 두 번째로 중요한 것 (　　)
- 세 번째로 중요한 것 (　　)
- 네 번째로 중요한 것 (　　)

✪ 상황②에 대한 다음 물음에 대해 답하기.

✦ 재단사는 고발해야 하는가?

✦ 왜 그렇게 생각하는가?

✦ 만약 하인즈가 재단사에게 자신을 고발하라고 했다면, 자신의 입장이 달라지는가?

✦ 재단사는 하인즈가 자신의 가족이라도 고민했을까?

✦ 재단사는 범죄자를 숨겨주는 것을 금지하는 법을 따라야 하는가?

✦ 부모님이라면 어떻게 해야 한다고 하실까?

✦ 실제로 탈옥수를 고발한 사례를 알고 있는가?

✦ 봉사활동을 많이 하는 범죄자를 모든 사람이 고발하지 않으면 어떤 일이 벌어질까?

✦ 모든 사람이 범죄자를 숨겨주는 것을 금지하는 법을 어긴다면 어떤 일이 벌어질까?

✦ 친구와 서로 입장이나 중요한 이유의 우선순위에 차이가 있다면, 서로의 입장이나 이유의 우선순위를 바꾸도록 어떻게 설득할까?

✪ 위 물음에 답한 후 상황②의 고려사항 중 가장 중요한 것 4개를 한 번 더 정하기.

✦ 첫 번째로 중요한 것 (　　　)

✦ 두 번째로 중요한 것 (　　　)

✦ 세 번째로 중요한 것 (　　　)

✦ 네 번째로 중요한 것 (　　　)

✪ 처음 고른 것과 비교해 보세요. 만약 차이가 있다면, 왜 달라졌나?

<상황③>

하인즈의 부인을 치료하던 주치의는 마침내 특별한 재료로 만든 약을 구하게 되었지만, 그 약은 효과가 없었다. 그리고 그녀를 치료할 수 있는 다른 치료제도 없었다. 주치의는 그녀가 6개월 정도만 살 수 있다는 것을 알았다. 그녀는 극심한 고통에 시달렸지만, 너무 약해서 모르핀과 같은 진통제를 많이 주면 더 빨리 사망할 수도 있었다. 그녀는 의식을 잃거나 거의 미친 정도로 고통스러웠다. 가끔 통증이 멈추었을 때, 주치의에게 죽을 수 있도록 진통제를 달라고 애원했다. 그녀는 고통을 참을 수 없고 어차피 몇 달 후에 결국 죽는 것 아니냐고 말했다.

Ⅰ. 의사는 어떻게 해야 한다고 생각합니까?(하나만 고르세요) ·모르핀을 주어야 한다 ( )·모르핀을 주어서는 안된다 ( ) ·잘 모르겠다 ( ) Ⅱ. 자신이 위와 같이 판단할 때, 다음 12가지 고려사항들(판단에 대한 이유들)이 어느 정도로 중요하다고 생각하는지 ○표 하세요.	매우 중요 하다	꽤 중요 하다	약간 중요 하다	별로 중요 하지 않다	전혀 중요 하지 않다
1. 모르핀을 많이 놔줘야 할지는 그 여자의 가족이 결정할 문제이다.					
2. 그 여자에게 모르핀을 많이 놔주는 것은 살인을 금하는 법에 위반된다.					
3. 살고 죽는 문제를 법으로 결정하지 않는 것이 좋다.					
4. 모르핀을 많이 놔주어 그녀가 죽게 되면 의사는 사고로 죽은 것 같이 위장할 수 있다.					
5. 국가는 더 살기를 원치 않는 사람에게 계속 살도록 강요할 권리가 있다.					

6. 개인의 가치에 대한 사회의 관점이 죽음의 가치를 먼저 생각한다.					
7. 의사가 그 여자에게 동정심을 가지고 있는지 또는 사회가 어떻게 생각하는지를 고려해 보아야 한다.					
8. 다른 사람이 죽도록 도와주는 것은 서로 협동할 수 있는 행위이다.					
9. 하나님만이 사람이 죽는 때를 결정할 수 있다.					
10. 의사가 어떻게 결정하든 그것은 의사 자신의 가치관에 달려 있다.					
11. 어떤 사람이 죽기를 원할 때 사회는 그것을 허용해야 한다.					
12. 자살이나 안락사를 허용하면서도 동시에 살고 싶은 사람의 생명을 보호할 수도 있다.					

위 12가지 고려 사항들 중에서 가장 중요한 것을 순서대로 4개를 고르고 번호를 쓰세요.

- 첫 번째로 중요한 것 (　　)
- 두 번째로 중요한 것 (　　)
- 세 번째로 중요한 것 (　　)
- 네 번째로 중요한 것 (　　)

✪ 상황③에 대한 다음 물음에 대해 답하기.

✦ 의사는 진통제를 주어야 하는가?

✦ 왜 그렇게 생각하는가?

✦ 하인즈가 의사에게 진통제를 주라고 부탁했다면 자신의 입장이 달라지는가?

✦ 의사가 자신의 가족이라도 고민했을까?

✦ 의사는 왜 안락사를 금지하는 법을 따라야 하는가?

✦ 부모님이라면 어떻게 해야 한다고 하실까?

✦ 실제로 고통을 줄이기 위해 의사가 진통제를 과다하게 투여한 사실을 알고 있는가?

✦ 고통을 줄이기 위해 모든 의사들이 과도한 진통제를 투여한다면 어떤 일이 벌어질까?

✦ 모든 사람이 안락사를 금지하는 법을 어긴다면 어떤 일이 벌어질까?

✦ 의사의 입장에서 보면, 어떤 영향을 받을까?

✦ 친구와 서로 입장이 다르다면, 서로의 입장을 바꾸도록 어떻게 설득할까?

✪ 위 물음에 답한 후 상황③의 고려사항 중 가장 중요한 것 4개를 한 번 더 정하기.

✦ 첫 번째로 중요한 것 (   )

✦ 두 번째로 중요한 것 (   )

✦ 세 번째로 중요한 것 (   )

✦ 네 번째로 중요한 것 (   )

✪ 처음 고른 것과 비교해 보기. 만약 차이가 있다면, 왜 달라졌나?

✪ 자신이 상황①, 상황②, 상황③에서 고려한 공통점들의 전체적 공통점은 무엇인가요?

✦ 내가 첫 번째로 중요하게 고려한 것의 공통점은 무엇인가요?

✦ 내가 두 번째로 중요하게 고려한 것의 공통점은 무엇인가요?

✦ 내가 세 번째로 중요하게 고려한 것의 공통점은 무엇인가요?

✦ 내가 네 번째로 중요하게 고려한 것은 공통점은 무엇인가요?

✦ 내가 고려한 공통점들의 공통점은 무엇인가요?

규칙 준수에 대한 이유

✪ 사람들은 규칙에 대해 어떤 생각을 가지고 있을까?

	관련된 사회의 규칙	그 규칙의 목적	규칙을 지키는 이유
나			
친구			
부모님			
선생님			
경찰관			
존경하는 인물			
기타			

✪ 나는 규칙을 얼마나 지킬 수 있을까?

✦ 나에게 가장 소중한 것 10가지를 순서대로 정하고, 관련된 규칙을 찾아보기.

내게 소중한 것 우선순위		우선순위와 관련된 규칙
1순위		
2순위		
3순위		
4순위		
5순위		
6순위		
7순위		
8순위		
9순위		
10순위		

✦ 만약 다른 사람의 우선순위와 나의 우선순위가 같다면, 다른 사람의 우선순위와 관련된 규칙을 지키기 위해 나의 우선순위부터 양보할 수 있나?

다른 사람이 첫 번째로 중요하게 여기는 것을 위해 나의 몇 번째부터 양보를 할 수 있나요? 어느 정도나 양보할 수 있나요?	
다른 사람이 두 번째로 중요하게 여기는 것을 위해 나의 몇 번째부터 양보를 할 수 있나요? 어느 정도나 양보할 수 있나요?	
다른 사람이 세 번째로 중요하게 여기는 것을 위해 나의 몇 번째부터 양보를 할 수 있나요? 어느 정도나 양보할 수 있나요?	
다른 사람이 네 번째로 중요하게 여기는 것을 위해 나의 몇 번째부터 양보를 할 수 있나요? 어느 정도나 양보할 수 있나요?	
다른 사람이 다섯 번째로 중요하게 여기는 것을 위해 나의 몇 번째부터 양보를 할 수 있나요? 어느 정도나 양보할 수 있나요?	
다른 사람이 여섯 번째로 중요하게 여기는 것을 위해 나의 몇 번째부터 양보를 할 수 있나요? 어느 정도나 양보할 수 있나요?	
다른 사람이 일곱 번째로 중요하게 여기는 것을 위해 나의 몇 번째부터 양보를 할 수 있나요? 어느 정도나 양보할 수 있나요?	

다른 사람이 여덟 번째로 중요하게 여기는 것을 위해 나의 몇 번째부터 양보를 할 수 있나요? 어느 정도나 양보할 수 있나요?	

✦ 내가 그런 태도를 가질 때 생각한 이유와 가장 가까운 것은 무엇일까?

① 어떤 태도를 가져야 혼나지 않을까?

② 어떤 태도를 가져야 내가 도움을 받을 수 있을까?

③ 어떤 태도를 가져야 선생님이 좋아할까?

④ 어떤 태도를 가져야 한다고 배웠을까?

⑤ 어떤 태도를 가져야 더 많은 사람에게 이로울까?

⑥ 어떤 태도를 가지는 것이 사람의 도리일까?

✪ 위에서 자신이 선택한 이유를 가지고 왜 규칙을 지켜야 하는지 설명하기. 그리고 그 다음 이유를 가지고 왜 규칙을 지켜야 하는지 설명하기.

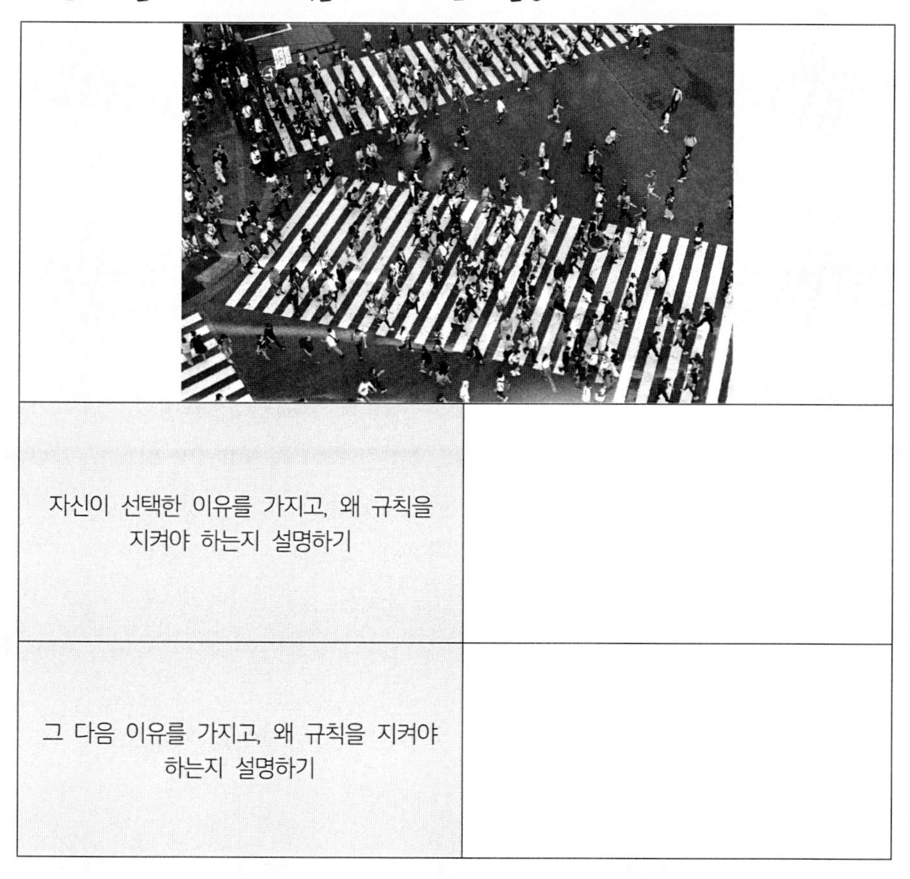

자신이 선택한 이유를 가지고, 왜 규칙을 지켜야 하는지 설명하기	
그 다음 이유를 가지고, 왜 규칙을 지켜야 하는지 설명하기	

2) 도덕적 토론 방법 중심으로 교수 내용 표현하기

교수 내용

이 교수텍스트에서는 '규칙 준수'를 '공익 고려'의 관점에서 탐구한다. 학생은 공익을 위해 규칙을 지키는 것이 자신의 단기적 사익과 충돌하는 경우, 공익을 어느 정도나 어떤 이유에서 고려해야 하는지의 문제에 직면할 수 있다. 이 문제에 대해 사람이 모여 살면서, 서로의 이익을 고려하기 위해 규칙이 필요하며, 공익을 고려하는 이유도 여러 측면에서 제시할 수 있고, 공익 고려를 위해 단기적 사익을 어느 정도는 양보하는 것이 중요하다는 답을 찾을 수 있다. 규칙 준수와 관련된 도덕적 상황에서 먼저 공적 장소에서 지켜야 할 규칙에 대해 알고, 그 중요성을 인식하고, 공익을 위해 규칙을 준수하려는 마음은 도덕적 삶을 가능하게 하는 마음이다.[3]

공동선은 사회 구성원 전체를 위한 공공복지와 그 조건의 확보를 의미한다. 공동선인 공익을 추구하는 자세는 인간이 실존적 목적의 달성을 위해 사회가 협동함으로써 도달될 수 있다. 공익을 추구해 가는 과정에서 기본적이고도 필수적으로 요청되는 것이 준법의식이다. 준법은 법률이나 규칙의 지킴을 의미한다. '법(法)'은 수(水), 치(廌), 거(去)가 합쳐진 글자이다. 해태는 신령스러운 짐승으로 사람에게 죄가 있고 없음을 판별할 수 있는 동물이다. 이 세 글자가 합쳐져 물과 같이 공평하게 죄를 조사하고, 바르지 아니한 자를 제거한다[去]는 뜻을 나타낸다. 준법은 공동선의 실현을 위해 삶에 기초가 되는 여러 가지 규범들, 즉 기본 생활 규칙과 공중도덕, 법, 기타 사회적 약속과 의무 등을 준수하고 실천하는 행위를 가리킨다. 준법의식은 규범을 존중하고 당위적 명령을 의무로서 받아들여 이를 기꺼이 실천하고자 하는 성향이다. 준법의 덕을 기르기 위한 가장 초보적인 형태는 약속을 지키는 것으로부터 출발한다. 약속은 자신과의 약속도 있고 다른 사람과의 약속도 있으며, 집단이나 공동체 내에서의 약속도 있다. 약속이 더 규율화되고 강제화되며 고치기가 쉽지 않을 정도로 고정화될 때, 이를 규칙이라고 부른다. 준법은 이러한 규칙을 준수하는 태도를 기르는 일과 중요하게 관련된다.[4]

공익 추구가 공동체 구성원의 행복을 증진하기 위해 노력하는 자세라면, 규칙 준수를 통해 공익을 고려하는 성향의 상징적 의미 도식에는 '좋은 것을 주는 경로 따르기'가 있다. 규칙은 공동체 구성원의 행복을 증진할 수 있는 행동을 일반화하여 준수의 의무를 부여한 약속이다. 공익을 고려하는 준법의식은 결핍의 존재로서 사회를 필요로 하는 인간이 사회 구성원 모두의 행복을 고려하고 증진하기 위해 마련된 규칙을 지키려는 마음의 표현이다. 이 마음을 함양하기 위해 규칙이 있는 이유 생각하기, 규칙에 관한 생각의 차이 확인하기, 자신의 판단 이유 검토하기, 규칙 준수에 대한 자신의 판단 이유 확인하기라는 탐구 경로를 설정할 수 있다. 이 경로를 거치는 교수텍스트에서 전체적으로 '더 행복하기 위해 함께 사는 사람이 정한 규칙을 어떤 이유에서 준수해야 하는지 생각해 보자'라는 이야기를 한다. 이 이야기를 표현하기 위해 자연법칙과 규칙의 닮음, 사람이 함께 사는 이유, 함께 행복한 삶을 위해 필요한 약속, 일반적 규칙과 개별 행위의 관계, 자신의 도덕 판단의 수준, 공동선과 개인선의 우선순위 고려를 중심으로 수업 내용을 구성한다. 규칙 준수를 공익 고려의 관점에서 설득하기보다는, 개별 행위와 규칙 준수가 상충하는 경우에 인식 주체가 자신의 판단 수준에서 공익 고려의 타당한 이유를 찾고, 더 높은 도덕적인 수준에서 신빙성을 가진 판단을 내릴 수 있는 능력을 함양하는 것이 목적이다. 구성원의 행복 증진을 일반화한 약속인 규칙 준수를 더 높은 도덕적 수준에서 신빙성 있는 이유를 가지고 판단하도록 하는 데 적합한 방법 중 하나가 도덕적 토론 방법이다.

도덕 판단의 수준

도덕과에서 활용되는 협의의 도덕적 토론 수업모형은 콜버그(Kohlberg)의 인지적 도덕 발달이론을 배경으로 한다. 이 이론에서는 도덕 발달을 보편적이고 자연적인 경향으로 보면서, 질적 차이가 있는 도덕 판단 수준에서 상위 단계로의 촉진을 의도한다. 도덕 판단의 수준은 '전인습 수준(Level Ⅰ. Pre-conventional)', '인습 수준(Level Ⅱ. Conventional)', '후인습 수준 혹은 원리의 수준(Level Ⅲ. Post-conventional or principled)'으로 구분된다. 각각의 수준은 다시 두 단계로 구분된다.[5)]

- '1단계: 타율적 도덕(Stage 1: heteronomous morality)'에서 옳은 것은 규칙의 위반을 피하고, 복종 자체를 위해 복종하고, 사람과 재산에 대한 신체적·물리적 손상을 피하는 것이다. 옳은 것을 하는 이유는 벌의 회피와 권위자의 우월한 힘 때문이다. 이 단계는 자아중심적 관점이다. 이 단계의 사람은 다른 사람의 관점을 고려하지 못한다. 다른 사람은 관점이 다르다는 것을 인식하지 못한다. 행동을 다른 사람의 심리적 관점에 의해서보다는 물리적 결과에 의해 판단한다. 권위자의 관점을 자신의 관점과 혼동한다.

- ‘2단계: 개인주의, 도구적 목적, 교환(Individualism, instrumental purpose, and exchange)’에서 옳은 것은 규칙을 지키는 것이 누군가의 직접적인 이익과 관련될 때 규칙을 지키는 것이다. 옳은 것은 자신의 이익과 욕구를 만족시키는 행동이며, 다른 사람에게도 그와 같이 하도록 허용하는 것이다. 또한 옳은 것은 공평, 동등한 교환, 거래, 협정이다. 옳은 것을 하는 이유는 다른 사람도 그들의 이익에 관심을 가지고 있음을 인정해야 하는 세상에서, 그 행동이 자신의 이익 또는 욕구를 충족시켜 주기 때문이다. 이 단계는 구체적인 개인주의적 관점이다. 모든 사람은 각자가 추구할 이익이 있고, 이것은 갈등한다는 것을 인식한다. 그러므로 옳은 것은(구체적인 개인적 입장에서) 상대적이라고 인식한다.
- ‘3단계: 개인간의 기대, 관계, 동조(Mutual Interpersonal expectations, relationships, and interpersonal conformity)’에서 옳은 것은 자신과 가까운 사람들에 의해 기대되는 것에 따라, 혹은 사람들이 일반적으로 아들, 형제, 친구로서 기대하는 역할에 따라 사는 것이다. ‘착하다’는 것이 중요하며, 이것은 다른 사람에게 관심을 보이고 좋은 동기를 가지고 있음을 의미한다. 또한 그것은 신뢰, 충성, 존경, 그리고 감사와 같은 상호 관계성을 유지하고 있음을 의미한다. 옳은 것을 하는 이유는 자신과 다른 사람의 눈으로 보아도 착한 사람이 되는 것이 필요하기 때문이다. 다른 사람을 돌보는 것이며, 황금률에 대한 믿음 때문이다. 전형적인 착한 행동을 지지하는 규칙과 권위를 유지하기를 원하기 때문이다. 이 단계는 다른 사람과의 관계에서 개인에 대한 관점이다. 이 단계에서는 공유된 감정, 협약, 기대를 인식하며, 그것은 개인의 이익보다 우선한다. 자신을 다른 사람의 입장에 두면서, 구체적인 황금률을 통해 자신의 관점을 관련시킨다. 일반화된 체제적 관점을 아직 고려하지 못한다.
- ‘4단계: 사회적 체제와 양심(Social system and conscience)’에서 옳은 것은 자신이 동의한 실제 의무를 수행하는 것이다. 법은 다른 확고한 사회적 의미 및 권리와 갈등하는 극단적인 경우를 제외하고는 준수해야 한다. 또한 옳은 것은 사회, 집단, 또는 기관에 공헌하는 것이다. 옳은 것을 하는 이유는 전체로서 움직이는 기관을 유지하도록 하고, 모든 사람이 그렇게 하는 경우 그 체제가 와해되는 것을 피하기 위해서이다. 혹은 규정된 자신의 책무에 부합하는 양심의 명령 때문이다.
- ‘5단계: 사회 계약 혹은 공리 그리고 개인의 권리(Social contract or utility and individual rights)’에서 옳은 것은 사람들이 다양한 가치와 의견을 가지고 있으며

대부분의 가치와 규칙은 집단에 따라 상대적이라는 것을 인식하는 것이다. 상대적 규칙들은 사회 계약이기 때문에 공정성을 위해 일반적으로 지지되어야 한다. 그러나 생명, 자유와 같은 상대적이지 않은 가치와 권리는 어떤 사회에서든, 그리고 다수의 의견에 관계없이 지지되어야 한다. 옳은 것을 하는 이유는 법률에 복종해야 하는 의무감 때문이다. 모든 사람의 복지를 위해 법을 만들어 지키고 다른 사람의 권리를 보호하기로 한 사회 계약을 했기 때문이다. 가족, 우정, 신뢰, 직업적 의무에 자유롭게 참여한 책임감 때문이다. 전체적 유용성인 "최대 다수의 최대 행복"이라는 합리적 계산에 근거한 법과 의미를 고려하기 때문이다. 이 단계는 사회적 관점보다 우선하는 관점이다. 사회적 결속이나 계약보다 합리적 개인의 가치와 권리의 인식을 우선한다. 협약, 계약, 객관적 공평성, 합당한 절차 같은 형식적 기제에 의해 여러 관점을 통합한다. 도덕적 관점과 법률적 관점을 고려하고, 그것이 갈등하기도 하며 통합하는 것이 어렵다는 것을 인정한다.

- '6단계: 보편적인 윤리적 원리(Universal ethical principles)'에서 옳은 것은 스스로 선택한 윤리적 원리를 따르는 것이다. 특정한 법률이나 사회적 협약은 윤리적 원리에 기초하기 때문에 일반적으로 타당하다. 법률이 이러한 원리를 어길 때는 원리에 따라 행위한다. 그 원리는 정의, 인간 권리의 평등, 개인으로서 인간의 존엄성 존중과 같은 원리이다. 옳은 것을 하는 이유는 합리적 인간으로서 보편적 도덕 원리의 타당성에 대한 믿음과 그 원리에 대한 책무감 때문이다. 이 단계는 사회적 합의를 도출하는 도덕적 관점이다. 합리적인 사람은 도덕성의 본질, 혹은 다른 사람을 수단이 아닌 목적으로 대우받아야 한다는 사실을 인식한다는 관점이다.

각 단계에서 특징적으로 제시되는 판단의 이유는, 1단계에서는 권위자의 명령을 따르고 벌을 피하는 것이며, 2단계에서는 자신의 욕구를 충족시키고 시장의 거래 관계로 고려되는 인간관계이며, 3단계에서는 사람들에게 인정받거나 다수에 의해 이루어지는 행동이며, 4단계에서는 사회질서를 유지하기 위해 의무를 다하는 것이며, 5단계에서는 공리주의적 혹은 사회 전체의 유용성이며, 6단계에서는 자유, 평등, 정의 원리이다.

도덕적 딜레마 토론의 기본 발문

이러한 단계의 상향적 촉진을 위해 도덕교육에서는 도덕적 딜레마를 제시하고 자극적인 발문을 통해 토론한다. 이에 터한 도덕적 토론 모형의 구체적인 절차는 '가. 도덕적 문제 사태의 제시－ 나. 도덕적 토론의 도입－ 다. 도덕적 토론의 심화－ 라. 실천 동기 강화 및 생활에의 확대 적용'이다.[6] 이러한 절차는 도덕 딜레마 토론을 통해 도덕 판단력을 높이는 데 중점을 둔다. 도덕적 토론 수업은 갈등을 내포하면서 학생의 지적 도전감을 환기하는 도덕적 문제 사태를 제시하고, 그 문제 사태에 대한 이해를 깊게 하고, 도덕적 토론을 거쳐 합당한 해결 방안을 도출하면서, 도덕적 판단 수준을 높이는 데 있다.

도덕적 문제 사태 제시에서는 가능한 생활 경험과 밀접하게 관련되면서 학생의 지적·도덕적 수준에서 지적 도전감을 불러 일으키고 갈등을 내포하는 성질을 가진 사태를 제시한다. 도덕적 토론의 도입에서는 제시된 문제사태에서 일어난 일, 그 일의 원인·과정, 관련 요소, 상충하는 관점·주장·견해·가치 등을 파악하면서 그 사태를 이해하도록 한다. 이를 위해 주로 기본적 발문 전략을 활용할 수 있다. 기본적 발문 전략은 학생이 도덕적 문제를 적극적으로 탐구할 수 있도록 도와주기 위한 것이다. 여기서 교사는 학생이 도덕적 딜레마 혹은 문제 상황을 이해하는지를 확인하고, 그 문제에 내포된 도덕적 요소에 직면할 수 있도록 도와주고, 그 문제에 대해 학생이 제시한 의견에 숨어 있는 이유를 이끌어 내고, 다른 이유를 제시한 학생들이 상호작용을 할 수 있도록 격려하는 발문을 한다. 이를 위해 활용되는 발문 전략으로는 도덕적 문제 부각시키기, '왜'라는 질문하기, 상황을 복잡하게 하기, 개인적이고 자연스러운 사례 활용하기, 실제적 도덕 문제와 가설적 도덕 문제를 교대로 활용하기 등이 있다.[7]

- 도덕적 문제 부각시키기는 학생이 도덕적 문제에 대해서 관점을 취하도록 한다. 이러한 발문을 통해서 학생이 어떤 상황 속에서 일어나는 갈등을 해결하거나 양자택일하는 딜레마로 파악하도록 돕는다. 예를 들어, '무엇을 해야 하는가?, 무엇이 당연한가?, 무엇이 옳고 그른가?' 등이다.
- '왜'라는 발문하기는 학생이 도덕적 문제에서 자신의 입장에 대한 근거를 답하도록 돕는다. 그 근거를 통해 학생들은 자신의 사고 구조를 드러낸다. 이 발문에 답하면서 학생들은 친구들과 같은 의견을 내놓지만 다른 이유를 제시할 수

있다. 사고 양식에 따른 이런 차이는 학생의 관심을 자극시켜 대화를 증진시킨다. 예를 들어 '왜 네가 제시한 해결책이 좋다고 생각하니?, 네가 그런 해결책을 제시한 이유가 뭐니?' 등이다.

- 상황을 복잡하게 하기는 두 종류가 있다. 먼저, 원래의 문제에 포함된 인지 갈등과 복잡성을 증가시키기 위해 새로운 정보나 상황을 추가하는 것이다. 이는 학생이 도덕적 갈등을 해결하기 위해 하나의 관점보다는 많은 관점에 비추어 생각하도록 한다. 예를 들어, '하인즈의 부인이 특별히 그에게 약을 훔치라고 했다고 가정하면 네 입장이 좀 달라지지 않을까?' 등이다. 다음은, 학생이 도덕적 문제로부터 "탈출구"로 빠져나가지 못하도록 복잡한 발문을 하는 것이다. 가끔 학생은 무엇이 옳은지에 대한 발문에 정면으로 부딪히면 불편한 감정을 느낀다. 그래서 흔히 딜레마의 사실을 바꾸어서 갈등을 제거함으로써 문제를 쉽게 해결하려고 한다. 이런 경우 학생들이 도덕적 딜레마에 직면하도록 도와주기 위해 딜레마를 복잡하게 한다. 예를 들어, 초과인원이 탑승한 구명정 딜레마에서 학생이 밧줄로 초과인원을 배에 매단다고 함으로써 딜레마를 회피할 수 있다. 이때, 교사가 '배에 밧줄이 없다고 생각하자', 혹은 '밧줄에 매달리는 것은 구명정 자체를 가라앉게 할 수 있다.'라고 하는 것이다.
- 개인적이고 자연스러운 사례 활용하기는 개인적이고 자연스러운 사례를 제시하여 학생들이 도덕적 문제를 토의하는 동안 도덕 의식을 개발하도록 한다. '개인적이고', '자연스러운'이라는 말은 교사와 학생의 경험 속의 어떤 상황을 나타낸다. 만일 어떤 딜레마가 이에 해당한다면, 학생의 관심이 커지고 정서적으로 강하게 연루되어, 일상에서 벌어지는 문제를 새로운 방식으로 생각한다. 예를 들어, '교장선생님은 운동장에서 병을 깨는 학생들을 어떻게 다루어야 한다고 생각하니?, 지난밤에 뉴스에 나온 사람이 어떻게 투표해야 했을까?' 등이다.
- 실제적 도덕 문제와 가설적 도덕문제를 교대로 활용하는 이유는 첫째, 무엇이 도덕문제를 구성하는지에 관한 학생의 이해 범위를 확대시켜 줄 수 있다. 둘째, 교실에서 학생의 관심의 범위를 고려할 수 있다. 셋째, 가상적 딜레마는 도덕적 요소를 조명하고 의견을 양극화할 수 있는 상장적인 도덕적 상황이기 때문에, 학생이 도덕적 문제를 심각하게 고려하도록 할 수 있다. 서로 신뢰감이 형성되어 있어 다른 사람의 의견을 수용할 준비가 되어 있다면, 학생은 가상적 딜레마에서 자아노출에 압박감을 느끼지 않을 것이다.

도덕적 딜레마 토론의 심화 발문

도덕적 토론의 심화에서는 서로 대립되는 주장과 가치 및 그 근거를 중심으로 더 합당한 해결 방안에 중점을 두면서, 학생의 도덕발달 단계를 상승시키는 새로운 사고 패턴이 나타나도록 심층적 발문 전략을 활용한다. 심층적 발문 전략으로는 심층적 탐색 발문, 인접 단계 논의 심화 발문, 명료화와 요약하기 발문, 역할채택 발문 전략이 있다.[8)]

- 심층적 탐색 발문은 도덕적 문제를 다양한 관점에서 생각해 보고 타당한 해결을 도모하기 위한 발문이다. 여기에는 명료화 탐색, 특정 문제 탐색, 문제들 간의 탐색, 역할 교환 탐색, 보편화 결과 탐색을 위한 발문이 있다. 명료화 탐색 발문은 학생이 사용하는 어휘를 설명하도록 하는 발문이다. 문장의 의미가 모호하거나 문장 이면에 있는 추론과정을 제대로 전달할 수 없을 때 사용한다. 특정 문제 탐색 발문은 문제 사태의 특별한 문제에 초점을 맞춰 자신의 생각이나 신념, 가치 등을 더 깊이 성찰하고 숙고해 보도록 하는 발문이다. 문제들 간의 탐색 발문은 두 가지 이상의 규범의 갈등에서 이의 해결을 생각해 보도록 자극하는 발문이다. 역할 교환 탐색은 학생이 지금까지 취한 관점과 갈등을 일으킬 수 있는 다른 사람의 관점을 받아들이도록 하는 발문이다. 이 발문은 다른 사람의 눈을 통해서 상황을 볼 수 있는 기회를 제공하기 때문에 역할채택 능력을 자극할 수 있다. 보편화 결과 탐색 발문은 모든 사람이 한 학생의 추론과정을 따라할 경우에 어떤 일이 발생할까를 묻는 발문이다. 사람들 모두에게 똑같이 공정하게 대할 수 있는 도덕적 결정을 생각해 내도록 하는 발문이다. 이를 통해 도덕판단의 이면에서 작용하는 논리적 타당성의 한계를 검토할 수 있다.
- 인접 단계 논의 심화 발문은 도덕적 성장을 자극하기 위해 한 단계 더 높은 도덕적 추론을 경험하도록 한다. 이를 위한 발문 방식으로는, 먼저 학생들이 대화에서 인접된 단계를 사용할 때, 교사가 추론유형의 차이를 발견하면 학생들이 사고의 타당성을 탐구하도록 격려하는 것이다. 다음은 학급에서 더 높은 단계로 논의하는 관점을 제시하지 못할 때, 교사는 학생들이 보여 준 사고 중에 더 높은 단계의 요소를 반영한 시각으로 새로운 이유를 생각하도록 격려하는 것이다.
- 명료화와 요약하기 발문은 교사가 발문을 주도하는 역할에서 학생이 말하는 것을 명료화하고 요약하는 역할로 바꾸는 것이다. 교사는 좀 더 능동적으로 경청

하는 역할을 하며 토의의 중요한 요소를 짚어내어 연결해 주어, 다른 학생이 제시한 추론 패턴을 깨닫도록 하고, 학생이 주도적으로 다른 학생의 사고를 자극하면서, 교사는 인지 갈등과 역할채택에 대한 발달론적 과정을 촉진시킨다.

- 역할 채택 발문은 학생의 관점채택 능력을 자극하기 위한 발문이다. 이를 통해 자기중심성에서 벗어나 타인의 생각과 감정과 권리와 이익을 고려하는 능력과 태도를 기르게 된다. 이를 위한 방법으로는 도덕적 갈등이 포함되어 있는 역할놀이, 토의, 학생들이 고안한 놀이, 영화 등으로 다른 사람의 입장에 있는 경험을 자극하는 것이다.

요컨대, 콜버그의 토론을 통한 접근과 밀접하게 관련된 도덕적 토론 모형은 도덕적 판단 능력을 높여, 그것이 도덕적 정서와 행동에 영향을 주어 도덕적 행동으로 이어지기를 기대하는 방법이다. 이 방법은 옳고 그름, 행위의 선택과 결정을 하는 도덕적 판단을 중시한다. 3수준 6단계로 위계화된 도덕 판단 능력에서 현재의 수준보다 인접한 더 높은 수준으로 발달하도록 자극하는 것이 핵심이며, 도덕적 갈등 사태에서 인지적 불균형을 불러일으켜 보다 높은 단계로 발달할 수 있도록 촉진한다. 예시한 교수텍스트에서는 학생이 자신의 도덕적 판단 수준을 확인하고, 더 높은 수준에서 판단하도록 자극하는 것을 염두에 두면서, 교수학습 활동에서 기본적 발문 전략과 심층적 발문 전략을 반영하였다. 콜버그의 전기 이론에 근거하여 구성한 교수텍스트에서 행동으로 실천되는지, 도덕 판단 수준이 보편적인지, 실제로 각 단계의 판단 수준에 해당하는 예가 있는지, 모든 영역에서 동일한 판단 수준이 나타나는 등에 관한 비판점을 고려하지 못했다. 다만, 도덕적 판단과 더 도덕적인 판단 능력의 발달이 도덕과수업에서 중요하다는 생각을 담으려고 하였다.

8. '공정'에 관한 개념분석 방법 중심의 교수텍스트

1) 교수텍스트

생활 속에서 사용하는 말

✪ 자료 설명하고 공통적으로 관련되는 말 찾기.

<자료 설명>

<자료 설명>

<자료 설명>

<자료 설명>

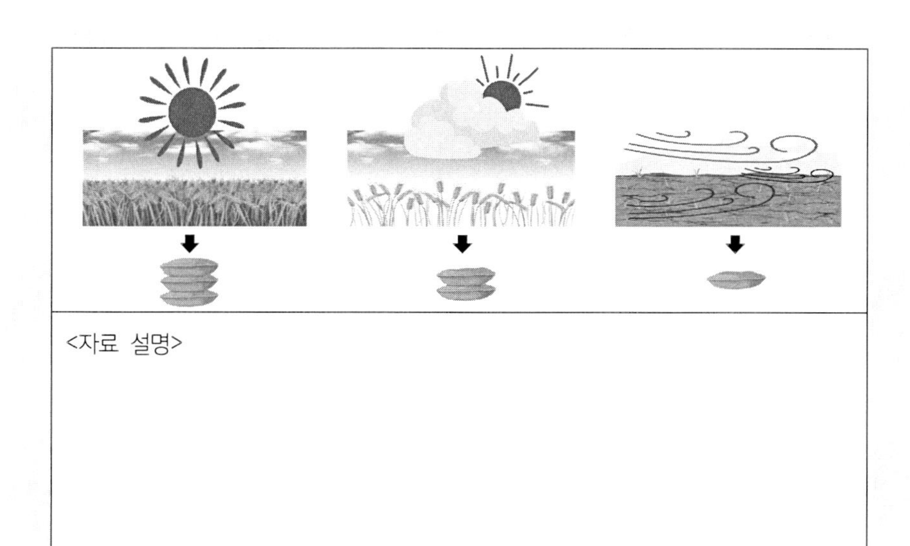

✦ 위의 자료와 공통적으로 관련되는 말은 무엇인가?

✪ **공정의 뜻을 찾기 위한 적합한 예라고 생각하는 순서 정하기**

✦ ( ) 시험을 잘 본 학생이 상을 받는다.

✦ ( ) 나에게 거짓말한 친구를 나도 속인다.

✦ ( ) 모든 학생이 무상으로 교과서를 받는다.

✦ ( ) 화단을 망가뜨린 학생에게 꽃을 다시 심게 한다.

✦ ( ) 친구를 놀린 학생을 학교에 못 오게 한다.

✦ ( ) 과제를 하지 않은 학생이 방과 후에 남아서 과제를 한다.

✦ ( ) 두 팀이 규칙에 따라 피구 경기를 한다.

✦ ( ) 시력이 좋지 않은 친구가 앞자리에 앉는다.

✦ ( ) 소심한 학생에게 발표 기회를 먼저 준다.

✦ ( ) 친구를 괴롭힌 두 학생에게 같은 벌을 준다.

✦ ( ) 나이와 관계없이 서로 존대하는 말을 사용한다.

✦ ( ) 계주 경기에서 우리 반을 더 크게 응원한다.

✦ ( ) 좋아하는 친구에게 맛있는 급식을 더 많이 준다.

✦ ( ) 대중교통에 노약자를 위한 시설을 설치한다.

✦ ( ) 경제적으로 어려운 학생에게 장학금을 준다.

공정의 뜻을 찾기 위한 사례

✪ 가장 공정한 예와 가장 불공정한 예에는 어떤 것이 있으며, 공통점은 무엇일까?

가장 공정한 예	ㅇ 친구를 괴롭힌 두 학생에게 똑같이 벌을 받도록 한다. ㅇ ㅇ	<공통점>
가장 불공정한 예	ㅇ 친구를 괴롭힌 두 학생 중, 한 학생에게는 상을 주고 다른 학생에게는 벌을 준다. ㅇ ㅇ	<공통점>

✪ 아래의 이야기에서 세종대왕이 결정을 위해 고려한 것들을 마인드맵으로 만들기.

세종대왕 이야기[1)]

나라 살림을 운영하는 데는 세금이 필요합니다. 조선 시대에는 백성들이 쌀로 세금을 냈습니다.

세종대왕과 신하들은 백성들이 처한 상황을 고려해 세금을 거두어들이려고 새로운 법을 만들었습니다. 그것은 지역과 시기에 따라 거두어들이는 쌀의 양을 다르게 하는 것이었습니다. 기온이 높고 비가 충분히 와서 농사가 잘되는 기름진 땅에는 높은 등급을 매겨 쌀을 많이 걷고, 산이 많고 추워서 농사가 잘되지 않는 척박한 땅에는 낮은 등급을 매겨 쌀을 조금만 걷었습니다. 이렇게 전국에 있을 땅을 여섯 등급으로 나누어 그 등급에 따라 거두어들이는 쌀의 양을 다르게 했습니다.

또한 농사가 잘된 정도를 아홉 등급으로 나누어 등급별로 거두어들이는 쌀의 양을 다르게 했습니다. 농사가 잘 되어 풍년일 때는 쌀을 많이 걷고 가뭄, 병충해, 태풍 등으로 흉년이 들었을 때는 쌀을 조금만 걷었습니다.

✪ 공정한 것인지 결정하기 어려운 예는 무엇인가?

✦ 아래 이야기를 읽고, 공정과 가장 가까운 예와 어떤 차이가 있는지 생각하기.

더러운 손 여기 있습니다[2)]

링컨은 어느 날 다니엘 웹스터라는 정치인이 어린 시절에 겪었던 일을 여러 사람 앞에 이렇게 소개했습니다. 웹스터가 학교에 다니던 때, 하루는 교칙을 어겨 선생님에게 벌을 받게 되었습니다. 벌은 손바닥을 매로 때리는 것이었는데, 그의 손은 씻은 지 오래되어 매우 더러웠기 때문에 매를 두 배로 맞을 것이 뻔했습니다. 웹스트는 선생님 앞으로 가는 동안 손바닥에 침을 묻혀 옷에 쓱 문질렀습니다.

"손 내놔!"

선생님의 호령이 떨어지자 웹스터는 침으로 닦은 한 손을 내놓았습니다. 선생님은 기가 차서 말했습니다.

"이렇게 더러운 손이 있다니! 이 교실 안에 이보다 더 더러운 손은 없을 거다. 그런 손이 있다면 내가 널 용서할 수도 있으련만."

웹스터가 뒤에 숨겨 둔 다른 손을 얼른 내밀며 말했습니다.

"선생님, 그런 손 여기 있습니다."

그러자 선생님은 한숨을 푹 내쉬고는 매를 내려놓으며 말했습니다.

"알았다. 네 자리로 돌아가거라."

벌금을 면제함[3)]

링컨이 변호사였던 시절의 어느 날, 링컨은 법정에 들어서자마자 법원 서기의 책상에 기대어 굉장히 우스운 이야기를 늘어놓았습니다. 마침내 서기는 엄숙해야 할 재판정에서 폭소를 터뜨리고 말았습니다. 판사가 링컨에게 주의를 주었습니다.

"당신이 서기를 웃기면 재판에 지장이 있어요. 벌금 5달러를 선고하겠소."

그러자 서기가 판사에게 말했습니다.

"판사님, 제가 그 벌금을 내겠습니다. 그 이야기는 5달러 값어치가 충분했습니다."

"그래요?"

궁금증을 이기지 못한 판사는 서기에게 물었습니다.

"링컨 변호사가 무슨 이야길 한 거요?"

서기가 링컨에게서 들은 이야기를 그대로 옮겼습니다. 그러자 판사 또한 웃음을 참지 못하고, 그 자리에 있던 모든 사람과 함께 깔깔대며 한참 동안 웃었습니다. 그런 다음 판사가 다시 선고했습니다.

"방금 선고한 벌금을 면제함!"

ㅇ 공정과 가장 가까운 예와 위 이야기의 차이점은 무엇인가요?

✪ 실제로 일어나기 어려운 공정과 관련된 예 상상하기.

✦ 우리 생활에서 실제로 일어나기는 어려운 예 중에서 공정하다고 할 수 있는 것과 없는 것은 무엇인가요?

- 지구에서 멀리 떨어진 어떤 별에는 지구의 사람과 다른 능력을 가진 외계인이 살고 있습니다.
- 그들 중에는 자신의 미래를 볼 수 있는 한 외계인이 자신이 미래에 가난해질 것을 알고, 가난한 사람에게 보조금을 많이 주기 위해 부자에게 세금을 많이 내는 제도를 만들자고 했습니다. 미래를 볼 수 있는 다른 외계인은 자신이 부자가 될 것을 알고, 부자에게 세금을 많이 내도록 하는 제도를 반대했습니다.
- 그들 중에는 눈이 앞에 있어 앞으로 걷는 외계인도 있고, 눈이 뒤에 있어 뒤로 걷는 외계인도 있었습니다. 그래서 앞으로 걷는 외계인에게는 우측통행을 하게 했고, 뒤로 걷는 외계인에게는 좌측통행을 하도록 했습니다.

<실제로 일어나기 어렵지만, 공정과 관련될 수 있는 예>

공정의 뜻 검토하기

✪ 왜, 어떤 감정을 가지고 이런 말을 했을까?

✦ 정의의 손에는 칼이 있을 수 없다.

(이유나 감정:)

✦ 힘을 갖지 못한 정의는 무력하며, 정의가 없는 힘은 폭군적이다.

(이유나 감정:)

✦ 사람이 서로 해치지 않게 하는 것이 정의의 역할이다.

(이유나 감정:)

✦ 정의는 완전무결할 때만 옳다.

(이유나 감정:)

✦ 정의는 미덕의 으뜸이다. 정의의 뒷받침이 없는 용기는 무용지물이기 때문이다.

(이유나 감정:)

✦ 절차에 하자가 없다면, 불평등이나 차등도 정당화될 수 있다.

(이유나 감정:)

✪ 그 뜻이 너무 넓거나 좁지 않나?

✦ 다음의 보기에서 자신이 정리한 공정의 뜻에 포함되는 것은 무엇인가? 그 뜻이 너무 넓거나 좁다면 어떻게 고쳐야 할까?

- 똑같이 나눈다.
- 똑같이 출발한다.
- 기여한 만큼 나눈다.
- 기여에 따른 차이를 적게 하여 나눈다.
- 차이만큼 출발을 다르게 한다.
- 각자의 상황을 고려하여 공평하게 출발하도록 차이를 둔다.
- 상황에 따라 다른 규칙을 적용한다.
- 상황에 관계 없이 같은 규칙을 적용한다.

공정의 뜻 적용하기

✪ 다음 질문을 논의하기.[4)]

- ✦ 어떤 상황에서 학생은 출석을 면제받을 수 있을까?
- ✦ 대부분의 학생이 출석을 했지만, 자신은 출석을 면제받을 수 있는 이유가 있을까?
- ✦ 모든 학생이 의무적으로 초등학교에 다녀야 하지만, 대학에는 모든 학생이 가지 못하는 것은 공정한가?
- ✦ 다른 친구와 비교해 자신의 개인적 상황이 불공정하다고 생각되는 경우가 있는가?
- ✦ 학교에서 모든 학생이 참여하기에는 부담스러운 비용이 드는 모임을 일부 학생들이 조직하는 것은 공정한가?
- ✦ 가정과 학교에서 모든 어린이에게 사생활이 보장되어야 하는가?
- ✦ 모든 어린이에게 용돈을 주어야 하는가?
- ✦ 학업에 지장이 없다면, 모든 어린이에게 나이에 관계없이 일할 수 있도록 허용해야 하는가?
- ✦ 우리 사회에서 초등학생이 중등학생에 비해 더 불공정하게 대우받는다고 생각하는가?

✪ 과정이나 결과가 똑같지 않아도, 그것이 불공정하지 않다면, 그 이유는 무엇인지 생각해 보기.

✪ 자료를 다시 설명하고, 여러분이 세종대왕이라면 어떻게 답했을지 생각하기.

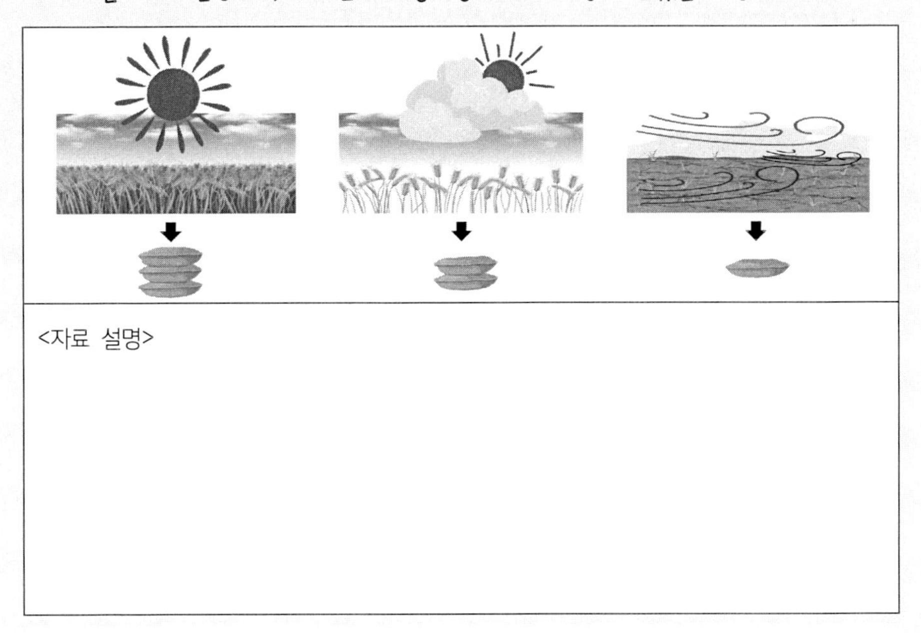

<자료 설명>

신하들이 물었습니다.

"처한 상황을 고려해 지역과 시기에 따라 똑같이 하지 않아도 된다고 백성들을 어떻게 설득할까요?"

세종대왕은 이렇게 답했습니다.

"왜냐하면, ...

2) 개념분석 방법을 중심으로 교수 내용 표현하기

교수 내용

이 교수텍스트에서는 '기회와 몫'을 '공정'의 관점에서 탐구한다. 학생은 일상생활에서 일이나 목표를 위한 출발점이나 도착점에서 기회와 몫의 차이를 어떻게 고려해야 하는지에 의문을 가질 수 있다. 이 의문에 대해 가능하면 출발점에서의 차이를 줄이고, 각자의 기여에 따라 몫이 분배되지만, 상황과 기본적 권리 그리고 이익 고려 등을 고려하는 것이 중요하다는 답을 찾을 수 있다. 공정의 의미를 이해하고, 공정한 사회의 필요성을 인식하고, 공정한 생활을 위한 관점채택 능력을 길러서 공정하게 행동하려는 마음은 공정한 삶을 가능하게 하는 마음이다.[5]

공정한 사람은 개인적인 감정에 따라 다른 사람에 대한 결정을 편파적으로 하지 않으며, 모든 사람에게 똑같은 기회를 준다. 모두에게 정당한 몫이 돌아갔는지를 신경 쓰며, 타인을 이용하지 않으려고 조심한다. 또한 주변 사람의 행동과 다르더라도 자신에게 무엇이 옳은지를 판단하며 사회적 정의를 구현하는 데 헌신한다.[6] 공정은 모든 사람을 공평하게 다루는 것, 개인적 감정의 편견에 따라 결정을 하지 않는 것, 모든 사람에게 동등한 기회를 주는 것, 집단 내에서 좋은 관계를 유지하면서 일이 잘 진행되도록 구성원을 격려하고 집단 활동을 조직하고 관리하는 것이다.[7] 공정은 타인을 차별 없이 적절한 방식으로 대우하는 것을 의미한다. 공정함의 명확한 반의어로는 불공정, 선입견, 편견, 변덕 등이 있다.[8] 특정 상황에서 기회와 몫에 대해 용기 있게 옳음을 추구하는 공정은 특수한 정의이다. 정의(正義)는 진리에 맞는 올바른 도리이다. '의(義)'는 '옳다, 바르다, 도리'라는 뜻이며, 의(義)의 부수인 양(羊)은 '착하다, 아름답다'는 뜻이다. 나[我]와 양(羊)이 합쳐져 '내 마음이 양처럼 착하고 아름답다'는 의미가 되고, 그것을 '나의 행동이 예의에 맞다'는 의미로 해석한다. 전통적으로 정의에 관한 기본 관념은 '각자에게 그의 몫을'이라는 명제로 대표된다. 정의는 협동으로 창출된 재화와 가치를 적절하고도 합리적으로 배분하는 일과 관련된다. 현대 윤리학에서 롤즈에게 있어 사회정의의 기본 주제는 사회의 주요 제도가 권리와 의무를 배분하고 사회적 협동체로부터 생긴 이익의 분배를 정하는 방식으로 규정된다. 이러한 제도나 구조의 정의가 확보되기 위해서는 핵심적인 원리에 의거하면서 동시에 내용뿐만 아니라 절차와 형식 측면에서도 일정한 조건을 갖출 때 확보될 수 있다고 보았다. 정의는 인간 가치의 동등성에 기본을 두어 모든 사람을 한 인격체로서 동등하게 존중하는 것, 모든 사람의 요구를 동등하게 취급하는 것, 모든 사람에게 기회를 균등하게 부여하는 것, 사람들 사이의 권리와 주장의 부딪침을 공명정대하고 공평무사하게 해결하는 것 등을 그 중요한 내용으로 한다.[9]

공정이 옳음을 기준 축으로 편파적으로 치우치지 않고, 사회 구성원의 합당한 기회와 정당한 몫을 고려하기 위해 가역적으로 사고하면서, 자신의 역할 책임을 인식하려는 자세라면, 공정이나 정의의 상징적 의미 도식에는 '균형 유지'가 있다. 공정은 옳음을 기준으로 편파적이지 않게 공동체와 구성원의 기회와 몫을 공평하게 고려하려는 마음이다. 사람을 동등한 본질이나 권리를 가진 존재로 존중하려는 마음, 가치나 이익의 합당한 배분을 위한 질서를 찾으려는 마음, 역할에 따른 책임을 인정하는 마음, 공과 및 권리와 의미의 균형을 찾으려는 마음이다. 그 마음을 함양하기 위해서는 일상어에서 공정의 용례, 공정의 뜻을 찾기 위한 사례 확인, 공정의 뜻 검토하기, 공정의 뜻 적용하기라는 경로를 설정할 수 있다. 이 경로를 거치는 교수텍스트에서는 '기회와 몫에서 편파적이면 어떤 문제가 있으며, 어떻게 해야 합당한 균형을 유지할 수 있는지 생각해 보자'라는 이야기를 한다. 이 이야기를 표현하기 위해 기회와 몫에 대한 생활 장면, 공정의 개념을 찾기 위한 연습, 공정에 해당하는 전형적 · 경계 · 가상 사례, 사용되는 맥락, 공정 개념분석의 검토, 공정의 뜻 적용 등을 중심으로 수업 내용을 구성한다. 공정이나 정의는 상황적 조건이나 역사적 조건에 따라 변하는 역사성을 가지므로 실제적 사용의 맥락에서 도출될 수 있는 개념이다. 실제로 사용되는 용법에 따라 특정 개념의 의미를 명료화하기에 적합한 방법 중 하나가 개념분석 방법이다.

도덕성 요소

개념분석법을 제안한 윌슨은 도덕교육의 목적을 도덕성의 함양에서 찾고, 도덕적으로 교육된 사람의 능력과 특성에 따라 도덕성의 개념을 철학적으로 분석한다. 그는 도덕성을 합리적이고 자율적으로 행동화되기 위해서 요구되는 요소나 절차로 보면서, 다음과 같이 4범주 16요소로 도덕성 요소를 제시한다.[10]

- PHIL(다른 사람을 나와 동등하게 고려하기)

· PHIL(HC) – '사람'의 개념 이해하기(Having the Concept of a 'person'): 의지, 의도, 욕구, 정서를 가진 의식적이고 합리적이며 언어를 사용하는 생

물로 사람의 개념 갖기.

· PHIL(CC) – 사람의 개념을 도덕원리로 주장하기(Claiming the Concept as a moral principle): 사람의 개념을 행동 원리로 형성하고, 행동 기준으로 주장하기.

· PHIL(RSF) – 사람의 개념을 도덕원리로 지지하는 감정 가지기(Rule–Supporting Feeling 'duty–orientated' & 'person–orientated'): '사람 지향적' 차원과 '의무 지향적' 차원에서 사람의 개념을 도덕원리로 사용할 것을 주장하기.

- EMP(사람들의 정서 · 감정을 인식하기)

· EMP(HC) – 정서의 개념 이해하기(Having the Concept of emotion): 신념, 징후, 행동으로 구성되는 정서의 개념 이해하기.

· EMP(1)(Cs) – 나의 의식적 정서 인식하기(Being able to identify one's own emotions Conscious): 의식적 수준에서 자신의 정서를 실제로 인식하기.

· EMP(1)(Ucs) – 나의 무의식적 정서 인식하기(Being able to identify one's own emotions Unconscious): 무의식적 수준에서 자신의 정서를 실제로 인식하기.

· EMP(2)(Cs) – 다른 사람의 의식적 정서 인식하기(Being able to identify other people's emotions Conscious): 의식적 수준에서 다른 사람의 정서를 실제로 인식하기.

· EMP(2)(Ucs) – 다른 사람의 무의식적 정서 인식하기(Being able to identify other people's emotions Unconscious): 무의식적 수준에서 다른 사람의 정서를 실제로 인식하기.

- GIG(사실적 지식과 사회적 기술 습득하기)

· GIG(1)(KF) – 관련된 '엄연한' 사실 알기(Knowing relevant 'hard' Facts): 도덕적 문제와 관련된 사회적 규범, 건강, 안전, 복지, 사람의 필요와 처치에 관한 지식 알기.

· GIG(1)(KS) – 관련된 사실을 찾는 방법 알기(Knowing relevant Sources of facts): 도덕적 문제와 관련된 사실을 찾을 수 있는 정보의 원천 알기.

· GIG(2)(VC) – 언어적 의사소통 방법이나 사회적 기술 알기(Knowing how or social skills of Verbal Communication): 도덕적 상황에서 다른 사람과

언어적 의사소통을 위한 방법이나 기술 알기.

· GIG(2)(NVC) - 비언어적 의사소통 방법이나 사회적 기술 알기(Knowing how or social skills of Non-Verbal Communication: 비언어적인 의사소통 방법 알기): 도덕적 상황에서 다른 사람과 비언어적 의사소통을 위한 음성적(억양, 크기 등) 혹은 표정적(표정, 자세 등) 방법이나 기술 알기.

- KRAT(도덕적 문제를 인식, 사고, 판단하여 행동하기)

· KRAT(1)(RA) - 도덕적 문제를 타당하게 인식하기(Relevant Alertness: noticing moral situation and describing them properly): 도덕적 문제를 실제로 적합하게 직면하고, '타인의 이익을 고려(PHIL)'해야 하는 사태로 타당하게 인식하기.

· KRAT(1)(TT) - 도덕적 문제를 철저하게 사고하기(Thinking Throughly about them(making full use of PHIL, EMP, and GIG): PHIL, EMP, GIG 등의 도덕적 요소 충분히 타당하게 사용하면서 도덕적 상황에 대해 철저하게 사고하기.

· KRAT(1)(OPU) - 도덕적 문제를 우선적, 규정적, 보편화 가능하게 결정하기(Ending up by making an Overriding, Prescriptive, and Universalized): 타인의 이익 고려(PHIL)를 우선적으로 하는, 자신의 행동을 규정하는, 그리고 모든 사람에게 보편화 가능한 결정하기.

· KRAT(2) - 도덕적 판단대로 행동하기(Translating the decision into action(or feeling): 무의식적 반대 동기를 극복하여 결정한 행동을 실제로 수행하는 것에 전념하기.

윌슨은 이러한 도덕성의 요소와 더불어 도덕교육의 방법으로 개념분석법, 토의형식, 계약과 의사결정 형식, 학교공동체의 형성 등을 제안한다.[11] 이 중 추상적 개념을 포함한 질문에 답하기 위한 개념분석법은 도덕성 요소와 연관된 교육 방법으로 볼 수 있다. 먼저, 개념분석법은 관련된 자료를 사용하여 절차에 따라 철저히 생각하여 개념을 파악하는 사고의 기술이다. 도덕성 요소에서 KRAT(1)(TT)는 PHIL, EMP, GIG 등의 도덕적 요소를 타당하게 사용하면서 철저하게 사고하는 요소이다. 여기서 PHIL, EMP, GIG를 일종의 관련 자료로 보면, 그 자료를 사용하여 철저하게 사고하는 능력의 계발을 요청한다. 이러한 측면에서 개념분석법은 KRAT(1)(TT)와 연관된 교육방법으로 볼 수 있다. 다음, 개념분석법은 개념에 해당하는 사례를 찾고,

그 개념이 사용되는 사회적, 정서적, 언어적 맥락을 검토하는 것이 핵심이다. 특히 맥락의 검토는 의사소통을 통한 상호이해를 위한 능력의 함양을 가능하게 한다. 이러한 측면에서 개념분석법은 도덕적 문제에서 다른 사람과 언어적·비언어적으로 소통하는 GIG(2)(VC & NVC)와 연관된 교육방법으로 볼 수 있다. 보다 포괄적으로는, 개념분석법 자체가 개념적 질문에 답하기 위한 사고의 기술이라고 본다면, 이는 PHIL(HC), EMP(HC)와 같이 개념 이해하기와 연관된 도덕성 요소의 교육방법으로도 볼 수 있다.

개념분석법

도덕적 개념의 실제적 의미는 일상생활에서 실제로 교환되는 용법에서 드러난다.[12] 일상 언어에서 사용되는 개념의 분석은 실제로 흔히 사용되는 개념의 명료화를 위한 것이다.[13] 일상 언어의 분석을 통해 실제로 사용되는 개념을 명료화하는 사고의 기술이 '개념분석법'이다. 개념의 문제를 다루는 이 기술은 직접적으로는 도덕적 개념의 공유된 실제적 이해와 관련되며, 도덕성 요소의 함양과도 관련된다.

윌슨은 단어에 고유한 의미가 있는 것이 아니라 용법에 따라 특정한 의미를 가진다는 점에서, 개념을 의미의 범위로 본다.[14] 그의 개념분석법은 복합적인 질문에서 개념적인 질문을 구분하고, 그 개념을 분석하여 의미의 범위를 설정하고자 하는 사고의 기술이다. 그래서 이 사고의 기술은 '개념에 관한 질문'에 답하는 경우에 적용될 수 있다. 예를 들어, '고래가 1만 5천톤짜리 화물선을 침몰시킬 수 있는가?'는 사실에 관한 질문이다. 이 질문에 답하기 위해서는 각자의 경험이나 믿을 만한 정보를 토대로 이 질문에 관련된 특정 사실을 찾아내어 답하면 되기 때문이다. 반면, '고래는 물고기인가?'라는 질문은 개념에 관한 질문이다. 이 질문은 '물고기'라는 말이 어떤 의미로 쓰였으며, 어떤 것이 물고기인지를 어떻게 알 수 있는지, 어떤 것들이 물고기로 간주되는지를 묻고 있기 때문이다. 한편, '공산주의는 바람직한 체제인가?'라는 질문은 가치에 관한 질문이다. 공산주의가 좋은지 나쁜지, 옳은지 그른지, 정치적으로 바람직한지 그렇지 않은지와 같이 어떤 가치를 부여할 것인지를 묻고 있기 때문이다. 반면, '공산주의는 민주주의와 양립할 수 있는가?'라는 질문은 개념에 관한 질문이다. 이 질문에 답하기 위해서는 공산주의의 개념과 민주주의의 개념이 함께 쓰일 수 있는지를 먼저 생각해 보아야 하기 때문이다.

개념적 질문이 다른 예로는, '비행정은 배인가 비행기인가?', '심리학은 과학인가?',

‘우리의 행동 중에 정말로 자유로운 행동이 있는가?’, ‘모든 인간은 평등한가?’, ‘진실이란 무엇인가?’, ‘아름다움이 존재하는가?’ 등을 들 수 있다. 이처럼 개념에 관한 질문은 범주, 의미, 관점, 상황과 관련된 질문으로서 사실이나 가치에 관한 질문과는 구별된다. 개념에 관한 질문은 개념의 기준이나 원칙을 문제 삼는 것이다.[15] 대부분의 질문은 사실, 개념, 가치에 관한 복합적 질문이며, 개념에 관한 질문을 우선적으로 처리하지 않는다면, 복합적 문제에 일관성 있게 답할 수 없다. 따라서 개념적 질문을 우선적으로 다루어야 한다.

개념분석법의 기술

윌슨은 개념에 관한 질문을 다루기 위해 개념분석을 위한 사고의 기술을 제시한다.[16]

① 개념적 질문 분리하기(Isolating questions of concept)

대부분의 문제는 복합적인 질문으로 이루어져 있다. 복합적인 질문을 다룰 때에는 개념적 질문을 분리해서 우선적으로 해결해야 한다. 예를 들어, “정신 병원에 수용된 사람들을 처벌할 수 있는가?”는 벌에 관한 개념의 문제와 병원에 실제로 수용되었던 사람에 대한 사실적 문제와 처벌에 관한 가치의 문제로 이루어진다. 복합적인 문제인 경우, 이 문제에 답하기 위해서는 먼저 개념적 질문을 분리하는 것이 필요하다.

② 정답 찾기('Right answers')

보다 핵심적인 개념을 찾기 위해서는 그 개념에 해당하는 필수적인 조건이나 일차적인 개념에 근거하는 감각이 필요하다. 예를 들어, 물고기의 개념을 찾기 위해서는 ‘고래, 문어, 불가사리, 바다가재, 굴’보다는 ‘고등어, 가자미, 송어’에 근거할 때 보다 핵심적이고 필수적인 개념을 찾을 수 있다. 또한 그 개념이 사용되는 타당한 상황과 일차적인 사용에서 핵심적인 의미를 찾을 수 있는 감각이 필요하다.

③ 전형적 사례 찾기(Model cases)

문제의 단어가 쓰이는 가장 전형적인 사례를 검토하는 것이다. 예를 들어, ‘처벌’의 개념에 해당되는 전형적인 사례를 검토하는 경우, “한 학생이

고의로 학교 규칙을 어겨서 학교 당국으로부터 처벌을 받은 경우", "남의 물건을 훔치고서 법정에서 판사로부터 처벌되도록 판결을 받은 경우" 등이 해당된다. 여기서 공통적인 요소가 있다면 그 개념의 필수적인 요소로, 그렇지 않다면 부수적인 요소로 판단한다.

④ 반대 사례 찾기(Contrary cases)

전형적인 사례의 검토와 정반대되는 방법으로써, 합당한 사례가 되지 못하는 예를 드는 방법이다. 예를 들어. '공정성'이라는 개념의 문제를 다루고자 한다면 명백하게 부당하게 취급된 사례를 제시하는 것이다. '죄가 없는 사람에게 사형선고가 내려진 경우', '같은 상황에서 같은 범죄를 저지른 두 사람에게 상이한 벌이 내려지는 경우', '다른 상황에서 같은 벌이 내려지는 경우' 등을 찾을 수 있다.

⑤ 관련 사례 찾기(Related cases)

한 단어의 기본적인 개념을 파악하려고 할 때, 그 단어와 관련이 있거나 유사성을 지니고 있는 다른 개념을 검토하는 것이다. 이것은 마치 기계의 한 부품에 대한 이해를 위해서는 그 부품과 결합된 다른 부품과의 관계나 작동법에 대한 전체적인 이해가 수반되어야 하는 것과 마찬가지이다. 예를 들어, 처벌의 개념을 분석하기 위해서는 정당성과 당연성 개념의 사례들에 대한 검토가 필요하다.

⑥ 경계 사례 찾기(Borderline cases)

판단 기준이 잘 서지 않는 사례를 다루어 보는 것이다. 모호한 사례가 왜 이상한지를 파악함으로써, 적정한 사례가 이상하지 않은 이유를 파악하는 것이다. 이 사례는 전형적인 사례가 지니는 특징도 있지만, 전형적인 사례로 볼 수 없는 특징도 있는 경우이다. 예를 들어 '벌'의 개념을 분석할 때, '전기줄을 만지면 위험하다는 말을 들은 적이 있는 아이가 그것을 만지작거리다가 감전을 당한 경우'를 들 수 있다.

⑦ 가상 사례 찾기(Invented cases)

일상적인 경험의 범주를 벗어난 상황을 설정해 보는 것이다. 이는 어떤 개념을 명백하게 밝혀 줄 수 있는 다양한 사례를 일상적 경험 속에서 충분히 끌어낼 수 없다는 사실에서 비롯된다. 예를 들어 '인간'의 개념을 분석할 때, '수백 마일의 지하세계에서 외형이 인간과 같고, 지능은 있으나, 예술이나 농담에 대한 감각을 전혀 지니지 못한 생명체를 발견한 경우' 등을 검토해 보는 것이다.

⑧ 사회적 맥락 검토하기(Social context)

일상생활 속의 사고와 대화는 특정 상황이 가하는 압력을 받으면서 행해진다. 그러므로 개념의 이해에는 상황의 본질에 대한 파악이 중요하다. 모든 진술은 누가, 왜, 언제 등과 같은 요소에 역점을 두어 고려해 볼 필요가 있다. 예를 들어, '사람은 자신의 행위에 책임져야 하는가?'에서 책임의 개념을 분석한다고 해보자. 여기서 책임의 개념을 이해하기 위해서는 누가 어떤 의도로 책임이라는 말을 사용하는지 물어보는 것이 필요하다.

⑨ 이면의 불안감 검토하기(Underlying anxiety)

개념적이거나 철학적인 질문은 잠재적 불안감에서 제기되는 경우가 많다. 그래서 화자의 기분이나 감정을 고려하는 것 역시 중요하다. 예를 들어 '우리는 정말 자유로운가?'라는 문제에 답한다고 해보자. 이것은 현대 심리학이 인간 행동에 대해 많은 사실을 밝혀냄으로써 모든 행동이 심리적 요인에 의해 결정되는 것이 아닐까 하는 불안감에서 비롯된다. 자유라는 개념을 이해하기 위해서는 그 기저에 깔려 있는 불안감에 대해서도 주목해야 한다.

⑩ 현실적 결과 검토하기(Practical results)

개념적 질문에 대한 이유나 목적을 정확하게 알아내는 방법으로는, 질문에 대해 "그렇다"고 답을 하거나 "그렇지 않다"고 답을 하는 경우에, 일상생활에서 현실적으로 어떠한 결과를 초래하게 될지 따져 보는 것이다. 질문에 대해 '그렇다'거나 '그렇지 않다'고 대답했을 경우에 초래될 현실적인 결과를 합리적이고도 현실적으로 생각해 보면, 질문자가 실제로는 어떤 개념에 대해 우려하고 있는 바를 파악할 수 있다.

⑪ 언어적 결과 검토하기(Results in language)

단어의 의미를 결정한다든지 개념의 범주를 설정하는 데 있어서 '언어적 결과'를 고려하여 유용한 판단 기준을 선택한다. 예를 들어, 민주주의를 '국민이 정부에 대해 충분히 통제를 가할 수 있는 나라'라고 한다면 지나치게 제한적 의미가 되어 어떤 정치 체제에도 '민주주의'라는 단어를 쓸 수 없게 된다. 단어의 의미를 선택하여 결정한다든가 개념의 범주를 설정하는 데 있어, 언어 차원의 결과를 예측하여 가장 유용한 기준을 선택해야 한다.

개념분석 기술에서 ①은 복합적 질문에서 분석할 개념을 식별하는 것이다. 그리고 ②－⑦은 다양한 사례를 통해 개념을 분석하는 것이다. 그리고 ⑧－⑩는 개념적 질문이 제기되는 사회적, 심리적, 현실적 맥락을 검토하는 것이다. 그리고 ⑪은 개념의 범위가 타당한지를 검토하는 것이다. 따라서 개념분석의 기술을 크게 구분하면 분석할 개념 찾기(①), 사례를 통한 개념의 이해(②, ③, ④, ⑤, ⑥, ⑦), 개념 사용과 관련된 맥락 고려(⑧, ⑨, ⑩), 설정된 개념의 타당성 검토(⑪)로 구분할 수 있다. 이렇게 구분하면, 개념분석의 기술은 주로 사례를 통한 개념의 분석 방법이 중심이다. 김봉주에 의하면, 개념은 다양한 사물에서 그 공통된 성질에 의하여 하나의 통일된 생각으로 결합시킨 관념, 즉 개별적 표상에서 공통된 속성을 추상하여 집합시킨 하나의 심적 통일체이다. 하나의 개념에는 대상들과 속성들이 있다. 대상을 개념의 외연이라 하고, 후자를 개념의 내포라고 한다. 그래서 개념의 분석에는 외연의 분석과 내포의 분석이 있다. 개념의 외연 분석은 대상물들이 무엇이며, 얼마나 되는가, 그 한계는 어디까지인가를 알아보는 것이다. 개념의 내포 분석은 어떤 개념이 가지는 내포의 징표가 어떠한 것들이며, 얼마나 되는가, 그 성질은 어떤가 등을 알아보는 것이다.[17] 이러한 설명에 근거할 때, 개념분석법은 주로 사례를 중심으로 이루어진다는 점에서 외연의 분석을 통한 접근으로 볼 수 있다.

도덕과수업에서 이를 적용하면, 추상적인 도덕적 개념을 사례를 중심으로 분석하여 의미, 범주, 관점 등을 찾도록 하는 방법이 된다. 하지만 초등학교 도덕과수업에서는 분석의 기술을 지시하는 이름을 직접적으로 언급하기가 어렵다. 초등학생에게 분석 기술의 이름을 그대로 언급한다면, 용어의 난해함으로 인하여 수행하려는 활동이 잘 전달되지 않을 수 있다. 예를 들어 개념분석법을 적용할 때, '자, 그러면 우리는 이 개념적 문제와 관련된 이면의 불안감을 검토해 봅시다'라고 한다면, 학생은 무엇을 해야 할지 이해하지 못할 수 있다. 따라서 초등학생을 가르치는 교사는 용어를 쉽게 번역하여 초등학생 수준에 맞게 적용해야 한다. 개념분석법을 수업에 적용하기 위해서는 각각의 분석의 기술을 초등학생에 적합한 용어로 바꿀 필요가 있다.

도덕과수업에서 개념분석법을 적용하기 위해, 개념분석의 기술들을 '분석할 개념 찾기', '개념 이해를 위한 사례 찾기', '개념의 사용 맥락 검토하기', '개념의 타당성 검토하기'의 단계로 수업을 구성할 수 있다. 이 단계를 초등학생에게 제시할 때는 '무엇에 대해 알아야 할까?', '그것에 관한 어떤 예들이 있나?', '그것은 어떤 상황에서 사용되는가?', '알아낸 것이 적절한가?'라는 용어로 바꿀 수 있다. 그리고 각 개념분석의 기술도 초등학생의 이해에 적합한 용어로 바꿀 수 있다. 예를 들어, '개념적 질문 분리하기'는 '먼저 무엇을 알아야 할까?'로, '정답 찾기'는 '어떤 예가 더 좋을까?'로, '전형적 사례 찾기'는 '가장 가까운 예에는 어떤 것들이 있을까?'로, '반대 사례 찾기'는 '가장 먼 예에는 어떤 것이 있을까?'로, '관련 사례 찾기'는 '비슷한 예에는 어떤 것들이 있을까?'로, '경계 사례 찾기'는 '결정하기 어려운 예에는 어떤 것들이 있을까?'로, '가상 사례 찾기'는 '실제 세상에서 일어나기 힘든 예에는 어떤 것이 있을까?'로, '사회적 맥락 검토하기'는 '누가, 언제, 왜 사용하는가?'로, '이면의 불안감 검토하기'는 '어떤 감정이나 기분을 가지고 사용할까?'로, '현실적 결과 검토하기'는 '그것을 왜 물었을까?'로, '언어적 결과 검토하기'는 '그 뜻이 너무 넓거나 좁지 않나?'로 바꿀 수 있다.

요컨대, 초등학교 도덕과수업은 상급 학교 수업에 비해 특별한 어려움이 있다. 초등학생에게 도덕과를 교수하기 위해서는 추상적인 내용을 구체화하고, 학습 활동을 쉬운 용어로 번역하여 제시하고, 학생의 흥미를 고려하여 몰입할 수 있는 양식으로 제시하는 것이 중요하다. 초등학교에서 개념분석법을 적용하는 단계는 크게 네 단계로 적용될 수 있으며, 각 단계에서 구체적인 활동은 교사가 수업의 상황에 따라 선택하여 적용할 수 있다. 어떤 활동을 선택하든, 학생이 무엇을 해야 하는지 이해할 수 있도록 제시해야 한다. 특히 개념분석법을 활용한 수업에서 적용이 어려운 분석 기술은 사회적 맥락의 검토하기, 이면의 불안감 검토하기, 현실적 결과의 검토, 언어적 결과 검토하기이다. 이 부분을 어떻게 초등학교 학생에게 적용할 것인가는 개념분석법의 적용에서 난점 중 하나이다. 예시한 교수텍스트는 개념분석법을 초등학생의 수준을 고려하여 적용하려는 의도에서 작성한 것이다.

9. ‘통일 의지’에 관한 가치명료화 방법 중심의 교수텍스트

1) 교수텍스트

그대로인 것과 변한 것의 차이

✪ 깨지거나 끊어지거나 무너지기 전후에는 어떤 차이가 있을까?

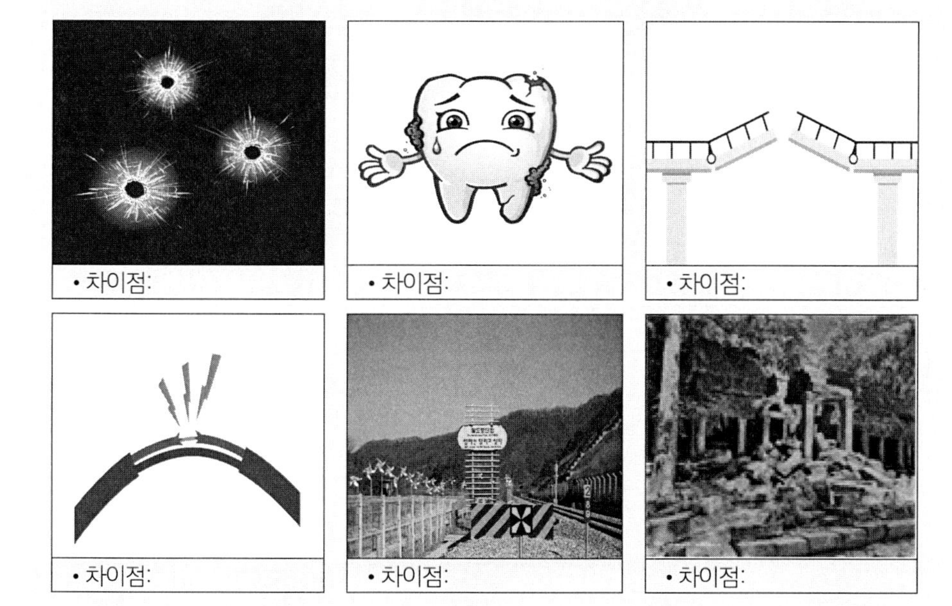

✪ 둘이 있을 때와 하나만 있을 때에는 어떤 차이가 있을까?

• 차이점:

• 차이점:

• 차이점:

✪ 우리나라 지도가 변한 이유와 변하기 전후의 차이는 무엇일까?

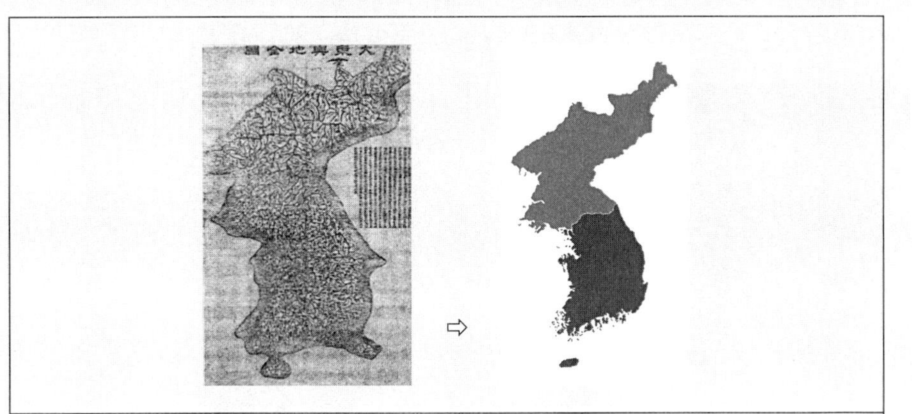

• 이렇게 변한 이유:

• 변하기 전후의 차이:

나의 선택은 무엇인가?

✪ 통일과 관련하여 가장 중요하다고 생각하는 순서 정하기.

(　　)번째

(　　)번째

(　　)번째

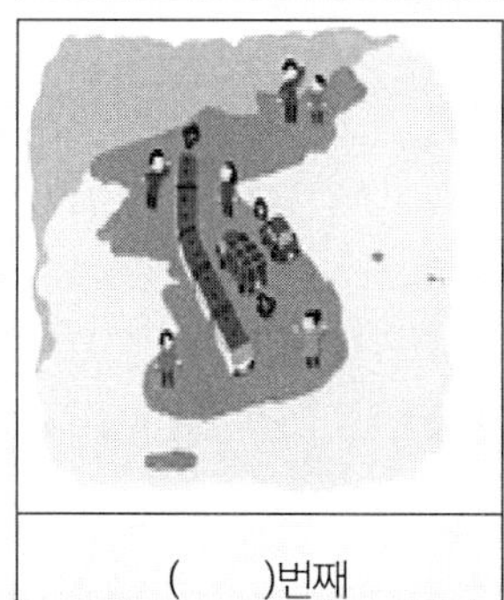

(　　)번째

(　　)번째

(　　)번째

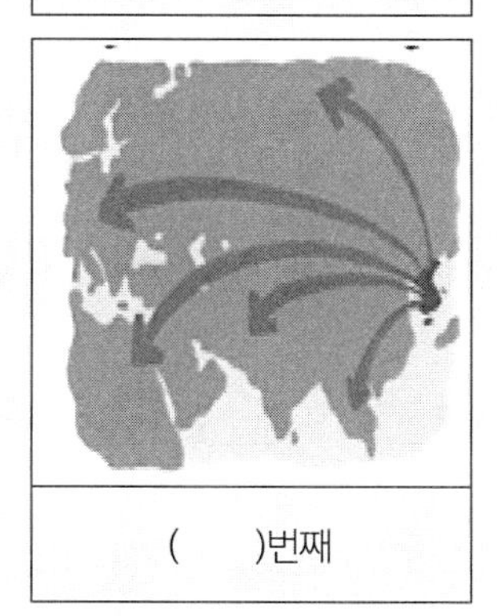

(　　)번째

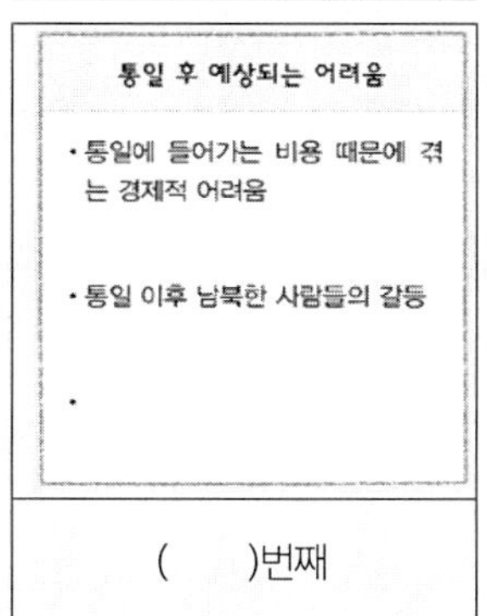

통일 후 예상되는 어려움

- 통일에 들어가는 비용 때문에 겪는 경제적 어려움
- 통일 이후 남북한 사람들의 갈등
-

(　　)번째

(　　)번째

(　　)번째

(　　)번째

(　　)번째

(　　)번째

(　　)번째

(　　)번째

✦ 그렇게 순서를 정한 이유는 무엇인가?

선택의 이유는 무엇인가?

✪ 함께 있어야 좋은 대상이 떨어져 있을 때 생기는 문제 생각하기.

함께 있어야 좋은 것	떨어져 있어 생기는 문제

✦ 위의 예를 남북 분단에 비유하면, 남북 분단은 어떤 문제가 있을까?

- 남북 분단은 떨어져 있는 (______________________)이다.

  그래서 (____) 문제가 있다.

✪ 가족이 떨어져 사는 경우가 있다. 공통점과 차이점은 무엇인가?

예	공통점	차이점

✪ 통일이익에 대한 북한이탈주민의 의견이다.[1] 이 중에서 자신이 가장 중요하다고 생각하는 것은 무엇인가?

유형의 통일이익	응답자 수	무형의 통일이익	응답자 수
방위비의 절감	16(15.4%)	우리 한민족의 국제적 위상 제고	36(34.6%)
경제적 이익 증대	60(57.7%)	이산가족문제의 해결	23(22.1%)
중복 외교비의 절감	4(3.8%)	남북한 사회의 민주화 실현	15(14.4%)
국토의 효율적 이용 및 환경 보전 효과	13(12.5%)	북한 주민의 인권 신장	13(12.5%)

관광 및 여가 서비스의 기회 향상	10(9.6%)	우리 민족의 전통문화 계승 및 발전	14(13.5%)

✪ 다음의 일이 일어난다고 상상하고, 그 결과 발생할 수 있는 상황과 해결하는 방안 생각하기.

상상한 일	발생할 수 있는 상황	그 상황으로 인한 어려움	그 어려움을 해결하는 방안
오늘 갑자기 휴전선이 사라진다면,			
오늘 북한 어린이가 우리 반에 전학 온다면,			
오늘부터 남북한 사람이 마음대로 오고 갈 수 있다면,			
내가 갑자기 북한으로 전학을 간다면,			
내가 오늘부터 국제연합아동기금에서 일한다면,			
내가 오늘 남한으로 온 북한이탈주민이라면,			

✪ 북한에서 남한으로 온 주민을 부르는 말 알아보기.

<남한으로 온 북한 사람을 부르는 말>

· 북한이주민 · 새터민 · 북한이탈주민 · 탈북자 · 귀순북한동포 · 월남귀순자 · 1 · 4후퇴자 · 월남인 · 귀순용사 · 망명자 · 탈북주민 · 탈북민 · 남한이주북한동포 · 북한출신남한이주자 · 자유북한인

✦ 비슷한 뜻을 가진 말로 묶는다면, 어떻게 나눌 수 있을까? 부르는 말이 바뀐 이유는 무엇일까?

비슷한 뜻의 말로 나누기	
그렇게 나눈 이유	
부르는 말이 바뀐 이유	

자신의 선택을 소중히 하면서 다른 사람에게 말할 수 있는가?

✪ 통일에 대한 태도에서 나에게 중요한 것은 무엇인가?

✦ 통일을 위해 함께 노력해야 할 일을 말하기.

①	②	③
④	⑤	⑥

o 꼭 그렇게 하지 않아도 괜찮다고 생각하는 것 두 가지 X표 하기.

o 꼭 그렇게 노력해야 한다고 생각하는 것 두 가지 0표 하기.

✪ 통일에 대한 나의 태도 생각하기.

✦ 통일에 관한 태도를 결정할 때, 나를 괴롭히는 것은 무엇인가?

✦ 나와 통일을 열망하는 사람이 함께 가지고 있는 태도는 무엇인가?

✦ 통일에 대해 나 자신에게 조용히 속삭이고 싶은 말은 무엇인가?

✪ 통일에 대한 그림 그리기.

o 잘 되기를 바라는 것 그리기.	o 결코 포기하지 않는 것 그리기.

○ 가족 모두가 동의하는 가치를 나타내는 그림 그리기.	○ 자신이 원하는 것은 무엇이든지 획득하고, 성공할 수 있다고 상상하고, 무엇을 추구할지 그리기.
○ 모든 사람이 믿기를 바라고 자신이 깊이 옳다고 믿는 가치 그리기.	○ 사람들이 나에 대해 말할 것이라고 생각하는 단어 쓰기.

✪ 통일에 관한 '3분 발언대'를 한다면, 어떤 이야기를 하겠는가? (가능한 다음의 내용도 들어가도록 해 보기)

- 통일에 관한 태도에서 친한 친구에게도 말할 수 없었던 것과 그 이유.
- 내가 어른이 된다면 통일에 관해 말하고 싶은 것과 하고 싶은 것.
- 통일이 되면 자신이 무엇을 하고 있을지에 관한 내용.
- 통일과 관련하여 현재 초등학생이 할 수 있는 일.

✪ 통일에 대한 생각을 전보로 써 보기.

- 보내는 사람: 나
- 받는 사람:
- 내용:

간청합니다.

선택을 어떻게 실천할까?

✪ 북한의 학제와 우리나라의 학제를 비교한 것이다. 북한에서 중학교 1학년을 다니다 전학 온 학생은 남한에서 몇 학년에 배정되어야 할까?

<table>
<tr><td rowspan="10">고등
교육</td><td colspan="2" rowspan="6">대학원(박사, 석사)</td><td>27</td><td colspan="3" rowspan="8">박사원(박사)
연구원(준박사)</td><td rowspan="12">고등
교육</td></tr>
<tr><td>26</td></tr>
<tr><td>25</td></tr>
<tr><td>24</td></tr>
<tr><td>23</td></tr>
<tr><td>22</td></tr>
<tr><td rowspan="2"></td><td rowspan="4">대학교</td><td>21</td></tr>
<tr><td>20</td></tr>
<tr><td rowspan="2">전문대학</td><td>19</td><td colspan="3">대학교</td></tr>
<tr><td>18</td><td rowspan="3">교원대학</td><td rowspan="3"></td><td rowspan="3">고등전문
학교</td></tr>
<tr><td rowspan="6">중등
교육</td><td colspan="2" rowspan="3">고등학교 3년</td><td>17</td></tr>
<tr><td>16</td></tr>
<tr><td>15</td><td colspan="3" rowspan="6">중학교 6년</td><td rowspan="6">중등
교육</td></tr>
<tr><td colspan="2" rowspan="3">중학교 3년</td><td>14</td></tr>
<tr><td>13</td></tr>
<tr><td>12</td></tr>
<tr><td rowspan="6">초등
교육</td><td colspan="2" rowspan="6">초등학교 6년</td><td>11</td></tr>
<tr><td>10</td></tr>
<tr><td>9</td><td colspan="3" rowspan="4">소학년 4년</td><td rowspan="4">초등
교육</td></tr>
<tr><td>8</td></tr>
<tr><td>7</td></tr>
<tr><td>6</td></tr>
<tr><td rowspan="3">취학 전
교육</td><td colspan="2" rowspan="3">유치원/어린이집</td><td>5</td><td colspan="2" rowspan="2">유치원 2년</td><td>높은반 1년</td><td rowspan="5">취학
전
교육</td></tr>
<tr><td>4</td><td>낮은반 1년</td></tr>
<tr><td>3</td><td colspan="3" rowspan="3">탁아소</td></tr>
<tr><td rowspan="2"></td><td colspan="2" rowspan="2">탁아 또는 자가 양육</td><td>2</td></tr>
<tr><td>1</td></tr>
<tr><td colspan="3">남한</td><td>나이</td><td colspan="4">북한</td></tr>
</table>

✪ 남북한의 말을 비교한 표이다.[2)] 표를 보면서 생각해 보기.

남한	북한	남한	북한	남한	북한
가감법	더덜기법	가사	집안거두매	가시광선	보임광선
각선미	다리매	강낭콩	당콩	개간지	일군땅
거름종이	거르기종이	거북	거부기	거위	게사니
건널목	건늠길	검도	격검	검산	셈따지기
경작지	갈이땅	계단논	다락논	계란말이	색쌈
공무원	정무원	공중 회전	허공돌기	공휴일	휴식일
관광 버스	유람뻐스	교각	사귐각	군인 가족	후방 가족
굽실굽실	굽석굽석	권투 글러브	타격장갑	근해	가까운바다
기역	기윽	김매기	풀잡이	깃발	기발
꼬맹이	조꼬맹이	꾀병	건병	꾸러미	꾸레미
꿈나라	잠나라	끼니	때식	나이테	해돌이
나이프	밥상칼	나침반	라침판	낙엽수	잎지는나무
냉장고	랭동고	넓죽	납작납작	노려보다	지르보다
노크	손기척	논리	론리	농지 정리	포전정리
누누이	루루이	누룽지	가마치	눈치	눈기
뉘앙스	뜻빛갈	늦가을	마가을	다스림	다스름
단비	꿀비	달걀	닭알	달걀찜	닭알두부
대법원	중앙재판소	대분수	데림분수	대중 가요	군중 가요
두레박	드레박	드레스	나리옷	드문드문	도간도간
등호	같기표	딸기잼	딸기단조림	뚝배기	툭수리
라디오	라지오	루마니아	로므니아	리듬체조	예술체조
리본체조	댕기운동	마애불	벼랑부처	만화영화	그림영화
맞벌이 가정	직장세대	메뉴	료리차림표	메트로놈	박절기
명암	검밝기	모눈종이	채눈종이	모락모락	몰몰
모자이크	쪽무이그림	무상교육	면비교육	문맹자	글장님
뭉게구름	더미구름	뮤지컬	가무이야기	민간요법	토법
민간인	사회사람	민속놀이	민간오락	바위틈	바위짬
반딧불이	불벌레	방습	누이막이	방조제	미세기뚝
방화	불막이	배영	누운헤염	배우자	짝씨
버튼	자동단추	벌집	벌둥지	벙어리장갑	통장갑
베란다	내밈대	볶음밥	기름밥	볼펜	원주필
부등호	안같기기호	부스스하다	꾸시시하다	분유	가루젖
비열하다	비렬하다	빙수	단얼음	빨랫방망이	빨래방치
빼기	덜기	사례 발표회	경험교환회	사인	수표
새참	일참	생활필수품	인민소비품	성념	자란이
시비걸다	걸고들다	쓸개	열주머니	앵무새	팔팔아
야간 경기	등불게임	어림짐작	어방치기	언덕	잔메
연애 결혼	맞혼인	오전	낮전	위	우
이복형	이모형	이빨	이발	일교차	하루차
풍치	바람이	핸들링	손다치기	형부	아저씨
화장실	위생실	화전	부대밭	후광	빛너울

✦ 남북한의 말이 비슷하거나, 처음 들어도 쉽게 알 수 있는 말 찾아보기.

✦ 남북한의 말이 많이 다르거나, 처음 들었다면 이해할 수 없는 말 찾아보기.

✦ 남북한의 말에는 어떤 차이가 있는가?

✦ 만약 '통일 국어사전'을 만든다면, 어떤 방법으로 만들겠는가? 왜 그렇게 생각했나?

✪ 다음은 남북한의 선거 홍보 포스터이다. 어떤 차이가 있으며, 그 차이는 왜 생겼을까?

✪ 북한이탈주민이 남한에서 겪는 어려움이다.3) 어떻게 하면 북한이탈주민이 겪는 어려움을 줄일 수 있을까?

어려움의 종류	빈도	비율(%)
외로움과 고독감	466	21.7
한국 사회에서 지위가 낮아지고 특별히 할 일이 없다	337	15.7
건강상의 문제	437	20.3
경제적인 어려움	489	22.7
식사, 빨래 등 일상 가정생활 유지의 어려움	42	2.0
새터민을 위한 사회문화, 교육 프로그램 및 공간 부족	99	4.6
자녀교육	122	5.7
특별한 문제 없음	159	7.4
계	2,151	100.00

- ✦ '외로움과 고독감' 문제를 줄이는 방법:
- ✦ '한국 사회에서 지위가 낮아지고 특별히 할 일이 없다'는 문제를 줄이는 방법:
- ✦ '건강상의 문제'를 줄이는 방법:
- ✦ '식사, 빨래 등 일상 가정생활 유지의 어려움' 문제를 줄이는 방법:
- ✦ '새터민을 위한 사회문화, 교육 프로그램 및 공간 부족' 문제를 줄이는 방법:
- ✦ '자녀교육' 문제를 줄이는 방법:
- ✦ 어려움을 줄이는 방법에서 찾을 수 있는 공통점은 무엇인가?
- ✦ 어려움을 줄이려고 노력하는 이유는 무엇인가?

✪ 밑줄 친 말을 북한에서 사용하는 말로 어느 정도나 바꿀 수 있나?

나는 동생 분유를 사기 위해서 횡단보도 앞에서 기다리고 있었다. 그때 맞은편에 원피스를 입은 경아가 주스를 먹으며, 투피스를 입은 지우가 젤리를 먹으며 오고 있었다. 갑자기 두 가지를 다 먹고 싶은 나는 얼른 볼펜을 꺼내 손바닥에 '주스와 젤리를 믹서에 갈아 아이스크림 만들기'라고 적었다.

✪ 다음은 북한이탈학생이 쓴 글이다.[4] 이 학생이 남한에서 어떤 체험을 하기를 바라는가?

......나의 머릿속에는 이 생각으로 꽉 차 있었다. 길을 걸으며 친구들과 이야기도 했고 나 혼자 걸으며 무언가를 생각했고 또 어릴 적에 처음 걸음마를 떼던 때부터 지금까지 부모님들과 함께 걸어오면서 즐거웠던 그 시간. 하지만 즐거웠던 시간에 비해 내가 원하지도 않는 길을 걸었을 때도 있었다. 나는 생각지도 않았는데 부모님들끼리 결론을 내려 한국에 오게 된 사실이다. 그로 인해 내가 친했던 모든 사람과도 이별하고 정든 고향과도 이별의 눈물을 흘리게 되었기 때문이다. 이제는 가고 싶어도 가지 못하게 된 나의 고향, 다시 안고 싶은 학교의 책상, 한달음에 달려가 안아주고 싶지만 나의 뜻대로 되지 않는다. 하지만 나는 마음을 굳게 먹고 내가 알지 못하는 한국 사회에 대하여 더 많이 더 깊이 알기 위해 노력하고 있다. 하루빨리 만나보고 싶은 사람들과 고향을 만나기 위해 하나라도 더 많이 알아야 한다고 마음 속으로 다짐했다. 그리고 앞으로 내가 걸어야 할 길들은 어떤 길일까? 나는 무서운 지옥의 길로 걸을 것인지 아니면 천국의 길을 걸을 것인지...... 아직까지는 다 알지 못한 길, 지금까지 하나하나 그 길을 체험하고 싶다. 그리고 그 길에 대하여 느끼고 싶다.

✪ 북한에서 온 학생이 자신이 북한에서 왔다고 말하는 경우도 있고, 그렇지 않은 경우도 있다. 그 이유는 무엇일까?

북한에서 왔다고 말하는 학생	북한에서 왔다고 말하지 않는 학생
61.4%	38.6%
북한에서 왔다고 밝히는 것이 좋다.	북한에서 왔다고 밝히지 않는 것이 좋다.
56.4%	43.4%
이유	이유
① ② ③	① ② ③

✦ 북한에서 왔다고 밝히는 것이 좋다고 생각하는 이유에 맞게 내가 할 수 있는 행동은 무엇인가요?

- 이유 ①을 위한 나의 행동:
- 이유 ②를 위한 나의 행동:
- 이유 ③을 위한 나의 행동:

✦ 북한에서 왔다고 밝히지 않는 것이 좋다고 생각하는 이유를 줄이기 위해 내가 할 수 있는 행동은 무엇인가요?

- 이유 ①을 줄이기 위한 나의 행동:
- 이유 ②를 줄이기 위한 나의 행동:
- 이유 ③을 줄이기 위한 나의 행동:

✪ 만약 통일과 관련하여 아래와 같이 변화시키기를 원한다면, 그것을 위해 어떤 마음을 가지는 것이 중요할까? 그 마음을 나타낼 수 있는 행동은 무엇인가?

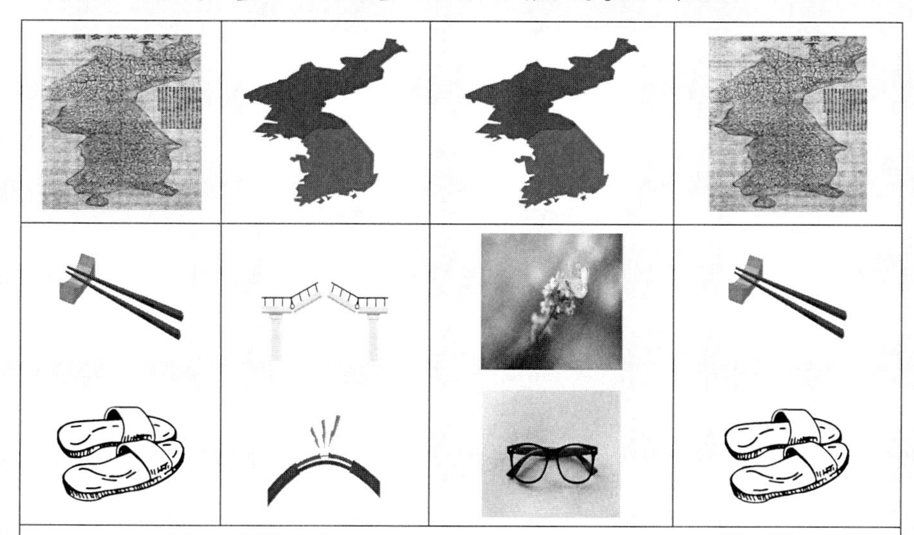

✦ 어떤 마음을 가져야 할까?
✦ 그 마음을 어떻게 행동으로 나타낼까?

2) 가치명료화 방법을 중심으로 교수 내용 표현하기

교수 내용

이 텍스트에서는 '통일'을 '통일 의지'의 관점에서 탐구한다. 학생은 생활 속에서 통일이라는 가치대상에 관한 다양한 관점을 접하면서, 통일의 이유와 방식에 관해 잠정적 가치를 가질 수 있다. 스스로 선택하고, 선택한 것을 소중히 여기고, 소중한 것을 실천하는 과정을 거치면서 통일에 관한 잠정적 가치는 정가치가 될 수 있다. 남북의 분단 과정에서 발생한 분단의 고통을 확인하고, 통일의 의미와 필요성을 이해하며, 분단의 고통을 줄이려는 의지를 가지고 실천하려 한다면, 이는 통일 의지가 정가치로 형성된 마음이다.[5)]

통일에서 '통(統)'은 '묶다, 합치다'라는 뜻이다. '충(充)'은 '차다, 속이 가득하다'의 의미가 있으며, '실[糸]'을 여러 개 모아 튼튼한 가닥의 실로 꼬아 놓은 모습과 같다는 의미가 있다. 통일은 국가의 역량을 극대화할 수 있는 조화로운 공동체를 구현하고, 이산가족의 고통 해소 등 인도적 차원에서 인간의 기본 권리를 실현하는 중요한 과제이다. 또한 다양한 경제적 발전을 창출하고, 한반도에서의 전쟁 위협을 해소하고, 세계 평화에 기여하는 측면에서도 절실한 과제이다. 따라서 바람직한 통일의 미래상에 기초하여 합리적이고도 점진적으로 통일을 위해 노력하는 것은 중요한 일이다. 이를 위해서는 통일의 당위성과 통일 의지를 확고히 하는 일, 동질성을 회복하고 이를 바탕으로 공동체 의식을 배양하는 일, 통일 문제에 올바른 판단을 내릴 수 있는 합리적 인식과 의사 결정 능력을 배양하는 일, 통일에 대한 열망과 신념을 굳게 하면서 동시에 생존과 번영을 균형 있게 지켜 가는 일, 민주 시민으로서의 바람직한 자질과 윤리적 태도를 함양하는 일 등이 추구될 필요가 있다. 그동안 통일에 대한 접근은 거시적·구조적 시각에 치중되어 있었으나, 통일 문제는 개인에게 영향을 끼치는 개인적 시각의 측면, 구체적 변화에 대한 사회 심리학적 통합의 측면에서도 다루어져야 한다. 이러한 측면에서, 자유 민주주의에 대한 신념과 민족 공동체 의식 및 건전한 안보관을 바탕으로 통일을 이룩하는 데 필요한 가치관과 태도를 기르도록 통일 교육에 접근해 가는 일이 중요하다. 초등학생에게는 통일에 관한 관심을 고취하는 정서적 접근과 통일의 필요성에 대한 흥미를 고려한 접근도 중요시할 필요가 있다.[6)]

처음에 하나였거나 혹은 한 쌍으로 작용하던 것이 깨지거나 끊어지거나 무너지거나 손실되어 발생하는 결과를 바탕으로, 남북 분단의 문제를 파악하고 그 문제를 장단기적으로 줄이려는 마음이 통일 의지라면, 통일의 상징적 의미 도식에는 '부분의 합체'가 있다. 도덕적으로 통일 의지는 분단으로 인한 고통에 공감하고, 고통을 겪고 있는 이웃과 공동체를 배려하려는 가치이다. 그 가치를 형성하기 위해 그대로인 것과 변한 것의 차이 생각하기, 통일과 관련하여 주요한 것을 스스로 선택하기, 선택의 이유 생각하기, 선택을 소중하게 여기고 공언하기, 선택을 실천하기라는 경로를 설정할 수 있다. 이 경로를 거치는 교수텍스트에서는 '분단의 고통을 줄이고 행복을 증진하는 통일을 위해 나는 무엇을 할 수 있는지 생각해 보자'라는 이야기를 한다. 이 이야기를 표현하기 위해 단절이나 파손이 결과, 쌍을 이루는 것이 분리된 결과, 분단의 이유와 분단 후의 차이, 통일과 관련하여 중요한 순서 정하기, 분단의 비유적 이해, 가족의 헤어짐, 통일의 필요성, 통일을 위한 우리 사회의 준비, 통일에 대한 자신의 태도 확인하기, 통일에 관한 태도 공언하기, 남북한의 사회와 언어 이해, 북한이탈주민의 어려움 인식하기, 통일에 대한 자신의 가치 실행하기 등을 중심으로 수업 내용을 구성한다. 통일 의지는 우리 사회의 통일에 관한 다양한 관점에서 특정 관점을 선택하여 학생에게 설득하거나 주입하여 형성되기 어렵다. 통일 의지가 자신의 가치가 되기 위해서는 통일과 관련된 가치를 스스로 선택하고 소중히 여기고 실행하는 과정을 중시해야 한다. 가치명료화 방법은 가치나 가치대상에 관해 심사숙고해서 선택하고, 그 선택을 존중하면서 실천하기에 적합한 방법 중 하나이다.

가치명료화의 이해

인간다운 삶을 위해서는 도덕적 가치가 삶에 영향을 미쳐야 하며, 가치는 인식 주체의 경험을 통해 형성된다. 경험에 근거하여 가치를 명료하게 인식하고, 삶에 반영할 수 있는 능력을 촉진하는 과정은 가치명료화 이론에서 찾을 수 있다. 가치명료화 이론은 래스(Raths), 하민(Harmin), 사이몬(Simon)에 의해 개발된 가치교육의 이론이다. 가치명료화 이론에서는 가치는 경험으로부터 형성되므로, 특정 가치의 전달하기보다는 경험 속에서 가치를 형성하는 능력을 기르는 데 초점을 둔다.[7] 경험이 다르면 가치도 달라지며, 경험이 변하면 가치도 변한다. 인간과 세계의 관계가 정적이지 않다면 가치도 정적일 수 없다. 따라서 가치명료화 이론은 특정 가치보다는 '가치형성의 과정'을 중시한다. 가치형성의 과정은 '선택하기', 선택한 것을 '소중히 여기기', 그리고 선택한 것에 따라 '행동하기'라는 세 요소로 구성된다. 이 세 요소는 다시 하

위 요소로 구분되어 가치형성의 과정은 일곱 가지 요소로 구성된다.[8)]

- 선택하기
  - ·자유롭게 선택하기: 선택은 그 자체가 자유의 개념을 함의한다. 강요된 선택은 참된 의미의 선택에 포함될 수 없다. 어떤 선택이 가치의 선택일 수 있으려면 자유롭게 선택된 것이어야 한다.
  - ·대안들 가운데서 선택하기: 선택이란 적어도 두 개 이상의 대안들 가운데서 하나를 취하는 행위이다. 그러므로 선택의 과정에서 어떤 대안들이 있을 수 있는가를 생각해 보고 찾아야 한다.
  - ·대안들 각각의 결과를 사려 깊게 생각해 본 후에 선택하기: 선택이 가치가 되기 위해서는 각각의 대안들을 선택할 때, 그 결과를 사전에 사려 깊게 생각해 본 후에 선택해야 한다.
- 존중하기
  - ·소중히 여기고 자랑스러워하기: 자유롭고 사려 깊게 선택한 것이라 하더라도 선택의 결과에 대해 좋아할 수 없으면 가치일 수 없다. 가치는 소중하고 좋아하며 자랑스러운 것이다.
  - ·공언하기: 선택한 것을 부끄럽게 여긴다거나 알려지기를 원하지 않는다면 가치일 수 없다. 그래서 자기가 선택한 것을 공언하는 것을 부끄러워한다면 가치가 될 수 없다.
- 행동하기
  - ·선택한 것을 행동하기: 어떤 것이 나의 가치가 된다는 것은 그것이 나의 삶에 영향을 미치기 때문이다. 삶에 방향을 제시하지 못하거나 실제로 행동으로 나타나지 않으면 가치일 수 없다.
  - ·반복하여 행동하기: 어떤 행동이 한 사람의 생애에서 한 번 밖에 행동으로 나타나지 않았을 때, 그것은 가치일 수 없다. 가치는 지속적인 삶의 유형으로 나타난다.

이러한 가치형성의 과정을 거쳐 획득된 결과가 가치이다. 만약에 가치형성의 과정에서 요구되는 일곱 가지 요소를 모두 충족하지 못한다면, 그것은 가치(values)가 아니라 준가치(value indicators)이다. 준가치에는 목적, 포부, 태도, 관심, 감정, 신념 및 확신, 활동, 걱정 등이 있다.[9] 가치명료화 이론의 가치교육은 준가치나 가치문제에 가치형성의 과정을 적용하여 정가치를 형성하도록 도와주는 것이다. 이 이론은 가치형성의 과정을 소홀히 한 전통적 가치교육을 비판한다. 전통적 가치교육의 본보기 설정하기, 특정 가치에는 논증이나 근거를 제시하고 다른 가치에는 오류나 함정을 제시하여 설득하거나 확신시키기, 옳다고 수용된 가치 혹은 상반된 가치만을 제시하여 선택을 제한하기, 특정 가치를 정서적으로 호소하여 고무시키기, 특정 행동을 강화하기 위하여 규칙과 규제 정하기, 의문의 여지가 없는 것으로 문화적 혹은 종교적 신념 제시하기, 죄책감을 불러일으켜 양심에 호소하기 등을 비판한다. 이러한 전통적인 접근법을 옹호한 이유는 아이에게 가치를 선택하게 하는 것은 시간의 낭비이며, 아이의 선택은 믿을 수가 없으며, 다른 부모 또는 교사 모두 그들의 특정한 가치를 주입하고 있으며, 단지 의지만이 필요할 뿐이며, 스스로 선택하고 결정하도록 하면 나중에 다루기가 어려워지며, 지시받는 것을 오히려 더 좋아하며, 가치문제는 전문가에게 맡기는 것이 좋다는 생각 등이 있기 때문이다. 결국, 전통적 가치교육은 가치를 설득하고 주입했으며, 옳다고 믿는 가치가 아니라 다른 사람의 행동이나 말에 따라 살도록 한 것이라고 비판한다.[10]

학생 스스로 가치를 형성하고 실행하도록 촉진하는 과정을 제시한 것은 가치명료화의 장점이다. 그러나 가치형성의 과정에 대한 강조는 장점이면서 동시에 비판점도 될 수 있다. 콜버그는 이 이론이 유용한 기법을 가지고 있지만 목표를 규정하지 않았으며, 도덕적 가치를 넘어 광범위한 분야를 다루는 심리교육이 될 수 있다고 한다.[11] 하잔(Chazan)은 가치명료화가 가치화에 대한 개인적 접근법의 주요한 대변자가 되고자 하지만, 실상은 종종 어떤 집단적, 인습적인 가치관을 제시하고 설교하고 있는 셈이라고 한다.[12] 가치명료화 이론에 대해 도덕적 가치 교육에 집중하지 못했다는 비판, 가치 상대주의를 제약하기 어렵다는 비판, 도덕적 인습주의를 벗어나지 못했다는 비판이 공존한다. 이 중 인습적 가치관을 전한다는 비판은 가치명료화가 전통적인 가치 교육방법에 비해 상대적으로 개인의 경험을 강조한다는 측면에서 완화될 수 있다. 개인의 경험을 강조하는 것은 가치관의 전달보다는 개인적 가치관의 정립을 시도하는 것이기 때문이다. 반면, 가치명료화에서 가치 상대주의를 조장하고 도덕적 가치로 한정하지 않았다는 비판을 벗어나기는 쉽지 않다. 그럼에도 불구하고, 가치명료화 이론에서 가치교육을 위한 풍부한 방법론을 제시한 측면은 여전히 장점으로 남아 있다.

가치명료화의 전략

가치명료화 이론의 방법론에는 대화전략, 쓰기 전략, 토론전략, 결과 인식 확대 전략, 그 밖의 열아홉 가지 전략이 있다. 대화전략으로는 명료화 반응이 대표적이다. 쓰기 전략으로는 가치지법, 가치문제에 대한 쓰기 반응, 열거하기, 명료화 확대 진술, 전달문 쓰기, 가치 그림 그리기 등이 있다. 토론전략은 가치지를 작성하고 반성적으로 사고하면서 토론하는 방법이다. 결과 인식 확대 전략은 더 높은 단계에서 결과를 고려하기 위해 제안된다. 그 밖의 열아홉 가지 전략으로 순서 정하기, 가치 파트너, 의견지, 주간 반응지, 미완성 문장, 기호 붙이기, 시간 일기, 자서전적 질문지, 공개 인터뷰, 의사결정 인터뷰, 가치투표, 5분 발언대, 가치보고서, 행동 과제, 역할놀이, 조작된 사건, 지그재그 수업, 악마의 변호사, 가치 연속설 등이 있다.[13)]

- 명료화 반응: 좀 더 생각하도록 자극하기 위해 학생이 말한 것 또는 행동한 것에 교사가 나타내는 반응이다. 명료화 반응은 학생과의 비형식적인 대화나 학급 전체에게 말할 때, 혹은 학생이 제출한 과제에 간단한 평을 할 때 이용된다. 명료화 반응은 일곱 가지 가치형성 요소와 직접적으로 관련되는 것도 있고, 일반적 의미에서 사고를 자극하는 유형도 있다. 효과적인 명료화 반응을 위한 몇 가지 준거가 있다. 즉, 아동·학생이 보여주는 언행에 대해 도덕화, 비판, 가치 부여, 평가하는 것을 피한다. 학생이 자신의 행동이나 아이디어를 검토하고, 원하는 것을 스스로 생각하고 결정하는 책임을 지도록 한다. 명료화 반응은 스스로 검토하고, 생각하고, 결정하는 것을 학생이 받아들이지 않는 것도 허용한다. 짧은 반응으로 이루어지는 명료화 반응은 긴 문제 또는 큰 문제를 다루지 않는다. 명료화 반응은 면담을 위해 사용하지 않는다. 명료화 반응은 긴 토의를 요구하지 않으므로 두세 차례 오가는 대화가 적절하며, 주로 개인을 위한 것이다. 교사가 교실에서 일어나는 학생의 모든 언행에 대해 명료화 반응을 보여야 하는 것은 아니다. 명료화 반응은 이른바 정답이 없는 상태에서 효과가 있다. 명료화 반응은 하나의 공식에 따라야 하는 기계적인 것은 아니다. 명료화 반응의 예는, '이것이 네가 존중하는 것이니?', '그것에 대해서 기쁘게 생각

하니?', '그 일이 일어났을 때 어떤 느낌이었니?', '다른 대안들은 고려해 보았니?', '오랫동안 그런 느낌을 느꼈니?', '그것은 네 자신이 선택한 것이니?', '그 생각에 따라 무엇인가 하고 있니?', '그 생각에 대한 예를 좀 들어 줄 수 있겠니?', '그 생각은 무엇을 야기시킬 것 같니? 그 생각의 결과는 무엇일 것 같니?', '그 생각에 있어서 좋은 점들은 무엇이니?', '다른 가능성은 어떤 것들이 있니?', '너는 이것을 자주 하니?', '네 생각을 다른 사람들에게 말하고 싶니?' 등이다.

- 가치지: 명료화 반응 방법이 주로 개인에게 초점을 둔 전략이라면, 가치지 방법은 집단토의에 초점을 둔 전략이다. 가치지는 명료화해야 할 문제에 학생의 주의를 끌어들이는 전략이다. 가장 단순한 가치지는 자극을 주는 지문과 일련의 질문으로 구성된다. 지문은 학생에게 가치가 함축되어 있는 문제를 제기하기 위한 것이며, 질문은 학생을 가치명료화 과정으로 이끌기 위한 것이다. 이 가치지를 사용하거나 만들 때에는, 도덕화하지 않고, 양자택일적 질문을 피하고, 가능한 민감하고 중요한 영역을 다루고, 너무 많은 질문을 하지 않고, 학생이 말한 것을 근거로 점수를 매기지 않고, '당신은……'을 사용하는 질문을 많이 하고, 선택하기 과정을 고려하여 구성하고, 실제 행동에 대해 많이 질문하는 것이 좋다. 다음은 가치지의 예이다.

가치지: 위법 행위

지시사항: 아래 질문에 대해서 답을 쓰시오. 답한 것은 나중에 소그룹에서 논의할 기회가 있을 것입니다. 만약 원하지 않는다면 답한 것을 어느 누구에게도 밝힐 필요가 없습니다.

뉴욕주 뉴로첼, 10월 27일－뉴잉글랜드 고속도로 자동 요금징수기에는 빨간 불이 파란 불로 바뀌면서 '감사합니다'라는 글자가 나타나도, 그것이 언제나 통과해도 좋다는 것을 의미하지는 않는다. 적어도 운전자가 돈을 적게 넣었거나 납으로 된 동전 모양 쇠고리를 던졌거나 또는 외국

동전을 넣었을 때 '감사합니다'라는 글자가 나타나도 통과해도 좋다는 뜻이 아니다.

요금 징수기를 속이는 일에 대해서 2주간 캠페인을 벌인 후, 오늘 주 경찰은 151명을 붙잡았다고 발표했다. 시 법원에서는 처음 위반한 사람에게는 25달러, 여러 번 위반한 사람에게는 250달러의 벌금을 부과하였다.

경찰과 토마스 F. 다비는 위반자 중에는 목사, 의사, 치과 의사, 핵 과학자가 각각 한 명씩 있었고, 여러 명의 변호사, 상당수의 기술자, 광고원과 판매원이 여러 명 포함되어 있었다고 발표했다.

그 위반자들은 새 요금징수기에 설치되어 있는 한쪽만 보이는 유리 때문에 안에서 경찰관이 감시하고 있다는 것을 알지 못했다고 그 경찰관은 말했다.

또한 그들은 요금징수기에 던진 물건에 따라 위반자의 차 번호판이 기록된다는 사실을 모르고 있었다고 그 경찰관은 덧붙여 말했다.

1. 당신은 어떤 상황에서 통행료를 내지 않고 요금징수기를 통과하겠습니까? 가장 적절한 답에 표하시오
   __ 내가 잡히지 않으리라는 것을 확신할 때에만
   __ 잡히지 않을 좋은 기회라고 느낄 때
   __ 어떠한 상황에서도 절대로 그러지 않는다
   __ 가족을 위해 식량을 사야 할 때와 같이 돈이 절박하게 필요할 때에만
   __ 당신에게 더 적절한 답이 있으면 쓰시오
2. 붙잡힌 151명 중 목사, 의사, 치과 의사, 핵 과학자가 한 명씩 있었다. 한편 변호사, 기술자, 광고원, 판매원 등은 여러 명이 있었다. 첫 번째 직업 집단에 속한 사람들이 두 번째 직업 집단에 있는 사람들보다 더 정직하다는 것을 의미한다고 생각합니까? 논의해 보시오
3. 당신은 이와 같이 요금징수기를 속이는 행위가 아주 심각한 일이라고 생각합니까? 이 위반자들이 더 심각한 다른 경우에서도 정직하지 않으리라고 생각합니까? 논의해 보시오.

4. 질문1로 가서, 다음 질문에 해당되는 항목에 X표 하시오; 당신은 어떤 상황에서 공중전화에서 잘못 나온 동전을 가지겠습니까?
5. 만약 질문1과 질문4에서 답한 것이 다르다면, 그 차이점에 대하여 어떻게 설명하겠습니까?
6. 당신은 위법 행위에 대해서 분명한 견해를 가지고 있습니까? 논의해 보시오.

• 가치문제에 대한 쓰기 반응: 의사결정을 해야 하는 상황 및 명료화를 위한 질문을 제시하고 써 보도록 한다. 예를 들면, '만약 당신이 우리 사회에서 또는 우리 학교에서 어떤 것을 변화시키기를 원한다면, 당신은 어떤 방법으로 할 것입니까? 그 방법 중 시도해 본 것이 있습니까?', '당신 집에서 말싸움은 어떻게 해결합니까? 말싸움을 해결했던 경험으로 보아 당신이 할 수 있는 것은 무엇입니까?' 등이다.
• 열거하기－내가 하고 싶은 것 스무 가지: 종이 위에 1부터 20까지 숫자를 적고 학생의 생활에서 정말로 하고 싶은 것 스무 가지를 가능한 빨리 열거하도록 한다. 열거한 것에 다음과 같이 부호 붙이기를 할 수도 있다.

1. 당신이 그것을 할 때마다 3천 원 이상 드는 것에는 '돈'이라고 쓰시오.
2. 위험이 따르는 것에는 '위'라고 쓰시오. 위험이란 신체적, 정서적, 감정적인 것들을 말합니다.
3. 만약 당신의 아버지, 어머니께서 당신 나이에 하고 싶은 것을 열거하라는 질문을 받는다면, 당신이 열거한 것들 중 당신의 아버지, 어머니께서 선택할 만하다고 생각되는 것에다 '아'와 '어'를 쓰시오.
4. 당신이 다른 사람들과 같이 하고 싶은 것에는 '다'를, 혼자 하고 싶은 것에는 '혼'이라고 쓰시오.
5. 당신이 지금부터 5년 이내에 할 수 없을 것 같은 것에는 '5'라고 쓰시오.
6. 마지막으로, 당신이 열거한 것을 읽고, 가장 최근에 행했던 날짜를 적으시오.

• 명료화 확대 진술 전략—"나는 내가……한 것을 배웠다": 열거하기와 함께 이용하는 것이 좋다. 학생이 스무 가지를 열거하고 부호를 붙인 다음, '나는 내가……한 것을 배웠다.', '나는 내가……한 것을 다시 배웠다.', '나는 내가……한 것을 알게 되었다.', '나는 내가……한 것을 보고 놀랐다.', '나는 내가……한 것에 실망했다.', '나는 내가……한 것에 기뻤다.', '나는 내가……한 것을 깨달았다.' 등과 같은 문장을 완성하고 자신이 배운 것에 대해 얘기하도록 한다.

• 열거하기—열세 가지 쓰기: 개인적으로 가장 중요한 것을 열세 가지 열거하고, 없어도 되는 것과 꼭 있어야 하는 것을 표시하도록 한다. 예를 들면, 학생들이 집에서 플러그를 사용하는 물건들, 즉 전기를 사용하는 물건 중에서 자기가 좋아하는 것들을 열거하도록 한다. 그리고 '전기 부족 현상이 일어난다면, 없어도 되는 것 세 가지에 X표 하시오.', '자신에게 정말로 중요하고 끝까지 가져야 할 것 세 가지에다 동그라미를 그리시오.'라고 한다.

• 전달문 쓰기—"나는 간청합니다"라는 전보 쓰기: 학생에게 종이 위에 '전보'라고 쓰게 한다. 그리고 전보를 보낼 사람을 생각하고 '당신이 …… 할 것을 간청합니다'라는 전보를 쓰도록 한다.

• '가치 그림 그리기—개인의 방패 문자 그리기': 학생은 각자의 문장을 만들기 위해 방패 모양을 그려 준비한다. 방패 문장은 여섯 부분으로 나누어져 있고, 여섯 번째 칸에만 단어를 쓰고 나머지는 그림으로 채운다. 예를 들면, 다음과 같다.

1. 두 개의 그림을 그리시오. 자기가 잘하는 것과 잘하기를 원하는 것을 나타내는 것을 그리도록 합시다.
2. 어떠한 것에도 흔들리지 않는 자신의 가치를 나타내는 그림을 하나 그리시오. 자신이 대단히 강한 것, 자신이 결코 포기하지 않는 것에 관한 것입니다.
3. 자신의 가족이 어떤 가치에 의해 살고 있는지 그 가치를 나타내는 그림을 그리시오. 가족 모두가 동의하는 것은 그들이 가장 중요하게 여

기는 것 중 하나일 것입니다.

4. 자신이 원하는 것은 무엇이든지 획득할 수 있고, 자신이 무엇을 하든지 성공할 것이라는 상상을 하고 그리시오. 나는 무엇을 추구할 것입니까?
5. 모든 사람이 믿기를 바라는 가치 중 하나, 그리고 자신이 아주 옳다고 깊이 믿는 것을 나타내는 것을 그리시오.
6. 이곳에는 글자를 사용할 수 있습니다. 사람들이 내가 없는 데서 나에 대해서 말할 것이라고 생각되는 것을 네 단어로 쓰시오.

- 토론전략: 반성적 사고에 의한 토론을 위한 전략으로, 주제 선택하기, 말하기 전에 생각하도록 자극하기, 조직적으로 토론에 참여시키기, 배운 것 이끌어 내기 단계로 진행된다. 주제 선택하기에서는 학생이 혼란스러워하거나 가치가 포함된 주제를 생각해 보도록 한다. 주제를 제시할 때는 인용문, 설명문이 없는 그림, 연극이나 영화의 한 장면, 자극적인 질문, 유머 등을 활용한다. 말하기 전에 생각하도록 자극하기에서는 개별적으로 생각할 시간을 주고 토론에 참여하도록 한다. 이를 위해 1, 2분 정도 생각하고, 말할 것이 생각났을 때 간단히 적어 보도록 할 수 있다. 조직적으로 토론에 참여시키기는 소수의 학생만 토론에 참여하지 않도록, 소그룹 조직하여 토론에 참여시키는 과정이다. 배운 것 이끌어 내기는 토론에서 배운 것을 생각해 보게 하는 것이다. 이를 위해 '나는......을 배웠다.', '나는 ......을 재발견했다.', '나는......에 의문을 갖기 시작했다.', '나는......에 대해 놀랐다.', '나는......을 전혀 몰랐었다.' 등의 문장을 완성하고 발표하거나 제출한다.
- 결과 인식 확대 전략: 학생에게 그들의 행동이 가져올 결과를 보다 넓게, 보다 멀리, 보다 신중하게 생각하도록 하는 전략이다. 콜버그의 연구에 근거하여 결과 인식을 발달 단계별로 접근하여 학생의 인식을 점진적으로 확장하려는 것이 목적이다. 교사는 학생에게 도덕적 문제 상황에 대해서 토론시키고, 여러 가지 다양한 대안들로부터 야기되는 결과에 주의를 집중시키고, 그 결과에 대해 판단하도록 한다. 결과를 예

측하도록 자극하는 예는 다음과 같다.

<결과를 예측해 보도록 자극하는 예>

- 책을 읽을 때, 학생에게 주인공이 행동하기 전에 결과에 대하여 어느 정도 생각했는지에 관한 질문을 한다.
- 학생에게 결과를 계속 기록하도록 한다.
- 학생에게 가능성이 있는 결과들의 목록을 작성하게 한다.
- "만약 우리가 이것을 한다면 어떤 일이 생길까? 만약 하지 않는다면 어떤 일이 생길까?", "만약 이 기계가 발명되지 않았다면 어떤 일이 생겼을 것인지 열거해 보세요."
- 학생에게 결과를 정확하게 예측했거나 예측하지 못했던 경험을 얘기하게 한다.
- 학생에게 문제 상황에서 세 가지 대안을 적게 한 다음 각각의 대안에 대해서 예측할 수 있는 결과를 적게 한다.
- 교사는 떠오른 결과를 말하면서, 현재 결정을 내리고 있는 것에 대해서도 얘기해 준다.

- 순서 정하기 – 의사결정을 연습하기 위하여: 순서 정하기는 문제를 제시하여 선택하는 연습을 하고, 차이점을 인식하고, 학생들이 서로를 잘 이해하도록 하는 전략이다. 예를 들어, '내가 바라는 아버지는?'이라는 질문을 하고 '(　)사랑하는 아버지, (　)즐거운 아버지, (　)유명한 아버지' 중에서 순서를 정해 보도록 한다.
- 가치 파트너 – 가치에 대하여 생각하고 말하는 연습을 하기 위하여: 자신의 가치에 대하여 생각하고, 다른 사람이 생각하고 있는 것을 듣고, 친구에 대한 존중과 인식을 증대시키는 활동이다. 두 학생이 파트너가 된다. 1번 학생은 '사람이 열망하고 있는 것으로서 아마 네 생활에는 없는 것 세 가지는?', '다른 여러 사람의 의견을 단호히 반대하고 따르지 않았던 때는 언제였습니까?' 같은 질문 중에서 하나를 선택하여 답한다. 1번 학생이 답하는 동안 2번 학생은 듣고, 이어 2번 학생이 답하는 동안 1번 학생이 듣는다. 교사가 "그만"이라고 할 때까지 계속하

며, 파트너를 바꾸거나 그룹으로 만들어 할 수도 있다.

- 의견지 – 개인적인 가치를 나타내기 위하여: 학생이 자신에게 중요하다고 생각되는 것을 써서 매주 제출한다. 교사는 지난주의 생활을 생각하여 쓴 의견지를 모아 놓거나 학생에게 모아 놓도록 한다. 그리고 10주 내지 12주 후에 의견지에 나타난 학생의 생활을 명료화하는 질문을 한다.
- 주간 반응지 – 매일매일 생활을 반성해 보기 위하여: 주간 반응지 다섯 장을 학생에게 주고, 앞으로 5주간 매주 1장씩 쓰도록 한다. 주간 반응지의 목표는 가치에 대한 사고력을 높이는 데 있다. 주간 반응지의 변형은 일간 반응지이다. 주간 반응지의 예를 다음과 같다.

<주간 반응지 질문의 예>

1. 이번 주에 어떤 가치에 따라 행동했습니까? 무엇을 했나요?
2. 이번 주에 자랑스럽게 여길 수 있는 것을 했다면 무엇입니까?
3. 앞으로 하고 싶은 일의 계획에 따라 이번 주에 실천했습니까?
4. 이번 주에 더 잘 지낼 수 있었던 방법을 한둘 정도 적으시오.
5. 이번 주에 학교에서나 또는 학교 밖에서나 앞으로 살아가는 데 필요한 것을 배웠다면 무엇입니까?
6. 이번 주에 행복을 느낀 것을 했다면 무엇입니까?
7. 이번 주에 결정을 내렸던 일 중 세 가지를 적으시오.
8. 이번 주는 지난주에 비해 어떻게 다릅니까?

- 미완성 문장 – 사고를 명료화하기 위하여: 학생의 활동, 태도, 믿음 또는 다른 '가치 징표들'을 명료화하고, 함께 생각하기 위해 사용하는 전략이다. 교사는 학생에게 한두 개 정도의 미완성 문장을 제시한다. 예를 들어, '누가 나에게 10만원을 준다면, 나는……', '나의 가장 우울한 날은……', '사람들이 내 감정을 가장 상하게 하는 것은……', '내가 일곱 가지 소원을 이룰 수 있다면……', '세상 사람들에게 내가 충고하고 싶은 말은……' 등이다. 학생은 소그룹에서 완성한 문장을 서로 얘기한다. 교사가 "그만"이라고 하거나, 새로운 미완성 문장을 제시할 때까

지 한다. 교사는 학생의 이름을 밝히지 않고 여러 문장을 전체 학생에게 읽은 다음, 그것에 대하여 질문이 있거나 평을 할 사람이 있는지 물어본다.

- 기호 붙이기－자신이 말한 것을 재검토하기 위하여: 교사는 학생에게 가치와 관련된 글을 쓰게 하고, 그 글에 기호를 붙여 준다. 예를 들어 찬성을 나타낸 글에는 ＋로, 반대한 글에는 －로 표시한다. 학생에게 글을 돌려주면서, 원한다면 어떠한 문장이라도 고치게 하거나, 더 하고 싶은 말이 있으면 자세히 쓰도록 한다.
- 시간 일기－자신의 행동을 자신이 들여다보기 위하여: 학생에게 시간 일기를 쓰게 하여 소중하다고 주장하는 것과 시간을 이용하는 것 사이의 간격을 알아내어 좁힐 수 있도록 한다. 시간 일기란 일주일간의 활동을 기록하도록 30분 간격으로 칸을 만든 도표이다. 시간 일기는 사적이기 때문에 교사가 보지는 않지만, 일기를 분석할 수 있는 질문을 한다. 예를 들면, '시간을 보낸 방식에 대해 어떻게 느끼는가?', '정말로 만족하는 수준에 해당되는 것은 몇 퍼센트나 되는가?', '일주일간의 활동에서 모순된 점이 있었다면 무엇인가?', '어른이 되었을 때, 그런 식으로 일주일을 보낸 것을 자랑스럽게 여길 것으로 생각하는가?' 등이다. 이러한 질문을 통해 학생이 자신의 일기를 검토하도록 한다.
- 자서전적 질문지－자신에 대한 이야기를 하기 위하여: 학년 초 교사가 학생에 대해 가능한 많이 알기 위하여 자서전적 질문지를 배부한다. 질문지에 포함되는 질문에는, '어른이 되어 하고 싶은 일은?', '여가 시간에 하는 것 중 가장 좋아하는 것은?', '읽었던 책 중 가장 좋아하는 책은?', '학교에 대해서 가장 좋아하는 점은?', '학교 교육에서 어떤 것을 바꾸고 싶은가?', '만약 선생님이라면 어떻게 가르치겠는가?', '말하고 싶은 것이 있는가?', '친구들이 나를 좋아하는 이유는?', '나를 많이 도와주었던 사람은? 그 사람은 어떤 도움을 주었나?' 등이 포함될 수 있다.
- 공개 인터뷰－한 사람을 이해하기 위하여: 인터뷰 받을 학생이 자원하면 공개적으로 인터뷰를 진행한다. 인터뷰 과정에서 대답하기 곤란한

질문을 하면 "통과"라고 하고, 인터뷰를 그만두고 싶으면 "지금까지 질문해 주셔서 감사합니다"라고 한다. 공개 인터뷰에서 자극을 유발시켰던 질문의 예는 다음과 같다.

1. 가장 친한 친구에게조차도 말할 수 없었던 것은 없었니? 무엇이었니? 왜 말할 수 없었니?
2. 네 아이는 네가 자랐던 방식과 다르게 기를 거니? 어떻게 기를 거니? 왜 그렇게 기를 거니?
3. 착실하게 사는 것에 대해서 어떻게 생각하니?
4. 부모님께 여쭈어보지도 않고 부모님을 기분 좋게 한 적이 있니? 무엇으로? 언제 그랬니?
5. 여러 인종이 섞여서 사는 것에 대해서 어떻게 생각하니? 개인적으로는 어떻게 생각하니?
6. 지금부터 5년 뒤에 너는 무엇을 하고 있을 것 같니? 20년 뒤에는?
7. 무엇을 훔친 적 있니? 최근에? 어떻게 해서 훔치게 되었니?
8. 용돈을 받니? 어떻게 쓰니?
9. 너 자신에게서 고쳐야 할 점을 공개적으로 얘기하고 싶은 것 없니?
10. 다른 사람이 너를 괴롭힌 적은 없니? 네가 다른 사람을 괴롭힌 적은 없니?
11. '사랑'이란 무슨 뜻이지?
12. 학교생활은 어떠니?
13. 네가 친구들에게 기꺼이 얘기하고 싶은 것으로서 친구들이 듣기 좋은 것을 생각해 볼 수 있겠니?

• 의사결정 인터뷰－학생의 문제 해결을 돕기 위하여: 교사에게 도움과 조언을 요청한 학생과 인터뷰한다. 이때 교사는 학생의 문제와 학생을 무조건 수용하고, 학생이 생각할 수 있는 여유를 충분히 주고, 생각할 수 있도록 명료화 과정에 따라 질문을 하면서, 학생이 결정을 내리기까지 생각할 수 있도록 돕는다. 의사결정 인터뷰는 완벽한 결정을 내리도록 돕는 것이 아니라, 결정을 비교 검토하는 과정을 가르치고 스스로 결정을 내렸을 때 얻을 수 있는 경험을 갖도록 하는 것이 목적이다.

- 가치투표 – 입장을 공개적으로 빠르게 나타내기 위하여: 가치투표를 위해 교사는 공개 인터뷰에서 이용했던 것과 유사한 문제를 제시하고, 학생은 손을 들어서 자신의 입장을 나타낸다. 이때 학생은 어떠한 입장에 대해서도 손을 들 수 있으며, 원한다면 기권할 수도 있다.
- 5분 발언대 – 생각, 또는 감정에 대하여 얘기하는 것을 촉진시키기 위하여: 아무런 논평 없이 5분 동안 자신이 가치 있다고 여기는 것을 공개적으로 공언한다.
- 가치보고서 – 생동감 있는 보고서를 쓰기 위하여: 보고서에 써야 할 질문을 제시하고, 개인적 선택, 존중, 행동에 근거한 보고서를 쓰도록 한다.
- 행동 과제 – 실제로 행동해 보기 위하여: 학생에게 수행해야 할 행동 과제를 부여한다. 이때, 학생은 어떠한 행동 과제라도 선택하거나 거부할 수 있으며, 모든 행동 과제에 참여할 것을 강요받지 않는다.
- 역할 놀이 – 학생들의 참여를 높이기 위하여: 역할 놀이를 하고 나서 전체 토론이나 소그룹 토론을 한다. 토론 과정에서 '연기자로서 너는 어떻게 느끼니?', '관람자인 네가 다르게 할 수 있었다면 어떻게 했겠니?', '실제 생활에서도 그럴 것이라고 생각하니?', '그 상황에서 무엇을 배울 수 있었니?' 등을 논의할 수 있다.
- 조작된 사건 – 마음의 문을 열고 통찰하기 위하여: 학생에게 실제 느낌이나 경험 또는 지식을 줄 수 있는 사건과 가능한 비슷하게 교사가 사건을 조작하는 전략이다. 조작된 사건으로 확인된 후에는 그 목적과 일어난 일에 관해 토론한다.
- 지그재그 수업 – 가치문제를 극적으로 나타내기 위하여: 학생의 관심을 자극하고, 이 수업이 도대체 무엇에 관한 것인지 의문을 품으면서 답할 수 있는 가벼운 질문을 한다. 그 후에 중심 생각이 들어 있는 질문을 하여 앞의 질문과 비교한다.
- 악마의 변호사 – 수동적인 태도에 도전하기 위하여: 교사는 많은 사람이 지지하지 않는 입장을 옹호한다. 가치와 관련된 영역의 토론에서, 특정한 정치적 주제나 사회적 주제를 다룰 때는 반대 의견을 찾아볼 수 없는 경우가 많다. 여러 가지 문제에 대한 대안들이 공정하게 취급

되려면 적어도 반대 의견이 필요하다. 이때 악마의 변호사를 이용하는 것은 유익한 전략이 될 수 있다. 악마의 변호사 역할은 무시된 대안들을 끌어와서, 생각 없이 여론에 수동적으로 끌려가는 것을 막는 데 도움을 준다. 예를 들면, 다음과 같다.

> 내가 여러분에게 악마 역할을 하고 싶어요. 내 뿔을 단단히 조이고 갈고리로 여러분을 찌를 준비를 할 거예요. 조심하세요.
>
> 여러분은 우주선을 타고 올라간 영웅들에 관해서 읽었던 것들을 기억하고 있지요? 음, 이 악마는 그들이 전혀 영웅이 아니라고 생각해요. 우주선을 타고 올라간 것이 어째서 영웅이란 말이예요? 사람들이 아무 것도 잘못될 수 없을 정도로 신중하게 생각해 낸 것이에요......
>
> 악마는 여러분이 매일 아침 걸어서 학교에 가는 것이 소위 영웅들이 감행했던 것만큼 위험하다고 생각해요. 안전벨트 없이 차를 타는 것은 그것보다 두 배나 위험하지요. 하지만 여러분이 그렇게 했을 때 아무도 여러분을 영웅이라고 부르지 않아요.
>
> ......끝으로, 바보 같은 어린이 여러분, 이 악마가 우주 연구 계획으로 들어가는 돈에 관한 질문을 하겠어요. 1년에 1조 원을 쓰고 있다는 것을 알고 있나요? 그 돈으로 빈민들을 도울 수 있고, 대학을 여러 개 지을 수 있고, 또한 암이나 정신 질환에 관한 연구에 유용하게 쓸 수 있지요. 자, 이 악마에게 얘기해 보세요.

- 가치 연속설 – 대안들 전부를 일직선에 나타내기 위하여: 대안들을 생각해 내는 목적에 적합한 전략이다. 먼저 토론 주제를 찾고, 두 개의 극단적인 입장을 알아낸다. 그리고 극단적 입장 사이의 연속선 위에 여러 다른 입장들을 정치한다. 예를 들어, 학교 비품을 치우지 않은 학생에게 학교에서 퇴학을 시키는 것과 독립성을 보인 것에 상을 주는 것 사이에서 여러 가지 대안들의 자리를 정하는 것이다. 이 전략은 논쟁이 되는 문제에 관한 토론의 시작 단계에서 유익하며, 흑백 사고를 극복하는 데 도움을 준다.

요컨대, 도덕적 가치의 내면화를 의도하는 도덕과수업을 위해서 가치명료화를 활용할 수 있다. 하지만 어떤 이론을 초등학교 수업에 적용하기 위해서는 교사가 그 이론을 이해하여 학생의 수준에 맞게 번역해야 한다. 다행히 가치명료화 과정은 초등학생들도 어렵지 않게 이해할 수 있는 용어로 제시되어 있다. 초등학교 도덕과수업을 염두에 두고 일부 용어를 바꾸어 제시한다면, '자신의 선택은 무엇인가?', '어떤 선택들이 있나?', '결과를 깊이 생각했나?', '나에게 소중한 선택인가?', '나의 선택을 여러 사람에게 말할 수 있나?', '선택을 실천하나?', '여러 번 실천하나?'로 제시할 수 있다. 도덕과수업을 위해 가치명료화 이론을 활용하는 경우, 특히 이 이론이 개인의 가치를 내면화하는데 주안점을 둔다는 측면에 주목할 필요가 있다. 이 이론은 가치의 결과를 전달하도록 하기보다는 가치가 될 수 있는 과정을 경험하도록 하는 데 초점을 둔다. 학생이 스스로 어떤 생각에 도달하지 않았다면, 그것을 말할 수는 있어도 믿기는 어렵다. 그리고 스스로 믿지 않는 것을 느끼고 반응하고 행동하는 것은 더욱 어렵다. 스스로 도달한 생각은 신념을 낳을 수 있고, 신념은 정서와 행위의 연계를 강하게 할 수 있다. 예시한 교수텍스트는 학생이 경험에 근거하여 스스로 가치를 선택하고, 존중하고, 행동하는 과정을 수업에 반영하려는 의도에서 작성한 것이다.

10. '자아 존중'에 관한 설명양식 변화 방법 중심의 교수텍스트

1) 교수텍스트

힘든 일에 대한 경험

✪ 다음 표현은 어떤 경우에 사용하는가?

- 무거운 (　　　　　　　　)
- 가벼운 (　　　　　　　　)
- 먼 (　　　　　　　　)
- 가까운 (　　　　　　　　)
- 높은 (　　　　　　　　)
- 낮은 (　　　　　　　　)
- 무더운 (　　　　　　　　)
- 따뜻한 (　　　　　　　　)
- 추운 (　　　　　　　　)
- 시원한 (　　　　　　　　)
- 지루한 (　　　　　　　　)
- 재미있는 (　　　　　　　　)
- 급한 (　　　　　　　　)
- 느긋한 (　　　　　　　　)

✪ 어떤 일이 나의 마음을 '힘들게' 했나?

✦ 내 마음을 '힘들게' 한 일:

✪ 마음속에 어떤 생각이 드는지 표현하기.

✦ 아래와 같은 일이 일어날 경우, 마음속의 생각 표현하기.[1)]

- 학교에 가고 있는데 친구들이 나를 보며 수군거리고 있다는 것을 알았다.
  이럴 때 나는 ______________________________ 생각이 든다.
- 수업 시간에 선생님이 질문을 하셨는데, 다른 생각을 하느라 질문에 대답할 수 없었다.
  이럴 때 나는 ______________________________ 생각이 든다.
- 친한 친구와 보고 싶었던 영화를 보러 가기로 했다. 그 친구가 우리 집에 오기로 한 시간이 30분 정도 남았다. 그때, 내게 전화를 걸어 다른 친구 집에서 게임을 하기로 했기 때문에 오지 못하겠다고 한다.
  이럴 때 나는 ______________________________ 생각이 든다.

✦ 최근 위의 예와 비슷한 일이 있었다면, 어떤 일이 있었고, 그때 마음속에 든 생각 표현하기.

- 최근 있었던 일:
- 그때 나는 마음 속에 ________________________ 생각이 든다.

✪ 생각과 감정의 관계를 확인하기.

✦ 다음과 같은 일이 일어났을 때, 생각에 따라 드는 감정을 선으로 이어보기.2)

<일>	<생각>		<감정>
제일 친한 친구와 싸웠다.	나는 이제 친구가 없어. 내 친구는 일부러 나에게 못되게 굴어. 우리는 곧 화해하고 다시 친구가 될거야.	• • •	• 화가 난다. • 괜찮다. • 슬프다.
시험에서 낮은 점수를 받았다.	집에서 엄청 혼이 날거야. 그동안 공부 안 하고 너무 놀았어. 열심히 하면 다음 시험은 잘 볼 수 있어.	• • •	• 괜찮다. • 겁이 난다. • 후회된다.
형은 늦게까지 영화를 보는데 나는 부모님께 허락받지 못했다.	나는 어떤 재미있는 것도 허락받지 못해. 부모님은 나보다 형을 더 사랑해. 부모님이 나만 놀이공원에 데리고 가시기도 했어.	• • •	• 화가 난다. • 괜찮다. • 슬프다.

✦ 최근 있었던 일에 대해 가능한 생각에 따라 드는 감정 찾아보기.

(최근 있었던 일) ________________________

(가능한 생각과 관련된 감정)

- (가능한 생각1)________________________
  (관련된 감정) ____________
- (가능한 생각2) ________________________
  (관련된 감정)
- (가능한 생각3) ________________________
  (관련된 감정) ____________

힘든 일이 생겼을 때 가능한 생각

✪ **나쁜 일은 일시적이고 일부라고 생각해 보기.**

✦ 나쁜 일이 전부라는 생각을 일부라는 생각으로 바꾸어 보기[3]

나쁜 일이 생겼을 때	
전부로 보기	일부로 보기
선생님들은 다 공평하지 못해.	
나는 운동을 못 해.	
아무도 날 좋아하지 않아.	

✦ 나쁜 일이 지속된다는 생각을 일시적이라는 생각으로 바꾸어 보기.[4]

나쁜 일이 일어났을 때	
지속적인 것으로 보기	일시적인 것으로 보기
새로 전학 간 학교에는 나랑 친구가 되고 싶은 아이가 한 명도 없을 거야.	
우리 엄마는 세상에서 제일 까칠한 분이야.	
그 친구는 나를 싫어해. 다시는 나랑 놀려고 하지 않을 거야.	

✦ 내가 부모님이라면 어떻게 혼낼지 생각해 보기.[5]

혼낼 때	
비관적인 비판	낙관적인 비판
너는 대체 왜 그러니? 넌 정말 대책 없구나!	
장난감 치우라고 했지. 왜 너는 항상 엄마 말을 안 듣니?	

너는 엄마를 닮아서 운동에 영 소질이 없구나.	
너는 너무 이기적이야.	
또 그 점수야? 넌 절대 우등생은 될 수 없나 보다.	
방이 돼지우리 같잖아. 이 게으름뱅이야!	

✪ **여러 가능성 생각해 보기.**

✦ 내가 겪은 힘든 일의 원인을 파이 조각으로 나누고 나타내고, 그 원인을 구분해 보기.[6)]

- 내가 겪은 힘든 일은
  : ______________________________
- 나는 그 일의 원인을 _____조각의 파이 조각으로 나누었습니다.

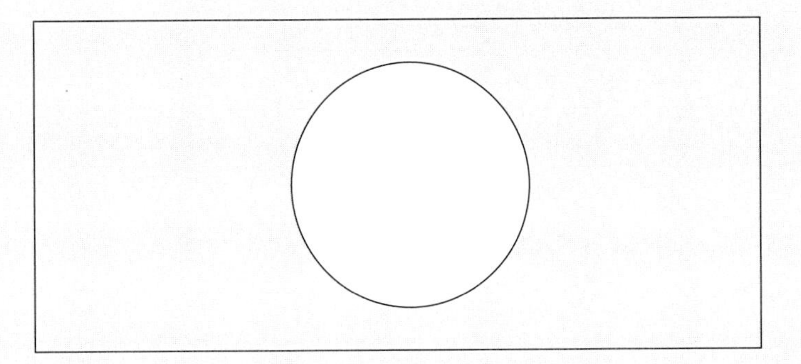

- ______번 파이
  ☐ 영구적인 생각 ☐ 일시적인 생각
  ☐ 나 때문이라는 생각 ☐ 다른 사람 혹은 다른 이유 때문이라는 생각
- ______번 파이
  ☐ 영구적인 생각 ☐ 일시적인 생각
  ☐ 나 때문이라는 생각 ☐ 다른 사람 혹은 다른 이유 때문이라는 생각
- ______번 파이
  ☐ 영구적인 생각 ☐ 일시적인 생각
  ☐ 나 때문이라는 생각 ☐ 다른 사람 혹은 다른 이유 때문이라는 생각
- ______번 파이
  ☐ 영구적인 생각 ☐ 일시적인 생각
  ☐ 나 때문이라는 생각 ☐ 다른 사람 혹은 다른 이유 때문이라는 생각

비관적인 생각 바꾸기

✪ 비관적인 생각을 반박하기.

✦ 자신에게 있었던 힘든 사건에 대한 비관적인 생각 반박하기.[7)]

- 자신에게 있었던 힘든 사건의 예: ______________________________
- 힘든 사건에 대한 자신의 왜곡된 믿음: ______________________________
- 왜곡된 믿음에 따라 내린 잘못된 결론: ______________________________
- 왜곡된 믿음에 대한 반박:

· 뒷받침하는 증거: · 반대되는 증거:

✦ 자신에게 있었던 힘든 사건에 대한 비관적인 생각 반박하기.

- 자신에게 있었던 힘든 사건의 예: ______________________________
- 힘든 사건에 대한 자신의 왜곡된 믿음: ______________________________
- 왜곡된 믿음에 따라 내린 잘못된 결론: ______________________________
- 왜곡된 믿음에 대한 반박:

· 뒷받침하는 증거: · 반대되는 증거:

• 활력 얻기:

왜곡된 믿음 이외의 대안 찾기	
왜곡된 믿음을 벗어나는 방법 찾기	
왜곡된 믿음을 벗어나 어떤 믿음이 필요한지 찾기	
왜곡된 믿음을 반박한 뒤 얻은 마음의 변화 확인하기	

✪ 가능한 결과 생각하기.

✦ 자신이 경험한 상황에서 최악의 결과, 최선의 결과, 가능한 결과에 대해 생각해 보기.[8)]

- 자신이 경험한 상황: ____________________
- 이 일로 일어날 수 있는 가장 나쁜 것은 무엇인가?
- 가장 나쁜 것을 막기 위해 할 수 있는 일은 무엇인가?
- 그 일로 일어날 수 있는 가장 좋은 것은 무엇인가?
- 가장 좋은 것이 생기도록 할 수 있는 일은 무엇인가?
- 그 일에서 일어날 가능성이 가장 높은 것은 무엇인가?
- 가능성이 가장 높은 일이 실제로 발생한다면 어떻게 대처할 수 있을까?

긍정적인 해결책 찾기

✪ 자신이 성취할 수 있는 구체적인 목표 정하기.

✦ 나는 지금 얼마나 긍정적이며, 장차 얼마나 긍정적이고 싶은지 확인하기.[9]

(· 아래 점수표를 참고하여 가장 알맞은 수를 단어 옆의 빈칸에 써 보세요.

· 1=아주 조금/전혀 없음, 2=약간, 3=보통, 4=많음, 5=아주 많음

· 이것은 감정의 정도를 수치로 표시한 것입니다.

· 점수를 계산할 때는 긍정 정서 상태 10가지와 부정 정서 상태 10가지를 더합니다.)

긍정 정서 상태	현재	미래	부정 정서 상태	현재	미래
재미있다			짜증스럽다		
민첩하다			고통스럽다		
흥분된다			부끄럽다		
고무된다			혼란스럽다		
자신 있다			초조하다		
단호하다			죄책감이 든다		
주의 깊다			겁난다		
의욕이 솟는다			적개심이 든다		
활기차다			긴장된다		
자랑스럽다			두렵다		
합계			합계		

✦ 직접 겪은 문제에 대해 긍정적인 해결책을 찾아보기.

- 문제: ______________________________
- 나의 목표: ______________________________

해결책	좋은 점	나쁜 점
해결책1		
해결책2		
해결책3		

- 해결책으로 ______________________이 더 나은 결정이다.

✪ 다음 중에서 선택하여, 긍정적 태도를 생활 속에서 실천해 보기.

✦ 내가 긍정적으로 변하는데 영향을 준 고마운 사람에게 감사 편지를 쓰고 마음을 전하기.[10)]

- 자신이 긍정적으로 변화하는 데 중요한 영향을 받았지만, 미처 고맙다는 인사를 하지 못한 사람을 선택하세요.
- 자신이 쓴 감사 편지를 가져가서, 상대방의 눈을 보면서 감정을 살려 감사 편지를 큰 소리로 읽으세요.

- 다 읽은 다음에는 상대방의 반응을 차분하게 기다리세요.
- 그 사람을 소중하게 여기는 계기가 된 구체적인 일에 대해 함께 회상하세요.

✦ 매일 감사해야 할 항목을 찾고, 감사 일기를 쓰기.[11)]

- 매일 5분의 시간을 마련한다.
- 하루 한 장씩 사용할 메모지 준비한다.
- 지난 24시간 동안의 생활을 돌이켜본 뒤 메모지에 적고, 그 옆에는 자신이 감사해야 할 항목을 최대 다섯 가지까지 적어둔다.
- 감사한 일과 감사한 이유를 함께 적으면, 감사 일기를 쓴다.

✦ 자신에게 낙관적인 말과 행동을 해보기.

- 자신에게 생긴 일:
- 자동적으로 떠오르는 말:
- 긍정적인 말:
- 부정적인 말:
- 부정적인 말과 반대되는 말 찾기:
- 부정적인 말과 반대되는 말을 실천할 수 있는 행동 찾기:
- 자신과 낙관적인 대화 하기:

✪ 다음 표현과 비슷한 일은 무엇일까? 이때 자신에게 어떤 말을 하겠는가?

✦ 무거운 (   ) 비슷한 일:

이때, 마음을 가볍게 할 수 있는 말:

✦ 무더운 (   ) 비슷한 일:

이때, 마음을 시원하게 할 수 있는 말

✦ 추운 (   ) 비슷한 일:

이때, 마음을 따뜻하게 할 수 있는 말

✦ 지루한 (   ) 비슷한 일:

이때, 마음을 즐겁게 할 수 있는 말

✦ 급한 (   ) 비슷한 일:

마음을 느긋하게 할 수 있는 말:

2) 설명양식 변화 방법을 중심으로 교수 내용 표현하기

교수 내용

이 교수텍스트에서는 '어려운 일'을 '자아 존중'의 관점에서 탐구한다. 학생은 어렵고 힘든 일에 직면하여, 그 난관에 어떻게 대처해야 하는지 고민스러운 상황에 놓일 수 있다. 이 상황에서 합당한 결정을 하기 위해서는 난관에 대해 검토하고, 자신의 경험을 분석하여 원인을 찾고, 긍정적인 해결책을 탐구할 필요가 있다. 그러한 탐구를 통해 긍정적 태도의 의미와 중요성 이해하기, 난관에 직면하여 마음을 다스리기, 긍정적 태도를 실천하기 등에 관해 공부한다면, 자신을 존중하는 마음을 함양할 수 있다.[12)]

윤리적 의미에서 자아 존중은 도덕적 주체로서 삶의 기본적인 도전이나 문제에 적극적으로 대처하는 힘을 지닌 존재, 그리고 행복해질 수 있는 가치를 지닌 존재로 자신을 수용하고 경험하는 성향을 의미한다. 자신을 사랑하고 존중할 때, 타인에 대한 관심과 배려의 감정도 지닐 수 있다. 그 결과 도덕적 행위를 실천할 토대를 마련하게 되는 것이다. 또한 자아 존중은 도덕 심리학 분야에서 말하는 긍정적 자아 개념과도 연결된다. 자아 개념이란 일반적으로 개인이 자신에 대해 가지는 지각, 관념, 태도의 독특한 체계로 정의된다. 실제로 스스로에 대해 긍정적인 자세를 가질수록 적극적으로 행동하며 자신감을 가지고 문제를 극복해 나간다. 반면에 부정적인 자아 개념을 갖게 되면, 매사에 소극적으로 행동하게 되고 문제를 회피하거나 쉽게 좌절하여 부적응적 행동을 한다. 따라서 학생의 건전한 인격을 형성하고자 할 때, 자신에 대해 긍정적 자아 개념을 갖고 자아 존중의 덕을 발달시켜 가도록 하는 일이 중시되어야 한다. 자아 존중의 자세를 기르기 위해서는 학생으로 하여금 스스로에 대한 자신감, 자기 능력감, 자기 효능감, 자기 사랑 등의 마음을 지니도록 하는 일이 필요하다.[13)] 셀리그만(Seligman)에 의하면, 낙관적인 사람은 실패에 따른 무력감을 극복한 사람이다. 무력감이란 자신에게 무슨 일이 일어나든 스스로 그 처지를 바꿀 수 없는 상황에서 발생하는 감정이다. 이러한 무력감에서 벗어나는 것은 개인의 통제력이다. 개인의 통제력이란 자신의 자발적인 행동을 통해 주변 사물을 바꾸는 능력이다. 삶의 영역에서 어떻게 생각하느냐에 따라, 실제로 그 영역에 대한 통제력이 늘어날 수도 있고 줄어들 수도 있다. 생각이란 주위에서 일어나는 사태에 대한 단순한 반응이 아니라, 뒤이어 일어나는 일에 영향을 미치는 행위이기 때문이다.[14)] 비관성의 핵심인 무력감을 극복하고 낙관성을 가지기 위해서는 통제력 발휘가 가능한 사고 습관이 형성되어야 한다.[15)]

자아 존중은 '자신의 상태'에 대한 인식에서 비롯된다. 자아 존중이 자신을 가치 있는 존재로 긍정적으로 인식하고, 자신의 상태와 자신에게 일어난 일에 통제력을 가지고 영향을 미치면서, 자신의 가치를 실현하려는 마음이다. 따라서 자아 존중의 상징적 의미 도식에는 '장애물을 넘어섬'이 있다. 이 마음을 함양하는 수업을 위해 힘든 일에 대한 경험 확인하기, 힘든 일이 발생한 원인 찾기, 비관적인 생각 바꾸기, 긍정적인 해결책 찾기라는 경로를 설정할 수 있다. 이 경로를 거치는 교수텍스트에서는 '힘든 일에 어떻게 대처하는 것이 자신을 소중히 하는 것인지 생각해 보자'라는 이야기를 한다. 이 이야기를 표현하기 위해 힘든 일의 종류, 힘든 일을 경험할 때 드는 생각, 생각과 감정의 관계, 나쁜 일에 대한 원인, 원인에 대한 생각, 비관적인 생각 반박, 가능한 결과, 구체적인 성취 목표, 긍정적인 해결책, 실천을 위한 선택 등을 중심 내용으로 수업을 구성한다. 자아 존중을 위해서는 자신의 가치에 대해 긍정적으로 인식하고, 난관에 직면하여 낙관적인 성향을 가지고 무력감을 극복하려는 사고 습관이 중요하다. 긍정적인 자아 개념과 낙관적인 사고 습관의 형성을 위해 긍정심리학에서 제안하는 방법이 설명양식 바꾸기이다. 도덕과의 내용 요소인 자아 존중을 어려운 일에 직면하여 무력감을 극복하고 긍정적인 자아개념이 가지려는 낙관적인 사고 습관으로 이해할 때, 이를 표현하기 위한 방법 중 하나가 긍정심리학의 설명양식 바꾸기를 위한 프로그램이다.

긍정심리학의 이해

긍정심리학은 더 행복한 삶을 지향하는 심리학이다. 셀리그만에 의하면, 삶을 불행하게 하는 심리상태를 완화하는 데 치중하면, 삶의 긍정적 가치를 부각하려는 노력은 소원해질 수밖에 없다. 사람이 궁극적으로 바라는 것은 더 의미 있는 삶이다. 그러므로 심리학은 부정 심리상태보다는 긍정 정서(positive emotion)를 연구하여 행복한 삶을 이끌어야 한다. 이를 위해 긍정심리학은 설정된 행복의 범위 내에서 진정한 행복을 누리는 방법을 '행복의 공식', 즉 '지속적 행복의 수준＝이미 설정된 행복의 범위＋삶의 환경(외적 환경)＋자발적 행동(내적 환경)'으로 나타낸다.[16)] 지속적 행복 수준의 증가에서 이미 설정된 행복의 범위는 거의 고정적 변인에 가까우며, 외적인 삶의 상황은 그 영향이 미미하다. 따라서 지속적 행복의 수준에서 결정적인 변인은 내적 환경인 자발적 행동이다. 내적 환경인 자발적 행동을 통해 과거와 미래 그리고 현재의 긍정 정서를 높이고, 자신의 강점을 발휘하여 몰입하면서 더 가치 있는 삶을 지향하고 성취할 때, 지속적 행복의 수준은 높아진다. 이처럼 긍정심리학은 적극적으로 행복을 향상하여 삶의 의미를 성취하는 것을 목표로 하며, 이때 결정적 변인은 내적 환경인 자발적 행동에 있다.

긍정심리학은 자아 규제를 통한 내적 변화에 주목하는 측면에서 행동주의 심리학과 대비되며, 인간의 자유 의지에 따른 자아실현을 강조하는 측면에서는 인본주의 심리학과 닮아있다.[17] 하지만, 인본주의자들은 과학적인 방법에 종종 회의적이며 인간이 선하다는 통찰에 근거하지만, 긍정심리학자들은 인간의 강점과 약점을 과학적 이해로 다룰 수 있다고 본다.[18] 긍정심리학은 비정상적 심리상태 치료에 초점을 두기보다는 정상적 인지를 소유한 사람의 잠재력 발휘에 주목하는 점에서는 전통 심리학과 차별된다. 그리고 자아 규제를 통한 내적 변화에 주목하는 점에서는 행동주의 심리학과 차별된다. 또한 자아실현의 성취를 경험적 접근을 강조하는 정도에서는 인본주의 심리학과 차별된다. 정상적 인지 소유자의 내적 변화를 통한 자아실현에 경험적으로 접근하는 긍정심리학은 일종의 웰빙(wellbeing)이론이다. 셀리그만에 의하면, 긍정심리학에서 행복과 웰빙은 맞바꾸어도 상관 없는 개념이다.[19] 긍정심리학의 행복은 주관적인 심리적 만족 상태보다는 긍정적 활동을 통해 측정 가능한 지수를 높인 것이다. 이를 강조하기 위해 행복, 웰빙, 그 지표인 플러리시(flourish)를 함께 사용한다.[20]

정서와 행위를 분리하지 않는 긍정심리학의 행복 개념은 아리스토텔레스에서 찾을 수 있다. 아리스토텔레스의 윤리학에서 행복(eudiamonia)은 그 자체를 위해 소망되는 궁극성과 완전성을 갖춘 최고선이다. 인간에게 행복은 이성의 기능을 유감없이 발휘하는 것이다. 이성을 항상 발휘하려는 습성이 덕이며, 덕은 인생의 궁극적 목적인 행복을 위한 조건이다. 따라서 행복이라는 최고선을 실현하기 위해서 인간은 그 고유한 기능을 잘 발휘해야 한다.[21] 여기서 '행복'은 일시적인 쾌락이 아니라, '성취, 번성, 자아실현'과 관련된다. 이는 쾌락과 같은 특별한 느낌에만 비중을 두는 것이 아니다. 오히려 고유한 능력을 탁월하게 발휘하여 성취한 삶, 번성하는 삶, 자아를 실현한 삶에 비중을 두는 개념이다.[22] 심리적 만족감 이상으로 인간의 고유한 특성을 탁월하게 발휘한 활동과 그 결과라는 행복의 의미는 긍정심리학에서 공유된다.

긍정심리학의 행복한 삶이란, 자신의 대표 강점(signature strength)을 발휘하는 활동에서 참된 만족을 얻는 데 열중하는 삶이다. 의미 있는 삶은 이 행복한 삶에 한

가지를 추가한다. 의미 있는 삶은 과거와 미래의 긍정 정서를 경험하고, 현재의 쾌락과 만족에서 비롯된 긍정 정서를 음미하며, 대표 강점을 발휘하여 더 큰 무엇을 위해 기여하는 삶이다.[23] 일상생활에서 자신의 대표 강점을 발휘하는 삶이 행복이라면, 의미 있는 삶은 자신의 대표 강점을 발휘하여 선을 촉진하는 삶이라고 할 수 있다. 긍정심리학에서 지향하는 의미 있는 삶은 선과 관련된 행복한 삶이다. 긍정심리학에서는 다양한 문화권에서 통시적·공시적으로 공유된 핵심 가치를 미덕으로 범주화하고, 이 미덕의 하위 체계를 강점으로 구체화하며, 강점 중에서 개인의 특별한 인성 특성을 대표 강점이라 한다. 의미 있는 삶을 위해서는 긍정 정서를 가능케 하는 대표 강점을 활용하여 선을 촉진해야 한다.

긍정 정서는 미래, 현재, 과거의 긍정 정서로 세분된다. 셀리그만에 의하면, 과거의 정서는 안도감, 평온, 자부심, 만족감부터 고통, 분노에 이르기까지 다양하다. 과거의 정서는 기억에 대한 생각과 해석에 의해 발생한다. 그러므로, 과거에 대한 부정적 정서를 긍정적 정서로 바꾸는 방법으로는 감사, 망각, 용서 등이 있다.[24] 과거에 대한 정서는 기억 및 생각과 관련되기 때문에 과거의 좋은 일을 폄하하거나, 나쁜 일을 강조하는 것은 긍정 정서를 저해한다. 과거의 좋은 일에 대한 긍정 정서를 더욱 촉진하는 방법이 감사이며, 나쁜 기억을 억제하는 방법이 망각이며, 망각이 불가할 때 기억에서 해방되기 위해 선택할 수 있는 방법이 용서이다. 셀리그만에 의하면, 미래의 긍정 정서인 낙관성과 희망 중에서 낙관성을 설명하는 특징으로 지속성(permanence)과 만연성(pervasiveness)이 있다. 지속성은 한 개인이 절망하는 기간을 결정하는 특성이다. 이는 나쁜 사건 때문에 느낀 무기력을 지속적으로 여기는지 아니면 일시적인 것으로 여기고 극복하는지를 가늠한다. 만연성은 절망감의 여파를 다른 영역까지 확산시키는지, 아니면 한 영역에만 일부로 한정시키는지를 결정하는 특성이다. 지속성이 시간적 개념이라면, 만연성은 공간적 개념이다. 한편, 희망은 낙관성의 두 가지 특성에 달려 있다. 좋은 일은 그 원인을 지속적이고 전부인 것에서 찾고, 나쁜 일은 일시적이고 일부인 것에서 원인을 찾으면 희망을 가질 수 있다.[25] 낙관적인 삶은 나쁜 일은 일시적으로 보고 좋은 일은 지속적으로, 나쁜 일은 일부로 한정하고 좋은 일은 포괄적으로 보는 삶이다.

한편, 현재의 정서는 쾌락(pleasures)과 만족(gratification)으로 대별된다. 쾌락은 짜릿한 감각적 요소와 격렬한 정서적 요소를 지닌 감정으로 순식간에 생겼다가 덧없이 사라진다. 반면, 만족은 쾌감보다 오래 지속되고, 진지한 사고 작용과 해석 과정이 수반되며, 습관화되지 않고, 대표 강점을 발휘할 때 얻는 정서이다.[26] 대표 강점의 활용은 진정한 내 모습이라는 정체성 확인, 소유감과 자신감의 발생, 강점을 드러내는 기쁨, 배우거나 일할 때의 빠른 속도, 새로운 방법의 발견, 강점에 따른 행동의 열망, 활기, 통찰과 직관을 통한 발견, 자발적 고안과 추구, 황홀경에 경험, 내적 동기라는 특성이 있다.27) 현재의 정서인 만족은 몰입(engagement) 상태의 정서이며. 몰입은 자기 능력이 최고로 발휘될 수 있는 활동에 도전하고 집중하는 상태이다. 몰입을 위해서는 자신의 특성인 대표 강점을 발휘해야 하며, 대표 강점을 발휘하여 몰입할 때 만족을 경험하며, 만족은 의미 있는 삶을 가능하게 하는 긍정 정서이다.

긍정심리학에서 지향하는 삶은 과거, 미래, 현재의 긍정 정서가 있는 삶이다. 현재의 긍정 정서인 만족은 자신의 대표 강점이 발휘된 몰입과 연관된다. 대표 강점을 포함한 강점들은 인류의 공유된 가치인 미덕을 구체화한 것이고, 미덕은 삶과 세상의 행복, 웰빙, 번성에 기여하는 가치이다. 따라서 즐거운 삶을 넘어선 행복한 삶, 행복한 삶을 넘어선 의미 있는 삶은 선과 관련하여 자신의 인성 특성을 발휘하는 삶이다. 이러한 긍정심리학에서 지향하는 삶은 도덕 공부의 목적을 위해 참조할 수 있다.

도덕적 가치로서 긍정심리학의 미덕 및 강점

셀리그만에 의하면, 성격은 사실을 객관적으로 기술하는 말이지만, 품성은 행위의 기준을 밝히는 규범적인 말이다. 기본적으로 품성을 전제하지 않은 학문은 결코 인간 행동을 제대로 설명하는 이론으로 인정받지 못할 것이다. 그러므로, 품성을 인간 행동을 연구하는 학문의 핵심 개념으로 부활시켜야 한다.28) 인간 행동을 연구하는 핵심 개념을 품성에 두는 긍정심리학에서는 특정 시대나 특정 이념을 넘어서 다양한 문화권에서 공유되는 품성을 조사한다. 통시적이고 공시적으로 각 문화에서 중시되는 품성을 찾아 그것을 강점과 미덕으로 제시한다.

셀리그만에 의하면, 세계의 주요 종교나 문화적 전통에서 공통적으로 중시하는 미덕으로는 '지혜와 지식, 용기, 인간애, 정의, 절제, 초월성'이 있다. 하지만 개인의 미덕을 계발하고 측정하려는 심리학자들에게 지혜와 지식, 용기, 인간애, 정의, 절제, 초월성은 구현하기 힘든 추상적인 개념이다. 게다가 모든 미덕은 그 미덕을 함양하는 방법이 한 가지로 정해진 것도 아니다. 예를 들어, 인간애는 친절, 박애, 사랑, 희생, 동정심이라는 강점을 발휘함으로써 얻어질 수 있다. 이 강점들은 도덕적 특성이므로 결단을 내리고 꾸준히 노력하면 습득하려는 의지가 중요하다. 그리고 강점은 측정하고 평가할 수 있으며, 시간과 환경에 상관없이 계속해서 나타나는 심리적 특성이며,

그 자체로서 가치가 있고, 세계 대부분의 문화권에 두루 퍼져 있는 것이다.[29] 의미 있는 삶이 지향하는 미덕의 구체적 실천 방법인 강점을 계발하려는 의지와 노력을 통해 의미 있는 삶에 접근할 수 있다. 피터슨(C. Peterson) 등에 의하면, 긍정심리학의 24가지 강점들은 도덕적 탁월성의 영역에 적용되며, 도덕적 가치들의 전반적 구조에 기인한다. 또한 덕목으로 설명되는 도덕성에 관한 오랜 철학적 전통 및 덕윤리학에 토대하고 있다.[30] 긍정심리학이 제시하는 지혜와 지식, 용기, 인간애, 정의, 절제, 초월성은 인간다운 삶을 추구하기 위한 가장 주요한 추상적 가치들이다. 이러한 미덕을 실천하는 방법이면서 그 구체화인 강점들은 측정 및 평가 가능성, 지속성, 목적성, 편재성을 갖는 도덕적 덕목이라고 할 수 있다.

한편, 강점을 다루는 수준은 로쉬(Rosch) 등의 '자연적 수준의 범주화'에 근거한다. 로쉬 등의 '자연적 수준의 범주화'는 기준속성범주화 모형과 대비되는 유사성에 근거한 범주화 모형이다. 이는 로쉬 등의 자연적 수준의 범주화는 원형범주화 모형으로, 자연적 범주는 각 범주를 대표하는 원형과의 거리에 따라 원형적 보기와 비원형적 보기 범주화된다는 것이다. 그리고 자연적 수준의 범주화에서는 분류상의 계층 구조에서 중간 수준이 심리학적으로 가장 기본적인 수준이라는 것을 발견하였다. 이 기본 수준은 사례들이 상당수의 공통속성을 공유하는 가장 포괄적 수준이며, 사람들이 매우 유사하게 반응하는 수준이며, 지각적 유사성이 매우 높은 수준이며, 심상을 그릴 수 있는 가장 높은 수준이며, 범주화에서 가장 먼저 사용하는 수준이다. 따라서 기본 수준은 정보성과 차별성이 다른 수준에 비해 가장 높은 수준이다.[31] 구체적인 것과 추상적인 것 사이의 중간 수준에 해당하는 성격 강점이 되기 위해서는 동종 유사성 준거를 충족해야 한다.[32] 자연적 범주로서 동종 유사성 준거를 충족하는 구체적 강점들은 다음과 같다.[33]

- 지혜와 지식(wisdom & knowledge): 지식의 획득과 사용을 포괄하는 인지적 강점으로 창의성(creativity), 호기심(curiosity), 개방성(open-mindedness), 학구열(love of learning), 통찰(perspective)이 포함됨.
- 용기(courage): 내적·외적 반대에 직면하여 목표를 성취하기 위한 의지의 사용을 포함하는 정서적 강점으로 용감함(bravery), 인내(persistence), 정직(integrity), 열정(vitality)이 포함됨.
- 절제(temperance): 무절제를 막는 강점으로 용서와 자비(forgiveness

& mercy), 겸손/겸양(humility/modesty), 신중함(prudence), 자기조절(self-regulation)이 포함됨.

- 인간애(humanity): 타인을 돌보고 친구가 되어주는 대인간 강점으로 사랑(love), 친절(kindness), 사회성(social intelligence)이 포함됨.
- 정의(justice): 건강한 공동체 생활을 이루는 시민정신과 관련된 강점으로 시민정신(citizenship), 공정함(fairness), 지도력(leadership)이 포함됨.
- 초월성(transcendence): 보다 큰 우주와 점진적으로 연결되어 의미를 부여하는 강점으로 심미안(appreciation of beauty and excellence), 감사(gratitude), 희망(hope), 유머(humor), 영성(spriituality)이 포함됨.

긍정심리학의 미덕 및 강점과 도덕과 내용 체계를 비교하면, 미덕은 핵심 가치에, 강점은 내용 요소에 상응하며, 강점과 내용 요소에서 직접적인 연관성을 확인할 수 있다.

설명양식의 변화

셀리그만에 의하면, 각자는 원인을 사고하는 나름의 습관을 가지고 있으며, 이 개인적 특성이 '설명양식'이다. 설명양식은 어린 시기에 발달하며 특별한 외부의 개입이 없다면 평생 지속된다.[34] 아동기에 학습된 사고 습관인 설명양식에 따라 세상에서 자신의 처지를 보는 관점은 크게 달라진다. 특히 낙관성과 관련된 설명양식에는 원인의 지속 정도, 영향을 미치는 범위, 책임 주체의 차원이 있다. 지속성 차원에서 쉽게 포기하는 사람은 자신에게 생긴 불행한 일의 원인을 변하지 않을 것으로 생각한다. 반면에 무기력에 저항하는 사람은 나쁜 일의 원인을 일시적이라고 생각한다. 지속성이 시간에 관한 것이라면 만연성은 공간에 관한 것이다. 만연성과 관련하여, 낙관적인 사람은 나쁜 일의 원인을 일부로 보는 반면, 좋은 일을 경험하면 다른 모든 일들도 좋아질 것으로 생각한다. 반대로 비관적인 사람은 나쁜 일의 원인을 전부로 보는 반면, 좋은 일의 원인을 일부로 본다. 개인화의 정도에서는 나쁜 일을 당했을 때 자신을 탓할 수도 있고, 다른 사람이나 상황을 탓할 수도 있다. 실패를 자기 탓으로만 돌리는 사람은 결과적으로 자부심에 상처를 입어, 자신은 무가치한 존재이며 재능이나 매력이 없다고 생각한다. 반면에 나쁜 일을 외부 요인으로도 돌리는 사람은 자부심에 큰 상처를 입지는 않는다.[35)]

좋은 일과 나쁜 일이 일어났을 때, 무기력하게 포기하는 사람과 그렇지 않은 사람의 차이는 설명양식의 차이에서 찾을 수 있다. 낙관적 설명양식의 지속성, 만연성, 개인화 차원의 차이에 따라 낙관적인 태도와 비관적인 태도가 결정된다, 낙관적인 사람은 불행한 일을 일시적으로, 일부로, 적정 수준의 책임을 느끼는 설명양식을 가지기 때문에 무력감에 빠지지 않는다. 비관성의 핵심인 무력감을 극복하고 낙관성을 가지기 위해서는 통제력 발휘가 가능한 사고 습관을 형성해야 한다. 통제력은 사고 습관인 설명양식에 따라 결정된다.

셀리그만에 의하면, 설명양식의 변화를 위한 인지치료가 효과를 발휘하는 까닭은 자아의 힘으로 자아를 변화시키는 기법을 제공하기 때문이다.[36)] 비관적인 사람도 낙관적인 사람의 기술을 배워 스스로 삶의 질을 개선할 수 있다. 낙관성은 자신의 역경을 바라보는 관점을 더 자유롭게 선택할 수 있도록 도와준다. 그러면 나쁜 일을 지속적이고 만연적이며 개인적인 의미로 해석하는 비관적 설명양식에 담긴 폐해에 스스로 노출되는 일은 없을 것이다.[37)] 자신에게 말하는 설명양식의 변화를 위해 인지적으로 자아를 변화시키는 것은 스스로 비관성을 극복하고 삶을 개선하는 방법이다. 자아의 힘을 활용하는 심리학적 방법은 능동적으로 도덕적 자아의 변화와 형성을 지향하는 도덕교육 방법으로 고려될 수 있다.

설명양식 변화를 위한 프로그램

긍정심리학에서 설명양식의 변화를 위해 제안하는 구체적 프로그램으로는 '자동적인 비관적 생각 바꾸기(Changing Your Child's Automatic Pessimism)', '설명양식 바꾸기(Changing Your Child's Explanatory Style)', '반론제기와 탈비극화(Disputing and Decatastrophizing)', '사회적 기술 키우기(Boosting Your Child's Social Skills)' 등이 있다.

먼저, '자동적인 비관적 생각 바꾸기'이다. 셀리그만은 인지치료와 학교 적용 사례를 바탕으로 자동적인 비관적인 생각을 낙관적인 생각으로 바꾸기 위한 프로그램을 제시한다. 이 프로그램에 포함된 사고 기술로는 마음속을 스쳐 지나가는 생각을 인식하는 '생각 붙잡기(thought catching), 마음속에 드는 자동적인 생각들을 평가하는 '평가하기(evaluating)', 보다 정확한 설명을 통해 자동적인 생각에 도전하는 '도전하기(to challenge)', 가장 나쁜 결과를 생각하며 걱정하는 것에서 벗어나는 '탈비극화

(decatastrophizing)' 등이 있다. 이러한 기술에 인지치료법인 'ABC모델'을 통합한다. 'ABC모델'에서, A(Adversity, 역경)는 모든 부정적인 사건들이며, C(Consequences, 결과)는 역경이 있은 후 어떤 기분을 느끼고 어떻게 행동하는가이며, B(Beliefs, 믿음)는 사건에 대한 생각과 해석으로 이것이 결과를 낳는다. 사고의 기술에 ABC모델을 통합하여 4단계 프로그램을 제시한다. 1단계는 '마음속의 말 알려주기'이다. 여기서는 먼저 '내적 대화(Internal Dialogue)'의 개념을 알려준다. 그리고 최근에 무슨 일이 있었고, 그때 어떤 생각을 했는지 물어본다. 만약 자기 경험을 떠올리지 못한다면 가능한 이야기를 만들고, 자기에게 일어난 것처럼 생각한 다음, 마음속으로 혼자 하는 말을 표현한다. 2단계는 'ABC모델 소개하기'이다. ABC모델을 자세히 설명하여, 감정에는 그렇게 느끼게 만든 것이 있다는 것을 알려준다. 3단계는 '생각과 감정 연결하기'이다. 생각에 따라 수반되는 감정을 서로 연결시킨다. 4단계는 '연습하기'이다. 여기서는 학생이 예시된 자료를 읽고 이해한 내용을 설명한다. 이때 교사는 생각과 감정의 관계를 정확히 이해하고 있는지 관심을 가지고 듣고 질문한다.[38]

이 프로그램은 낙관적인 생각을 함양하기 위해 마음속에서 일어나는 자동적인 생각을 평가하고, 그 생각에 도전하면서 더 나은 생각을 찾아 비관적인 생각에서 벗어나기 위한 것이다. 이 프로그램의 주안점은 생각과 감정을 연결하는 데 있으며, 마음의 말에 대해 학생에게 알려주고 생각과 감정을 연결하는 활동이 핵심이다. 이를 통해 자신에게 일어난 일의 결과로서 감정은 생각과 관계가 있음을 학습할 수 있다.

다음은 '설명양식 바꾸기' 프로그램이다. 이 프로그램은 긍정적 설명양식의 세 측면인 지속의 정도, 영향의 범위, 책임의 주체에 초점을 둔다. 설명양식은 영구적(원인이 지속적인 영향을 미치는 경우) 혹은 일시적(원인이 변화 가능하거나 순간적인 경우), 포괄적(원인이 여러 상황에 영향을 미치는 경우) 혹은 구체적(원인이 몇몇 상황에만 영향을 미치는 경우), 개인적(자신이 원인인 경우) 혹은 비개인적(원인이 다른 사람이나 주변 환경인 경우)이라는 측면으로 세분된다. 이러한 측면들을 고려하여 5단계 프로그램을 제안한다. 1단계는 '낙관주의 소개하기'이다. 낙관주의와 비관주의의 개념, 낙관주의자와 비관주의자의 특징을 자세히 설명한다. 2단계는 '믿음의 정확성 알기'이다. 여기서는 비관적인 사고와 낙관적인 사고의 차이를 정확히 따져 보고, 긍정적인 생각의 힘을 알게 한다. 이를 위해 원인을 여러 가지로 생각하면서 문제의 원인이 될 만한 요인들을 생각하는 법을 배운다. 3단계는 '영구성 검토하기'이다. 영구성은 설명양식에서 가장 중요한 측면이기 때문에, 그 개념을 충분히 이해하도록 한다. 4단계는 'ABC를 사용해 자기 경험 분석하기'이다. ABC를 이용하여 자신이 직접 겪은 일들을 분석한다. 먼저 최근에 있었던 힘든 일을 '누가, 무엇을, 언제, 어디서'가 포함되게 말하고, 어떤 생각을 했는지를 묻는다. 이때 영구적인 생각과 일시적인 생각을 구분하고, 그 생각들이 어떤 결과로 이어졌는지 물어본다. 그리고 같은 상황에서 그와 반대되는 생각을 해본다. 5단계는 '여러 원인으로 생각하기'이다. 여기서는 자신에 대한 비난하는 방식을 인식하게 한다. 먼저, 문제의 책임을 어디에 두는지를 살펴보고, 바뀔 수 있는 자기의 행동을 탓하는지 아니면 바뀔 수 없는 성격을 탓하는지 살펴본다. 이를 위해 '자기 행동 점검하기', '성격에 대해 검사하기', '여러 가지 원인 찾기' 등을 활용한다.39)

이 프로그램은 마음속에 스치는 생각에서 영구적인 생각과 일시적인 생각, 자기 탓이라는 생각과 외부의 탓이라는 생각의 차이를 인식하여, 자신의 생각이 합당한지를 검토하기 위한 것이다. 비관적인 생각을 반성적으로 검토하는데 주안점을 두면서, 비관적인 생각에서 벗어나서 원인을 여러 가지 방법으로 생각하기 활동을 핵심으로 한다. 이를 통해 비관적으로 생각하는 습관화된 사고에서 벗어나 다양한 원인을 생각하면서 지속성과 책임성과 관련된 설명양식의 변화를 도모한다.

다음은 '반론제기와 탈비극화' 프로그램이다. 셀리그만에 의하면, 자기 반박(self-disputing)은 비현실적인 해석의 타당성을 검증하는 지속적이고 효과적인 방법이다. 자기 반박은 자신의 생각을 가설로 만들고 검증 단계를 거쳐 잘못이 판명되면 바꾸는 방식으로, ABC모델에 D와 E가 추가된다. D(Disputation, 반박)는 자신의 생각을 반박하는 의견이며, E(Energization, 활력)는 반박의 결과로 일어난 감정 및 행동의 변화를 의미한다. 그리고 효과적인 반론은 증거 수집, 다른 시각 갖기, 탈비극화, 공격 계획 짜기라는 네 가지 기술을 바탕으로 한다. 증거 수집은 비관적인 생각이 들면 그 생각의 근거가 무엇인지 물어보는 것이다. 다른 시각은 어려운 일이 생기면 그 일을 어떻게 다른 식으로 생각할 수 있을지를 물어보는 것이다. 탈비극화는 힘든 일이 일어났을 때 '~면 어쩌지?' 하는 생각을 정확하게 판단하는 것으로, 최악의 시나리오와 그 가능성 및 대처 방안, 그리고 가능한 최선의 시나리오를 검토하는 것이다. 공격 계획 짜기는 가능성이 가장 큰 경우에 대한 공격 계획을 수립하는 것이다. 이를 중심으로 5단계 프로그램이 제시된다. 1단계는 '정확하게 반박하기'이다. 비관적인 생각에 맞서도록 최대한 정확한 눈으로 자신을 보게 한다. 2단계는 'ABCDE로 생각하기'이다. ABCDE를 통해 사례를 보고 증거를 찾아 비관적인 생각에서 벗어나 보다 현실적이고 낙관적인 생각을 하도록 한다. 3단계는 'ABCDE로 자기 경험 생각하기'이다. 먼저, 힘들었던 일과 생각 및 그 결과를 적고, 자신의 생각을 지지하는 증거와 반박하는 증거를 찾는다. 그리고 낙관적인 생각을 찾고 그 생각이 기분과 행동을 어떻게 바꾸는지 확인한다. 4단계는 '비극적 생각 벗어나기'이다. 여기서는 나쁜 일에 대해 "일어날 수 있는 가장 나쁜 것은 무엇인가?", "일어날 수 있는 가장 좋은 것은 무엇인가?", "일어날 가능성이 가장 높은 것은 무엇인가?"에 대해 생각한다. 그리고 최악의 결과가 발생할 가능성을 줄이기 위해 할 수 있는 일, 최선의 결과가 발생할 가능성을 높이기 위해 할 수 있는 일, 가능성이 가장 큰 결과에 대처하기 위해 할 수 있는 일을 생각한다. 5단계는 '반론 기술 익히기'이다. 여기서는 ABCDE를 연습하여 반론의 기술을 익힌다. 원인에 관한 반대 증거를 찾고 다른 시각에서 생각하게 하며, 최악과 최선과 가장 가능성이 높은 결과에 따른 전략을 이용해 비극적인 생각에서 벗어나도록 한다.[40]

이 프로그램은 ABCED모델을 적용하여, 자신의 생각이 타당한지를 검토하고, 비현실적인 비관적인 생각을 반박하는 연습을 통해 비극적인 생각에서 벗어나면서, 반론을 제기하는 능력을 함양하기 위한 것이다. 이는 자신의 경험을 낙관적으로 생각하는 데 주안점을 두고, ABCDE모델로 자신의 경험을 생각하면서 그 생각에 따른 결과를 고려하는 활동을 핵심으로 한다. 이를 통해 비현실적인 원인과 결과를 반성하고 이에 대처하고 벗어날 수 있는 능력을 함양한다.

끝으로, '사회적 기술 키우기' 프로그램이다. 이 프로그램은 실제 문제에 대처할 수 있는 기술과 문제 해결 능력을 키우기 위한 것으로 5단계로 구성된다. 1단계는 '진정하기'이다. 진정하는 법을 가르쳐 충동적으로 행동하는 것을 막는다. 2단계는 '다른 관점에서 보기'이다. 다른 사람과 관계된 문제 해결 방법을 결정하기 전에, 다른 사람을 살펴보거나 대화하면서 어떻게 생각하고 왜 그렇게 행동을 했는지를 알기 위한 것이다. 3단계는 '목표 정하기'이다. 원하는 목표를 정하고 그 목표를 이루기 위해 자신이 할 수 있는 일을 최대한 많이 생각한다. 4단계는 '경로 선택하기'이다. 목표를 정하고 그 목표에 도달할 수 있는 방책들을 알아보고, 최선의 해결책을 결정한다. 5단계는 '성과 확인하기'이다. 성과가 있었는지 확인하고, 원하는 결과를 얻지 못할 때에도 포기하지 않고 다른 방책을 선택하게 한다.[41]

이 프로그램은 실생활에서 충동적 행동을 자제하면서 다른 사람의 입장을 확인하고, 원하는 목표와 그 방법 및 성과를 사고하는 능력을 함양하기 위한 것이다. 이는 실제로 낙관적으로 행동하는 능력 함양에 주안점을 두면서, 실생활에서 원하는 목표를 정하고, 행동을 결심하고 그 성과를 확인하는 활동을 핵심으로 한다. 이를 통해 실생활에서 발생하는 문제를 해결하는 능력을 함양한다.

요컨대, 긍정심리학에서 제시하는 미덕과 강점은 도덕교육의 내용 요소의 설정 및 내용 요소별 교수학습 활동을 설정하기 위한 경험적 근거가 될 수 있다. 그리고 설명양식 변화를 위한 프로그램은 도덕교육의 방법으로 반영할 수 있다. 설명양식 변화를 위한 각 프로그램의 주안점은 생각과 감정 연결시키기, 비관적인 생각 검토하기, 낙관적으로 생각하기, 낙관적으로 행동하기이다. 생각과 감정 연결시키기의 주요 활동은 마음의 말에 대해 알기, 생각과 감정을 연결하기이다. 비관적인 생각 검토하기의 주요 활동은 비관적인 생각 벗어나기, 원인을 여러 가지 방법으로 생각하기이다. 낙관적으로 생각하기의 주요 활동은 자기 경험 생각하기, 결과를 생각하기이다. 그리고 낙관적으로 행동하기의 주요 활동은 목표 정하기, 행동을 결심하고 확인하기이다. 이러한 주안점과 활동은 하나의 일반적 수업 절차로 활용될 수 있다. 예시한 교수텍스트는 메시지를 표현하기 위한 내용을 중심으로 구성하면서, 설명양식 변화를 위한 핵심 활동을 주요 교수학습 활동에 반영하고자 하였다.

11. '자연애'에 관한 윤리학적 탐구 방법 중심의 교수텍스트

1) 교수텍스트

사람과 동물의 같음과 다름

✪ '수목원 회의'를 상상하기.

영민이는 어제 현장 체험 학습으로 수목원에 다녀왔습니다. 수목원에서는 다람쥐도 보았고, 옅은 초록색 잎이 무성한 나무와 가지각색의 꽃도 보았고, 투명한 바닥에 햇빛이 반사되는 냇물도 보았습니다. 집에 돌아온 영민이는 꿈을 꾸었습니다. 꿈속에서 영민이는 다람쥐, 나무, 냇물과 더 좋은 수목원을 만들기 위해 회의를 하였습니다.

영민이는 이렇게 말했습니다. "________________________________"
다람쥐는 이렇게 말했습니다. "________________________________"
나무는 이렇게 말했습니다. "________________________________"
냇물은 이렇게 말했습니다. "________________________________"

✪ 다음에서 '사람'과 가장 비슷하다고 생각하는 순서.

✦ 사람과 비슷하다고 생각하는 순서를 정해보기.

- (　　) 엄마의 뱃속에서 발길질하는 태아
- (　　) 소리 내는 컴퓨터
- (　　) 자기 별로 돌아가고 싶다고 우는 외계생물
- (　　) 새끼를 지키기 위해 사자를 막아선 고릴라
- (　　) 말을 따라 하는 앵무새
- (　　) 음악을 틀어주면 더 잘 크는 벼
- (　　) 소리로 무리에게 위험을 알리는 돌고래
- (　　) 꽃의 위치를 전하기 위해 춤추는 꿀벌

✦ 내가 정한 순서에서 같은 점과 다른 점을 찾아보기.

대상	같은 점	다른 점
순서1(　　　)과 순서2(　　　)		
순서1(　　　)과 순서4(　　　)		
순서1(　　　)과 순서8(　　　)		

✪ 사람들의 모습에 어떤 차이가 있을까?

✦ 동물과 사람이 같은 점을 대하는 태도의 차이는 무엇인가?

①'고릴라의 수호천사 다이앤 포시'	
②생태다리를 생각한 사람	
③애완 고양이를 컵에 넣는 사람	
④천연기념물 산양을 밀렵한 사람	

✦ 이 사람들과 비교할 때, 나는 어디쯤에 있을까?

①의 사람 　　　　　　　　　　　　④의 사람

• 나

✪ 다음의 사람은 어떤 결정을 할까?

	㉠ 사람과 동물 사이의 같은 점을 같게 대해야 한다.	㉡ 사람과 동물 사이의 같은 점을 다르게 대해야 한다.
① 사람 사이의 같은 점을 같게 대해야 한다.	사람①	사람②
② 사람 사이의 같은 점을 다르게 대해야 한다.	사람③	사람④

사례	사람①	사람②	사람③	사람④
내가 고통을 느끼는 것이 나쁘다면, 다른 사람에게 고통을 주는 것도 나쁘다.				
다른 사람에게 고통을 주는 것이 나쁘다면, 다른 동물에게 고통을 주는 것도 나쁘다.				
나의 생명이 소중하다면, 다른 사람의 생명도 소중하다.				
다른 사람의 생명이 소중하다면, 다른 동물의 생명도 소중하다.				
멸종 위기의 동물을 살리기 위해 개체 수가 많은 동물을 사냥한다.				

✦ 위의 생각 중에서 자신이 옳다고 생각하는 것은 무엇인가?

- 그 생각을 가지고 사람의 생명을 소중히 해야 하는 이유를 설명해 보기.
- 그 생각을 가지고 동물의 생명을 소중히 해야 하는 이유를 설명해 보기.
- 그 생각을 가지고 식물의 생명을 소중히 해야 하는 이유를 설명해 보기.

동물과 식물의 같음과 다름

✪ 다음 동식물의 공통점과 차이점은 무엇인가?

	공통점	차이점
고릴라		
꿀벌		
끈끈이 주걱		
소나무		

✪ 다음 이야기에서 나무가 주는 것은 무엇인가?

· 이야기 ①

: 아테네는 아티카 숲에서 생산된 선박으로 힘을 얻어 부상했다. 그러나 의존했던 목재 자원이 펠로폰네소스 전쟁 동안 스파르타인에 의해 파괴되어 쇠락했다. 로마 제국은 더 이상 북동 지역에서 지원을 받을 수 없어 붕괴했다. 그들은 스페인의 은 광산에 크게 의지했다. 로마인의 용광로는 5억 그루의 나무를 소비했고, 비옥한 숲 7천 평방 마일을 황폐화시켰다.[1)]

· 이야기 ②

: 지오노는 젊은 시절 프랑스 남부 지역의 황량한 지역을 걷다가, 어느 날 물과 음식 부족을 걱정해야 하는 상황에 있었는데, 그때 한 양치기를 만났다고 한다. 그날 밤 양치기는 12그루의 상수리 나무를 조심스럽게 고르고, 다음날 그것을 심었다. 지오노가 머문 며칠 동안, 매일 양치기는 더 많은 상수리나무를 심었다. 부피어란 이름의 그 양치기 이야기는 40년간 알려지지 않았다. 전쟁, 결혼, 가정생활로 중단되긴 했지만, 지오노는 종종 그 양치기를 다시 찾곤 했다. 나무를 심은 그 기간 동안, 나무는 번식하고 성장하고 결국 무성한 숲이 되었다. 그 나무는 물을 함유하고, 그래서 이전에 오랫동안 마른 바닥을 드러냈던 시내를 다시 흐르게 했다. 그리고 사람들은 그 황량한 마을로 돌아와 재건을 시작했다. 매일 천천히 심은 나무에 의해, 부피어는 바위투성이의 황무지에 다시 생명을 모이도록 했다.[2)]

✪ 이런 나무가 있을까?

✦ 키가 30층 아파트보다 큰 나무가 (있다, 없다)

✦ 1년에 교실 길이보다 더 자라는 나무가 (있다, 없다)

✦ 2000년 이상 산 나무가 (있다, 없다)

✦ 100명이 손을 잡아야 둘러쌀 수 있는 나무가 (있다, 없다)

✦ 우리 학교 높이보다 더 긴 잎이 (있다, 없다)

✪ '최고로 신기하고 놀라운 식물' 카드를 만들어 보기.

<식물 그림>	<식물 그림>	<식물 그림>
• 신기하고 놀라운 점:	• 신기하고 놀라운 점:	• 신기하고 놀라운 점:

✪ 다음 생각에 찬성하거나 반대한다면 그 이유를 생각해 보세요.

생각	찬성하는 이유	반대하는 이유
사람은 나무를 보고 아름답다고 하지만, 동물은 나무를 보고 아름답다고 느끼지 못하는 것 같다. 그래서 사람이 없으면 나무는 아름다운 것이 아니다.		
어떤 과학자가 생명은 없지만, 나무와 똑같은 효과를 내면서 모양도 똑같은 인공나무를 만들었다. 그래서 살아 있는 나무를 제거하고 인공나무를 세우자고 했다.		

✪ 식물의 생명이 없어지면 어떻게 될까?

✦ 식물의 생명이 사라지면 함께 사라지는 것은 무엇인가?

✦ 우리에게 아무런 필요도 없는 식물의 생명을 보호한다면, 왜 그래야 하는가?

✦ 그 생각을 가지고 습지를 보호해야 하는 이유를 설명해 보기.

관계의 소중함

✪ **다음과 같은 상황이 발생한다면, 자연환경에 어떤 변화가 생길지 상상해 보기.**

✦ 만약에 태양 빛이 반으로 줄어든다면, ...

(일이 생길 것이다)

✦ 만약에 죽은 동식물이 썩지 않는다면, ...

(일이 생길 것이다)

✦ 만약에 꽃이 피지 않는다면, ...

(일이 생길 것이다)

✦ 만약에 바람이 불지 않는다면, ...

(일이 생길 것이다)

✦ 만약에 갯벌이 모래사장으로 바뀐다면, ...

(일이 생길 것이다)

✦ 만약에 여름만 있다면, ...

(일이 생길 것이다)

✦ 만약에 강물이 바닷물로 바뀐다면, ...

(일이 생길 것이다)

✦ 만약에 모든 식물이 흰색으로 바뀐다면, ...

(일이 생길 것이다)

✦ 만약에 공기 중에 탄소의 농도가 두 배로 된다면, ...

(일이 생길 것이다)

✦ 만약에 햇빛이 깊은 바닷속까지 전달된다면, ...

(일이 생길 것이다)

✪ **사람들이 다음 같은 일을 하는 이유는 무엇인지 설명해 보기.**

✦ 국립공원에 자연 안식년제를 실시한다.

✦ 계곡에 입장하는 등산객 수를 제한한다.

✦ 외래종이 자연환경에 들어오지 못하도록 한다.

생명이 소중한 이유

✪ 생명과 자연환경을 존중해야 하는 이유를 생각하면서, 꿈속에서 진구가 어떤 말을 했을지 상상하기.

✦ 강아지가 된 자신을 덕이가 발로 차자 진구는 이렇게 말했습니다.

: "____

____

____

____

____"

✦ 나무가 된 자신의 가지를 덕이가 꺾으려 하자 이렇게 말했습니다.

: "____

____

____

____

____"

✦ 시냇물이 된 자신에게 덕이가 오물을 버리자 이렇게 말했습니다.

: "____

____

____

____

____"

✪ 내가 이장님이라면, 우체통 쪽지에 무엇이라고 쓸까?

<우체통의 새>[3)]

어느 산골 마을 어귀에 빨간 우체통 하나가 서 있었습니다. 우체통은 집배원님이 일일이 찾아가기 힘든 산골 마을 집들이 편지를 주고받을 수 있는 창구였습니다. 집배원님은 매일 마을에 온 편지와 엽서들을 배달해 주었습니다.

그런데 그 빨간 우체통에서 이상한 일이 일어났습니다. 마을 이장님이 우체통을 열 때마다 나뭇가지와 나뭇잎이 들어 있는 것이었습니다. 처음에 이장님은 마을의 어린이들이 장난을 쳤다고 생각했습니다. 그래서 나뭇가지를 치우고 또 치웠습니다.

그러던 어느 날, 우체통을 열던 이장님의 눈이 휘둥그레졌습니다. 우체통에 나뭇가지를 넣은 범인은 바로 작은 곤줄박이였습니다. 우체통을 보금자리 삼아 알을 낳아 키우고 있었던 것입니다.

"가만히 있자, 이걸 어쩐다...... 그래!"

이장님은 당분간 우체통을 곤줄박이들에게 빌려주기로 하고 우체통에 쪽지를 써서 붙였습니다.

......

얼마 후 우체통에서는 어린 새들 지저귀는 소리가 들려왔습니다.

✪ '수목원 회의' 다시 상상하기.

✦ 아래 글을 읽고 나서 수목원 회의를 다시 했다고 상상해 보기.

감나무와 까치밥[4)]

우리 조상들은 늦가을에 감을 딸 때 모두 따지 않고 몇 개씩 남겨 두었습니다. 추운 겨울에 먹이를 구하기 힘든 새들을 위해서라고 합니다. 이 풍습은 지금까지도 전해 오고 있습니다.

생명의 가치[5)]

모든 생명은 그 지신의 가치, 즉 본래직 가치를 지니고 있다. 따라서 우리는 생녕을 존중해야 한다. 이때 우리는 다음과 같은 질문을 할 수 있다. 모든 생명이 똑같이 소중한가 하는 점이다. 오랫동안 사람들은 인간의 생명만이 가치가 있다고 주장해 왔다. 이러한 주장을 '인간중심주의'라고 하는데, 인간이 만물의 으뜸이고 그 밖의 존재는 인간을 위해 존재할 때만 가치 있다고 믿는 것이다. 자연 개발이라는 이름으로 자연 파괴가 이루어지는 것은 이러한 생각 때문이다.

하지만 동양 사상은 이와 다르다. 인간을 다른 존재나 자연과 분리해서 생각하지 않는다. '생명에의 경외'를 강조한 슈바이처 역시 어떤 생명이 존속하려면 다른 생명이 희생될 수밖에 없는 경우가 있으나, 그렇더라도 그 희생을 항상 최소화해야 한다고 주장했다. 그는 "인간은 그가 도울 수 있는 모든 생명을 도와줄 때, 그리고 어떤 생명체에게도 해가 되는 일을 삼갈 것을 간청하고 자신도 그에 순응할 때에만 윤리적이다. 윤리적인 인간은 이 생명 또는 저 생명이 얼마만큼의 값이 나가는가를 묻지 않는다. 그에게는 생명 그 자체가 거룩하다."라고 말했다.

영민이는 이렇게 말했습니다. "________________________________"
다람쥐는 이렇게 말했습니다. "________________________________"
나무는 이렇게 말했습니다. "________________________________"
냇물은 이렇게 말했습니다. "________________________________"

✦ 처음 자신이 상상한 내용과 차이가 있는가? 차이가 있거나 없다면 그 이유는 무엇인가?

2) 윤리학적 탐구 방법을 중심으로 교수 내용 표현하기

교수 내용

이 교수텍스트에서는 '생명'을 대상으로 '자연애'에 관해 탐구한다. 학생은 삶 속에서 인간을 포함한 생명 및 생명과 전체적으로 관계를 맺고 있는 환경의 소중함을 이해하고 보호하는 문제와 관련된 경험을 한다. 도덕적 관점에서 인간을 포함한 생명이 소중한 이유, 생명을 존중하는 방식, 자연환경을 보호해야 하는 이유, 자연환경을 보호하는 방식을 인식하고 실천하려는 마음을 갖는 것은 책임을 다하려는 도덕적 마음이다.[6)]

생명 존중은 목숨을 높이고 소중히 여김을 의미한다. '생(生)'은 '낳다, 살다'라는 뜻으로, 초(艸)와 토(土)를 합쳐 땅 위에 초목의 새싹이 나온 모양을 본뜬 글자이다. '명(命)'은 '목숨, 명령'이라는 뜻으로, 입[口]과 명령[令]이 합쳐진 글자이다. 곧 생명 존중이란 생명이 있는 존재를 귀하게 여겨 보호하고 그 생명을 증진, 고양하기 위해 노력하는 자세를 말한다. 모든 유기체의 생명은 그 자체로서 존재의 근본 이유이며 목적이다. 따라서 생명은 그 자체로 선이며 존중받아야 하는 내재적 가치를 가지고 있는 것이다. 그래서 생명을 유지, 증진, 고양시키는 것은 선이며, 반대로 생명을 파괴하고 해를 끼치며 억압하는 것은 악이 된다. 생명을 가진 생명체와 자연은 하나의 운명 공동체이다. 생명체와 자연의 고유한 가치를 인정해야 하며, 어떤 생명이 다른 생명의 존속을 위해 희생되더라도 그 희생을 최소화해야 한다. 자연애는 자연에 대한 사랑을 의미한다. '자(自)'는 '...부터'라는 뜻으로, 시(始)와 의미가 통한다. 덕목으로서 연(然)은 '인위적인 것과 반대되는 자연스러운 성질이나 상태'라는 뜻에 가깝다. 곧 자연애란 자연을 존중하고 아끼고 보호하는 품성과 자질, 즉 자연 사랑의 덕을 가리킨다. 생산력이 증대하고, 특히 기계적 생산으로 변화됨에 따라 인간은 점차 자연력이 인간에게 봉사할 수 있도록 만드는 방법, 인간의 욕구를 위해 자연을 이용하는 방법, 자연적 물질을 인간에게 적합하게 변형시키는 방법을 배웠지만, 생산력의 사적 소유는 자연 자원을 무자비하게 착취하도록 했다. 자연 환경은 단순히 착취되어야 하는 대상으로 간주되었다. 오늘날 인조 환경으로 인하여 생명 에너지의 흐름이 지장을 받거나 단절됨으로써 생태학적 위기가 점차 증대되고 있다. 이를 극복하기 위해서는 탈인간 중심주의와 생명 공동체 정신, 즉 전체론적 관점에서 자연에 대한 인식과 태도를 변혁해야 한다. 자연애의 덕성을 함양하기 위해서는 자연 및 인간과 자연의 관계에 대한 기본 관점, 즉 바람직한 자연관을 정립하고, 생명을 존중하는 가치관과 생명윤리를 신념화하며, 생태 공동체 의식을 함양해야 한다.[7)]

이러한 설명을 바탕으로, 자연애는 인간을 포함한 모든 생명체를 도구적 가치를 넘어 고유한 가치 혹은 내재적 가치가 있음을 인정하고, 생명과 자연을 전체론적 관점에서 고려하는 마음이다. 이 마음을 함양하는 수업을 위해 사람과 동물의 같음과 다름 생각하기, 식물과 동물의 같음과 다름 생각하기, 관계의 소중함 생각하기, 생명이 소중한 이유 생각하기라는 경로를 설정할 수 있다. 이 경로를 거치는 교수텍스트에서는 '모든 생명체의 목적은 어떤 도덕적 지위를 가지며, 생명체 및 그것과 전체적 관계를 맺고 있는 자연은 어떤 태도를 가지고 대해야 하는가?'를 탐구하자라는 이야기를 표현한다. 이 이야기를 위해 다른 생명체의 입장 가정해 보기, 동물과 사람의 유사성 찾기, 유사성을 대하는 태도 확인하기, 자신의 태도 생각하기, 동물과 식물의 유사성 찾기, 식물의 도구적 가치 인식하기, 식물의 경이로움 찾기, 식물의 비도구적 가치 인식하기, 식물의 생명과 자연의 전체적 관계 인식하기, 전체적 관계를 지키기 위한 실천 생각하기, 생명을 존중하는 이유 탐구하기를 중심으로 구체화한다. 자연애는 인간과 자연의 상호 의존 관계를 이해하고, 인간의 개입이 환경에 미치는 영향을 이해하는 것에서 비롯된다. 생명과 자연의 비도구적 가치를 인식하고, 그것에 도덕적 지위를 부여하기에 합당한 방식 중 하나가 윤리학적 탐구이다.

초등 도덕과 환경교육의 특성

인간이 현재와 같은 지구의 환경에 살면서 자신에게 유해한 물질을 배출하지 않았다고 해보자. 혹은 인간이 초래한 환경 변화가 인간에게 유해한 영향으로 돌아오지 않았다고 해보자. 이 경우에 환경교육의 필요성은 크지 않았을 것이다. 환경교육은 인간에게 환경문제가 심각하기 때문에 대두된 것이다. 환경문제를 해소하는 것이 환경교육의 일차적 과제이다. 이 과제에 접근하기 위해서는 여러 학문의 지식을 필요로 한다. 따라서 초등학교의 환경교육은 교육과정상의 관련 교과에서 통합적으로 접근되어야 한다.[8)] 환경교육이 통합적 특성을 가지더라도 사실적 지식으로만 접근될 수 있다면, 도덕과에서 환경교육의 필요성은 크지 않다. 환경문제는 사실적 이해와 처방을 중심으로 개선하면 되기 때문이다. 이 환경교육은 사실적 이해를 배경 학문으로 하는 교과에서 다루면 된다. 그러나 환경문제는 사실적 이해에 대한 성급한 확신에서 비롯된 측면이 있다. 더불어 현재 인간은 환경문제를 초래하지 않는 사실적 이해와 처방의 수준에 있지 않다. 환경문제를 방지하기 위해서는 인간의 과거 행위에 대한 반성이 필요하다. 그리고 기술적으로 환경문제의 발생이 불가피하기 때문에 그 수혜자와 피해자의 이익 사이에서 선택해야 한다. 이러한 반성과 선택에는 규범적 근거가 필요하며, 사실적 지식만으로는 이 근거를 찾기 어렵다.

한편 사실적 지식이 고도로 발달하여 환경문제를 발생시키지 않고 자연환경이 인간에게 제공하는 동일한 효과를 인공적으로 산출할 수 있다고 해보자. 이 경우 자연환경이 사라지더라도 자연환경의 도구적 효용성은 인공적으로 대치될 수 있다. 그 대치가 인간에게 유해하지 않더라도, 자연환경의 가치가 도구적 효용성에 한정되는지를 결정해야 한다. 자연환경의 가치가 인간종에 대한 도구적 효용성에 한정되는지, 도구적 효용성 이상의 가치가 있는지를 결정해야 한다. 이는 인간의 도덕적 지위와 자연환경의 도덕적 지위에 대한 규범적 인식이다. 사실적 지식이 극단적으로 발달하여 사실적 지식 중심의 환경교육이 불필요하더라도, 윤리적 접근의 필요성은 여전히 남아 있다.

환경교육에는 인간이 직면한 환경문제를 넘어 인간 이외의 대상에 대한 도덕적 지위라는 규범적 문제가 상정된다. 현행 교육과정에 설정된 교과 중에서 이 문제를 다룰 수 있는 교과가 도덕과이다. 도덕과에서 가능한 환경교육이 있다면, 그 환경교육에는 도덕과의 성격이 반영되어야 한다.

도덕과의 성격이 부각된 환경수업을 모색하기에 앞서 환경교육의 성격을 살펴볼 필요가 있다. 환경교육의 일반적 성격은 환경의 개념에 제약된다. 환경의 다양한 개념을 정리한 이종문과 이민부에 의하면, 일반적으로 환경은 주체인 인간을 둘러싸고, 인간 생활에 영향을 미치는 유형·무형의 객체로 정의할 수 있으며, 여기에는 환경의 본질적인 속성이 내포되어 있다. 즉 환경의 개념은 절대 불변한 것이 아니라 시간과 장소에 따라 변화되고 있는 상대적인 개념이며, 그 범위와 구성요소가 대단히 광범위하고 복합적이다.[9] 환경에 대한 정의가 상대적이며 복합적이라면 환경교육의 정의도 다양할 수밖에 없으며, 환경교육의 정의가 다양하다면 환경교육에 대한 관심 역시 다양하다. 하트(Hart)에 의하면, 환경교육은 기술적 관리 수단의 제공보다는 새로운 세계관을 위한 윤리적 전환에 관심을 두어야 한다.[10] 디싱거(Disinger)에 의하면, 모든 환경적 세계관은 극단적인 개발론자의 견해와 그리고 정반대인 극단적인 보전론자의 견해 사이의 연속적인 범위 어디에 위치한다. 극단적인 개발론자의 견해는, 자연 세계는 효과적으로 자연자원을 무제한 공급할 수 있으며 실질적 피해를 겪지 않고 무한한 양의 폐기물을 기능적으로 흡수할 수 있다는 조작적 가정에 근거하여 환경을 제한 없이 사용할 수 있다는 것이다. 이와는 정반대로 극단적인 보전론자의 견해는, 자연 세계는 인간 충돌을 효과적으로 제거하면서 자연 법칙에 따라 기능하도록 그 자체로 남겨 두어야 한다는 것이다.[11] 이 연속적 범위에서 환경교육이 한 극단을 의도한다면 그것은 편향된 접근이다. 학교교육은 가능한 비편향성을 전제로 하므로, 학교에서의 환경교육은 극단적인 특정 환경관을 목적으로 설정할 수는 없다.

비편향적인 학교 환경교육을 이해하기 위해서는 가능한 공식적으로 환경교육의 정의와 목적을 명시한 자료를 검토할 필요가 있다. 국가 수준에서 환경교육을 정의한 환경교육진흥법에서는 "환경교육이란 국가와 지역사회의 지속 가능한 발전을 목표로 국민이 환경을 보전하고 개선하는데 필요한 지식·기능·태도·가치관 등을 배양하고 이를 실천하도록 하는 교육"으로 규정한다.[12] 이를 반영한 '환경교육 발전계획(안)'에서는 "환경교육은 환경에 대한 올바른 가치관 및 태도를 기르고, 환경과 인간, 문화 간의 상호관련성을 이해하게 하며, 환경문제의 탐구 및 예방활동에 참여하게 하는 교육"으로 정의한다. 그리고 환경교육의 필요성은 "사회 발전 패러다임의 전환 유도 및 환경 문제의 근본적 해결에 기여"하기 위해서이다. 구체적으로는 "개발 중심사회에서 개발과 보전의 균형을 지향하는 사회로 나아가기 위해서 사회 가치체계의 전환 유도, 환경문제의 근본적 해결, 환경정책의 효과 극대화"를 위해서이다.[13] 이러한 정의와 필요성을 반영한 "국가 환경교육 표준 지침 연구"에서는 학습자의 친환경적 행동이라는 목표를 지식, 기능, 가치 및 태도로 구분하여 제시한다. 지식은 '인간과 환경의 상호작용과 지속가능성을 파악하기 위해 환경관과 환경 윤리, 환경의 구성, 환경 문제, 인간 활동과 환경 문제, 지속가능발전을 이해한다.'이다. 기능은 '환경 현상을 탐구하는 방법과 심미안을 기르고, 환경문제를 해결하기 위한 과정에 참여하며 환경에의 영향을 기초적으로 평가하기 위한 능력을 익힌다.'이다. 가치 및 태도는 '환경에 대한 심미안과 감수성과 배려의 태도를 형성하고, 환경 보전에 참여하고 실천하는 태도를 가진다.'이다.[14] 이상에 터한 환경교육에는 '환경을 보전하고 개선하는 데 필요한 가치관', '환경에 대한 올바른 가치관', '사회 가치체계의 전환 유도'와 같은 환경에 대한 가치문제가 명시되어 있다.

한편, 교육과정에서 환경교육과 관련된 각 교과의 접근 방향을 찾을 수 있다. 먼저, 사회과 <지속가능한 지구촌>에서는 성취기준을 '지구촌의 주요 환경문제를 조사하여 해결 방안을 탐색하고, 환경문제 해결에 협력하는 세계 시민의 자세를 기른다.', '지속 가능한 미래를 건설하기 위한 과제(친환경적 생산과 소비 방식 확산, 빈곤과 기아 퇴치, 문화적 편견과 차별 해소 등)를 조사하고, 세계 시민으로서 이에 적극 참여하는 방안을 모색한다.'로 제시한다. 이는 지구촌 환경문제 해결과 지속가능한 반전을 위해 실천 방안을 찾는 교수학습을 강조하는 것이다. 과학과 ＜생물과 환경＞에서는 성취기준을 '생태계가 생물 요소와 비생물 요소로 이루어져 있음을 알고 생태계 구성 요소들이 서로 영향을 주고받음을 설명할 수 있다.', '비생물 환경 요인이 생물에 미치는 영향을 이해하여 환경과 생물 사이의 관계를 설명할 수 있다.', '생태계 보전의 필요성을 인식하고 생태계 보전을 위해 우리가 할 수 있는 일에 대해 토의할 수 있다.'로 제시한다. 이는 생태계의 환경 요인이 생물에 미치는 영향을 확인하고, 환경오염으로 인한 생태계 파괴 사례를 중심으로 해결 방안을 찾고, 생태계 보전에 대한 의식을 가지는 교수학습을 강조하는 것이다. 실과의 ＜기술활용＞에서 관련 성취기준을 '지속 가능한 미래 사회를 위한 친환경 농업의 역할과 중요성을 이해한다.', '생활 속의 농업 체험을 통해 지속 가능한 생활을 이해하고 실천 방안을 제안한다'로 제시한다. 이는 실내 원예 활동, 농업 생산물 가능 활동 등 다양한 농업 활동을 체험함으로써 농업과 우리 생활의 관계를 이해하고 지속 가능한 삶을 적용하고 실천하는 교수학습을 강조하는 것이다.[15]

사회과는 환경문제 해결과 지속가능한 발전을 위한 합리적 의사결정을 중심으로 환경교육에 접근한다. 과학과는 환경오염으로 인한 생태계 파괴의 해결 방안과 생태계 보전 의식을 중심으로 환경교육에 접근한다. 실과는 지속 가능한 미래 사회를 위한 환경 관리를 중심으로 환경교육에 접근한다. 반면, 도덕과는 동식물의 생명을 소중히 여겨야 하는 이유와 자연과의 관계에 대한 인식을 중심으로 환경교육에 접근한다. 인간 이외의 존재인 동식물의 생명과 자연에 대한 규범적 근거와 정당성을 탐구하는 것이 도덕과 환경교육의 특성이다. 이 특성을 표현하기 위해서는 생명과 자연에 관한 윤리학적 탐구를 필요로 한다. 인간과 자연환경의 지위를 어떻게 인식해야 하는지, 자연환경에 대한 인간의 책임을 어떻게 설정해야 하는지는 사실적 이해와 처방을 넘어선 것이다. 이는 도덕과의 환경교육에서 다루어야 하는 영역이며, 도덕과에서 체계적으로 다룰 수 있는 영역이다.

생명과 환경의 가치에 관한 윤리학적 탐구

도덕과의 환경교육은 사실적 이해를 중심으로 하는 교과와는 차별되는 접근이 강조되어야 한다. 도덕과는 '윤리학적 탐구 중심으로 하되, 연관된 여러 학문의 접근 방법을 활용한다.'[16] 도덕과의 방법론적 정체성이 도덕적 문제에 관한 윤리학적 탐구에 있다면, 도덕과의 환경교육은 생명과 환경의 도덕적 지위에 관한 윤리학적 탐구를 중심으로 접근해야 한다.

윤리적 탐구가 '어떻게 행위하는 사람이 되어야 하는가'에 답하고 실천하기 위한 것이라면, 환경의 윤리적 탐구는 '자연환경에 대해 어떻게 행위하는 사람이 되어야 하는가'에 답하고 실천하기 위한 것이다. 따라서 환경의 윤리적 탐구는 자연의 비도구적 가치를 승인하여 도덕적으로 고려하려는 결정에 이르는 과정이다. 인간사에서 행위에 대한 탐구가 윤리적이기 위한 필요조건은 다른 사람의 도덕적 지위를 탐구하고 인정하고 고려하는 것이다. 만약 다른 사람의 도덕적 지위를 상정하지 않는다면 영리한 계산은 될 수 있어도 윤리적 탐구가 되기는 어렵다. 마찬가지로 인간종의 이익만을 고려한다면 타산적이지만 윤리적이라고 하기는 어렵다. 한면희에 따라 이를 정식으로 표현하면 '자연과 관련된 X는 모든 A에 의해 도덕적으로 고려되어야 한다'이다. 여기서 상수 A는 인간이며, X를 자연으로 설정하는 것이다.[17] 환경에 대한 탐구가 윤리적이기 위한 필요조건은 인간 이외의 대상에 대한 도덕적 지위를 탐구하는 것이다.

도덕적 지위를 탐구한다는 것은 전적으로 인간종만을 위하는 이기적 이유와 전적으로 인간 이외의 대상을 위하는 이타적 이유 사이에서 결정하는 것이다. 스텔바(J. Sterba)에 의하면, 도덕성은 이기적인 이유와 이타적인 이유의 합리적 절충이다. 이 절충은 이기적 관점과 이타적 관점 각각에 부여된 이기적 이유와 이타적 이유의 순위를 존중하는 것이다. 그 이유 사이의 합리적 절충은 최상위를 점유하는 이유에 우선성을 부여하는 것이다. 다른 조건이 같다면, 최고 순위의 이타적 이유나 이기적 이유에 우선성을 부여하는 것이다.[18] 이러한 도덕성의 의미에 근거한다면, 인간종에게 상위 순위를 점유하는 이기적 이유에 보다 하위에 있는 이타적 이유에 근거하여 자연환경을 고려할 필요는 없다. 인간과 동물의 생명이 각각 최상위를 점유한다면, 인간의 생명을 위협하는 맹수나 해충을 위해 나의 생명을 희생하는 것이 학교에서 이루어지는 도덕적 탐구의 목적은 아니다. 반면 인간종에게 하위 순위를 점유하는 이기적 이유보다 더 상위에 있는 이타적 이유에 근거하여 자연환경을 고려할 필요가 있다. 예를 들어, 인간의 재미가 하위 순위이고, 동물의 생명이 상위 순위라면 재미로 동물의 생명을 빼앗는 것은 도덕적이지 못한 행위가 된다. 이 경우에도 인간종 이외의 대상에게 도덕적 지위가 부여된다. 학교에서 이루어지는 환경에 관한 윤리적 탐구는 이 대상의 도덕적 지위를 탐구하는 것이다.

도덕과에서 자연환경의 도덕적 지위에 대한 체계적인 윤리학적 탐구를 위해서 자연환경에 도덕적 지위를 부여하는 환경윤리학의 전개에 근거하여 수업의 논리를 구성할 수 있다. 서규선 등에 의하면, 일반적으로 환경윤리학은 인간 존재와 인간이 속한 자연환경 사이의 도덕적 관계에 관하여 체계적이고 포괄적인 설명을 제시하고 지지하는 것이다. 환경윤리학은 자연 세계에 대한 인간의 행위가 도덕적 기준에 의해서 통제될 수 있고, 통제된다는 것을 가정한다.[19] 도덕적 기준과 책임은 역사적으로 인간과 인간의 관계에서 비롯되었기 때문에, 환경윤리의 출발은 인간의 도덕적 기준을 환경문제에 응용한 것이며, 응용의 한계를 반성하고 이를 해명하는 대안적 기준을 도출하여, 이해의 확장과 의식의 변화를 산출하는 과정으로 전개된다. 따라서 환경윤리학을 수업 구성의 논리로 수용하는 도덕과의 윤리학적 탐구는 인간사의 도덕적 기준을 활용하여 자연환경을 윤리적으로 탐구하고, 그 윤리적 근거의 한계를 발견하여, 새로운 윤리적 근거를 탐색하고 인식하는 과정이다. 이 과정에서 자연환경의 도덕적 지위를 정당화하고 자연환경에 대한 도덕적 의식을 형성하는 게 된다. 도덕과는 인간 생명의 소중함에서 출발하여 동식물의 생명까지도 소중히 여겨야 하는 이유를 탐구하는 것이다. 이 중에서 동식물의 생명을 소중히 여겨야 하는 이유를 탐구하기 위해서는, 인간의 이익만을 고려하지 않는 윤리이론에 근거하여 수업을 구성할 수 있다.

엘리엇(Elliot)에 의하면, 환경윤리학의 설명은 인간중심적 윤리(Human-centered ethics), 동물중심적 윤리(Animal-centered), 생명중심적 윤리(Life-centered ethics), 생태적 전체주의(Ecological holism)로 구별된다. 인간중심적 윤리에서는 인간의 이익만이 고려된다. 동물중심적 윤리에서는 모든 동물이 도덕적으로 고려될 수 있는 것으로 간주한다. 생명중심적 윤리에서는 모든 살아 있는 것이 도덕적으로 고려된다. 생태적 전체주의에서는 개체뿐 아니라 생물권과 그것이 포함된 생태계를 도덕적으로 고려한다.[20] 김일방에 의하면, 인간중심주의자는 인간 이외의 존재들이란 인간을 위한 수단적 가치만을 가질 뿐, 그 이상의 어떠한 도덕적 지위나 권리 또는 법적 권리도 지닐 수 없다고 본다. 인간중심주의자가 자연물에 가치를 부여하는 것은 자연물이 인간에게 이로울 때, 즉 그 자연물을 인간의 생존이나 복지를 위한 도구로서 이용할 수 있을 때이다. 인간중심주의 입장에 따르면 인간 이외의 존재들은 인간의 목적을 위한 수단으로써의 도구적 가치밖에 지니지 않는다.[21] 인간중심적 윤리에서는 인간만이 도덕적으로 가치 있는 존재로 간주한다. 인간의 이익만을 고려하는 그러한 인간중심적 윤리는 다른 인간에 대한 도덕적 책임을 설명할 수 있지만, 동식물과 같은 자연물에 대한 도덕적 책임을 설명하는 데는 제한이 있다. 이 문제를 해소하기 위해서 동물과 식물과 같은 자연물에도 도덕적 지위를 부여하는 탈인간중심적 관점에서 탐구되어야 한다. 만약 인간에게만 도덕적 지위가 부여된다면, 동식물에게 도덕적 지위를 부여해야 하는 이유를 설명하기는 어렵다. 인간을 위한 효율성이라는 도구적 가치에서 벗어나 탐구할 때, 동식물의 생명에 대한 소중함과 보전을 정당화할 수 있다.

동식물의 생명에 도덕적 지위를 인식하기 위해서, 먼저 인간과 유사성이 높은 동물의 생명에서 출발할 수 있다. 싱어(Singer)에 의하면, 이익평등 고려라는 도덕 원칙을 인간종에 속하는 다른 개체와의 관계를 위한 타당한 도덕적 근거로 받아들인다면, 그것을 인간이 아닌 동물과의 관계를 위한 타당한 도덕적 근거로도 받아들여야 한다. 이 원칙은 종족이 우리와 다르다는 이유로 다른 종족을 당연한 듯이 착취하거나, 지능이 우리보다 못한 동물의 이익을 무시해서는 안 된다는 점을 내포하고 있다. 그런데 고통을 받거나 기쁨을 얻는 능력은 이익 일반을 가지기 위한 전제이다.[22] 따라서 유정성을 가진 동물에게는 평등의 원칙이 적용될 수 있다. 동물이 고통을 받는다면 그 고통을 고려하는 것이 도덕적이다. 따라서 동물의 생명에 대한 도덕적 지위는 개인 간의 이익을 동등하게 고려하는 윤리적 판단에 근거하여 탐구할 수 있다. 인간에게 적용되는 도덕적 원칙에 따라 인종주의는 도덕적일 수 없듯이, 다른 동물에 대한 인간 종족주의도 도덕적일 수 없다. 도덕적 기준으로 인간을 상정한다면, 인간과 유사한 동물도 도덕적 지위를 갖게 된다. 동물의 도덕적 지위는 인간의 특징으로부터 도출되는 것이며, 인간을 충분히 닮은 생명체는 도덕적 지위를 제공 받는다.

그러나 식물의 생명에 대한 존중의 근거는 인간과의 유사성에 대한 이익고려만으로는 부족하다. 데자르뎅(DesJardins)에 의하면, 싱어는 단지 '고등'동물에게만 도덕적 지위를 부여한다. 나머지 존재들은 도덕적 고려대상에서 제외된다. 많은 환경론자들은 이러한 위계질서가 잘못된 것이라고 생각한다. 이러한 윤리적 확대주의는 '개체주의'를 고수한다. 그것은 개별 동물에게는 도덕적 지위를 보장하지만, 식물, 종, 서식지, 관계에 대해서는 독자적인 도덕적 지위를 보장하지 않는다.[23] 따라서 식물의 생명을 도덕적으로 고려하기 위해서는 동물의 도덕적 지위를 해명하는 환경윤리 이후의 대안적 논의에 근거하여 수업을 구성해야 한다.

식물의 생명에 대한 도덕적 고려는 유정성을 갖지 않는 생명체에 대한 도덕적 지위를 정당화하는 설명에 근거해야 한다. 애트필드(Attfield)에 의하면, 도덕적 지위를 갖는 것으로 널리 인정되는 것과 식물 사이에는 모종의 유비가 있다. 그러므로 성장, 호흡, 자기보존, 재생능력은 식물과 유정적 유기체에 공통된 것이다. 그러므로 모든 유기체는 도덕적 지위를 가질 수 있을 뿐만 아니라 실제로 가진다고 주장할 만한 유비논증이 가능하다. 자신의 종의 유전적 선을 실현하기 위한 잠재력을 가지고 있는 것은 이익 관심을 가지며, 가치 있는 것이다.[24] 식물의 도덕적 지위는 유정적 유기체와의 유비로 설명될 수 있다. 유정적인 유기체가 도덕적 지위를 갖는다면, 그와 유사성을 가지는 식물의 생명도 도덕적 지위를 가질 수 있다. 나아가 이 유사성의 인식에서 비도구적 가치로 식물의 가치를 설명할 수 있다.

한면희는 자연과 자연적 존재의 가치에 대해서 다음과 같이 분류하여 설명한다. (가) 인간 이외의 자연적 존재와 그 과정의 가치는 인간의 이해 관심 및 기호로 환원될 수 있다. (나) 인간 이외의 자연적 존재와 그 과정의 가치는 인간의 이해 관심 및 기호로 환원될 수 없다. (다) 인간 이외의 자연적 존재와 그 과정의 가치는 인간의 좋음에 독립적이다. (라) 인간 이외의 자연적 존재와 그 과정의 가치는 인간의 평가하는 의식에 독립적이다. 이러한 분류에서 (가)는 도구적 가치(instrumental value)이며, (나), (다), (라)는 비도구적 가치(noninstrumental value)이다. 여기서 (나)를 문화적 가치(cultural value)나 미적 가치(aesthetic value)로, (다)를 고유한 가치(inherent value)로, (라)를 내재적 가치(intrinsic value)로 부른다.[25] 식물이 살아있는 것, 아름다움이 있는 것, 경이로움이 있는 것 자체를 식물의 생명 가치로 인식하는 것이다. 이를 포함한 비도구적 가치로 식물의 생명의 가치를 인정하면, 식물의 생명의 도덕적 지위를 해명할 수 있다. 식물의 생명 자체가 가치를 가진다면, 그것을 훼손하는 것보다는 보전하는 것이 도덕적이다. 이때 식물의 생명은 도덕적 지위를 가진 것으로 고려된다. 따라서 식물의 생명에 대한 윤리적 탐구는 탈인간중심적인 개체론적 관점으로 접근할 수 있다.

한편, 도덕과는 동식물의 생명이라는 개체적 대상을 자연이라는 전체로 확장한다. 이는 더 포괄적인 자연물과 자연 자체에 대한 인식과 실천으로 전개된다. 동식물의 생명 존중은 개체주의적 접근으로 탐구가 가능했다면, 이를 포괄하면서 더 확장된 윤리적 탐구가 요구된다. 이를 위해서는 다른 존재에게도 도덕적 지위를 부여해야 한다. 동식물과 같은 생명체뿐만 아니라, 자연을 구성하는 비생명체에도 도덕적 지위를 부여할 수 있어야 한다.

군(Gunn)과 베스린드(Vesilind)에 의하면, 전체 생물 공동체나 생태계, 숲, 강, 산을 그들의 인간에 대한 가능한 유용성으로써가 아니라 그들이 비옥한 자연적인 공동체이고 삶을 사는 생물로 가득 차 있고, 그럼으로써 전체적 공동체의 건강에 기여한다는 이유로써 가치를 보는 것이다.[26] 한면희에 의하면, 개체론과 달리 전체론적 환경 윤리는 생태계와 종, 생물군, 그리고 자연의 비도구적 가치를 승인함으로써 직접적으로 그 자체에 대한 존중을 꾀한다. 물론 그 낱낱의 구성원은 생태계의 유지에 기여하는 한, 같은 도덕적 존중을 받게 된다.[27] 데자르뎅에 의하면, 생태윤리는 자연물 간의 '관계', 무생물, 그리고 종과 생태계 등과 같은 생태적 '전체'에도 직접적인 도덕적 지위를 부여한다는 점에서 '전체주의적(holistic)'이다. 생태계에서 중요한 것은 개별 유기체가 아니라 상호 의존성이다. 생태윤리는 개별 유기체에 관심을 갖기보다는 상호의존성에 기반한 생태공동체에 관심을 갖는다. 그래서 '개체주의' 윤리라기보다는 '전체주의' 윤리이다.[28] 자연에 도덕적 지위를 부여하고 인간에게 윤리적 책임을 부여하는 탈인간중심적 이론의 관점은 전체주의적인 생태중심 윤리로 구체화된다.

요컨대, 도덕과의 환경 수업의 특성은 생명체와 자연환경의 비도구적 가치와 도덕적 지위를 이해하는 것에 있다. 모든 생명체의 목적인 생명은 그 자체로 존중받아야 하며, 자연에서 생물 요소와 무생물 요소의 관계도 전체로 존중받아야 한다. 전체 생명 및 자연에 대한 도덕적 가치를 정당하게 촉구하는 윤리학적 탐구를 위해서, 환경윤리의 전개 과정을 교수텍스트의 경로로 할 수 있다. 예시한 교수텍스트는 탈인간중심의 전체론적 관점을 윤리학적으로 탐구하는 수업을 의도한 것이다.

12. '아름다움의 사랑'에 관한 시적 형상화 방법 중심의 교수텍스트

1) 교수텍스트

자연의 아름다움

✪ 우포늪의 사진에서 어떤 소리가 들리는지 상상하기.[1]

✦ 내가 우포늪의 달팽이처럼 꽃이 피는 소리도 들을 수 있다면, 우포늪에서는 또 어떤 소리가 들릴까?

- 이파리와 이파리 사이를 돌며 가는 바람 소리
- 흰 구름 웅성대는 소리
- ______________________________
- ______________________________
- ______________________________
- ______________________________
- ______________________________

✦ 내가 우포늪에 사는 달팽이가 되어 우포늪의 소리로 '우포환상곡'을 만들고 지휘한다면, 오케스트라의 자리에 어떤 소리를 배치할까?

✦ 연주를 마치고 나의 작품에 대해 인터뷰한다면, 어떤 질문을 받을까? 그 질문에 대해 무엇이라고 대답할까?

- 기자의 질문:
- 기자의 질문에 대한 나의 대답:

작품의 아름다움

✪ 경주에 있는 '동궁과 월지'의 사진입니다.

✦ 내가 복원 공사를 마치고 준공식에서 참석한다면, 어떤 기념사를 할까?

기념사의 제목: ______________________________

기념사의 내용:

____

____

____

____

____

____

✦ 기념사를 마치고 기자와 인터뷰한다면, 어떤 질문을 받을까? 그 질문에 대해 무엇이라고 대답할까?

- 기자의 질문:
- 기자의 질문에 대한 나의 대답:

✪ 사진에 꾸미는 말을 넣는다면, 어떤 말을 넣을까? 어떤 특징이 있어 그 말을 사용했는가?

꾸미는 말	(　　　　) 도자기
특징	

꾸미는 말	(　　　　) 그림
특징	

꾸미는 말	(　　　　) 피라미드
특징	

그림자

함민복

금방 시드는 꽃 그림자만이라도 색깔 있었으면 좋겠다

어머니 허리 휜 그림자 우두둑 펼쳐졌으면 좋겠다

찬 육교에 엎드린 걸인의 그림자 따뜻했으면 좋겠다

마음엔 평평한 세상이 와 그림자 없었으면 좋겠다

꾸미는 말	(　　　　) 시
특징	

아름다움의 의미

✪ 아름다움에 대해 생각하고 토의하기.[2)]

✦ 아름답지 않은 자연은 있는가?

✦ 눈 오는 날이 아름답다면, 눈송이도 아름다운 것인가?

✦ 책이 아름답다면, 그 책의 모든 쪽이 아름다운 것인가?

✦ 호랑이가 아름답다면, 호랑이의 이빨도 아름다운 것인가?

✦ 사막이 아름답다면, 모든 모래알도 아름다운 것인가?

✦ 밤하늘의 별이 아름답다면, 그 별의 모든 부분이 아름다운 것인가?

✦ 보통의 고양이와 아름다운 고양이의 차이는 무엇인가?

✦ 보통의 집과 아름다운 집의 차이는 무엇인가?

✦ 보통의 노래와 아름다운 노래의 차이는 무엇인가?

✦ 꽃 그림이 꽃 자체보다 아름다울 수 있는가?

✦ 어떤 사람의 그림이 그 사람보다 아름다울 수 있는가?

✪ 자신의 경험 속에서 가장 아름다운 경험은?

✦ 내가 본 가장 아름다운 풍경은?

✦ 내가 들은 가장 아름다운 소리는?

✦ 내가 읽은 가장 아름다운 글은?

✦ 내가 아는 가장 아름다운 일은?

✦ 내가 들은 가장 아름다운 말은?

✦ 내가 본 가장 아름다운 사람은?

사람의 아름다움

✪ 나와 다른 생각을 가진 친구의 질문에 해당하는 예에는 어떤 것이 있을까?

누가 아름다운 사람일까[3)]

아름다움에 대해 공부하는 시간에 있었던 일입니다. 영희가 우리 반에서 누가 아름다운 사람인지 이야기를 나누어 보자는 의견을 냈습니다. 친구들은 '누가 아름다운 사람일까?'라는 호기심도 생기고 함께 이야기를 나누어 보면 재미있을 것 같아서 영희의 의견에 찬성했습니다. 나는 잘 생기고 체격이 큰 종현이를 추천했습니다. 왜냐하면 외모가 훌륭한 사람이 아름답다고 생각했기 때문입니다.

그러나 친구들은 아름다움을 각자 다르게 생각했습니다. 지우는 자신에게 어울리는 옷을 입고 외모를 예쁘게 꾸미기 때문에 아름다운 사람으로 추천되었습니다. 소윤이는 책을 많이 읽고 생각이 깊어서 아름다운 사람으로 추천되었습니다. 주영이는 가야금을 잘 연주하려고 열심히 노력하기 때문에 아름다운 사람으로 추천되었습니다. 아픈 사람을 치료하며 봉사하는 의사가 되는 것이 꿈인 동수는 어려운 친구들을 잘 도와주어 아름다운 사람으로 추천되었습니다. 그 결과 다양한 모습의 '아름다운 사람' 후보가 결정되었습니다. 아름다운 사람의 모습에 대한 생각이 나와 같은 친구도 있었지만 다른 친구도 있었습니다……..

> 나와 다른 생각을 가진 친구가 이렇게 물었습니다.
> "평범하게 생겼거나 예쁘지 않더라도 아름다운 것은 없을까?"
> "평범하게 생겼거나 예쁘지 않은 사람이라도 아름다운 사람은 없을까?"

✦ "평범하게 생겼거나 예쁘지 않더라도 아름다운 것"의 예:

✦ "평범하게 생겼거나 예쁘지 않더라도 아름다운 사람"의 예:

✦ 이 두 질문에서 찾은 예에서 서로 닮은 것은 무엇일까?

✪ 아름다운 사람에 대해 생각하기.[4]

✦ 모든 면에서 아름다운 사람이 있는가?

✦ 멋진 외모 없이 아름다운 삶이 있는가?

✦ 아름다운 것을 한 사람은 아름다운 사람인가?

✦ 많은 사람이 그렇게 생각하지 않더라도, 자신이 아름다울 수 있는가?

✦ 평범하거나 특이한 외모를 가졌지만, 자신이 아름다운 사람이 될 수 있는가?

✪ 아름다운 것과 아름다운 사람은?

✦ 내가 경험한 아름다운 것은?

아름다운 것	아름다움을 만들어 낸 특징

✦ 내가 경험한 아름다운 사람은?

아름다운 사람	아름다움을 만들어 낸 특징

✪ 마음이 아름다운 나는?

✦ 마음이 더 아름다운 사람이 된 나를 상상하고, 나의 아름다움 찾기.

더 아름다운 나의 마음과 많이 닮은 자연, 작품, 사람, 행동을 간단한 그림이나 짧은 말로 표현한다면?			
자연	작품	사람	행동

2) 시적 형상화 방법을 중심으로 교수 내용 표현하기

교수 내용

이 교수텍스트에서는 '대상의 모습'을 '아름다움의 사랑'이라는 관점에서 탐구한다. 학생은 생활 속에서 자연, 작품, 사람, 행동의 아름다움을 경험한다. 이때 세상에는 어떤 아름다움이 있고, 어떻게 아름다움을 보존하고, 어떻게 아름다운 사람이 될지를 물어볼 수 있다. 이 물음에 답하기 위해서는, 아름다움을 경험하게 하는 대상의 특성을 찾고, 자신이 어떤 아름다운 특성을 가지기를 바라는지 탐구할 필요가 있다. 이러한 탐구를 통해 아름다움의 종류와 의미, 아름다움이 인간다운 삶에 필요한 이유, 그리고 사람의 모습에서 경험할 수 있는 아름다움을 이해할 수 있다. 사람을 포함한 모든 대상의 모습에서 아름다움을 느낄 수 있는 심미적 감수성을 함양하고, 아름다운 것을 사랑하고 존중하는 마음은 도덕적인 삶을 가능하게 하는 마음이다.[5]

인간에게는 아름다움에 대한 정서적 반응이 존재하며, 인간의 삶을 행복하고 의미있게 만드는 것 중 하나는 아름다움을 체험하는 것이다. 아름다운 것을 추구하고 창조하는 존재라는 점에서 인간은 심미적이다. 긍정심리학에서는 아름다움, 탁월성, 경외감, 경이로움 등을 체험하는 능력을 심미안이라 한다. 심미안을 지닌 사람은 모든 분야의 미, 빼어난 작품과 그 기교를 감상할 줄 안다. 자연과 예술, 수학과 과학을 비롯한 세상의 모든 것에서 아름다움을 발견하고 경외감과 경이로움을 느끼기조차 한다.[6] 심미안의 대상은 자연 세계의 물리적인 아름다움, 예술작품으로부터 느끼는 아름다움, 지식이나 기술의 탁월성에 대한 감동적 경험, 인간의 선한 행위나 미덕에 대해 느끼는 도덕적 아름다움 등이다. 아름답고 탁월한 것을 감상하는 심미안은 물질세계와 사회에 존재하는 훌륭한 것을 찾아 인정하고 음미하는 것이다.[7] 심미안은 다양한 원천으로부터 아름다움을 느낄 수 있는 민감한 감상 능력이며, 심미안을 가진 사람이 체험하는 참된 아름다움은 외적인 아름다움뿐만 아니라 내면적 아름다움과 도덕적 삶의 아름다움을 포함한다. 도덕적 아름다움은 친절하고 이타적인 타인의 행동 등 도덕적으로 선한 행동을 접하여 체험할 수 있다. 도덕적 아름다움을 체험하고 사랑하는 심미안을 촉진하고 함양하는 것은 도덕적 삶을 위해서 특별히 중요한 일이다.[8]

아름다움에 대한 사랑의 상징적 의미 도식에는 '대상의 선호하는 형태나 상태'에 대한 체험이 있다. 자연, 작품, 사람, 선행 등의 형태나 상태에 대한 긍정적인 체험은 감동이나 탁월성을 음미하는 마음이 된다. 이러한 마음을 함양하기 위해 아름다움의 종류, 아름다움의 경험, 도덕적 아름다움, 아름다움이 있는 사람이라는 경로를 설정할 수 있다. 이 경로를 담은 교수텍스트에서는 '어떻게 아름다운 대상에 있는 아름다움을 가진 사람이 될 수 있을지 생각해 보자'라는 이야기를 전한다. 이 이야기를 표현하기 위해 자연의 아름다움, 문화재나 예술작품의 아름다움, 아름다움에서 부분과 전체의 관계, 자신이 경험한 아름다움, 아름다운 사람의 특성, 아름다운 대상과 아름다운 사람 특성 비교, 아름다운 자신의 모습 등을 중심으로 수업 내용을 구성한다. 아름다움에 대한 사랑의 교수에서 개념적 설명보다 구체적 대상에 대한 경험의 소환을 통해 심미적 감수성 함양을 기대할 수 있다. 아름다움이라는 추상적이고 정서적인 내용 요소를 구체적으로 표현하여 정서적 반응을 기대할 수 있는 방법 중 하나가 시적 형상화 방법이다.

시텍스트의 의미 구조

도덕과 교수텍스트에서 의미 형성을 위한 공간을 확보하고, 인식 주체인 학생이 이 공간을 능동적으로 채울 때 도덕적 의미의 발생은 가능하다. 이를 위해서는 형식 논리와 대비되는 비형식 논리, 일의성과 대비되는 다의성이 부각되어야 한다. 인식 주체의 다의적 해석을 통한 의미 발생의 여지를 확보하는 대표적인 텍스트는 시텍스트이다. 시텍스트와 닮은 교수텍스트를 쓰기 위해서는 시적 발화(詩的 發話)로 수업을 진행하는 것이 가장 이상적이다. 하지만 일상적 발화를 통해 이루어지는 도덕과 수업에서 시적 발화를 직접 사용하기는 어렵다. 이 난점은 교수텍스트가 시텍스트의 특성을 공유함으로써 완화될 수 있다. 일상적 발화를 사용하여 수업하면서 시텍스트의 특성을 교수텍스트에 반영하면, 시 행위를 수업의 장면에서 현실화할 수 있다. 시텍스트의 특성을 반영한 교수텍스트에서 발생한 도덕적 의미는 시텍스트에서 발생하는 시적 의미와 닮을 수 있다. 도덕과 교수텍스트에서 감각적 형상화와 정서적 반응이 가능하다면, 정서가 담재된 도덕적 앎에 접근할 수 있다.

텍스트를 시텍스트가 되도록 하는 것은 무엇인가? 상식적으로 시는 예술적인 문학 텍스트이다. 예술적 문학 텍스트인 시텍스트가 독자와 대화할 때, 시는 작품이 된다. 시텍스트는 독자에게 무제약적 자유를 허용하지 않지만, 동시에 모든 것을 설명하지 않고 독자가 채울 수 있는 여지를 둔다. 자동적이고 수동적으로 의미에 도달하도록 남김없이 설명하기보다는, 독자가 의미를 만들고 깨닫도록 한다. 그래서 시텍스트는 자연언어를 질료로 하지만, 자연언어와는 차별된다. 자연언어와 예술언어를 구별하는 로트만(Lotman)에 의하면, 예술언어는 일종의 이차모델링 체계(a secondary modeling systems)이다.

> '언어'의 개념은 다음을 포괄한다. 즉 a) 자연언어(예를 들면, 러시아어, 불어, 에스토니아어, 체코어), b) 인공언어－과학의 언어(과학적 서술의 메타언어), 관례적 표지의 언어(예를 들면, 도로표지) 등, c) 이차언어(이차모델링 체계)－자연언어 수준 위에 상부구조로 수립된 의사소통 구조(예를 들면, 신화와 종교). 예술은 이차모델링 체계이다.[9)]

자연언어에서 기호는 어떤 공간적, 가시적 지시내용을 갖는 일차모델링 체계를 이룬다. 이를 구사해서 이룩한 문학작품은 이차모델링 체계를 이룬다. 하나의 작품은 공간적으로 한정된 것이나 무한한 세계를 모델화한 것이며, 대상의 전체적 실재를 또 하나의 다른 실재로 대체하여 한정된 공간 속에 담는다. 이때 텍스트는 주어진 제재의 구성을 완결시키면서, 동시에 세계 전체의 구성도 그 안에 반영하는 이중적 본질을 지닌다.[10)] 자연언어 위에 상부구조로 수립된 의사소통 구조라는 측면에서 예술언어는 이차모델링 체계이다. 예술적 문학 텍스트인 시 역시 자연언어의 조건을 넘어서 소통하는 구조를 지닌다. 이 구조가 지닌 정보의 양은 일상적 발화와는 차이가 있다.

> 시적 발화에서의 정보의 양과 일상적 발화에서의 정보의 양이 같다면, 예술적 발화는 존재의 권리를 잃고 분명히 사라질 것이다. 그러나 어느 정도 차이가 있다. 언어를 재료로 창조된 복잡한 예술적 구조는 기본적이고 엄격한 언어적 구조로 전할 수 없는 많은 정보의 양을 전할 수 있다. 따라서 이러한 예술적 구조를 벗어나서는 제시된 정보(내용)가 존재할 수도 없고 전달될 수도 없다. 일상적 발화로 시를 고쳐 말한다면, 시의 구조는 파괴된다. 결과적으로 원래 시에 포함된 것과는 전혀 다른 정보의 양을 수신자에게 제시한다.[11)]

언어를 재료로 하는 시텍스트는 일상적 발화로는 불가능한 정보의 양을 전한다.

시텍스트는 언어기호들이 결합되어 언어기호만으로는 전할 수 없는 정보를 전하는 구조를 가진 특수한 기호체계이다. 로트만에 의하면, 자연언어에서 안정적이고 불변적인 텍스트의 단위인 기호와 통합 규칙을 구분하기는 비교적 쉽다. 기호는 분명하게 내용과 표현의 차원으로 구분되며, 이 사이에는 관례적인 관계가 존재한다. 하지만 언어예술텍스트에서 기호는 관례적이기보다는 도상적(iconic)이며 재현적(representational)이다. 이런 조건으로 예술텍스트에서는 자연언어의 의미론 밖의 구문론적 성분을 의미론화 한다. 의미론적 성분이 분명하게 구별되지 않고 복잡하게 뒤섞인다.[12] 예술적 언어텍스트는 자연언어에서 가정되는 기표(記標)와 기의(記意) 간의 관습적인 관계에 한정되지 않는다. 표현 층위와 내용 층위는 복잡하게 뒤섞인다. 일상 언어의 표현 층위 기호들이 내용 층위로 의미화된다.

시텍스트는 관례적 성격을 갖는 일상 언어를 질료로 하지만 도상적 혹은 재현적 기호를 구축하여, 의미를 최대한 적재하도록 구조화된 텍스트이다. 의미를 표현하면서 동시에 의미를 담고 있는 시텍스트는 구성 단위의 기호가 새로운 의미로 번역 가능한 구조를 갖는다.

> 시는 복잡하게 구조화된 의미이다. 시라는 통합된 구조에 들어오면, 언어의 의미 요소들은 일상 언어 구조에서는 불가능한 상관, 비교, 대조라는 복잡한 체계로 결합된다. 이는 각각의 요소에 개별적으로, 그리고 구조에 전체적·절대적으로 유일무이한 의미론적 적하(積荷)를 부여한다. 문법적 구조에서는 유사한 성격이 없어 상이한 위치에서 발견되므로 비교할 수 없는 단어, 문장, 발화는 예술적 구조에서는 동일성과 대조의 위치에 있게 된다. 비교하고 대조할 수 있게 된다. 이는 시가 아니고는 불가능한 예기(豫期)하지 못한 새로운 의미론적 내용을 드러낸다.[13]

시텍스트는 구성 요소들이 통합적으로 의미를 구성하는 구조이다. 시텍스트의 의미는 인과적 연쇄에 따라 선형적으로 구성되기보다는, 비분절적이며 연속적으로 구성된다. 번역이 불필요하지도 않고 번역이 불가하지도 않는 적절한 긴장 공간을 낳는 구조이다. 일정한 번역이 가능할 정도의 대응과 대응이 불필요하지 않을 만큼의 차이를 전제하는 구조이다. 시텍스트는 일차적으로 무엇인가를 의미하는 언어기호를 질료로 하지만, 이차적으로 무언가를 재현하는 의미 확장 구조를 가진다. 도덕과 교수텍스트가 시텍스트의 구조와 닮음을 갖는다는 것은 이 의미 확장 구조를 공유하는 것이다. 시적인 도덕과 교수텍스트는 내용과 표현으로 구성된 텍스트가 다시 표현으로 전환되어 새로운 의미를 재현하는 구조를 공유한다. 이 도덕과 교수텍스트는 표면적인 일상 언어의 의미를 넘어 상층의 도덕적 의미를 드러낼 수 있다. 체제적 접근의 교수텍스트를 일상 언어에 비유하면, 시적 구조를 공유한 도덕과 교수텍스트는 체제적 교수텍스트가 담재할 수 없는 양의 도덕적 정보를 담재한다.

시의 형상화 방법

도덕과 교수텍스트는 시텍스트처럼 이차적 의미를 재현하는 구조를 닮을 필요가 있다. 도덕과수업에서 교사는 도덕적 의미가 담긴 교수텍스트를 생산하여 교수하고, 학생은 이 교수텍스트에 반응하며 그 의미를 학습한다. 이때 교사의 교수는 도덕적 의미의 구체화이며, 학생의 학습은 이에 대한 반응과 수용이다. 이를 매개하는 것이 교수텍스트이다. 이 매개체에는 추상적인 도덕적 의미와 구체적인 도덕적 표현이 결합되어 있다. 추상의 구체화라는 측면에서 본다면, 도덕과수업은 일종의 형상화(形象化)이다.

시텍스트에서 형상화는 추상적인 정신적 주제나 내용을 감각적인 심상으로 구체화하여 실감나게 표현하는 것이다. 형상화와 직접적으로 관련되는 기법에는 상징이 있다. 프라이(Frye)에 의하면, 상징은 근본적으로 연합 또는 결합을 의미하며, 가시적인 것으로 비가시적인 것을 의미하는 표현 방식이다. 상징은 표면적 진술이 어떤 다른 의미를 갖는 담화 방식이다. 표면적 진술의 표현 방식에서 일어나는 연상 작용에 의해 형이상학적 의미를 추론하는 방식이다.[14] 다음은 이미지이다. 관념적이고 추상적인 것이 시 작품 속에서 개성적이고 구체적으로 밝혀지고, 그 작품 속에서 독특한 의미를 지니게 되는 것은 이미지를 통해 가능하다.[15] 시적 표현은 그 지시대상을 감각적으로 알아볼 수 있는 언어를 통해 성취된다. 시에서 구체적인 표현, 구체적인 만큼 정확한 표현을 만들어내는 가장 핵심적인 장치가 바로 이미지이다. 이 이미지는 감각적 지각과 관계가 있다.[16] 시에서 이미지는 직접 지각하지 않더라도 대상을 감각적으로 생생하게 그려내는 방법이다. 이미지는 구체적이거나 추상적인 대상을 감각적으로, 미적으로 직관할 수 있도록 한다. 시에서 구상어를 통한 대상의 감각화는 추상적 관념을 구체화하여 압축한다. 다음은 비유이다. 시 작품이란 언제나 하나의 <기호>이며, 대개가 비유적 기호이다.[17] 비유는 표현하기 어려운 개념이나 감정을 보다 구체적으로 확실하게 서술하는 방법이며, 기존의 언어를 조립하여 새로운 개념을 표현하는 방법이며, 존재를 드러내기 위한 언어의 감각화나 형상화를 위해서 선택되는 방법이다. 이러한 비유는 의미나 정서를 새롭게 창조하며 유추적 기능을 하는 특성이 있다.[18] 비유는 서로 다른 이질적인 대상 사이에서 어떤 유사점을 찾아내거나, 이미 알고 있는 것을 통해 이를 더욱 빨리 이해하도록 해 주는 새로운 통찰 과정을 포함하고 있다. 전자를 은유에 의한 의미의 새로운 창조 과정이라 한다면, 후자는 환유에 의한 새로운 이해의 과정이라 할 수 있다.[19] 시텍스트에서 비유는 주로 표준적 의미 변화를 통해 구체적으로, 새로운 의미와 정서를 낳는 압축적 표현 방식이다.

직접적인 형상화 기법과는 거리가 있지만, 도덕적 의미의 구체화를 위해 인유와 역설도 참조할 수 있다. 먼저, 인유(引喩)는 널리 알려진 말이나 글, 고사, 격언, 역사적 사건, 인명 등을 작품에 인용함으로써 글의 의미를 보다 효과적으로 표현하는 방법이다. 인유는 과거의 문화적·역사적 자산을 현대의 작품에 활용함으로써 전통성을 되살리면서 새로운 의미를 창출하는 데 의의가 있다. 이는 창작자가 역사적이거나 허구적인 사건, 인물, 선인의 문장을 단순히 인용하는 데 그치지 않고, 그 의미를 더 풍부하게 하면서도 독자와 함께 하는 데에 유용하다.[20] 인유는 잘 알려진 표현, 인물, 사건을 인용하는 표현 방법이므로, 인유를 활용하면 짧은 표현 속에 그와 관련된 내용, 분위기, 권위를 풍부하게 담을 수 있다. 역설은 두 개의 문맥을 전제하여 그 둘 사이의 관계, 대립, 긴장, 마찰, 불균형 등을 이용한다. 역설은 비상식적 문맥을 드러냄으로써 숨은 상식적 문맥과 긴장을 유발한다. 역설은 '말이 안 되지만 말이 되는 표현'을 지시한다. 이 두 가지 의미를 다시 일차적 사실과 이차적 사실로 나누어 볼 수 있다. 전자는 상식적, 과학적 세계이며 후자는 이를 뒤집어 놓은 세계이다. 역설(逆說)은 '순설(順說)'을 전제한다. 역설에 대응하는 '순설'은 말하자면 합리적, 상식적 판단이다.[21] 역설은 문장 자체에서 상반되는 말이 발견되면서, 속뜻을 표현하는 방법이다. 역설은 단순히 생각하면 말이 안 되는 표현을 깊이 생각해 보면 옳다고 공감할 수 있는 표현이다.

형상화는 구체화된 표면적 진술을 통해 형이상학적 의미를 표현하는 방식이다. 이를 공유하는 도덕과수업은 축자적 해석에 근거한 직접적이고 논리적인 설명이기보다는, 간접적이고 암시적으로 도덕적 의미를 가시화한다. 도덕적 의미의 가시화만으로 도덕과수업에서 지향하는 사고와 정서가 통합된 학습을 기대하기는 부족하다. 정서적 측면을 포괄하기 위해 교사는 예술적으로 형상화할 필요가 있다. 캇시러에 의하면, 예술은 개념적 단순화와 연역적 일반화를 용인하지 않는다. 예술가는 자기의 감정을 외부화하여, 그것에 형체를 부여한다. 외부화란 단순히 특수한 물질적 매체로 볼 수 있게 하고 만질 수 있게 하는 것이 아니다. 이와 더불어, 감각적 형상, 리듬, 색채, 선과 디자인 등으로 볼 수 있게 하고 만져볼 수 있게 함을 의미한다.[22)]

예술은 구체화 과정을 통해 감각 경험 이상의 감동을 주는 표현이라 할 수 있다. 도덕과수업이 예술적 형상화 언어일 때, 도덕과수업에서 추구하는 정서가 담재된 도덕적 의미의 발생을 기대할 수 있다. 정서가 담재된 도덕적 의미를 지향하기 위해 참조할 수 있는 양식 중 하나가 문학텍스트이다. 문학텍스트의 기표에는 흔히 사고나 정서가 융합되어 담겨 있다. 문학텍스트 중에서도 그 융합의 정도와 형상화가 특별히 강하게 나타내는 양식이 시이다. 시는 시적 의미를 표현하기 위해 형상화를 자주 활용한다. 더불어 시는 시적 의미를 표현할 뿐 아니라, 시적 체험을 통해 마음에 정서적 여운을 남기기도 한다. 따라서 시적 특성을 고려하여 도덕적 의미를 형상화한다면, 정서적 여운이 있는 도덕적 의미 형성을 기대할 수 있다. 캇시러에 의하면, 시언어에서는 추상적인 개념 표현뿐 아니라 모든 단어가 소리가(價)와 감정가를 갖는다. 일정한 의미 내용을 표현하는 일반적 수행만 일어나는 것이 아니다. 완성된 시적 표현의 비밀은 감각적인 것과 정신적인 것이 그 표현을 통해 더 이상 서로 대항하지 않는 것이다. 단순한 기호의 경직된 성향은 와해되고, 모든 단어는 그 단어에 고유한 개별적 내용으로 다시 채워짐으로써 내적 감동과 감정의 역동성이 표현된다.[23)] 시에서는 언어 형식과 시 형식이 특별하고 고유한 방식으로 서로 조화를 이루어 심미적 정취를 낳는다. 그래서 도덕적 가치를 표현한 도덕과수업이 정서적 정취를 낳기 위해서는 시적인 형상화 언어를 닮을 필요가 있다. 추상적인 도덕적 의미의 시적 형상화를 위해서는 상징, 이미지, 비유 등을 교수텍스트에 반영할 필요가 있다. 이를 통해 학생이 표면적 표현 이면에 있는 의미를 적극적으로 탐구하면서, 그 의미에 정서적 측면이 담재되기를 기대할 수 있다.

시적 형상화를 반영한 교수텍스트 쓰기

체제적으로 접근하는 도덕과수업을 고집하지만 않는다면, 도덕과 교수텍스트의 구성은 시적 형상화와 더 닮을 수 있다. 시텍스트의 특성을 교수텍스트로 전환하여 시적 체험과 닮은 학습체험을 더 고려할 수 있다. 정확하게 설명하여 의도한 목표에 도달하는 조립라인과 같은 프로그램보다는, 개방적이고 능동적 해석을 통해 도덕적 의미 발생이 가능한 표현을 시도할 수 있다. 물론 시작법을 배운다고 해서 모두가 시인이 될 수는 없지만, 시적 형상화 방법을 참조하면 조립라인과 같은 수업에서는 멀어지고 시텍스트에는 더 가까워질 수 있다.

내용 요소의 구체화 대상 찾기

한 편의 시를 쓰기 위해서는 시적 대상의 특성을 살펴 주제와 연결시키는 일이 필요하다. 마찬가지로 추상적인 내용 요소를 형상화할 수 있는 다양한 대상이 있다. 교사는 내용 요소를 구체화하기 위해 자연, 이야기, 사실, 인물, 사물 등 어떤 대상을 통해 표현할지를 먼저 찾아야 한다. 내용 요소를 논리적으로 설명하여 설득하기보다는 대상을 통해 형상화하는 것이다. 이 대상은 시의 제목처럼 수업의 제목이 될 수도 있다. 시를 쓸 때 제목을 먼저 정할 수도 있고, 시를 쓰고 나서 제목을 정할 수도 있듯이, 도덕과수업도 마찬가지다. 내용 요소와 관련하여 교사가 표현할 대상을 찾고, 그것을 수업의 제목으로 할 수 있다. 그리고 그 제목에 적합하게 내용 요소를 해석하여 수업 내용을 선정할 수 있다. 다만 다의성과 의미의 불확정적 개방성을 인정하는 교수텍스트의 경우, 수업의 제목은 가능해도 수업의 목표는 불가하다. 제목이 아닌 목표가 정해진 순간 그 텍스트는 시적인 교수텍트스에서 멀어지기 때문이다. 한편, 시를 쓰기 전에 작가의 내면에서는 시적 직관이 움텄을 것이다. 시적 직관은 자아와 표현 대상이 동시에 각성(覺醒)될 때 나타난다. 시적 직관이 형성되고 있는 순간은 특별히 자아가 각성되고 있는 순간이다.[24] 한 편의 시를 쓰기 위해 주제에 대한 인식을 표현 대상과 연관시키는 순간이 필요하듯, 도덕적 가치를 주제로 교수텍스트를 쓰기 위해서는 교사의 인식을 구체화하는 대상을 선정해야 한다.[25] 도덕과수업은 추상적 가치의 형상화는 대상을 찾는 것에서 시작할 수 있다. 시적 형상화에서 추상적인 의미와 구체적인 매개체의 관계는 새롭게 설정된 관계이다. 마찬가지로 도덕과수업에서도 도덕적 주제를 매개하는 구체적 대상은 교사가 저자성을 가지고 선택한 관계이다.

다양한 도덕적 의미의 탐색 가능성 고려하기

시적 형상화를 반영한 수업에서 주제를 구체화하는 대상을 찾았으면, 그 대상의 사전적 의미와 백과사전적 명세사항을 넘어 도덕적 의미를 탐색할 수 있어야 한다. 사전적 의미는 대부분 학습을 통해 저장하는 것으로 사회문화적 성격이 매우 강하다. 기표가 가지는 명세사항과 연결되는 사전적 의미 없이는 백과사전적 명세사항이 없다. 그리고 백과사전적 명세사항이 없으면 시적 의미를 찾을 수 없다. 백과사전적 명세사항은 사회적 용례에 의해 만들어진 다양한 주변 의미로서 시적 의미로 연결하는 연결망(meaning network)이다. 이 명세사항이 없으면 연결망이 상실되어, 시적 의미를 찾을 수 있는 통로 역시 상실되는 결과를 초래한다.[26] 교수텍스트에서도 도덕적 가치를 매개하는 대상의 사전적 의미를 검색했다면, 그 사전적 의미를 통해 백과사전적 명세사항을 탐색하고, 이에 터하여 일반 문법을 벗어난 새로운 도덕적 의미의 탐색 가능성을 고려해야 한다. 도덕적 의미를 탐색하기 위해서는 대상과 도덕적 주제 간의 결합 방식이 간접적이고 암시적이어야 한다. 시인은 표현하고자 하는 주제에 대한 자신의 관념을 직접 전하기보다는, 구체적인 심상을 시텍스트에서 형상화하여 전한다. 주제를 마음속에서 형상화한 것을 표현함으로써, 시인은 주제의 의미를 암시한다. 시인이 시언어로 형상화하지만, 그 언어적 한계를 초월하여 언어 이전의 본질 세계로 이끌어가는 작용이 시의 기법이다. 단순히 이미지 하나하나의 형상화보다도 한 걸음 더 나아가, 시 전체의 유기적 통일성에 기초한 포괄적 상징이 이루어질 때, 시적 주제는 심화되고 확대된다.[27] 시 전체가 포괄적 형상화로 구성되는 것처럼, 도덕적 주제를 표현하는 시적 형상화이기 위해서는 수업 전체가 간접적이고 암시적인 표현으로 구성되어야 한다. 구체적 매개체를 선택하고, 전체를 암시적으로 구성한 시적 형상화로서의 도덕과수업에서는 가상적, 상상적, 허구적 진술을 활용할 수 있다. 시인은 시텍스트에서 언어를 감각과 상징으로 작용하도록 하여 의미를 부여하듯, 교사는 교수텍스트에서 교수 내용을 감각과 형상화로 작용하여 도덕적 의미를 학습하도록 한다. 리차즈(Richards)에 의하면, 시적 진술 방식은 실증적 진술이나 기호 논리적 진술과는 다르다. 시적인 진술은 시인과 독자가 공유하고 있는 가상의 세계, 상상의 세계, 인정된 허구의 세계를 상정한다. 이러한 가정의 체계에 적합한 진술은 '시적으로 진실한' 것으로 간주된다.[28] 시적 진술은 실증적이거나 논리적인 진술은 아니지만, 진실한 진술이다. 이러한 시적 진술 방식은 사실과의 일치에서 정당화되기보다는 태도에 대한 영향에 의해 정당화된다. 도덕과수업에서 교사의 진술 방식이 부분적으로 사실적 혹은 논리적으로는 성립하기 어렵더라도, 그것이 학생에게 도덕적 가치를 표현하여 도덕적 태도의 함양에 영향이 있다면 '교육적으로 진실한' 표현으로 간주할 수 있다. 형상화로서의 도덕과수업에서는 교사의 가상적, 상상적, 허구적 진술 방식을 긍정적으로 활용하여 구성할 수 있다.

학생의 해석 가능성 고려하기

시에서와 마찬가지로 수업에서도 교사의 사고와 정서에 학생이 반응하기 위해서는 의미를 선택하고 수용하는 과정이 있어야 한다. 이를 위해 학생은 교사의 표현을 재조직하여 그 표현과 어울리는 의미를 찾을 수 있어야 한다. 교수텍스트의 의미를 수용하고 확장하는 것은 학생이 온전하게 학습했음을 나타낸다. 작가의 사고와 정서가 독자에게서 재현되면 작가가 느끼고 생각했던 정서를 독자도 갖게 된다. 이로 인해 독자는 기표에 가려서 드러나지 않았던 작가의 사고와 정서를 깨닫는 기쁨을 누린다.[29] 문학이 소통을 전제로 하는 것이라면 생산 과정에 개입된 작가의 규칙과 독자가 텍스트를 통해 산출하는 규칙 사이의 동일성이 전제되어야 한다. 텍스트의 생산과 수용 사이에 작용하는 규칙의 동일성을 인정할 때, 시인과 텍스트 그리고 독자와 작품으로 이어지는 문학의 소통이 완성될 수 있다.[30] 교수학습 과정에서도 이러한 소통을 통해 상징적으로 표현한 도덕적 주제는 정서가 담재된 도덕적 의미의 깨달음으로 다가온다. 따라서 형상화 방식을 활용하더라도, 수업은 학생이 의미를 소통할 수 있는 방식으로 구성되어야 한다. 텍스트는 작가의 입장에서 보면 머릿속 정보가 문법적 원리에 따라 드러난 기호체계라고 할 수 있다. 그러나 독자의 입장에서 보면 텍스트는 기표의 체계를 언어로 수용하여 머릿속 정보로 환원해야 하는 세계이다.[31] 교수텍스트도 그 의미를 수용할 수 없는 방식으로 생산된다면, 그것은 단지 기표에 머물러 있을 뿐이다. 따라서, 시적 상징으로서의 도덕과 교수텍스트에서는 해석 가능성을 고려해야 한다. 학생의 수용을 전제하는 수업에서 형상화의 해석이 불가하다면, 그것은 학습으로 연결되기 어렵다. 프라이(Frye)는 해석 가능성과 관련하여 경험에 있어서 이미저리(imagery)의 근원, 주어진 작품에서 이미저리의 근원, 이미저리나 연상력을 획득하는 방식을 제시한다.[32] 즉 해석 가능성은 제시된 이미저리의 근원이 경험적인 경우, 작품에 제시된 경우, 시인이 독창적으로 개발한 특수한 방식이나 결합에 따라 이루어지는 경우이다. 마찬가지로 도덕과수업에서 교사가 생산한 교수텍스트의 형상화는 학생의 경험, 수업에서 제시된 표현, 혹은 교사가 수업 내용 간에 설정한 결합 방식을 근거로 해석 가능해야 한다.

수업 전개로서 단 구성하기

시를 구성하는 가장 일반적인 형태는 삼단 구성과 사단 구성이다. 3단구성이 가장 정제되어 나타난 장르가 시조이다. 초장은 전하려는 내용의 전단계에 해당되는 것으로, 대개 배경이나 사물에 대한 표면적 의미를 보이는 데로 묘사한다. 중장은 초장에서 일으킨 바를 이어서 그 내용을 구체화시킨다. 종장은 대부분 가장 중요한 의미를 담고 있으며, 여기에서 주제가 심화되어 나타난다. 4단구성은 한시의 절구나 율

시에서 보편화된 기 · 승 · 전 · 결의 형식이 대표적이다. 기는 시상을 일으키는 역할을 수행한다. 승은 기를 이어받는 역할을 수행한다. 기에서 언급된 사물이나 정황을 더 세부적인 묘사를 통해 전개시킨다. 전은 지금까지 흐름의 분위기를 바꾸어 주는 역할을 한다. 결은 마무리를 하는 것이다. 주제를 명료하게 나타내면서 결론을 내릴 수도 있지만, 그보다는 여운을 남기도록 처리하는 것이 더 효과적일 때가 많다.[33] 시적인 도덕과수업의 구성도 시의 일반적인 단 구성을 참조할 수 있다. 목표 도달을 위한 조작적 절차보다는 의미의 구성으로 수업의 단계를 설정할 수 있다. 교수텍스트를 몇 단으로 구성하든 수업에는 시작이 있다. 시텍스트의 시작이 독자의 시선을 잡듯, 수업의 시작에서 학생의 시선을 잡는 것이 중요하다. 또한 몇 단으로 구성하든 수업에는 마무리가 있다. 시의 마무리에서 대부분 생생한 이미지나 정서가 더해져 여운으로 남듯이, 도덕과 교수텍스트의 마무리에도 여운이 필요하다. 실제 교수텍스트는 단위 시간을 염두에 두지만, 그 텍스트의 마무리에서 학습을 완결하기보다는 생생한 이미지나 정서가 더해진 여운이 남는 마무리를 고려할 필요가 있다.

학습범위로서 묘사와 진술 정도 정하기

시에 있어서 묘사(description)와 진술(statement)은 매우 중요한 두 축이다. 묘사는 언어를 회화적으로 명료화시킨다. 가시적, 제시적, 감각적이다. 반면, 진술은 언어를 사고의 깊이로 체험화시킨다. 사고적, 고백적, 해석적이다. 시적 묘사는 언어를 회화적인 방향으로 가시화하고, 시적 진술은 독백의 양상으로 가청화 한다. 시적 진술은 시각적 인식과 맞닿아 있는 묘사와는 달리 청각을 통한 설득과 깊은 관련을 지니고 있다.[34] 도덕과수업은 교사의 정제되지 못한 감정을 늘어놓는 넋두리도 아니고, 자신의 고정 관념을 상투적으로 주장하는 선전도 아니다. 학생이 공감적으로 수용하기 어려운 넋두리나 선전을 통해 유의미한 학습이 이루어지기는 어렵다. 도덕과수업은 시텍스트와 같이 적절한 묘사와 진술 속에서, 학습범위를 설정할 수 있다. 인지적 측면의 확정성을 높이기 위해 진술을 강조할 수도 있고, 일방적 설득이 되지 않기 위해 묘사를 강조할 수도 있다. 그 정도를 결정하는 것은 교사의 몫이다.

요컨대, 도덕과 교수텍스트의 주제인 추상적인 도덕적 가치는 형상화를 통해 구체화할 수 있으며, 그 구체화가 해석됨으로써 도덕적 가치의 의미가 구현된다. 이때 형상화는 다의적 해석의 여지가 있는 모호성을 가지며, 학생은 감정이입과 상상적 주의를 통해 모호성을 의미로 번역하여 수용한다. 도덕과 교수텍스트가 형상화 방식으로 도덕적 가치를 재현하는 구조를 갖추기 위해 압축적인 시적 표현 방식을 활용할 수 있다. 압축적 표현을 가능케 하는 시텍스트의 표현 방법에는 상징, 이미지, 비유 등이 있다. 예시한 교수텍스트가 시적 형상화 방법을 반영하려고 의도했더라도, 시텍스트로 인정받거나 시텍스트의 특수한 소통 구조를 갖추었다고 하기는 어렵다. 정서가 담재된 도덕적 의미의 발생을 위한 하나의 시도이다.

CHAPTER

03

설명의 논리를 전제하지 않는 도덕과수업

CHAPTER

03

설명의 논리를 전제하지 않는 도덕과수업

시의 목소리를 닮은 수업

도덕과수업은 도덕을 번역한 교사의 표현, 도덕적 의미가 담재된 교수텍스트, 교수텍스트에 대한 학생의 번역으로 이루어진다. 교사는 내용 요소를 번역하여 교수텍스트로 구성하고, 학생은 이 교수텍스트에 반응하며 유의미하게 학습한다. 이때 소통의 매체인 교수텍스트는 번역이라는 우연과 불확정성을 전제한다. 도덕적 학습은 정확한 기억이나 논리적 판단 이상을 요청한다. 도덕과수업에서 전달된 내용이 기억에서 사라져 말할 수 없더라도 그 의미가 마음에 남아 음미된다면, 좋은 수업이라 할 수 있다. 그 수업은 도덕을 표현한 수업이며, 그 표현을 매개로 소통한 수업이며, 수업 후에 소통한 의미가 지속되는 수업이기 때문이다.

도덕과수업의 한편에는 교사의 번역과 표현의 아우라, 교수텍스트에 대한 우연과 불확정적 반응, 의미의 지속적 수용이 있다. 그 맞은편에는 편람화된 모형의 적용, 정확하고 효과적인 전달, 목표와 비교한 결과의 측정이 있다. 맞은편에 있는 수업은 정확한 전달을 위해 설명의 논리를 전제한 수업이다. 이와 상반된 수업의 장면은 랑시에르(Rancière)에서 찾을 수 있다. 그는 네덜란드어를 전혀 못하는 자코토(Jacotot)라는 인물이 네덜란드 학교에서 프랑스어를 설명 없이 가르친 일화를 소개하면서, 설명을 전제하는 교육의 논리를 비판한다. 즉, 이해를 위해서는 누군가가 설명을 해야 하며, 교사는 그 설명을 통해 우연을 피하고, 잘 짜여진 순서에 따라 체계적으로 지식을 형성하여, 사회적 용도에 맞춰 이용하도록 준비하는 교육의 논리를 비판한

다. 그는 우연이 배제된 설명의 논리를 교육학이 만든 신화라고 한다.[1)]

교육학의 신화라고 한 설명의 논리는 학생보다 우월한 지능을 가진 교사가 학생의 지능에 맞추어 지식을 전달하는 것이다. 하지만 가르치고 배우는 행위에서 교사의 앎이나 학식을 설명하고 전달하기보다는, 학생의 지능이 쉼 없이 실행하도록 하는 것이 중요하다. 교사는 자신의 지식에 학생을 복종시키는 것이 아니라, 텍스트에서 배우려는 의지를 갖도록 하는 사람이다. 교육은 가르치려는 교사의 의지와 배우려는 학생의 의지가 관계 맺는 것이지, 설명을 통해 교사의 지식을 학생에게 전달하는 것만은 아니다. 학생이 배우고자 하는 의지를 가질 때, 설명 없이도 학습한다. 설명 없는 학습에서도 학생은 배웠기 때문에 교사는 가르친 것이다. 교육은 가르치려는 의지와 배우려는 의지로 성립하는 관계이지, 무지한 자를 유식하게 만들기 위한 효율적 수단을 선택하는 것으로 성립하는 관계만은 아니다. 랑시에르는 이를 '보편적 가르침'이라 부른다. 보편적 가르침에서 교사는 우월한 지식에서 해방되어 교육내용을 번역하고, 자기 번역의 한계를 인정하지만, 번역하여 표현할 수밖에 없다는 것도 알고 있다. 교사는 다른 사람의 표현을 분석하고, 해부하고, 번역하며, 끊임없이 자신의 표현을 지우고 고친다. 그럴 수 없음을 알면서도 그 표현에서 모든 것을 말하려고 애쓰지만, 교사의 표현이 모든 것을 말하는 것은 아니다. 교사의 한계에 힘을 부여하는 것이 학생의 번역이며, 교사는 그 번역의 힘을 인정해야 한다.[2)]

설명의 논리를 전제하지 않는 가르침을 위해서는 교사부터 전달받는 사람이라는 인식에서 벗어나야 한다. 교사 스스로 다른 사람에게 전달받은 기법, 전달받은 내용, 우월한 지식으로부터 해방되어야 한다. 교사 스스로 교육내용을 번역하여 표현하고, 학생은 그 교사의 번역을 다시 번역해야 한다. 교사는 번역의 한계를 인정하면서, 동시에 번역의 힘을 인정해야 한다. 결국, 설명의 논리를 전제하지 않은 가르침은 번역과 번역의 만남이다. 도덕과수업 역시 도덕에 대한 다른 표현의 부재를 표현한 것이다. 이 부재의 표현에서 의미를 형성하는 것은 학생의 번역이다.

설명의 논리에 근거하지 않은 도덕과수업은 표현의 부재를 표현하는 행위이며, 동시에 그 표현에 대한 번역으로 수행되는 행위이다. 인간의 활동을 실제적 활동의 목소리, 과학의 목소리, 시의 목소리로 구분하는 오우크쇼트(Oakeshott)에 의하면, 사실의 전달과 기억, 인과적 추론, 명제적 원리의 적용 그 이상을 추구하는 활동은 시의 목소리에 가깝다. 시의 목소리는 '사실'이나 '비사실', 발생하거나 발생하지 않았던 '사건', 인과적 탐구로만 인식되지 않는다.[3)] 시의 목소리는 미와 의사소통이 교차하는 시학의 문제이다. 시학에서는 언어로 된 메시지의 미학적 측면, 즉 순간적인 다량의 의사소통에서 전달된 정보 이후 사라지지 않고 수신자에게 메시지를 감지하게 만드는 소통행위에 중점을 둔다.[4] 랑거(Langer)에 의하면, 언어의 시적 용법은 본질적으로 전달적인 것만은 아니다. 언어는 시의 재료지만, 시의 재료를 써서 시작(詩作)하는 것과 현실 생활에서 언어를 사용하는 것은 별개이다. 시는 결코 술언(述言)의 한 종류는 아니기 때문이다. 시인이 언어를 사용해서 만들어내는 것은 시적 이미지, 즉 시적 모상(模像)이다.[5] 시의 목소리는 언어를 재료로 사용하여 메시지를 사라지지 않게 하는 목소리이며, 언어로는 표현할 수 없는 실재의 시적 이미지이다. 시적 이미지는 의미론적 표시이면서, 동시에 감정의 표현과 감정에 의해 지각되는 표시이다. 누스바움(Nussbaum)에 의하면, 개인과 사회는 문학적 상상력과 이에 수반된 감정 요소를 통해 시적 정의(Poetic Justice)에 도달할 수 있다.[6] 시적 정의는 친밀하면서도 공평하며, 편견 없이 사랑하고, 특정 집단이나 파벌의 지지자와는 달리 전체에 대해 그리고 전체를 위해 생각할 줄 알고, 공상 속에서 개별 시민의 내적 세계가 갖는 풍성함과 복잡함을 이해하는 것이다.[7] 도덕과수업에서 지향하는 앎은 시적 정의와 같은 앎이다. 도덕률의 획일적인 적용이나 맹목적인 도덕가(moralist)의 주장이 아니라, 도덕적 지혜를 가지고 세상의 존재에 공감하고 살피고 감싸 안는 앎이다.

도덕과수업을 시의 목소리에 비유하면, 이와 대비되는 수업은 웅변조의 산문과 같은 수업이다. 전형적인 산문은 웅변조의 연설문이며, 대개 웅변조의 연설문은 청자에게 화자의 주장을 전달하기 위해 설득하거나 선동하기 위한 기술이다. 그 기술의 주목적은 청자에게 설명을 통해 화자의 주장을 전달하는 것이다. 도덕과수업을 웅변조의 산문으로 이해하면, 청자의 해석보다는 화자의 전달과 설득이 우선되며, 화자의 발화에 앞서 확정된 목적을 달성하기 위한 기법이 강조된다. 그 방법이 대화이든, 질문이든, 협동학습이든, 탐구학습이든 그 수업의 주안점은 설명을 통한 전달과 설득에 있다. 설명이 산문적이라면, 이와 대비되는 수업은 운문적이며 시와 닮은 수업이다. 시는 일방적 전달보다는 개방적이고 우연적 해석을 전제하는 표현이다. 시가 시인의 언어이듯, 도덕과수업은 교사의 언어이다. 시인이 아름다움과 추함, 행위와 감정 등을 표현하듯, 교사는 도덕과 비도덕, 도덕적 행위와 도덕적 감정을 표현한다. 시인이 언어로 대상을 표현하여 반응을 낳듯, 교사는 교수텍스트로 도덕을 표현하여 학습을 낳는다. 시인이 표현 대상에 대해 특정한 생각이나 감정을 공감하도록 표현하듯, 교사는 도덕에 대한 생각이나 도덕적 정서를 공유하기 위해 교수한다. 시인이 자신의 메시지를 직접 말하지 않고 시를 통해 표현하듯, 교사는 자신의 메시지를 직접 설명하지 않고 공유할 수 있도록 표현해야 한다.

시를 닮은 교수텍스트

설명에 근거하지 않고 유연한 해석이 가능한 수업은 기호 표기와 기호 내용 관계의 유연성을 특징으로 한다. 단지 메시지를 지시하기 위한 표기가 아니라, 표현 자체가 해석해야 할 의미를 담고 있어, 시의 의미처럼 수업 후에도 사라지지 않아야 한다. 단기적 학습 목표에 도달하면 사라지거나 대체되는 수단이 아니라, 비록 단기적 학습 목표에 도달하지 못하더라도 마음에서 사라지지 않고 남아 있어야 한다. 이 수업과 설명에 근거한 수업의 차이는 시적 언어와 일상 언어의 차이와 같다. 일상 언어에서 파롤(parole)은 함께 이야기한 사람이 그것을 이해하면 소멸되지만, 시의 파롤은 거기에 그치지 않고 거듭 욕구를 창출하는 파롤이다. 이러한 시적 파롤은 침묵, 즉 공백으로 구성된다. 공백으로 구성된 시는 사물을 가리키는 것이 아니라, 암시와 예언의 방식으로 개념을 상기시킨다.[8] 시의 공백은 다의적 특성, 다양한 의미 작용, 계속적 해석, 지속적 의미 발생을 가능하게 한다. 도덕과 교수텍스트에 공백이 있다면, 계속적이고 다의적인 해석과 다양한 의미 발생이 가능하고, 그 의미는 지속될 것이다. 도덕과 교수텍스트를 시로 이해하면, 시의 의미 발생이 우연적이듯, 학습도 우연적이다. 리쾨르(Ricoeur)에 의하면, 텍스트의 의미는 텍스트 뒤에 있는 것이 아니라 앞에 있는 것이다. 그것은 숨겨진 무엇이 아니라 드러난 무엇이다.[9] 텍스트의 표현 대상과 텍스트, 저자와 텍스트, 저자와 독자 사이에는 간격이 있다.[10] 교수텍스트 역시 교수 내용과 교사와 학생 사이에는 간격이 있으며, 이 간격에서 새로운 지시연관이 산출된다. 교수텍스트의 의미는 학생의 해석에 열려 있으며, 대립적 해석의 가능성까지도 포괄한다. 교사의 교수텍스트를 체험하는 학생은 고정된 지시체계에 유도되지 않고, 자신의 체험을 통해 교수테스트와 소통하면서, 새로운 이해의 지평으로 나아간다. 설명을 전제하지 않는 수업에서는 교사가 원하는 지평을 직접적으로 요구하지 않고, 학생이 교수텍스트에 반응하여 의미 있게 탐구하기를 기대한다.

설명으로서의 수업이 확정된 결과를 달성하는 조립라인과 유사한 수업이라면, 시적 행위로서의 수업은 가능한 도덕적 세계가 출현하기를 기대하는 수업이다. 학생의 학습과 마찬가지로 수업을 쓰는 교사 역시 창작 기준을 적용하거나, 그 기준이 적용된 작품을 복제하는 사람은 아니다. 교사는 도덕에 대한 자신의 고유한 번역이 특별하게 표현된 교수텍스트를 쓰는 사람이다. 교사는 교수텍스트를 만드는 저자이며, 학생은 이 표현을 번역하여 가능한 도덕적 의미를 발생시키는 독자이다. 시에는 시인이 표현하고자 하는 의미가 있고, 그 의미의 표현에 독자가 반응하고 소통하며,

시적 경험은 생활 속에서 소환되고 음미된다. 좋은 도덕과수업은 시 행위와 닮음이 있으며, 그 닮음을 짙게 하기 위해 교사를 작가로, 교수텍스트를 작품으로, 학습을 미적 체험의 관점에서 이해하면,[11] 시와 교수텍스트 사이의 닮음을 분명히 할 수 있다.[12]

> 시(詩)라는 것은 뜻(志)이 가는 바이다. 마음(心)에 있으면 뜻이 되고, 말(言)이 나오면 시(詩)가 된다. 정(情)이 마음속에서 움직여 말에 드러나게 된다. 말로 하기에 부족하기 때문에 한숨짓고 탄식을 하고, 한숨짓고 탄식하여도 부족하기 때문에 길게 노래 부르고, 길게 노래 불러도 부족하기에 자신도 모르게 손으로 춤추고 발로 뛰게 된다.[13]

시경(詩經)의 시에 대한 정의는 시가 사람의 마음을 움직여 자신도 모르게 한숨짓고 탄식하게 할 뿐만 아니라, 손과 발을 움직여 춤추게 하는 공능(功能)을 말한다.[14] 뜻의 표현, 감동, 드러냄이라는 시의 특성은 도덕과수업의 특성으로 전환될 수 있다. 도덕과수업은 도덕적 의미의 표현이며, 그 표현에 대한 정서적 감동과 행위의 나타냄을 지향한다. 이를 가능케 하는 드러냄이 교수텍스트이다. 교수텍스트라는 드러냄을 통해 도덕적 의미를 표현하고, 학습이라는 정서적 감동을 통해 행위에 영향을 미친다. 시와 도덕과 교수텍스트에는 이러한 닮음이 있다.

매클리스의 시 '시학(詩學)'은 시가 어떤 존재여야 하는지를 보여준다.[15]

> 구형의 사과처럼/무언(無言)이어야 한다/엄지손가락에 닿는 낡은 훈장처럼/조용해야 한다/이끼 자란 창턱의 소맷자락에 붙은 돌처럼/시는 말이 없어야 한다/새들의 비약처럼/시는 시시각각 움직이지 않아야 한다/마치 달이 떠오를 때처럼/마치 달이 어둠에 얽힌 나뭇가지를/하나씩 하나씩 놓아주듯/겨울 잎사귀에 가린 달처럼 기억을 하나하나 일깨우며 마음에서 떠나야 한다/시는 시시각각 움직이지 않아야 한다/마치 달이 떠오를 때처럼/시는 비등해야 하며/진실을 나타내지 않는다/슬픔의 모든 역사를 표현함에/텅 빈 문간과 단풍잎 하나/사랑엔/기운 풀과 바다 위의 등대불들/시는 의미해선 안 되며/존재해야 한다.

이를 통해 시와 닮음이 짙은 도덕과 교수텍스트를 생각해 볼 수 있다. 시는 "감촉할 수 있고 묵묵해야" 하는 존재라는 말에서는 이미지를 강조하고 있다. 시를 "시시각각 움직이지 않아야"하며, "기억을 하나하나 일깨우며 마음에서 떠나야"하는 존재라고 한 말에서는 일시적인 것에 좌우되거나, 어떤 마음을 강요하는 존재여서는 안 된다는 것을 전하고 있다. 풍경처럼 존재하며, 어떤 사물이 제자리를 지키고 있듯 오롯이 존재하는 것이 시이다.[16] 시가 이미지로서 마음에 강요하지 않고 풍경처럼 존재하는 것이라면, 도덕과 교수텍스트 역시 추상적인 도덕적 내용을 구체화하며, 조작적으로 강요하지 않고, 학습한 것이 삶의 풍경처럼 존재하게 해야 한다. 시와 닮음이 짙은 도덕과 교수텍스트에서는 상상이 부각되며, 심미적인 측면이 부각되며, 논리를 넘어선 논리가 부각되며, 감정의 운동이 부각되며, 익숙한 것을 넘어서 낯설음이 부각되며, 자유로운 해석이 부각된다.

시 행위는 시적 사고를 시적으로 언술화 하는 행위와 시적 언술을 통해 시적 사고를 고양하는 행위이다. 시 행위란 사고와 언어를 변환하는 과정이며, 시텍스트를 매개로 그것을 전달하고 영향 관계를 형성하는 것이다.[17] 이 영향 관계를 형성하는 의사소통은 작자와 독자 사이에서만 이루어지는 것은 아니다. 독자 자신과 재귀적으로도 이루어진다.[18] 시텍스트를 매개로 시적 사고와 시적 언술이 상호 변환하여 영향 관계를 형성하는 시 행위는 도덕과수업과 닮음이 있다. 도덕과수업에서 교사는 도덕적 내용을 사고하여 텍스트로 변환하고, 그 텍스트를 매개로 소통하여, 학습이라는 영향 관계를 형성한다. 도덕과수업에서 표면적 영향 관계는 교수텍스트를 매개로 교사와 학생 사이의 의사소통으로 나타나며, 심층적으로 학생은 자신과 소통한다. 이를 가능케 하는 시 텍스트는 다른 형식의 텍스트에 비해 의미론적 불확정성을 가진다. 시 텍스트의 의미가 열려 있다고 하더라도, 모든 해석이 가능한 것은 아니며, 의미론적 불확정 속에서 수렴적 의미를 가질 때 시가 된다. 시에 대한 해석은 텍스트의 의미와 그 표현에 연관되는 것이지, 전적으로 자의적으로 해석되는 것은 아니다. 마찬가지로 교수텍스트에 대한 학생의 반응 역시 상이할 수 있지만, 개방적 수용이 가능하다고 해서 무제약적인 반응을 추구하지는 않는다. 주체적 수용 속에서 수렴적 학습도 가능한 교수텍스트를 지향한다.

시적 상징을 닮은 교수텍스트

시는 짧은 단어로 많은 의미를 내포하면서, 그 표현에 감춰진 의미를 독자가 찾게 하는 힘이 있다. 이러한 시의 힘은 시텍스트의 특성에서 찾을 수 있다. 산문언어는 언어의 목적지에 닿는 순간 효용이 다하지만, 시언어는 결코 소멸하지 않고 재생한다. 시언어는 일상어로는 포착할 수 없는 관념을 실재의 힘을 빌려 빚어내는 상징의 기능을 한다.[19] 시적 언어는 동일한 정보를 정확하게 전달하기보다는 짧은 표현에 감춰진 의미를 찾도록 하는 함축적 힘이 있는 언어이다. 시적 언어는 정서를 통해 의미를 전달하면서, 그 효용이 계속 재생되는 언어이다. 이러한 시적 언어는 주제를 간결하게 표현하는 상징의 기능을 한다.

카프란에 의하면, 시적 언어는 언어에서 상징화의 정점을 구성한다.[20] 상징화의 정점을 구성하는 시적 상징은 시적 상상력에 의해 인위적으로 만들어진 상징이다. 시인은 작품에서 새로운 상징을 창조하려고 노력하며, 대부분의 시적 상징은 가공적이며 비현실적인 상징 형태로 존재한다. 이는 시가 궁극적으로 무엇을 말하든, 그것은 현실에 대한 일반적 관념과는 상당히 다를 수 있으며, 적어도 시적 전언은 독자가 현실이라는 장애물을 뛰어넘어야 이해되도록 구성되어 있다. 하지만 시적 상징일지라도 그것이 상징으로서 기능하기 위해서는 제시된 상징의 의미가 소통 가능해야 한다. 이러한 시적 시도가 성공한다면, 비록 시적 상징 자체가 비현실적인 상징이라 하더라도 큰 힘을 발휘할 수 있다. 특히 상징의 생명이 의미의 창출에 있다고 보면, 시적 상징이야말로 언어의 원초적 기능을 이용하여 의미를 창조하는 작업의 핵심이다. 시적 상징은 의미의 함축에 특히 유용하기 때문에 함축적인 예술의 영역에서 사용된다. 상징에서 종종 정확한 의미가 결여되는 모호성은 단점이라기보다 오히려 장점이다.[21] 시적 상징은 시적 상상력에 의해 인위적으로 만들어진 비현실적인 상징 형태이지만, 현실을 넘어 상징의 의미가 소통가능하게 함축되어 있고, 그것을 생생하게 수용하도록 도와준다.

시적 상징의 특성은 상징주의(symbolism)를 통해 더 명료하게 확인할 수 있다. 일반적으로 상징주의는 어떤 사물을 직접 언급하지 않고 다른 것을 매개체로 해서 간접적으로 그 사물을 지칭하는 표현 방법을 말한다. 이를 문학과 관련시키면, 상징주의란 단순히 한 물체를 다른 물체의 대용으로 사용하는 것이 아니라, 추상적인 사상과 감정을 표현하기 위해 구체적 영상을 사용하는 것이다. 상징주의에는 사상과 감정을 암시하는 설명되지 않은 상징을 사용하여, 독자의 마음속에 그것을 재현시켜 사상과 감정을 표현하는 개인적 국면이 있다. 또한 상징주의에는 구체적 영상이 시인 내부의 특정한 사상이나 감정이 아니라, 현실 세계가 불완전하게 나타내고 있을 뿐인 광대하고 보편적인 이상 세계의 상징을 사용하는 초월적 국면이 있다.[22]

상징주의에서 본질이나 실상을 깊이 내재하고 있는 개체의 현상적 존재를 가상적이라고 인식한 것이 철학적 입장이다. 반면, 문학적 입장은 존재 깊이 본질을 은폐시키고 있는 하나의 상징으로 현상을 인식한다. 철학적 입장에서 '현상은 곧 가상'이라면, 문학과 미학의 이론에서는 '현상은 곧 상징'이다. 상징주의 문학론에서 상징 못지않게 중요한 것이 교응 이론이다. 상징은 현상의 존재 양식을 밝힘과 동시에 본질을 규명해서 모든 개체 대상의 실상성(實像性)을 확립시켜주는 체계이다. 교응은 실상성을 획득한 개체 대상의 존재와 본질의 통합을 전제로 상호간의 조화로운 통일 양식을 확립해주는 체계이다. 교응은 크게 두 가지 형태로 실현된다. 첫 번째는 현상 세계에서 현상 상호간의 감각 교류의 형태 또는 인식 주체와 인식 대상의 일체감의 형태로 나타난다. 감각 체계 간에 이루어지는 공감각의 세계를 비롯해 주체와 객체 및 현상 세계 사이에서 있는 모든 내적 교류의 상태를 '수평적 교응(correspondances horizontales)'이라 한다. 두 번째는 현상과 본질, 물질과 정신, 육체와 영혼, 인간과 신 등의 사이에서 이루어지는 경우이다. 존재와 본질, 물질과 정신, 현상과 실상, 인간과 신 사이에서 이루어지는 교응 형태를 '수직적 교응(correspondances horizontales)'이라 한다.[23]

상징주의는 상징과 교응을 통해 일체성의 세계를 시를 통해 실현하고자 한다. 상징주의는 세계를 두 세계로 이루어져 있다고 파악한다. 일상 대하는 현상 세계와 그 뒤에 숨겨진 본질 세계가 그것이다. 후자를 해독하는 자가 시인이며, 이 두 세계의 통일을 이룩하는 것은 교응을 통해 가능하다.[24] 상징주의는 시 속에 내적이고 우주적인 질서를 다시 빚어냄으로써, 언어와 자아와 우주가 하나로 포용되는 상태를 이상으로 한다.[25] 형식망과 의미망의 이중 구조로 되어 있는 시를 완성하는 데 있어, 상징주의 시는 무엇보다 상징의 기능에 특별한 비중을 둔다. 시의 의미 구조를 형성하고 있는 정신세계를 형식 구조를 구성하고 있는 말의 조직으로 표출해내는 데 있어, 지시적인 기능에만 머물러 있는 언어 체계를 가지고는 본질이나 관념의 세계를 올바르게 드러낼 수 없다고 본다. 그러기에 상징주의는 함축적인 기능을 수행하는 상징형식을 빌려 관념, 본질, 영혼의 상태를 말의 구조 속에 암시적으로만 표상한다.[26] 상징주의는 시의 형식 구조를 이루는 낱말을 하나의 기호체계, 즉 상징체계로 보고 암시적이거나 함축적인 기능을 수행하는 시어를 사용해서 시의 의미 구조를 이루는 관념이나 본질을 우회적으로 표상한다.[27] 그 가운데 어떤 초월적인 상태에서 실현될 수 있는 이상적이고도 영원한 가치가 무엇인가를 탐색하며, '영혼의 상태'와 '절대의 상태'에서 현현하는 어떤 미적·형이상학적 진실과 실체를 문학 양식 속에 상징적으로 담아내고자 한다.[28]

상징주의는 상징의 번역자로서 개체 대상의 상징 현상에 대한 해독 작업과 더불어, 상징 현상과 상징 내용의 관계에서 시인이 인식하고 사유한 것을 언어 형식에 담아서 표현하는 문제에 헌신한다. 이는 시인이 상징체계로 이루어진 현상 세계를 해독해내는 문제와 동시에 해독해낸 그 상징 내용을 시로 표상하는 문제이다. 현상 세계를 하나의 거대한 상징체계로 보는 상징주의 시인이 그것을 해독해서 그 뜻을 담아내는 도구인 언어와 시도 결국 하나의 집적된 기호체계요 상징적 구조물로 간주한다. 현상이 가상이고 상징이듯, 그것을 인식하고 사유하는 도구인 언어도 상징성을 벗어나지 못하고, 그러한 언어의 구조물인 시도 당연히 하나의 상징체이다. 상징주의에서 시인은 자신이 표상하는 본의를 시 형식 속에 은폐시킨 채 암시적으로만 드러내 보이는 하나의 상징적 현시체로 시를 창작한다. 상징주의 시인은 기본적으로는 세계라고 하는 상징 현상을 해독해내는 '번역자'이면서, 동시에 특이한 상징적 기능을 지닌 언어를 빚어내는 언어의 연금술사이다. 현상 속에서 현상의 본질이 직접적으로 드러나는 것이 아니라 상징형식을 띠고 우회적으로 밝혀지듯이, 시의 내용은 지시적으로 드러나는 것이 아니라 반드시 상징적으로만 암시되어 드러나야 한다. 상징주의는 상징을 통해서 암시적으로만 본질 내용을 표상해야 하므로, '현상 곧 상징'이기 때문에, 그것을 표상하는 시도 '시 곧 상징'이 되는 것이다.[29]

상징주의에서 시인은 상징 현상에 대한 해독자이면서, 시를 통해 구현하므로 기호체계인 시도 상징적 구조물일 수밖에 없다. 상징으로서의 시에서 형식과 내용 간의 상호 관계는 지시적이거나 일의적인 사전적 의미로 이루어진 것이 아니라, 암시적이거나 다의적인 함축적 의미로 이루어진다. 상징주의 시는 본질과 관념을 암시적이고 함축적으로 표상하는 형이상학적인 인식 수단의 역할을 한다. 시인은 시적 성찰을 통해 상징 현상을 해독하고, 시적 성찰을 상징 기능을 지닌 언어로 표현한다. 이때 시인이 성찰한 현상의 본질이 상징형식으로 드러나듯, 시의 본질도 상징적으로 암시된다. 상징주의 시는 의미를 암시적으로 표현하여 의미하는 것과 의미되는 것의 조화와 합일을 이루려고 한다.

상징주의가 지향하는 바는 도덕과수업이 지향하는 바와 만날 수 있다. 상징주의의 시에서 시인은 상징의 해석자이자 동시에 상징의 창조자이다. 마찬가지로 도덕과수업에서 교사는 도덕이나 그 현상의 해석자이자 동시에 도덕적 표상의 창조자이다. 상징주의 시에서 시인은 기호적 존재로서의 현상 내부에 은폐되어 있는 본질을 해독하는 것이 중요한 임무이다. 그리고 그 인식을 시라는 언어적 상징형식을 통해 표상한다. 도덕과수업에서 교사는 세상의 도덕적 현상에 있는 도덕적 본질을 해독한다.

적어도 교육과정에 기호적으로 표시되어 있는 도덕의 의미를 해독한다. 그리고 그 인식을 교수텍스트라는 언어적 기호를 통해 표상한다. 상징주의 시에서 상징은 지시적이거나 일의적이 아니라 암시적이거나 다의적이듯, 도덕과수업은 지시적이거나 일의적이 아니라 암시적이거나 다의적이다. 상징주의 시는 함축적이다. 상징주의 시에서 지시적인 기능의 언어 체계로는 본질이나 관념의 세계를 드러낼 수 없다. 그래서 상징주의 시에서는 함축적 기능을 수행하는 상징형식을 빌려 관념, 본질, 영혼의 상태를 표상한다. 상징주의 시는 암시적이거나 다의적이며, 상징 내용은 유추 과정을 통해 밝혀진다. 마찬가지로 도덕과수업에서 도덕은 지시적인 언어로는 드러내기 어렵다. 도덕이라는 관념, 본질, 인격은 암시적이거나 다의적으로 드러난다. 상징주의 시에서 '시가 곧 상징'이듯, 도덕과수업에서 '교수텍스트가 곧 도덕의 상징'이다. 상징주의 시는 '현상이 곧 상징'인 것을 시인이 해독하여 하나의 현상인 '시라는 상징'으로 표현한 것이다. 마찬가지로 도덕과 교수텍스트는 도덕적 현상으로 이루어진 도덕적 세계에서 도덕의 의미를 해석해 내고, 그 해석을 표상한 것이다. 그 표상은 도덕을 상징한다. 교사와 학생은 도덕적 현상, 도덕과 도덕적 현상, 도덕과 도덕적 마음 간에 수평적, 수직적으로 조응한다. 상징주의 시에서 현상과 기표와 기의에 공백이 불가피하듯이, 도덕과 교수텍스트도 마찬가지다. 도덕적 현상과 도덕과 도덕적 마음에 공백이 불가피하고, 도덕과 교수와 학습에 공백이 불가피하기 때문에 교수텍스트는 상징적인 상징적인 텍스트이다.

상징적 시 행위를 닮은 도덕과수업

시는 언어를 매체로 사용하면서도 언어의 한계에 가장 민감하게 반응하는 장르이다. 시의 문제의식은 언어가 지나치게 의미론적 기능에 국한되어 있다는 데 있다. 매체의 관점에서 보면 시는 그것의 존재 기반인 언어라는 매체의 한계를 넘어서려는 노력에서 비롯된다.[30] 시는 언어를 매개로 하면서, 동시에 언어의 한계를 넘어 표현한다. 시에서 상징은 언어를 사용하되 일상 언어의 한계를 넘어 풍부하고 다양한 의미를 담는다.[31] 시에서의 상징은 가시의 세계, 즉 물질세계가 연상의 힘에 의해 불가시의 세계, 즉 정신세계와 일치하게 되는 표현 양식이다. 심상과 관념의 결합이요, 관념은 심상이 암시적으로 환기한다. 상징은 비유에서 원관념을 감춰버리고 보조관념만 남긴 형태다. 불가시적인 원관념을 암시하는 가시적인 보조관념만 드러나 있는 것이 상징이다.[32] 이때 상징은 보조관념으로서의 심상과 원관념으로서의 개념이 동시적이고 공존적이어서 두 요소는 분리될 수가 없다.[33] 이러한 상징의 동일성은 원관념과 보조관념이 하나의 완전한 결합제가 되어 동시적이고 공존적으로 분리될 수 없는 일체임을 말한다.[34] 시적 상징은 직유나 은유에 비해 정서가 더 강화되어 사고와 정서의 관계를 나타내주던 계사(繫辭)가 완전히 사라지고, 사고와 정서가 서로 대등한 관계로 이어진다. 즉 사고로 연결되어야 할 자리를 정서가 차지하게 된다.[35] 그래서 상징은 비유처럼 1:1의 형식이 아니라 1:다(多)의 형식으로 성립되므로 다의적이며 이질적이다.[36] 시적 상징은 원관념을 사물인 보조관념을 드러내서 암시적으로 표현하는 것이다. 이때 이질적인 원관념과 보조관념 또는 기호와 의미라는 두 요소는 암시성과 다의성을 지니고 결합된다.

시적 상징의 특성에는 동일성, 암시성, 다의성과 더불어 입체성, 문맥성, 전체성 등이 있다. 상징에서 상하와 안팎이 함께 조응하는 것이 입체성이다. 언어를 상징적으로 사용한다는 것은 그 언어가 가지고 있는 여러 가지 기능을 일시에 동원시키는 입체적인 용법을 가리키는 것이다. 상하 혹은 수직 조응에 수평 조응이 공감각적 반응으로 가세함으로써 상징의 입체성이 이루어진다.[37] 입체성은 상징이 상징 대상을 형상화하여, 추상적 관념이나 정서를 구체적인 감각적 이미지로 느끼게 한다. 문맥성은 상징이 작품 전체에서 적절히 배열되고 상호 조응되어, 앞뒤의 문맥이나 전체의 문맥에서 상징이 이루어져 작품 전체를 환기시키는 기능을 수행하는 것이다.[38] 시적 상징의 특징은 전체성에서도 찾을 수 있다. 시적 상징은 시 전체를 통해 흐르고 있는 전체적 분위기, 혼란된 주제, 분석하거나 해명할 수 없는 불투명한 이미지로 구성된다.[39] 동일성, 암시성, 다의성, 입체성, 문맥성, 전체성 등을 특징으로 하는 시적 상징은 시텍스트의 언어적 의미의 한계를 넘는 의미 관계를 낳는다.

시적 상징의 특징은 창조적 상상력과 결합되어 형이상학적 의미를 낳는다. 시적 상징은 유한의 세계에 의해 무한의 세계를 표현하며, 가시의 세계를 통해 불가시의 세계를 표현한다. 이를 가능하게 하는 것은 인간의 상상력이다. 시의 세계에서 시적 상징은 인간의 상상력에 의해 상반된 두 세계가 사라지면서 새로운 의미의 세계로 변형된다. 마광수에 의하면, 시에는 지성적 모순이 존재한다. 상징과 주제는 서로 불일치할 수 있다. 지성적 판단으로는 모순이 되지 않을 수 없는 가변적 진리가 바로 시의 생명적 요소다. 곧, 모순을 감각적으로 긍정할 수 있는 정열과 창조적 상상력, 그리고 모순을 합리적으로 이어주는 구상력에 의해, 모순 그 자체는 사라지고 상이한 물상은 하나로 융합된다.[40] 시적 상징을 통하여 경험은 새로운 진리의 발견을 향한 도약대가 된다. 시적 상징은 사람에게 감화력을 갖고 전달되어, 어떤 근원적인 사실에 대한 계시를 이루어낸다. 이것이 진정한 시적 감동의 본질이다. 이성적 철학과 감성적 예술의 경계를 부수고, 시와 형이상학의 접합을 이루어지게 하는 것, 그것이 바로 시적 상징이다.[41] 시적 상징은 창조적 상상력에 의해 그 모순이 사라지는 순간 무한이 넓은 암시적 의미를 가진다. 창조적 상상력에 의해 구체적인 심상과 추상적인 관념이 결합되어 감동과 여운이라는 시적 감동을 낳는다.

시적 상징에서 원관념은 주로 경험적 현상이며 보조관념은 선험적 인식이며, 경험과 선험의 연결을 중재하는 것은 상상력이다. 시인이 시텍스트에서 창조적인 상상력을 발휘하여 일반적 인식의 범주를 넘어선 측면의 의미를 정서적으로 표현한 것이 시적 상징이다. 이러한 시적 상징을 독자가 창조적인 상상력을 발휘하여 초월적이고 형이상학적인 의미를 수용한다면, 시인의 시적 상징은 독자에게 시적 체험으로 다가온다. 독자의 시적 체험은 의미를 새롭게 수평적으로 펼쳐 보이거나, 혹은 수직적으로 심화시킨다. 시가 시인의 마음에 버금가는 독자의 반응으로 판별되듯이, 시적 상징으로서의 도덕과수업은 교사의 마음에 버금가는 학생의 학습으로 판별된다. 시적 상징으로서의 도덕과수업에서 학습은 시적 체험과 유사하다. 시적 체험이 시텍스트를 읽고 독자의 내면에서 마음의 움직임이 발생하는 것이라면, 도덕과수업에서 학습은 학생의 내면에서 마음의 움직임이 발생하는 것이다. 리차즈(Richards)에 의하면, 시적 체험에서 맨 먼저 일어나는 것은, '마음의 귀'에 들리는 말의 음과 상상적으로 발음한 말의 어감이다. 이 두 가지가 하나가 되어서 말에다 충분한 살붙임을 한다. 그 다음에 일어나는 것은 '마음의 눈'에 비치는 갖가지 영상이다. 말이 아니라 말이 대표하는 사물, 즉 영상이 나타난다. 다음으로, 마음의 움직임 곧 시적 체험은 두 흐름으로 나누어진다. 소지류는 지적임 흐름이라 부를 수 있으며, 대지류는 활동적 혹은 정서적 흐름이라 부를 수 있다.[42] 이처럼 시적 체험은 먼저 망막에 비친 기호가 어감을 낳고, 그 어감이 영상을 낳고, 그 영상이 지적인 흐름과 활동적 혹은 정서적 흐름이라는 반응을 낳는다. 이는 도덕과 학습을 시적 체험으로 이해해야 하는 이유를 설명한다. 도덕과 학습은 망막에 비친 감각 혹은 고막을 울리는 소리에서 출발한다. 그리고 이 소리가 학습자의 정서와 태도라는 도덕적 상태에 이르는 반응으로 연결되기를 희망한다. 이러한 도덕과 학습을 위해서는 먼저 학습자에게 교사의 표현이 상상적 구체화가 가능하도록 상징적으로 제시되어야 한다. 나아가 전체 수업 자체가 도덕적 내용 요소를 표상하는 상징적 형식으로 구성되어야 한다. 상징으로서의 도덕과수업은 과학적, 논리적, 산문적 설명과는 달리 학생이 교사의 표현에서 다양한 도덕적 의미를 도출하는 열린 형식이어야 한다.

도덕교육에는 소위 '도덕교육의 역설'이 있다. 습관을 벗어나고자 하는 이성에 입문하기 위해서는 이성이 벗어나고자 하는 습관을 거쳐야만 한다는 것이다.[43] 도덕교육이 역설적이듯, 도덕과수업도 역설적이다. 학습 목표에 도달하려면 학습 목표에 도달을 의도하지 않아야 한다는 역설이다. 핀켈(Finkel)의 표현을 빌리면, '교육은 곧 말로 가르치기'라는 전제를 버리는 순간 새로운 교수법을 생각할 수 있다. 말로 가르치기와는 다른 개념에서 시작할 때 학생에게 생각할 기회를 주고, 배움의 기회를 준다. 지식을 말로 전하는 것보다 침묵으로 가르치는 것이 배움의 기회를 준다.[44] 도덕과는 정확한 내용 전달에 강조점이 있는 것이 아니라, 포괄적인 도덕적 의미 수용에 강조점이 있다. 이를 위해서는 설명의 논리에서 간과된 측면이 부각되어야 한다. 즉, 교사의 저자성, 수업의 상징성, 구성의 모호성, 해석의 개방성 등이 부각되어야 한다. 이러한 측면이 부각된 교수텍스트는 긴장, 의문, 호기심, 당혹 같은 학습의 추진력을 낳을 수 있다. 학생의 관심이 차시 학습을 통해 무엇에 도달해야 하는가에 제한되기보다, 교수텍스트의 표현에 무관심적으로 반응할 때 의미 있는 도덕적 앎이 발생할 수 있다.

도덕과수업이 시 행위와 닮음을 가질 때, 수업은 도덕을 전하는 것에서 도덕에 관한 표현으로 전환된다. 도덕에 관한 표현에 대해 학생이 번역할 때, 도덕과에서 추구하는 정서가 담재된 도덕적 의미의 발생은 가능하다. 교사의 텍스트에 대한 학생의 반응이 개방적일 때, 학생은 인지적인 것과 정의적인 것을 융합하고 통합하고 활성화하고 반응하고 수용하기 때문이다. 마치 시에 반응할 때, 그것이 인지적인 반응인지 정의적인 반응인지를 구분하기도 어렵고, 구분하는 것이 무의미한 것과 같다. 심미적인 독서에서 인지적인 것과 정의적인 것이 분리되지 않는 것과 같다. 텍스트를 시로 전환시키는 것이 독자이듯, 도덕과 교수텍스트를 도덕적 의미로 수용하는 것은 학생이다. 교사가 도덕과수업을 조립라인으로 의식하기 보다는 시적 행위로 의식할 때, 의미 있는 도덕적 앎을 지향하는 수업은 가능하다.

도덕과수업은 도덕을 표현하여 전하는 언어이며, 도덕이라는 추상적 대상을 구체적으로 표현하여 전하는 상징적 언어이다. 나아가 도덕과수업은 구체적 표현을 통해 정서가 수반된 도덕적 의미 발생을 추구하는 예술적 상징 언어이다. 예술적 상징 언어의 전형적 양식은 시이며, 시에서 추상적 대상의 의미를 수용 가능하게 표현하는 대표적 방식이 시적 상징이다. 시적 상징은 풍부한 함축을 통해 그 진의에 다가서도록 하는 표현이다. 따라서 도덕과수업이 시적 상징 언어를 닮는다면, 그 수업에서는 드러난 표현 속에 있는 숨어 있는 의미의 학습을 기대할 수 있다. 도덕과수업이 시적 상징을 닮는다면, 그 수업에서 교수는 일종의 시텍스트 생산이라 할 수 있으며, 학습은 시적 체험과 같다고 할 수 있다. 여기서 교사는 시인이 시를 쓰듯 자신이 이해한 도덕을 표현하고, 시인과 독자가 시텍스트를 매개로 소통하듯 교사와 학생은 교수텍스트를 매개로 교수학습을 한다. 좋은 시에서 시인이 표현한 주제를 독자가 공감적으로 수용하듯, 좋은 도덕과수업에서는 교사가 표현한 교육내용을 학생은 반응과 해석을 통해 정서가 수반된 도덕적 의미로 학습한다. 시적 상징에서 모든 것을 말하기보다는 열린 해석을 통해 의미가 발생하듯, 시적 상징으로서의 도덕과수업에서는 학생이 도덕적 의미를 찾도록 도덕과수업이라는 표현을 해석한다. 도덕적 주체인 학생은 도덕적 의미를 함의한 교수텍스트에 반응하고, 그 텍스트에 함의된 도덕적 의미를 재창조하여 수용한다. 이를 위해서 교사의 표현은 이해 가능한 정도에서 상징적으로 표현되어야 한다. 이렇게 표현된 시적 상징으로서의 도덕과수업은 고정된 목표에 이르도록 조작하는 도관(導管)이 아니라, 도덕적 주체에게 의미를 낳는 표현이다.

심미적 반응을 닮은 도덕과 학습

시 행위에서 시텍스트는 작자 수준의 의미를 반영하면서, 독자 수준의 의미를 구성하도록 하는 의미론적 자극 혹은 단서라고 할 수 있다.[45] 의미론적 단서인 시텍스트에서 확률적 의미 실현은 불변체적 의미와 변체적 의미 관계로 설명될 수 있다. 시텍스트에는 시대에 따라 한정되고 해석 공동체에 공통된 불변체적 의미가 있다면, 실제 소통 과정에서 개입하는 제반 요소의 영향을 받아 다양하게 실현되는 변체적 의미가 있다. 텍스트의 의미는 불변체적 의미에서 변체적 의미로 실현된다.[46] 마찬가지로 도덕과 교수텍스트에도 불변체적 의미와 변체적 의미가 있다. 도덕과 교수텍스트는 의미론적으로 안정된 의미역을 지니고 있으며, 교수텍스트의 불변체적 의미는 학생에게 일종의 의미론적 단서가 된다. 교수텍스트는 의미론적 단서를 제공하고, 이를 단서로 해석하여 의미 발생이 가능한 구조를 가진다. 수업은 교수텍스트의 잠재적 의미역에서 학생에게 의미를 개별적으로 구체화하여 학습 상황에서 학생에게 변체적 의미로 실현된다. 텍스트의 불변체적 의미가 변체적 의미로 실현된다는 측면에서 교수텍스트와 시텍스트는 닮음이 있다.

개방성과 제한성을 가지는 교수텍스트는 학생의 반응을 통해 수업이라는 의미로 전환된다. 학생은 교수텍스트를 그대로 전달받는 지위에 있는 것도 아니며, 교수텍스트 역시 학생의 반응만을 기다리는 지위에 있는 것도 아니다. 학생 밖의 교수텍스트와 학생 안의 체험이 능동적으로 상호작용을 하여, 특정한 부분이 부각되고 은폐되는 과정에서 의미 있는 학습이 이루어진다. 이는 마치 텍스트가 독자의 반응에 의해서 시가 되는 과정과 같다.

도덕과의 학습은 텍스트를 시로 반응하는 측면에 초점을 둔 반응 중심 접근을 통해 이해할 수 있다. 반응 중심 접근을 강조하는 로젠블렛(Rosenblatt)은 텍스트가 시로 읽히는 과정을 텍스트의 기능, 텍스트와 독자의 상호 교통, 심미적 독서, 선택적 관심으로 설명한다. 먼저 텍스트를 구성하고 있는 기호에는 두 가지 기능이 있다. 즉, 텍스트는 독자의 과거 경험을 활성화하는 기능과 독자의 관심에 따라 수용된 것을 조정하는 기능이 있다. 이러한 기능을 갖는 '텍스트'는 언어학적인 상징으로 해석될 수 있는 한 쌍 또는 일련의 기호를 의미한다. 텍스트의 기호들은 언어적 상징이 된다. 그러므로 텍스트는 상징의 역할을 할 수 있는 활자화된 기호로 생각될 수 있다. 텍스트가 시가 되기 위해서는 이 텍스트에 능동적으로 관여하는 독자, 독자가 언어적 상징에 대한 자신의 반응을 구성하는 것을 전제해야 한다.[47] 활자화된 기호로 이루어진 텍스트가 시가 되는 것은 독자의 반응 때문이다. 텍스트는 텍스트와 상호작용하는 독자의 구조화된 반응에 의해 의미 있는 시로 체험된다.

시 체험에서 독자와 텍스트 사이의 의미 발견 과정은 상호 교통적이다.[48] 지면 위의 텍스트는 그것을 해석할 수 있고 그것을 통해서 작품의 세계에 도달할 수 있는 독자와의 관계 덕분에 시텍스트가 된다. 이 관계에는 독자의 과거 경험, 현재의 상황, 관심 또는 열중하고 있는 문제가 포함된다. 이러한 내부 요소를 통해 독자는 외부에 있는 텍스트를 의식한다. 하지만 상호 교통을 통해 독자는 내부 요소와 텍스트라는 외부 세계의 경계를 무너뜨리고 새로운 세계에 인도된다.[49] 이처럼 독자와 텍스트 사이에 상호 교통이 이루어지는 능동적인 체험과정에서 텍스트는 시가 된다.

텍스트와 독자의 상호 교통은 심미적 독서와 비심미적인 독서로 구분된다. 비심미적인 독서에서 독자의 주의는 정보, 논리적 해결책, 수행되어야 하는 행동 같은 대상에 우선적으로 맞추어진다. 예를 들면, 병에 붙은 라벨을 읽기, 역사책, 조리 방법, 신문 기사, 대수방적식이나 화학 공식 읽기 등이다. 반면 심미적인 독서에서 독자의 일차적인 관심은 독서 활동이 이루어지는 동안 일어나는 일에 있다. 단어 혹은 단어가 독자의 마음속에서 불러일으키는 연상 작용이나 감정, 태도, 그리고 생각에 주의를 기울인다. 독자는 이런 요소들을 하나의 유의미한 구조로 종합해 나간다.[50] 심미적인 독서에서 직접적 관심은 텍스트와 상호 교통하는 과정에서의 경험이다. 따라서 텍스트를 심미적 독서와 비심미적 독서로 구분하는 것은 독자의 관심이나 의식이다. 독자가 독서 후에 남겨질 정보, 개념, 행동 지침 등에 집중하면 비심미적 독서가 된다. 반면, 독서 과정에서 언어의 상징 자체에 반응하는 경험에 집중한다면 심미적 독서가 된다. 따라서 텍스트를 시로 읽는 심미적 독서는 독자의 선택적 관심에 따른 반응이라고 할 수 있다.

텍스트에 대한 반응의 가능성은 다양하다. 이 가능성을 심미적 방식으로 반응하도록 하는 것은 독자의 선택적 관심이다. 독자가 텍스트에서 허용하는 의미에 관심을 가지고, 함축된 의미에서 해방된 의미에 관심을 가지고 반응할 때 심미적 독서는 이루어진다. 독자는 자신의 개성과 경험을 바탕으로 텍스트의 기호에 반응함으로써 시를 만들어낸다. 자신과 텍스트가 가리키는 것 사이의 순환이라는 인식 안에서 시라는 의미를 경험한다. 텍스트를 시로 만드는 과정은 학생이 교수텍스트를 의미로 학습하는 과정이다. 학습의 의미는 교수텍스트에만 있는 것도 아니며, 학생의 마음에만 있는 것도 아니다. 학습 반응을 통해 교사의 교수텍스트라는 상징은 유의미한 심미적 도덕이 된다.

놀이를 닮은 도덕과 수업

도덕은 추상적 개념이며, 추상적 개념은 익숙한 근원 영역을 통해 표상된다. 레이코프(Lakoff)와 존슨(Johnson)은 대표적인 도덕의 근원영역으로 '도덕적 힘' 은유를 제시한다.[51] 도덕은 '힘'이라는 익숙한 영역에 근거하여 이해된다. '도덕적 힘' 은유가 가지는 함의에 따라, 도덕적으로 행위할 수 없다면 그것은 의지의 힘이 약하기 때문이다. 도덕적 지식을 바탕으로 행동하거나 도덕적 가치를 실현할 수 없는 것도 의지의 힘이 약하기 때문이다. 도덕이 힘으로서 표상되면, 무도덕적인 자연적 경향성을 억제하는 힘이 도덕이다.

힘으로 표상된 도덕은 일상적인 표현에서도 찾을 수 있다. 예를 들어, '친구가 뭐라고 해도 내 나름대로 거짓 없이 꿋꿋하게 살아가면 된다.', '그 학자는 부자가 되고 싶은 유혹을 뿌리쳤다.', '그 독립운동가는 항상 감시와 압력을 받았으나, 끝내 뜻을 굽히지 않았다.', '평화적으로 통일을 이루기 위해서는 높고 험한 산을 오를 때처럼 끈기와 인내가 필요하다.', '그들은 거기에 굴하지 않고, 정성껏 활동했다.', '사랑하는 조국을 더욱 굳건히 지키겠다는 의지를 알고 큰 감동을 받았다.' 등이다. 이에 근거하면, 도덕교육은 도덕적 힘을 기르는 일이다. 신체적 힘이 태어날 때부터 외적인 영향력에 대응할 만큼 강하지 않듯이, 도덕적 힘도 태어날 때부터 충분히 강하지 않다. 그래서 교육을 통해 성장하는 학생에게 도덕적 힘을 길러주어야 하며, 신체적 힘이 훈련과 연습과 인내를 통해 길러지듯이 도덕적 힘도 마찬가지라는 관점이다.

신체적 힘은 물체를 어떤 방향으로 이동시키기 위해 작용하거나, 이동 중인 물체를 멈추기 위해 작용한다. 신체적 힘이 생활에서 작용하는 경우는 대부분 가치 있는 대상을 보존하거나 그 대상을 확장시키기 위해서이다. 마찬가지로 도덕이 힘으로 표상되면, 도덕이라는 힘이 보존하거나 확장시키려는 가치대상이 있다. 도덕적 힘이 작용해서 보존하고 확장해야 하는 대표적 가치대상이 도덕률이다. 힘으로서의 도덕이 수업에 지배적으로 반영되면, 도덕과수업은 도덕률을 지키는 힘을 기르기 위해 의도적으로 노력하는 일이다. 그 힘을 기르기 위해 학생에게 반복과 연습과 인내를 강조한다.

하지만, 도덕은 힘으로만 표상되는 것은 아니다. 힘으로서의 도덕과 상반된 도덕은 미적 대상으로 표상된다. 도덕 영역과 미적 영역의 관련성은 가치 현상을 표현하는 일상적 표현에서도 찾을 수 있다.[52] 예를 들어, '아름다운 행동, 아름다운 작품', '훌륭한 행동, 훌륭한 작품', '숭고한 행동, 숭고한 작품' 등이다. 여기서 앞의 수식어는 인식 주체의 체험을 나타내고, 뒤의 피수식어는 체험의 대상을 나타낸다. 대상이라는 측면에서 도덕적 영역과 미적 영역에는 다름이 있다. 가치체험은 가치대상에 따라 상이하며, 특수한 가치는 체험 대상에 따라 구분된다. 윤리적 가치와 미적 가치라는 체험은 인간과 예술이라는 대상, 선과 미라는 이념에 따라 구분된다. 이 구분 속에서 '숭고함'은 인간과 예술이라는 대상, 혹은 선이나 미라는 이념에 따라 윤리적 가치로 체험되기도 하고 미적 가치로 체험되기도 한다. 반면 가치체험 자체는 일반적이라고도 할 수 있다. 가치체험에서 정서적 반응은 대상이 상이하더라도 공통적으로 나타난다.

도덕이 미적 대상으로 표상된다면, 도덕적 체험과 미적 체험은 구분되지 않으며, 도덕에 대한 체험은 자연적 경향성을 억제하는 압력으로 다가오지는 않는다. 미적 대상으로서의 도덕은 미적 판단과 도덕적 감정 사이에 어떤 친근 관계가 있다고 가정한다.[53] 도덕이 미적으로 표상되면, 도덕적 이념을 표현한 대상은 미적 체험의 대상이다. 미적 대상으로서 표상된 도덕이 수업에 반영되면, 도덕과수업은 미적으로 표현하고 감상하는 활동이다. 미적 대상으로 도덕을 체험하기 위해서는 강제적이지 않으며, 몰입이 가능하고, 그 자체가 목적이 되는 무관심성(disinterestedness)이 필요하다.[54] 이때, 도덕과수업에서 타율적인 훈련의 모습은 줄어들고, 자연적 경향성을 통해 자발적으로 참여하는 모습은 늘어난다.

자발적으로 참여하여 미적 도덕을 체험하는 학습경험을 제공하기 위해서는, 강제적 압력보다는 자연적 경향성에 의해 수행되는 놀이 활동을 참조할 수 있다. 호이징하(Huisinga)에 의하면, 먼저 놀이는 자발적인 행위이므로 명령에 의한 놀이는 이미 놀이가 아니다. 놀이하는 것을 즐기기 때문에 노는 것이며, 거기에는 자유가 있다. 둘째, 놀이에서는 무관심성이 강조된다. '일상적인' 생활이 아니라는 점에서 놀이는 필요와 욕망의 직접적인 만족 여부를 벗어난다. 셋째, 놀이에는 질서가 있다. 놀이의 질서에서 어긋나면 놀이의 특성은 사라지고 놀이는 무가치해진다. 호이징하는 놀이의 형식적 특성과 함께 어떤 것을 얻기 '위한' 투쟁 혹은 어떤 것에 '관한' 표현으로 놀이의 기능을 제시한다.[55] 호이징하를 비판적으로 계승한 카이와(Caillois)는 놀이의 형식적 특성을 자유로운 활동, 분리된 활동, 확정되어 있지 않은 활동, 비생산적인 활동, 규칙이 있는 활동, 허구적인 활동으로 제시한다.[56] 놀이는 그 자체의 목적을 위해 자발적으로 정해진 공간과 시간에 규칙에 따라 이루어지는 허구적인 표현 활동으로 볼 수 있다. 놀이의 형식적 특성은 호이징하와 크게 다르지 않지만, 카이와는 호이징하의 투쟁에 해당하는 경쟁(Agôn), 표현에 해당하는 모의(Mimicry)에 더하여 우연(Alea)과 현기증(Ilinx)을 추가한다. 여기서 경쟁과 우연, 모의와 현기증은 밀접하게 관련된다.[57] 놀이는 그 자체를 즐기기 위해 질서에 자발적으로 참여하는 경쟁 혹은 표현 활동이다. 하지만 경쟁만 있고 우연이 없다면 그것은 놀이보다는 경기가 되며, 모의만 있고 현기증이 없다면 그것은 놀이보다는 연극이 된다. 놀이는 규칙에 따른 경쟁에 우연이 개입된 결정 방식, 규칙 있는 모방에 흥분이 혼합된 표현 방식이다. 놀이는 일단 특정한 목적 없이 자발적으로 이루어지는 경쟁과 표현 활동이다. 여기서 경쟁에는 우연이 개입되며, 표현에는 흥분이 혼합된다. 학생이 수업에서 놀이에 참여한다는 것은 우연이 있는 경쟁, 혹은 흥분이 있는 표현 자체에 자발적으로 참여하는 것이다.

이건은 놀이를 문화적 측면을 넘어 수업에서 활용되는 주요한 인지 도구로 간주한다. 먼저 놀이는 흥미 있는 시간을 가능하게 하는 인지 도구이다. 학생이 몰입할 수 있는 역할을 정하고, 가상의 세계를 구성하고, 잡담하고, 규칙을 협상하는 흥미 있는 시간을 가능하게 한다. 둘째, 무관심적 체험을 가능하게 하는 인지 도구이다. 놀이 속에서 학생은 의도적인 학습에서 해방되어 일종의 무관심적 체험을 한다. 학생은 의도적인 규범, 의식해야 하는 목표, 요청된 표현의 제약에서 벗어난다. 셋째, 자율을 배울 수 있는 인지 도구이다. 놀이 속에서 자신의 역할이 정해지면, 그 역할에서 벗어날 수 없다. 학생은 자신이 참여한 놀이 활동을 유지하기 위해 그 역할을 수행해야 한다.[58] 이건은 놀이를 음성성(orality) 단계에서 활용되는 인지 도구 중 하나로 간주하면서, 흥미, 무관심성, 자율이라는 놀이의 특성을 강조한다. 음성성 단계의 인지 도구는 문식성(literacy) 수준에서도 사라지지 않고, 반영되거나 심화된다.

놀이는 문화이면서 동시에 인지 도구이다. 놀이는 자율적 몰입과 무관심성이라는 체험을 가능하게 하는 경쟁과 우연의 조합, 혹은 표현과 흥분의 조합으로 이루어진 활동이다. 놀이는 어떤 목적을 우선적으로 고려하지 않고 그 행위 자체에 몰두하며, 어떤 이해관계나 목적 없이 경쟁하고 표현하는 행위이다. 놀이의 경쟁에는 우연이 있고, 놀이의 표현에는 흥분이 있다. 경쟁과 우연, 표현과 흥분이라는 놀이의 특성은 자율적으로 놀이에 몰입하여 그 자체를 즐기게 한다. 놀이 체험에서 자율적 몰입과 무관심성이라는 특성 및 미적 체험의 특성은 미적 대상으로 표상된 도덕과 연관성을 가진다. 놀이나 미적 활동에 질서나 구조가 있더라도, 이때 질서는 충동의 억압이 아니라 충동의 표현이다. 놀이와 예술의 자유와 자발성에는 의무나 물질적 필요에 의해 요구되는 강제적 요소가 적다.[59] 예술은 거기에 참여하여 환희를 체험하는 인간 삶의 한 방식이라는 측면이 있다.[60] 참여를 통해 환희를 체험하는 삶의 방식으로 예술을 본다면, 예술은 미적 놀이이며, 놀이는 흥겨운 예술이다. 도덕과수업에서 놀이를 활용하는 것은 수업을 흥겨운 예술로 만들기 위해서이다. 도덕과수업에서 놀이는 미적으로 표상된 도덕을 흥겨운 예술로 체험하는 활동이다. 만약 도덕과수업에서 힘으로서의 도덕성만이 지배적이라면, 수업은 규칙을 지키기 위한 힘겨운 훈련일 뿐이다. 반면 도덕과수업에서 놀이의 무관심성과 자율적 몰입이라는 특성은 미적 도덕에 대한 체험을 가능하게 한다. 한편, 도덕과수업에서 활용되는 놀이에는 흔히 게임 형식의 놀이와 역할 놀이가 있다. 게임 형식의 놀이는 우연과 경쟁이 강조되는 놀이이며, 역할 놀이는 표현과 흥분이 강조되는 놀이이다. 여기서 필연적 경쟁만이 있거나 수단적 모방만이 있다면 그것은 놀이가 될 수 없다. 도덕과수업에서 놀이를 활용한다는 것은 수업 내용을 미적 대상으로 보고, 그 대상에 대한 미적 체험을 가능하게 하기 위해서이다. 즉 도덕과수업에서 놀이의 활용을 넘어 수업 자체가 자율적 몰입과 무관심적 태도를 가능하게 하는 놀이를 닮는 것이 가장 이상적이다.

요컨대, 도덕은 추상적 개념이다. 추상적 개념은 상징적으로 표현된다. 도덕이 미적으로 상징되면, 도덕에 대한 교사의 표현인 수업은 일종의 작품이다. 수업이라는 작품은 학생의 감상 대상이며, 학습경험은 일종의 미적 체험이다. 학생이 교사의 수업이라는 작품에서 일종의 미적 체험을 할 수 있다면, 그 수업에서 발생하는 의미는 도덕적이며 동시에 정서적이다. 정서가 담재된 도덕적 의미의 발생은 자율적 몰입과 무관심성을 도덕과 학습에서 경험할 때 가능하다. 무관심적 학습은 무엇을 위해 배워야 하는지, 무엇을 전달받아야 하는지를 의식하기보다는 놀이처럼 활동하는 것이다. 놀이는 그 자체를 즐기는 활동이지, 목표나 의미를 위한 수단이 아니다. 목표나 의미를 설정하거나 의식하지 않고 구성원이 되어 그 활동에 참여할 뿐이다. 놀이와 같은 도덕과수업에서 학생은 목표에 도달하려고 의식하지 않고, 목표에 도달해야 한다고 강요받지도 않는다. 단지 그 교수학습 과정 자체에 참여할 뿐이다.

결론적으로, 도덕과 교수텍스트는 교수학습 과정에 참여하여 정서가 환기된 도덕적 의미 발생을 기대하는 도덕적 가치에 대한 상징적 표현이다. 마치 시인이 숲에서 경험한 풍경과 소리와 정서를 시로 표현하여 자신의 경험이 독자에게 수용되기를 기대하듯, 교사는 인지와 정서와 행동이 전체인 도덕이라는 대상을 교수텍스트로 표현하여 도덕적 마음이 형성되기를 기대한다. 설명문이나 설계도와 같은 교수텍스트, 웅변가와 같은 수업자, 조립라인에서 일하는 것과 같은 학습만으로는 도덕과에서 추구하는 마음을 함양하기는 어렵다. 그래서 그 맞은편에 무엇이 있는지를 찾아야 한다. 맞은편에는 시적 행위를 닮은 도덕과수업, 놀이를 닮은 도덕과 학습, 이를 매개하는 시적 상징을 닮은 도덕과 교수텍스트가 있다. 물론 교사가 도덕적 가치를 표현하는 시인이 되고, 도덕과 교수텍스트 자체가 시텍스트가 되고, 도덕과수업이 시 행위가 되고, 도덕과수업 전체가 놀이가 되기는 너무도 어려운 일이다. 아무리 어렵더라도 이상적인 도덕과수업의 모습이 있다면, 그것에 가까이 가기 위한 탐구는 계속되어야 한다.

참고 문헌

강재륜, 『윤리와 언어분석』, 철학과 현실사, 1996.

고미숙, 『대안적 도덕교육』, 교육과학사, 2005.

고민지, “인성교육을 위한 초등도덕과 교육의 방향: 어린이 철학을 중심으로”, 한국초등도덕교육학회, 『한국초등도덕교육학회 하계학술발표논문집』, 2015.

고형진, 『현대시의 서사 지향성과 미적구조』, 시와 시학사, 2003.

교육과학기술부, 『도덕과 교육과정(고시 제2012－14호)』, 2012.

교육과학기술부, 『도덕6 초등학교 교사용지도서』, 지학사, 2002.

교육과학기술부, 『도덕3 초등학교 교사용지도서』, 지학사, 2009.

교육과학기술부, 『초등학교 교육과정 해설』, 2008.

교육부, 『도덕4 교사용지도서』, 지학사, 2019.

교육부, 『도덕과 교육과정(고시 제2015－74호)』, 2015.

교육부, 『도덕3』, 지학사, 2020.

교육부, 『도덕5』, 지학사, 2019.

교육부, 『도덕6』, 지학사, 2020.

교육부, 『도덕과 교육과정(고시 제1997－15호)』, 1997.

교육부, 『생활의 길잡이5』, 지학사, 2003.

교육인적자원부, 『국민공통 기본교과 도덕(고시 제2007－79호)』, 2007.

권영미 역, 『세계우수단편모음』, 삼성출판사, 2007.

김경란, 『프랑스 상징주의』, 연세대학교 출판부, 2005.

김광명, 『칸트 미학의 이해』, 철학과 현실사, 2004.

김기봉, “상징주의의 본질과 원리”, 오생근·이성원·홍정선 편, 『문예사조의 새로운 이해』, 문학과지성사, 2009.

김기현, 『현대 인식론』, 민음사, 2003.

김문환, 『예술과 윤리의식』, 소학사, 2003.

김봉주, 『개념학』, 한신문화사, 1988.

김영하, 『새터민을 통해 본 남북한 사회 그리고 통일』, 경북대학교 출판부, 2010.

김용직, “상징이란 무엇인가”, 김용직 편, 『상징』, 문학과 지성사.
김인자·우문식 역, 『긍정심리학』, 도서출판 물푸레, 2011.
김일방, 『환경윤리의 쟁점』, 서광사, 2005.
김정빈, 『숭어』, 배동바지, 2004.
김정주, 『칸트의 인식론』, 철학과 현실사, 2001.
김종도, 『인지문법적 관점에서 본 환유의 세계』, 경진문화사, 2005.
김창근, “시적 상징의 입체성”, 새얼어문학회, 『새얼어문논집』 제15집, 2003.
김창원, 『시교육과 텍스트 해석』, 서울대학교 출판부, 1996.
김태길, 『윤리학』, 박영사, 1983.
김항인, “도덕과 토론 수업모형의 분석과 활용”, 한국초등도덕교육학회, 『초등도덕교육』 제56집, 2017.
김화성, “칸트의 초월적 주체성에 관한 고찰”, 고려대학교 철학연구소, 『철학연구』 제31권, 2006.
김희용, “어린이 철학교육의 방법론 및 도덕교육에의 활용”, 한국초등교육학회, 『초등교육연구』 15권 2호, 2002.
남궁달화, 『현대 도덕교육론』, 교육과학사, 2008.
남궁달화, 『콜버그의 도덕교육론』, 철학과 현실사, 1995.
남궁달화, 『가치탐구교육론』, 철학과 현실사, 1994.
노양진, 『몸이 철학을 말하다: 인지적 전환과 체험주의의 물음』, 서광사, 2013.
도덕과 교육과정 시안개발 연구팀, “2011 도덕과 교육과정 시안 개발 연구”, 『2011 도덕과 교육과정 개정 공청회 자료집』, 2011.
마광수, 『상징시학』, 철학과 현실사, 2007.
맹문재, “인유와 패러디”, 『시 창작이란 무엇인가』, 화남, 2009.
문충성, 『프랑스의 상징주의 시와 한국의 현대시』, 제주대학교 출판부, 2000.
박명용, 『오늘의 현대시작법』, 푸른사상, 2008.
박병춘, 『배려 윤리와 도덕 교육』, 울력, 2002.
백운복, 『시의 이론과 비평』, 태학사, 1997.
박일호, 『예술과 상징 상징형식』, 예전사, 2006.
박진환, “생각함을 키우는 어린이 도덕교육－전문가 모형을 중심으로”, 한국윤리교육학회, 『윤리교육연구』 7권, 2005.
박찬영, “어린이철학 : 도덕교육의 새로운 접근”, 한국초등도덕교육학회, 『초등도덕교육』 제11집, 2003.
박해용·심옥숙, 『철학 용어 용례 사전』, 돌기둥, 2005.
방진하, “오우크쇼트의 ‘시적 대화’로서의 교육”, 『도덕교육연구』 제21권 2호, 한국도덕교육학회, 2010.

백종현, 『철학의 개념과 주요문제』, 철학과 현실사, 2007.
변순용, 『책임의 윤리학』, 철학과 현실사, 2007.
서규선 · 문종길 편저, 『환경윤리와 환경윤리 교육』, 인간사랑, 2000.
손민호, "상징적 상호작용/민속방법론과 교육과정 연구", 김영천 편, 『After Tyler: 교육과정 이론화 1970－2000년』, 문음사, 2006.
송문석, 『인지시학』, 푸른사상, 2004.
송성헌, 『현대시 이론 연구』, 한국문화사, 2010.
송영민, "긍정심리학의 강점을 활용한 초등 도덕과 교수학습 활동", 한국철학사연구회, 『한국철학논집』 제71집, 2021.
송영민, "긍정심리학의 설명양식 변화법을 활용한 도덕과 교수텍스트", 한국인격교육학회, 『인격교육』 제14권 제4호, 2020.
송영민, "긍징심리학의 도덕교육적 함의", 한국철학사연구회, 『한국철학논집』 제66집, 2020.
송영민, "놀이 속의 미적 체험과 도덕과수업의 관계", 한국초등도덕교육학회, 『초등도덕교육』 제26집, 2008
송영민, "도덕적 개념 이해를 위한 '개념분석법'의 적용 방안", 한국철학사연구회, 『한국철학논집』 제25집, 2009.
송영민, "상징성과 도덕과수업", 한국철학사연구회, 『한국철학논집』 제33집, 2012.
송영민, "시적 상징과 도덕과수업", 한국철학사연구회, 『한국철학연구』 제35집, 2012.
송영민, "시적 행위로서의 도덕과수업", 한국철학사연구회, 『한국철학논집』 제31집, 2011.
송영민, "시적인 도덕과 교수텍스트 구성 방안", 한국초등도덕교육학회, 『초등도덕교육』 제35집, 2011.
송영민, "어린이 철학교육 텍스트를 활용한 윤리학적접근 중심의 초등 도덕과수업", 한국철학사연구회, 『한국철학논집』 제55집, 2017.
송영민, "유추적 이해에 근거한 도덕과수업", 한국철학사연구회, 『한국철학논집』 제48집, 2016.
송영민, "윤리적 탐구 중심의 초등 도덕과 환경 수업", 한국철학사연구회, 『한국철학논집』 제28집, 2010.
송영민, "은유적 이해에 근거한 도덕과수업 방안", 한국철학사연구회, 『한국철학논집』 제19집, 2006.
송영민, "초등 도덕과 기본적 교수학습 과정 및 단원 체제 개선 방안", 한국철학사연구회, 『한국철학논집』 제60집, 2019.
송영민, 『초등 도덕과수업의 이해와 표현』, 울력, 2010.
송희복, 『시와 문화의 텍스트 상관성』, 월인, 2000.
신응철, 『캇시러의 문화철학』, 한울 아카데미, 2004.

신현우, “초등 도덕교육에서의 도덕 이야기 수업모형 개선 방향 탐구”, 한국윤리학회, 『윤리연구』 제83권, 2011.
신현정, 『개념과 범주화』, 아카넷, 2000.
양해림, 『현대 해석학 강의』, 집문당, 2007.
오병남, 『미학강의』, 서울대학교 출판부, 2004.
우리사상연구소, 『우리말 철학사전2』, 지식산업사, 2002.
우한용, 『서사교육론』, 동아시아, 2001.
유영옥, 『상징과 기호의 사회과학』, 홍익재, 2007.
유현종, “사회과 수업비평: 예술비평적 접근”, 한국교원대 박사학위논문, 2004.
윤인진, 『북한이주민』, 집문당, 2009.
윤호진, 『漢詩의 意味構造』, 법인문화사, 20.
이경화, “수학적 지식의 구성에서 유추적 사고의 역할”, 대한수학교육학회, 『수학교육학연구』 제19권 제3호, 2009.
이선영, “철학적 탐구공동체의 통합적 도덕교육적 적용”, 한국초등도덕교육학회, 『초등도덕교육』 제11집, 2003.
이정우, 『개념－뿌리들2』, 철학아카데미, 2004.
이종문·이민부, 『환경교육』 한국방송대학교 출판부.
이종열, 『비유와 인지』, 한국문화사, 2004.
이지엽, 『현대시 창작 강의』, 고요아침, 2009.
이지호, “미적 체험과 미술감상교육의 연구분석”, 경희대학교현대미술연구소, 『현대미술연구 논문집』 Vol. 3, 2001.
이형기, 『시 창작 강의』, 문학사상사, 2007.
이희중, “역설과 아이러니, 현대적 표현의 수단”, 『시 창작이란 무엇인가』, 화남, 2009.
임병덕, “도덕교육에서 예화의 의의”, 한국도덕교육연구회, 『도덕교육학연구』 제3집, 2002.
임지룡, 『인지의미론』, 탑출판사, 1999.
장승희, “통일세대를 위한 도덕과의 신뢰교육방안－어린이 철학교육을 적용하여”, 한국윤리학회, 『윤리교육』 제108권, 2016.
정대현, 『지식이란 무엇인가』, 서광사, 1990.
정미린, “수학교육에서 유추적 사고에 관한 연구”, 고려대학교 박사학위논문, 2014.
정보주, “어린이 철학에 기초한 도덕교육”, 한국초등도덕교육학회, 『초등도덕교육』, 제7집, 2001.
정성민·조성민 역, 『가치를 어떻게 가르칠 것인가』, 철학과 현실사, 1994.
정연보, 『인간의 사회생물학』, 철학과 현실사, 2004.
정연홍, “화이트헤드의 지각 양태”, 한국동서철학회, 『동서철학연구』 제18호, 1999.
정은영 외, 『국가 환경교육 표준 지침 연구』, 한국교육개발원, 2007.

정창우 외, 『도덕과 교수 · 학습 방법 및 평가』, 인간사랑, 2007.
조성민, "윤리적 의사결정 과정", 미발간 자료.
조성민, 『도덕 · 윤리교육의 윤리학적 접근』, 교육과학사, 2013.
조재인, "칸트의 구상력에 관한 연구", 전남대학교 박사학위논문, 1993.
지준호, "동양의 자연관과 환경교육", 서울교육대학교 환경교육 연구소, 『지속가능한 미래를 위한 초등교사 환경교육 직문 연수 교재 개발』, 2008.
최경원, "칸트의 전통존재론의 해체와 재구성 – 경험의 유추의 원칙을 중심으로 –", 한국칸트철학회, 『칸트연구』 제22집, 2008.
최돈형 · 손연아 · 이미옥 · 이성희, 『환경교육 교수·학습론』, 교육과학사, 2007.
최민성, "현대 영상콘텐츠의 시적 특성 연구", 한국언어문화학회, 『한국언어문화』 제28집, 2005.
최용호, 『텍스트 의미론 강의』, 인간사랑, 2004.
피종호, 『해체미학』, 뿌리와 이파리, 2005.
한겨레학교 아이들, 『달이 떴다』, 이매진, 2009.
한국텍스트언어학회, 『텍스트언어학의 이해』, 박이정, 2004.
한면희, 『환경윤리』, 철학과 현실사, 1997.
홍문표, 『시창작원리』, 창조문학사, 2002.
환경교육진흥법(제정 2008. 3. 21 법률 제8949호)
환경부, "환경교육 발전계획(안)", 2006.
우포늪 생태공원 홈페이지(http://www.upo.or.kr/program/publicboard).
TV동화 행복한 세상, 『우체통의 새』(https://www.youtube.com/2021.09.24.).
요시타케 신스케, 고향옥 역, 『보이거나 안 보이거나』, 토토북, 2019(네이버 책)

Ado, A., *A Dictionary of Ethics*, 박장호 · 이인재 역, 『윤리학 사전』, 백의, 1996.
Attfield, R., *The Ethics of Environmental Concern*, 구승희 역, 『환경윤리학의 제문제』, 따님, 1997.
Baldwin E., *Introducing Cultural Studies*, 조애리외 역, 『문화코드, 어떻게 읽을 것인가?』, 도서출판 한울, 2008.
Benson, P., "Perspective on face perception – Directing research by exploiting emergent prototypes", *Cognitive and Computational Aspects of Face Recognition*, Routledge, 1995.
Boostrom, R., *Developing Creative & Critical Thinking*, 강명의 편역, 『창의적 · 비판적 사고』, 창지사, 1999.
Bruner, J., *The Culture of Education*, 강현석 · 이자현 역, 『교육의 문화』, 교육과학사, 2005.

Caillois, R., *Les jeux et les hommes: Le masque et le vertige*, 이상률 역, 『놀이와 인간』, 문예출판사, 2003.

Cargill, S., *Philosophy of Analogy and Symbolism*, Kessinger Publishing, 2015.

Cassirer, E., *An Essay on Man*, 최명관 역, 『인간이란 무엇인가』, 도서출판 창, 2008.

Cassirer, E., *Der Begriff der symbolischen Form im 며류며 der Geisteswissenschaften,* 『인문학의 구조 내에서 상징형식 개념』, 오향미 역, 책사랑, 2009.

Chadwick, C., *Symbolism,* 박희진 역, 『象徵主義』, 서울대학교출판부, 1983.

Chazan, B., *Contemporary Approaches to Moral Education*, 박장호 역, 『도덕교육론』, 형설출판사, 1994.

Clément, É., *PRATIQUE DE LA PHILOSOPHIE DE A Á Z*, 이정우 역, 『철학사전』, 동녘, 2001.

Damon, W., *The Moral Child: Nurturing children's natural moral growth,* The Pree Press, 1988.

DesJardins, J., *Environmental Ethics*, 김명식 역, 『환경윤리』, 자작나무, 1999.

Dick, W., Carey, L., *The Systematic Design of Instruction*, 김형립외 편역, 『체제적 교수 설계－이론과 기법』, 교육과학사, 1996.

Disinger, J., "환경교육의 긴장 상태: 어제, 오늘 그리고 내일", 최돈형 편역, 『환경교육학 입문』, 원미사, 2005.

Durand, G., *L'imagination symbolique*, 진형준 역, 『상징적 상상력』, 문학과 지성사, 1998.

Eaude, T.. *New Perspectives on Young Children's Moral Education*, Bloomsbury, 2016.

Eaude, T.. *New Perspectives on Young Children's Moral Education*, 송영민 · 박형빈 역, 『어린이 도덕교육의 새로운 관점』, 울력, 2019.

Egan, K., *getting it wrong from the beginning*, Yale University Press, 2002.

Egan, K., *Imagination in Teaching and Learning*, The University of Chicago Press, 1992.

Egan, K., *imaginative approach to teaching*, Jossey－Bass, 2005.

Egan, K., *Teaching as Story Telling*, The University of Chicago Press, 1986.

Egan, K., *The Educated Mind: How Cognitive Tools Shape Our Understanding*, The University of Chicago Press, 1998.

Elliot, R., "Environmental ethics", P. Singer(ed.), *A Companion to Ethics*, Blackwell, 1993.

English, L., "Mathematical And Analogical Reasoning in Early Childhood,", L. English(ed.), *Mathematical and Analogical Reasoning of Young Learners*,

Lawrence Erlbaum Associates Publishers, 2004.
Finkel, D., *Teaching with your mouth shot*, 문희경 역, 『침묵으로 가르치기』 다산북스, 2010.
Fontaine, D., *La Poétique*, 이용주 역, 『시학』, 동문선, 2001.
Frankena, W., *Ethics*, 황경식 역, 『윤리학』, 서울: 종로서적, 1996.
Frye, N., "시와 상징", 김용직 편, 『상징』, 문학과 지성사, 1988.
Gentner, D., Falkenhainer, B., Skorstad, J., "Viewing Metaphor as Analogy", D. Helman(ed.), *Analogical Reasoning: Perpective of Artificial Intelligence, Cognitive Science, and Philosophy*, Kluwer Academic Publishers, 1988.
Gunn, A., Vesilind, P., 김동수 역, 『환경윤리학』, 자유아카데미, 1996.
Gusfield, J., "itro", K. Burke, *On Symbols and Society*, The University of Chicago Press, 1989.
Hahn, U., Ramscar, M.(ed.), *Similarity And Categorization*, Oxford University Press, 2001.
Hart, P., *Teachers' Thinking in Environmental Education*, 최돈형 · 진옥화 · 이성의 공역, 『교사가 생각하는 환경교육』, 원미사, 2007.
Held, V., "Whose Agenda? Ethics versus Cognitive Science", L. May, M. Friedman, A. Clark(eds.), *Mind and Morals*, The MIT Press, 1998.
Henle, P., "Metaphor", *Philosophical Perspectives on Metaphor*, University of Minnesota Press, 1981.
Hesen, J., 진교훈 역, 『가치론』, 서광사, 1992.
Huizinga, J., *Homo Ludens－A Study of the play Element in Culture*, 김윤수 역, 『놀이와 문화에 관한 연구 호모 루덴스』, 까치, 2006.
Iakbson, R., 조주관 편역, 『시의 이해와 분석』, 도서출판 열린책들, 1994. p. 30.
Johnson, M., *Moral Imagination: Implications of Cognitive Science for Ethics*, The University of Chicago Press, 1993.
Johnson, M., *The Body in the Mind: The Bodily Basis of Meaning, Imagination, and reason*, The University of Chicago Press, 1990.
Kaplan, B., "Symbolism: From the Body to the Soul", N. Smith, M. Franklin(eds.), *Symbolic Function In Childhood*, LEA, 1979.
Kirschenbaum, H., *100 ways to enhance values and morality in schools and youth settings*, Allyn and Bacon, 1995.
Kirschenbaum, H., Simon, S., *Readings in Values Clarification*, Winston Press, 1973.
Kohlberg, L., *The Psychology of Moral Development*, Haper and Row, 1984.
Lakoff, G., Johnson, M., *Metaphors We Live By*, The University of Chicago Press,

1981.
Lakoff, G., Johnson, M., *Philosophy in the Flesh: The embodied mind and its challenge to western thought*, BASIC BOOKS, 1999.
Langer, S., *Problems of Art*, 박용숙 역, 『예술이란 무엇인가』, 문예출판사, 2004.
Larry, M., Friedman, M., Clark, A., *Mind and Morals*, 송영민 역, 『마음과 도덕: 윤리학과 인지과학』, 도서출판 울력, 2013.
Lipman, M., *Deciding What to do: Instructional manual to accompany NOUS*, IAPC Montclair State University, 1996.
Lipman, M., *Harry Stottlemeier's Discovery*, IAPC Montclair State University, 1982.
Lipman, M., *Kio & Gus*, IAPC Montclair State University, 1986.
Lipman, M., *NOUS*, IAPC Montclair State University, 1996.
Lipman, M., *Pixie*, IAPC Montclair State University, 1981.
Lipman, M., Sharp, A., *Ethical Inquiry: Instructional Manual to Accompany LISA*, University press of America, 1994.
Lipman, M., Sharp, A., Oscanyanm, F., *Philosophy in the Classroom*, 서울교육대학 철학연구동문회 편역, 『어린이를 위한 철학교육』, 서광사, 1989.
Lipman, M., *Thinking in Education*, Cambridge University Press, 2003.
Lipman, M., *Philosophical inquiry: An Instructional manual to accompany Harry Stottlemeier's Discovery*, IAPC Montclair State University, 1982.
Lotman, J., *The Structure of the Artistic Text*, Uiversity of Michigan, 1977.
Lotman, J., *Analysis of the poetic text*, Uiversity of Michigan, 1977.
Metcalf(ed.), E., *Value Education*, A National Affiliate of National Educational Association, 1971.
Nussbaum, M., *Poetic Justice*, 박용준 역, 『시적 정의』, 궁리, 2013.
Oakeshott, M., *Rationalism in Politics and Other Essays*, Liberty Press, 1991.
Peters, R., *Moral Development and Moral Education*, 남궁달화 역, 『도덕발달과 도덕교육』, 문음사, 1995.
Peterson, C., Seligman, M., *Character Strengths and Virtues: A Handbook and Classification*, 문용린 · 김인자 · 원현주 · 백수현 · 안성영 역, 『긍정심리학의 입장에서 본 성격 강점과 덕목의 분류』, 한국심리상담연구소, 2009.
Polanyi, M., *Personal Knowledge*, Roustledge & Kegan Paul, 1962.
Polly, S., Britton, K., *Character Strengths Matter How to Live a Full Life*, 우문식 · 이미적 역, 『긍정심리학의 강점특권』, 도서출판 물푸레, 2018.
Power, F., Higgins, A., *L. Kohlberg, Lawrence Kohlberg's Approach to Moral Education*, Columbia University Press, 1989.

Power, F., Nuzzi, R., Narvaez, D., Lapsley, D., Hunt, T.(eds.), *Moral Education A Handbook*, Vol. 2, Praeger Publishers, 2008.

R. Reed, "Inventing Classroom Conversation", A. Sharp, R. Reed eds. *Studies in Philosophy: Harry Stottlemeier's discovery*, Temple University Press, 1992.

Rader, M., Jessup, B., *Art and Human Values*, 김광명 역, 『예술과 인간가치』, 까치글방, 2004.

Rancière, J., *Le maître ignorant*, 양창렬 역, 『무지한 스승』, 궁리, 2010.

Rath, L., Harmin, M., Simon, S., *Values and Teaching*, Charles Merill Publishing Company, 1966.

Rawls, J., *A Theory of Justice*, 황경식 역, 『사회정의론』, 서광사, 1985.

Reed, S., *Theory and Applications*, 박권생 역, 『인지심리학: 이론과 적용』, 시그마프레스, 2000.

Reimer J., *Promoting Moral Growth: From Piaget to Kohlberg*, 유병열외 역, 『콜버그 도덕 교육의 이론과 실제』, 레인보우북스, 2009.

Rest, J., *Moral Development*, 문용린외 역, 『도덕발달 이론과 연구』, 학지사, 2008.

Richards, I., *Poetries and Science*, 이국자 역, 『시와 과학』, 도서출판 이삭, 1983.

Ricoeur, P., *Interpretation Theory*, 김윤성 · 조현범 역, 『해석이론』, 서광사, 1994.

Rohbeck, J., *Didaktik der Philosophie und Ethic*, 변순용 역, 『철학 · 도덕교육의 교수법』, 어문사, 2017.

Rosenblatt, L., *The Reader, the Text, the Poem: The Transactional Theory of the Literary Work*, 김혜리, 엄해영 역, 『독자, 텍스트, 시: 문학 작품의 상호 교통 이론』, 한국문화사, 2008.

Saha, P., "Metaphorical style as message", *Analogical Reasoning*, Kluwer Academic Publishers, 1988.

Sahakian, W., *Ethics*, Barnes & Noble Books, 1974.

Salmon, W., *Logic*, 곽강제 역, 『논리학』, 박영사, 1990.

Sanders, D., Sanders, J., *Teaching Creativity Through Metaphor*, Longman, 1984.

Seligman, M. *Authentic Happiness: Using the New Positive Psychology to Realize Your Potential for Lasting Fulfillment*, 김인자 · 우문식 역. 『긍정심리학』, 도서출판 물푸레, 2011.

Seligman, M. *Learned Optimism: How to Change Your Mind And Your Life*, 우문식 · 최호역 역, 『낙관성 학습』, 도서출판 물푸레, 2012.

Seligman, M.,. *Authentic Happiness: Using the New Positive Psychology to Realize Your Potential for Lasting Fulfillment*, 2002.

Seligman. M., *The Optimistic Child: A Proven Program to Safeguard Children Against*

Depression and Build Lifelong Resilience, Houghton Mifflin, 2007.
Silver, A., *The Scripture Analogy Between The Material Universe And The Human Mind*, Kessinger Publishing, 2005.
Singer, P., 황경식 역, 『실천윤리학』, 철학과 현실사, 1992.
Spiney, N., *The Constructivist Metaphor*, Academic Press, 1997.
Sprod, T., *Philosophical Discussion in Moral Education: The community of ethical inquiry*, Routledge, 2001.
Sterba, J., "Justifying Morality", L. May, M. Friedman, A. Clark(eds.), *Mind and Morals*, The MIT Press, 1998.
Sternberg, R., *Metaphors of mind*, Cambridge University Press, 1990.
Straughan, R., *Can we teach children to be good?* , George Allen & Unwin, 1982.
Sweet, A., Snow, C., *Rethinking Reading Comprehension*, 엄해영 · 이재승 · 김대희 · 김지은 역, 『독서교육에 대한 새로운 이해』, 한국문화사, 2007.
Tamboling, J., *Narrative and Ideology*, 이호 역, 『서사학과 이데올로기』, 예림기획, 2000.
Tyler, R., *Basic Principles of Curriculum and Instruction*, 진영은 역, 『Tyler의 교육과정과 수업지도의 기본원리』, 양서원, 1996.
Urban, W., "상징 체계의 일반 이론", 김용직 편, 『상징』, 문학과 지성사, 1988.
Watson, M., Benson, K., "Creating a culture for character", M. Schwarts(ed.), *Effective character education*, 2008.
Whitehead, A., *Symbolism: its Meaning and Effect*, 정연홍 역, 『상징작용 그 의미와 효과』, 서광사, 1989.
Wilson, J., *Think with concept*, Cambridge University Press, 2005.
Wilson, J., *A Preface to Morality*, BARAN & NOBLE BOOKS, 1988.
Wilson, J., *Philosophy and practical education*, 1977, Roustledge & Kegan Paul, 1977.
Wilson, J., *The assessment of morality*, NFER-NELSON Publishing, 1973.

미주

Chapter 01 도덕과 교수텍스트의 특성

1. 도덕과 교수텍스트의 상징성

1) 김태길, 『윤리학』, 서울: 박영사, 1983, pp. 168－174.
2) 교육부, 『도덕과 교육과정(고시 제2015－74호)』, 2015, pp. 178－179.
3) 교육부, 『도덕과 교육과정(고시 제2015－74호)』, 2015, pp. 178－179.
4) 의미 도식은 레이코프와 존슨의 이미지 도식(image schema)에 관한 아이디어를 참조한 것이다. 그들은 추상적 개념은 은유적으로 이해되며, 은유적 이해에서 대상 영역을 이해하는 근원 영역의 형식을 이미지 도식이라 한다. 이러한 이미지 도식은 반복적인 물리적이고 신체적 경험에서 형성되어 추상적 개념 이해에 투사되는 심적 이미지의 내적 구조이다. (M. Johnson, *Moral Imagination: Implications of Cognitive Science for Ethics*, The University of Chicago Press, 1993. M. Johnson, *The Body in the Mind: The Bodily Basis of Meaning, Imagination, and reason*, The University of Chicago Press, 1990. G. Lakoff, M. Johnson, *Metaphor We Live by*, The University of Chicago Press, 1981. G. Lakoff, M. Johnson, *Philosophy in the Fresh: The Embodied Mind and Its Challenge to Western Thought*, The University of Chicago Press, 1981. M. Larry, M. Friedman, A. Clark, *Mind and Morals*, 송영민 역, 『마음과 도덕: 윤리학과 인지과학』, 도서출판 울력, 2013. 노양진, 『몸이 철학을 말하다: 인지적 전환과 체험주의의 물음』, 서광사, 2013. 참조). 이 아이디어에 근거하면, 도덕의 의미 도식은 도덕적 사상(事象)의 의미 구조이면서, 동시에 신체적 경험에서 발생하여 인식 주체의 마음에 형성되어 있는 인식 구조로서, 도덕적 사상과 인식 주체가 공유하는 구조를 말한다.
5) 교육부, 『도덕과 교육과정(고시 제2015－74호)』, 2015, p. 177.
6) A. Ado, *A Dictionary of Ethics*, 박장호·이인재 역, 『윤리학 사전』, 백의, 1996. p. 182.
7) F. Power, R. Nuzzi, D. Narvaez, D. Lapsley, T. Hunt(eds.), *Moral Education A Handbook*, Vol. 2, Praeger Publishers, 2008, p. 413.
8) 박병춘, 『배려 윤리와 도덕 교육』, 울력, 2002, pp. 13－17.
9) 박해용·심옥숙, 『철학 용어 용례 사전』, 돌기둥, 2005, pp. 40－45.
10) J. Rawls, *A Theory of Justice*, 황경식 역, 『사회정의론』, 서광사, 1985, pp. 32－43.
11) 조성민, 『도덕·윤리교육의 윤리학적 접근』, 교육과학사, 2013, p. 234.
12) F. Power, R. Nuzzi, D. Narvaez, D. Lapsley, T. Hunt(eds.), *Moral Education A*

Handbook, Vol. 2, Praeger Publishers, 2008, p. 384.
13) 변순용, 『책임의 윤리학』, 철학과 현실사, 2007, pp. 36-47.
14) 정연보, 『인간의 사회생물학』, 철학과 현실사, 2004, p. 105.
15) 이정우, 『개념-뿌리들2』, 철학아카데미, 2004, pp. 205-207.
16) 도덕과 교육과정 시안개발 연구팀, "2011 도덕과 교육과정 시안 개발 연구", 『2011 도덕과 교육과정 개정 공청회 자료집』, 2011, p. 10.
17) B. Kaplan, "Symbolism: From the Body to the Soul", N. Smith, M. Franklin(eds.), *Symbolic Function In Childhood*, LEA, 1979, pp. 220-227. 참조.
18) J. Gusfield, "itro", K. Burke, *On Symbols and Society*, The University of Chicago Press, 1989. p. 9.
19) 송영민, 『초등 도덕과수업의 이해와 표현』, 울력, 2010, pp. 16-21.
20) J. Bruner, *The Culture of Education*, 강현석·이자현 역, 『교육의 문화』, 교육과학사, 2005, p. 84.
21) E. Baldwin, *Introducing Cultural Studies*, 조애리외 역, 『문화코드, 어떻게 읽을 것인가?』, 도서출판 한울, 2008, p. 25.
22) W. Dick, L. Carey, *The Systematic Design of Instruction*, 김형립외 편역, 『체제적 교수설계-이론과 기법』, 교육과학사, 1996, p. 36.
23) 손민호, "상징적 상호작용/민속방법론과 교육과정 연구", 김영천 편저, 『After Tyler: 교육과정 이론화 1970-2000년』, 문음사, 2006, pp. 195-196.
24) R. Tyler, *Basic Principles of Curriculum and Instruction*, 진영은 역, 『Tyler의 교육과정과 수업지도의 기본원리』, 양서원, 1996, pp. 7-8, pp. 10-11, p. 41, pp. 55-59, pp. 72-73, p. 96, pp. 118-119, p. 135. 송영민, 『초등 도덕과수업의 이해와 표현』, 도서출판 울력, 2010, pp. 16-21. 참조.
25) 김용직, "상징이란 무엇인가", 김용직 편, 『상징』, 문학과 지성사, 1988. pp. 19-20.
26) 신응철, 『캇시러의 문화철학』, 한울 아카데미, 2004, p. 30.
27) 신응철, 『캇시러의 문화철학』, 한울 아카데미, 2004, p. 39.
28) E. Cassirer, *An Essay on Man*, 최명관 역, 『인간이란 무엇인가』, 도서출판 창, 2008, p. 55.
29) E. Cassirer, *An Essay on Man*, 최명관 역, 『인간이란 무엇인가』, 도서출판 창, 2008, pp. 56-57.
30) E. Cassirer, *An Essay on Man*, 최명관 역, 『인간이란 무엇인가』, 도서출판 창, 2008, p. 58.
31) E. Cassirer, *An Essay on Man*, 최명관 역, 『인간이란 무엇인가』, 도서출판 창, 2008, pp. 64-66.
32) E. Cassirer, *An Essay on Man*, 최명관 역, 『인간이란 무엇인가』, 도서출판 창, 2008, pp. 73-77. 참조.
33) E. Cassirer, *An Essay on Man*, 최명관 역, 『인간이란 무엇인가』, 도서출판 창, 2008, pp. 82-88.
34) E. Cassirer, *An Essay on Man*, 최명관 역, 『인간이란 무엇인가』, 도서출판 창, 2008, pp.

94－104.
35) E. Cassirer, *An Essay on Man*, 최명관 역,『인간이란 무엇인가』, 도서출판 창, 2008, pp. 113－115.
36) E. Cassirer, *An Essay on Man*, 최명관 역,『인간이란 무엇인가』, 도서출판 창, 2008, pp. 250－253.
37) W. Urban, "상징 체계의 일반 이론", 김용직 편,『상징』, 문학과 지성사, 1988. pp. 94－96.
38) 김용직, "상징이란 무엇인가", 김용직 편,『상징』, 문학과 지성사, 1988. pp. 40－41.
39) A. Whitehead, *Symbolism: its Meaning and Effect*, 정연홍 역,『상징작용 그 의미와 효과』, 서광사, 1989, pp. 26－28.
40) 박일호,『예술과 상징 상징형식』, 예전사, 2006. pp. 163－165.
41) 정연홍, "화이트헤드의 지각 양태", 한국동서철학회,『동서철학연구』 제18호, 1999, pp. 199－200.
42) 마광수,『상징시학』, 철학과 현실사, pp. 44－45.
43) A. Whitehead, *Symbolism: its Meaning and Effect*, 정연홍 역,『상징작용 그 의미와 효과』, 서광사, 1989, pp. 18－19.
44) A. Whitehead, *Symbolism: its Meaning and Effect*, 정연홍 역,『상징작용 그 의미와 효과』, 서광사, 1989, pp. 20.
45) A. Whitehead, *Symbolism: its Meaning and Effect*, 정연홍 역, 상징작용 그 의미와 효과』, 서광사, 1989, pp. 21－23.
46) 김용직, "상징이란 무엇인가", 김용직 편,『상징』, 문학과 지성사, 1988. pp. 35－38.
47) G. Durand, *L'imagination symbolique*, 진형준 역,『상징적 상상력』, 문학과 지성사, 1998, p. 23 참조.
48) G. Durand, *L'imagination symbolique*, 진형준 역,『상징적 상상력』, 문학과 지성사, 1998, p. 98. 참조.
49) G. Durand, *L'imagination symbolique*, 진형준 역,『상징적 상상력』, 문학과 지성사, 1998, pp. 15－19.

2. 도덕과 교수텍스트의 저자성

1) T. Eaude, *New Perspectives on Young Children's Moral Education*, London: Bloomsbury, 2016, pp. 66－68. 참조.
2) 교육부,『도덕3 교사용지도서』, 지학사, 2018, p. 54.
3) 교육부,『도덕3 교사용지도서』, 지학사, 2018, pp. 98－102.
4) J. Wilson, *Think with concept*, Cambridge: Cambridge University Press, 2005, pp. 1－39. 참조.
5) 교육부,『도덕3 교사용지도서』, 지학사, 2018, pp. 66－68.
6) E. Metcalf(ed.), *Value Education*, Washington: A National Affiliate of National

Educational Association, 1971, pp. 2–83.

7) 교육부, 『도덕3 교사용지도서』, 지학사, 2018, pp. 68–69.
8) L. Rath, M. Harmin, S. Simon, *Values and Teaching*, Columbus: Charles Merill Publishing Company, 1966, pp. 9–32.
9) 교육부, 『도덕3 교사용지도서』, 지학사, 2018, pp. 70–71.
10) 협의의 해석에서는 도덕 토론 수업을 콜버그의 전통적인 도덕 딜레마 토론 수업으로 한정한다. 하지만 도덕과 토론 수업을 도덕 판단력과 합리적인 의사결정 능력 향상을 위한 수업이라고 본다면, 여기에는 가치갈등 해결, 합리적 의사결정, 가치분석, 도덕적 토론 수업모형이 포함된다.(김항인, "도덕과 토론 수업모형의 분석과 활용", 한국초등도덕교육학회, 『초등도덕교육』 제56집, 2017. p. 3.)
11) L. Kohlberg, *The Psychology of Moral Development*, San Francisco: Haper and Row, 1984, pp. 174–176. 남궁달화, 『콜버그의 도덕교육론』, 철학과 현실사, 1995, pp. 48–69.
12) 교육부, 『도덕3 교사용지도서』, 지학사, 2018, pp. 74–75.
13) K. Egan, *an imaginative approach to teaching*, San Francisco: Jossey–Bass, 2005, pp. 9–13.
14) 고미숙, 『대안적 도덕교육』, 교육과학사, 2005, pp. 179–182.
15) 신현우, "초등 도덕교육에서의 도덕 이야기 수업모형 개선 방향 탐구", 한국윤리학회, 『윤리연구』 제83권, 2011, pp. 266–268.
16) 교육부, 『도덕3 교사용지도서』, 지학사, 2018, pp. 75–77. 고미숙, 『대안적 도덕교육』, 교육과학사, 2005, pp. 179–182.
17) 교육부, 『도덕과 교육과정(고시 제2015–74호)』. H. Kirschenbaum, *100 ways to enhance values and morality in schools and youth settings*, Allyn and Bacon, 1995. 정창우 외, 『도덕과 교수·학습 방법 및 평가』, 인간사랑, 2007. pp. 151–692. M. Watson, K. Benson, "Creating a culture for character", M. Schwarts(ed.), *Effective character education*, McGraw–Hill, 2008. 참조.
18) 피종호, "해체미학", 뿌리와 이파리, 2005, p. 204.
19) 한국텍스트언어학회, 『텍스트언어학의 이해』, 박이정, 2004, pp. 18–19.
20) 피종호, "해체미학", 뿌리와 이파리, 2005, p. 222.
21) 최용호, 『텍스트 의미론 강의』, 인간사랑, 2004, pp. 36–50.

Chapter 02 교수텍스트의 실제

1. '윤리적 성찰'에 관한 어린이 철학교육 방법 중심의 교수텍스트

1) 제시된 이야기는 '나는 올바르게 살아가고 있을까?'라는 내용 요소를 수업하기 위해 『노우스』의 내용을 재구성한 것이다. 이 재구성을 위해 "마지막 수업"(권영미 역, 『세계우수단편모음』, 삼성출판사, 2007, pp. 83–94.)도 참조하였다.

2) 이 단계의 교수텍스트에 제시된 교수학습 활동 중 일부는 *Nous*의 교사용 매뉴얼(M. Lipman, *Deciding What to do: Instructional manual to accompany*, NOUS, IAPC Montclair State University, 1996.)에 제시된 토론활동과 탐구활동을 발췌·요약·재구성하였다. 재구성에서 내용 요소, 학생의 가독성 등을 고려하였다.
3) 교육부, 『도덕과 교육과정(고시 제2015－74호)』. 참조.
4) 교육부, 『도덕4 교사용 지도서』, 지학사, 2019, p. 421.
5) A. Ado, *A Dictionary of Ethics*, 박장호·이인재 역, 『윤리학 사전』, 백의, 1996, p. 309.
6) S. Polly, K. Britton, *Character Strengths Matter How to Live a Full Life*, 우문식·이미적 역, 『긍정심리학의 강점특권』, 도서출판 물푸레, 2018, p. 278.
7) 교육부, 『도덕과 교육과정(고시 제2015－74호)』.
8) 교육인적자원부, 『국민공통 기본교과 도덕(고시 제2007－79호)』. 교육과학기술부, 『도덕과 교육과정(고시 제2012－14호)』.
9) 교육부, 『도덕과 교육과정(고시 제1997－15호)』.
10) 교육과학기술부, 『초등학교 교육과정 해설』, 2008. pp. 68－72.
11) R. Straughan, *Can we teach children to be good?*, London: George Allen & Unwin, 1982, pp. 14－15.
12) A. Ado, *A Dictionary of Ethics*, 박장호·이인재 역, 『윤리학 사전』, 백의, 1996, p. 270. 우리사상연구소, 『우리말 철학사전2』, 지식산업사, 2002, p. 231. É Clément, *PRATIQUE DE LA PHILOSOPHIE DE A Á Z*, 이정우 역, 『철학사전』, 동녘, 2001, pp. 228－229. 김태길, 『윤리학』, 박영사, 1983, p. 21. W. Frankena, *Ethics*, 황경식 역, 『윤리학』, 종로서적, 1996, p.8. W. Sahakian, *Ethics*, Barnes & Noble Books, 1974, p. 1. 참조.
13) '어린이 철학교육'은 미국의 '어린이 철학교육 연구소(IAPC: Institute for the Advancement of Philosophy for Children)'를 중심으로 제안·연구·실행된 철학교육을 지칭한다. 한편, 어린이 철학교육과 도덕교육을 연관시켜 논의한 주요 연구에는 김희용, "어린이 철학교육의 방법론 및 도덕교육에의 활용", 한국초등교육학회, 『초등교육연구』, 제15권2호, 2002. 박찬영, "어린이철학 : 도덕교육의 새로운 접근", 한국초등도덕교육학회, 『초등도덕교육』, 제11집, 2003. 고민지, "인성교육을 위한 초등도덕과 교육의 방향: 어린이 철학을 중심으로", 한국초등도덕교육학회, 『한국초등도덕교육학회 하계학술발표논문집』, 2015. 정보주, "어린이 철학에 기초한 도덕교육", 한국초등도덕교육학회, 『초등도덕교육』, 제7집, 2001. 박진환, "생각함을 키우는 어린이 도덕교육－전문가 모형을 중심으로", 한국윤리교육학회, 『윤리교육연구』, 제7권, 2005. 장승희, "통일세대를 위한 도덕과의 신뢰교육 방안－어린이 철학교육을 적용하여", 한국윤리학회, 『윤리교육』, 제108권, 2016. 이선영, "철학적 탐구공동체의 통합적 도덕교육적 적용", 한국초등도덕교육학회, 『초등도덕교육』, 제11집, 2003. 등이 있다.
14) E. Martens, *Philosophieren mit Kindern*, 박승억 역, 『어린이와 함께 철학하기』, 지리소, 2000, pp. 14－16.
15) E. Martens, *Pholosophieren mit Kindern*, 박승억 역, 『어린이와 함께 철학하기』, 지리소, 2000, pp. 17－18.
16) E. Martens, *Pholosophieren mit Kindern*, 박승억 역, 『어린이와 함께 철학하기』, 지리

소, 2000, pp. 32－34.

17) M. Lipman, A. Sharp, F. Oscanyan, *Philosophy in the Classroom*, 서울교육대학 철학연구동문회 편역, 『어린이를 위한 철학교육』, 서광사, 1989, pp. 53－54.

18) M. Lipman, A. Sharp, F. Oscanyan, *Philosophy in the Classroom*, Temple University Press, 1980, p. xv

19) M. Lipman, A. Sharp, F. Oscanyanm, *Philosophy in the Classroom*, 서울교육대학 철학연구동문회 편역, 『어린이를 위한 철학교육』, 서광사, 1989, pp. 31－39.

20) M. Lipman, A. Sharp, *Ethical Inquiry: Instructional Manual to Accompany* LISA, University press of America, 1994, p. ii.

21) M. Lipman, *Deciding what to do: instructional manual to accompany NOUS*, The IAPC Montclair State University, 1996, p. i.

22) M. Lipman, A. Sharp, F. Oscanyanm, *Philosophy in the Classroom*, 서울교육대학 철학연구동문회 편역, 『어린이를 위한 철학교육』, 서광사, 1989, pp. 58－59.

23) T. Sprod, *Philosophical Discussion in Moral Education: The community of ethical inquiry*, Routledge, 2001, p. 204.

24) M. Lipman, A. Sharp, F. Oscanyanm, *Philosophy in the Classroom*, 서울교육대학 철학연구동문회 편역, 『어린이를 위한 철학교육』, 서광사, 1989, pp. 82－83.

25) J. Rohbeck, *Didaktik der Philosophie und Ethic*, 변순용 역, 『철학 · 도덕교육의 교수법』, 어문사, 2017, pp. 82－84.

26) M. Lipman, A. Sharp, F. Oscanyanm, *Philosophy in the Classroom*, 서울교육대학 철학연구동문회 편역, 『어린이를 위한 철학교육』, 서광사, 1989, pp. 96－109. 참조.

27) R. Reed, "Inventing Classroom Conversation", A. Sharp, R. Reed eds. *Studies in Philosophy: Harry Stottlemeier's discovery*, Temple University Press, 1992.

28) 어린이 철학교육에서 『키오와 구스』는 과학적 탐구에, 『픽시』는 글쓰기에, 『해리 스토틀마이어의 발견』은 논리적 탐구에, 『토니』는 과학적 탐구에, 『노우스』는 윤리적 탐구에 더 초점을 둔다. M. Lipman, *Kio & Gus*, IAPC Montclair State University, 1986. M. Lipman, *Pixie*, IAPC Montclair State University, 1981. M. Lipman, *Harry Stottlemeier's Discovery*, IAPC Montclair State University, 1982. M. Lipman, *NOUS*, IAPC Montclair State University, 1996. M. Lipman, *Philosophical inquiry: An Instructional manual to accompany Harry Stottlemeier's Discovery*, IAPC Montclair State University, 1982. M. Lipman, *Deciding What to do: Instructional manual to accompany NOUS*, IAPC Montclair State University, 1996. 참조.

29) M. Lipman, *Deciding What to do: Instructional manual to accompany*, NOUS, IAPC Montclair State University, 1996. 참조.

30) M. Lipman, *Thinking in Education*, Cambridge University Press, 2003, pp. 101－103. 참조.

31) K. Egan, *an imaginative approach to teaching*, Jossey－Bass, 2005, pp. 10－12.

2. '자주'에 관한 가치탐구 방법 중심의 교수텍스트

1) 교육부, 『도덕과 교육과정(고시 제2015－74호)』. 참조.
2) A. Ado, *A Dictionary of Ethics*, 박장호·이인재 역, 『윤리학 사전』, 백의, 1996, p. 318.
3) M. Watson, K. Benson, "Creating a culture for character", M. Schwarts(ed.), *Effective character education*, 2008, McGraw－Hill, p. 61.
4) 교육부, 『도덕과 교육과정(고시 제2015－74호)』. 참조.
5) 이하 가치탐구 워크숍과 관련된 내용은 남궁달화, 『가치탐구교육론』, 철학과 현실사, 1994, pp. 217－255. 발췌·요약.

3. '정직'에 관한 유추적 이해 방법 중심의 교수텍스트

1) 교육부, 『생활의 길잡이 5』, 2003, p. 10.
2) M, Lipman, *Deciding what to do: Instructional Manual to Accompany NOUS*, IAPC, 1996, p. 4.
3) 교육부, 『도덕5』, 2019, pp. 12－13.
4) 교육부, 『도덕과 교육과정(고시 제2015－74호)』. 참조.
5) 교육부, 『도덕4 교사용 지도서』, 지학사, 2019, p. 412.
6) S. Polly, K. Britton, *Character Strengths Matter How to Live a Full Life*, 우문식·이미적 역, 『긍정심리학의 강점특권』, 도서출판 물푸레, 2018, p. 165.
7) 정미린, "수학교육에서 유추적 사고에 관한 연구", 고려대학교 박사학위논문, 2014, p. 13.
8) L. English, "Mathematical And Analogical Reasoning in Early Childhood,", in L. English(ed.), *Mathematical and Analogical Reasoning of Young Learners*, Lawrence Erlbaum Associates, Publishers, 2004, p. 4.
9) 신현정, 『개념과 범주화』, 아카넷, 2000, pp. 77－78.
10) 신현정, 『개념과 범주화』, 아카넷, 2000, p. 107.
11) 정미린, "수학교육에서 유추적 사고에 관한 연구", 고려대학교 박사학위논문, 2014, pp. 25－28.
12) W. Salmon, *Logic*, 곽강제 역, 『논리학』, 박영사, 1990, pp. 214－215. 이 논증은 'X유형의 대상은 G, H 등의 속성을 가지고 있다. Y유형의 대상도 G. H 등등의 가지고 있다. X유형의 대상이 F라는 속성을 가지고 있다. ∴Y유형의 대상도 F라는 속성을 가지고 있다.'는 형식이다.
13) 김화성, "칸트의 초월적 주체성에 관한 고찰", 고려대학교 철학연구소, 『철학연구』 제31권, 2006, pp. 178－179.
14) 백종현, 『철학의 개념과 주요문제』, 철학과 현실사, 2007, pp. 203－204.
15) 김정주. 『칸트의 인식론』, 철학과 현실사, 2001, pp. 339－343.
16) 최경원, "칸트의 전통존재론의 해체와 재구성－경험의 유추의 원칙을 중심으로－", 한국칸트철학회, 『칸트연구』 제22집, 2008, pp. 29－33.
17) A. Silver, *The Scripture Analogy Between The Material Universe And The Human*

Mind, Kessinger Publishing, 2005, pp. 48–58.

18) S. Cargill, *Philosophy of Analogy and Symbolism*, Kessinger Publishing, 2015, p. 19.

19) U. Hahn, M. Ramscar(ed.), *Similarity And Categorization*, Oxford University Press, 2001, p. 20.

20) G. Lakoff, M. Johnson, *Metaphors We Live By*, The University of Chicago Press, 1981, pp. 147–153.

21) Gentner, D., Falkenhainer, B., Skorstad, J., "Viewing Metaphor as Analogy", in Helman, D., *Analogical Reasoning: Perpective of Artificial Intelligence, Cognitive Science and Philosophy*, Kluwer Academic Publishers, 1988, p. 172.

22) L. Kohlberg, *The Psychology of Moral Development*, Haper and Row, 1984, pp. 174–176.

23) 유영옥, 『상징과 기호의 사회과학』, 홍익재, 2007, pp. 15–20.

24) 김용직, "상징이란 무엇인가", 김용직 편, 『상징』, 문학과 지성사, 1988. pp. 21–26.

25) R. Boostrom, *Developing Creative & Critical Thinking*, 강명의 편역, 『창의적 · 비판적 사고』, 창지사, 1999, pp. 100–101.

26) 이경화, "수학적 지식의 구성에서 유추적 사고의 역할", 대한수학교육학회, 『수학교육학연구』제19권 제3호, 2009, pp. 355–361. <집합론에서 유추적 사고>는 이해하기 어려운 무한한 세계를 이해 가능한 유한한 세계와의 유사성을 통해 무한에 대한 구체적이고 수학적인 이해와 해석이 가능했던 사례이다. Cantor는 자연수에 대해 가지고 있는 직관에 의존하여 기수의 상등과 유한집합의 대등관계 사이의 유추, 유한집합의 대등관계와 무한집합의 대등관계 사이의 유추를 완성한다. 이는 무한집합의 산출체계를 완성하는 데 결정적인 역할을 한다. <무한급수의 합 문제해결 과정에서의 유추>는 무한급수의 합을 구하는 사례이다. 이 사례에서는 유한개의 항으로 표현되는 다항방정식의 근에 대해 성립하는 성질을 무한개의 항을 가지는 삼각방정식에 확장하여 적용하였다. Euler는 유한개의 항을 가지는 다항방정식의 근과 계수의 관계가 무한개의 항을 가지는 사인방정식에도 적용된다는 것을 정당화하지 않고 위 문제를 해결하였다. <음수와 음수의 연산 체계화 과정에서의 유추>는 음수 사이의 연산에서 교환법칙, 결합법칙, 분배법칙을 만족하는 문자 산술의 규칙을 음수에 확장하여 정의한 것이며, 문자와 음수 사이의 유추를 통해 음수를 체계화한 것이다. De Morgen은 특정한 맥락이나 의미와 관련되지 않은 형식적인 정의, 곧 대수적인 성질의 유지에 기초한 유추에 의해 음수와 음수의 연산을 체계화하였다. <복수와 복소수 연산의 체계화 과정에서의 유추>는 복소수와 그 연산이 형식적으로 정의되었지만, 기하적 표현 도구에 의해 재조명되면서 그 의미가 분명해진 사례이다. 실수에서 복소수로의 확장은 대수적인 구조로부터의 유추에 의해 시도 되었으며, 확장에 의해 만들어진 새로운 개념과 연산의 의미는 기하적 표현에 의해 확보되었다.

27) 이경화, "수학적 지식의 구성에서 유추적 사고의 역할", 대한수학교육학회, 『수학교육학연구』 제19권 제3호, 2009, pp. 361–365.

28) 이경화, "수학적 지식의 구성에서 유추적 사고의 역할", 대한수학교육학회, 『수학교육학연구』 제19권 제3호, 2009, pp. 366–367.

29) 교육부, 『초등학교 교육과정(고시 제2015–74호)』, p. 175.

30) 유영옥, 『상징과 기호의 사회과학』, 홍익재, 2007, p. 15.

4. '우정'에 관한 은유적 이해 방법 중심의 교수텍스트

1) 교육부, 『도덕3』, 2020, pp. 8－9. 참조.
2) M, Lipman, *Deciding what to do: Instructional Manual to Accompany NOUS*, IAPC, 1996, p. 146.
3) 교육부, 『도덕과 교육과정(고시 제2015－74호)』, p. 17.
4) 교육부, 『도덕4 교사용 지도서』, 지학사, 2019, pp. 414－415.
5) A. Ado, *A Dictionary of Ethics*, 박장호·이인재 역, 『윤리학 사전』, 백의, 1996, pp. 257－258.
6) 은유적 이해와 관련된 내용은 송영민, 『초등 도덕과수업의 이해와 표현』, 울력, 2010, pp. 151－170. 송영민, "은유적 이해에 근거한 도덕과수업 방안", 한국철학사연구회, 『한국철학논집』 제19집, 2006, pp. 105－129. 참조.
7) 도덕교육에서 예화의 의의에 대한 상세한 논의는, 임병덕의 "도덕교육에서 예화의 의의" 『도덕교육학연구』, 제3집, 한국도덕교육학연구회, 2002, pp. 1－18. 참조.
8) 조재인, "칸트의 구상력에 관한 연구", 전남대학교 박사학위논문, 1993, p. 51.
9) 김광명, 『칸트 미학의 이해』, 철학과 현실사, 2004, p. 174.
10) M. Polanyi, *Personal Knowledge*, Roustledge & Kegan Paul, 1962, p. 123.
11) M. Polanyi, *Personal Knowledge*, Roustledge & Kegan Paul, 1962, p. 159.
12) 김종도, 『인지문법적 관점에서 본 환유의 세계』, 경진문화사, 2005, pp. 160－164.
13) P. Saha, "Metaphorical style as message", *Analogical Reasoning*, Kluwer Academic Publishers, 1988, pp. 41－44.
14) N. Spiney, *The Constructivist Metaphor*, Academic Press, 1997, p. 2.
15) 김기현, 『현대 인식론』, 민음사, 2003, pp. 265－270.
16) 임지룡, 『인지의미론』, 탑출판사, 1999, p. 174.
17) G. Lakoff, M. Johnson, *Philosophy in the flesh*, Basic Books, 1999, pp. 313－316.
18) K. Egan, *An imaginative approach to teaching*, Jossey－Bass, 2005, p. 13.
19) P. Henle, "Metaphor", *Philosophical Perspectives on Metaphor*, University of Minnesota Press, 1981, pp. 83－96.
20) D. Sanders, J. Sanders, *Teaching Creativity Through Metaphor*, Longman, 1984, p. 19.
21) D. Sanders, J. Sanders, *Teaching Creativity Through Metaphor*, Longman, 1984, p. 51.
22) R. Sternberg, *Metaphors of mind*, Cambridge University Press, 1990, pp. 4－16.
23) P. Benson, "Perspective on face perception－Directing research by exploiting emergent prototypes", *Cognitive and Computational Aspects of Face Recognition*, Routledge, 1995, p. 208.

24) S. Reed, *Theory and Applications*, 박권생 역, 『인지심리학: 이론과 적용』, 시그마프레스, 2000, p. 98.
25) R. Straughan, *Can we teach children to be good?* , George Allen & Unwin, 1982, pp. 46–47.
26) M. Johnson, *Moral Imagination*, The University of Chicago press, 1997, p. 8.
(사진·삽화 출처)
교육부, 『도덕3』, 2020, p. 7, p. 11, p. 13, p. 14, p. 17, p. 18.

5. '존중'에 관한 이야기 형식 중심의 교수텍스트

1) 요시타케 신스케, 고향옥 역, 『보이거나 안 보이거나』, 토토북, 2019. 참조. 인용문 네이버 책(https://book.naver.com/bookdb/book_detail.nhn?bid=14652577).
2) 교육부, 『도덕과 교육과정(고시 제2015–74호)』.
3) 교육부, 『도덕4 교사용 지도서』, 지학사, 2019, p. 414, p. 425. 참조.
4) A. Ado, *A Dictionary of Ethics*, 박장호·이인재 역, 『윤리학 사전』, 백의, 1996, pp. 331–332.
5) 이야기에 비해 서사는 사건에 대한 인과관계가 더 복잡하며, 가치 담재적이지 않을 수 있다는 점에서 구별된다(J. Tamboling, *Narrative and Ideology*, 이호 역, 『서사학과 이데올로기』, 예림기획, 2000, p. 27.). 본고에서는 일상어나 교육적 맥락에서 이야기와 서사는 엄격히 구분하지 않고 있으므로, 특별히 구별해야 할 필요가 있는 경우가 아니라면 이야기와 서사를 문맥에 따라 사용한다.
6) A. Sweet, C. Snow, *Rethinking Reading Comprehension*, 엄해영·이재승·김대희·김지은 역, 『독서교육에 대한 새로운 이해』, 한국문화사, 2007, p. 16.
7) K. Egan, *Teaching as Story Telling*, The University of Chicago Press, 1986, p. 33.
8) K. Egan, *Teaching as Story Telling*, The University of Chicago Press, 1986, pp. 38–39.
9) 우한용, 『서사교육론』, 동아시아, 2001, pp. 30–31.
10) K. Egan, *Imagination in Teaching and Learning*, The University of Chicago Press, 1992, p. 43.
11) K. Egan, "Imagination, past and present", *Teaching and Learning Outside the Box*, K. Egan, M. Stout, K. Takaya (eds.), Teachers College Press, 2007, p. 18.
12) K. Egan, *Imagination in Teaching and Learning*, The University of Chicago Press, 1992, p. 166.
13) K. Egan, *Imagination in Teaching and Learning*, The University of Chicago Press, 1992, p. 67.
14) K. Egan, *The Educated Mind: How Cognitive Tools Shape Our Understanding*, The University of Chicago Press, 1998, p. 29.
15) K. Egan, *getting it wrong from the beginning*, Yale University Press, 2002, p. 183.
16) K. Egan, *imaginative approach to teaching*, Jossey–Bass, 2005, pp. xiii– xvi.

17) K. Egan, *imaginative approach to teaching*, Jossey－Bass, 2005, pp. 2－6.
18) K. Egan, *imaginative approach to teaching*, Jossey－Bass, 2005, pp. 78－82.
19) K. Egan, *imaginative approach to teaching*, Jossey－Bass, 2005, pp. 152－154.
20) K. Egan, *imaginative approach to teaching*, Jossey－Bass, 2005, p. 15.
21) K. Egan, imaginative approach to teaching, Jossey－Bass, 2005, p. 124.

6. '공감'에 관한 가치분석 방법 중심의 교수텍스트

1) 교육부, 『도덕과 교육과정(고시 제2015－74호)』.
2) 교육부, 『도덕4 교사용 지도서』, 지학사, 2019, p. 414, p. 425.
3) 송영민, 『초등 도덕과수업의 이해와 표현』, 울력, 2010, pp. 116－117.
4) E. Metcalf(ed.), *Value Education*, A National Affiliate of the National Educational Association, 1971, p. 29.
5) E. Metcalf(ed.), *Value Education*, A National Affiliate of the National Educational Association, 1971, pp. 2－13.
6) E. Metcalf(ed.), *Value Education*, A National Affiliate of the National Educational Association, 1971, pp. 13－16.
7) E. Metcalf(ed.), *Value Education*, A National Affiliate of the National Educational Association, 1971, pp. 29－61.
8) E. Metcalf(ed.), *Value Education*, A National Affiliate of the National Educational Association, 1971, pp. 76－77, 82－83. 단순가치 모형의 도식적 설명은 다음과 같다.

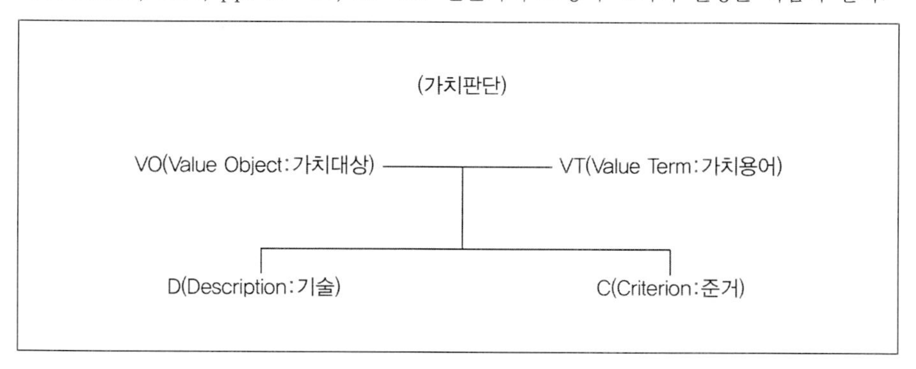

9) E. Metcalf(ed.), *Value Education*, A National Affiliate of the National Educational Association, 1971, pp. 86－91. 확대가치 모형의 도식적 설명은 다음과 같다.

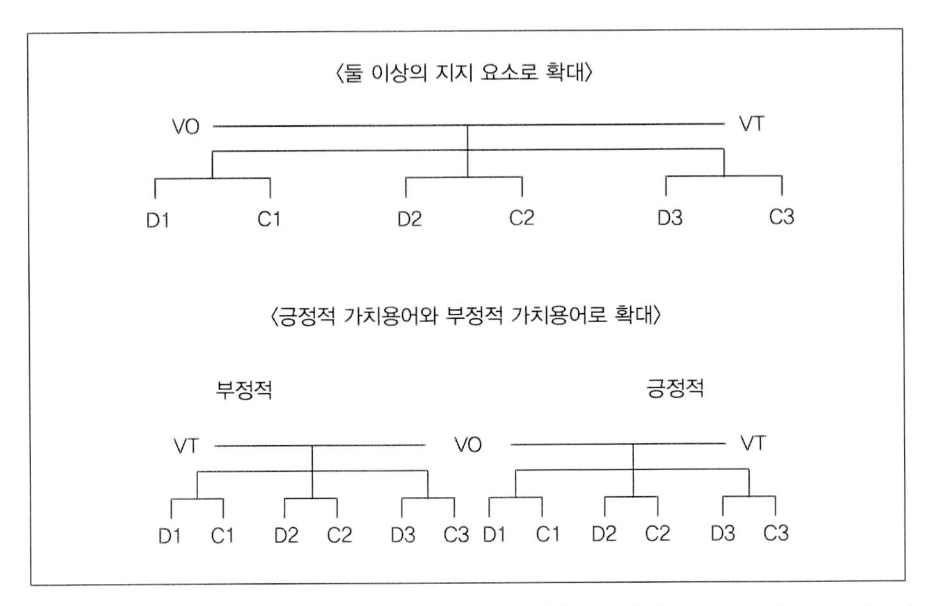

10) E. Metcalf(ed.), *Value Education*, A National Affiliate of the National Educational Association, 1971, pp. 122－136.
11) E. Metcalf(ed.), *Value Education*, A National Affiliate of the National Educational Association, 1971, pp. 152－162.

7. '공익 추구'에 관한 도덕적 토론 방법 중심의 교수텍스트

1) 교육부, 『도덕6』, 2020. p. 88.
2) 레스트(Rest)가 개발한 'DIT(Defining Issues Test' 검사지를 활용하여 구성함. "윤리적 의사결정 과정(조성민, 미발간 자료)"/ J. Rest, *Moral Development*, 문용린외 역, 『도덕발달 이론과 연구』, 학지사, 2008, pp. 246－251.
3) 교육부, 『도덕과 교육과정(고시 제2015－74호)』.
4) 교육부, 『도덕4 교사용 지도서』, 지학사, 2019, pp. 417－41, p. 426. 참조.
5) L. Kohlberg, *The Psychology of Moral Development*, Haper and Row, 1984, pp. 174－176. 남궁달화, 『콜버그의 도덕교육론』, 철학과 현실사, 1995, pp. 48－69. F. Power, A. Higgins, L. *Kohlberg, Lawrence Kohlberg's Approach to Moral Education*, Columbia University Press, 1989, pp. 8－9. 참조.
6) 교육부, 『도덕3 교사용지도서』, 지학사, 2018, pp. 74－75.
7) J. Reimer, D. Paolitto, R. Hersh, *Promoting Moral Growth: From Piaget to Kohlberg*, Longman, 1979, pp. 155－164. 유병열 외 공역, 『콜버그 도덕 교육의 이론과 실제』, 레인보우북스, 2009, 180－190. 교육부, 『도덕4 교사용 지도서』, 지학사, 2019, pp. 446－449. 참조.
8) J. Reimer, D. Paolitto, R. Hersh, *Promoting Moral Growth: From Piaget to Kohlberg*,

Longman, 1979, pp. 155－164. 유병열 외 공역, 『콜버그 도덕 교육의 이론과 실제, 레인보우북스, 2009, 190－202. 교육부, 『도덕4 교사용 지도서』, 지학사, 2019, pp. 446－449. 참조.

8. '공정'에 관한 개념분석 방법 중심의 교수텍스트

1) 교육부, 『도덕6』, 2019, p. 95. 참조.
2) 김정빈, 『숭어』, 배동바지, 2004, p. 50.
3) 김정빈, 『숭어』, 배동바지, 2004, p. 51.
4) M, Lipman, *Deciding what to do: Instructional Manual to Accompany NOUS*, IAPC, 1996, p. 8.
5) 교육부, 『도덕과 교육과정(고시 제2015－74호)』.
6) M. Scligman(2002). *Authentic Happiness: Using the New Positive Psychology to Realize Your Potential for Lasting Fulfillment*, 김인자 · 우문식 역(2011). 『긍정심리학』, 도서출판 물푸레, p. 262. S. Polly, K. Britton, *Character Strengths Matter How to Live a Full Life*, 우문식 · 이미정 역, 『긍정심리학의 강점특권』, 도서출판 물푸레, 2018, p. 230. 참조.
7) C. Peterson, M. Seligman, *Character Strengths and Virtues: A Handbook and Classification*, 문용린 · 김인자 · 원현주 · 백수현 · 안성영 역, 『긍정심리학의 입장에서 본 성격 강점과 덕목의 분류』, 한국심리상담연구소, 2009, p. 63.
8) C. Peterson, M. Seligman, *Character Strengths and Virtues: A Handbook and Classification*, 문용린 · 김인자 · 원현주 · 백수현 · 안성영 역, 『긍정심리학의 입장에서 본 성격 강점과 덕목의 분류』, 한국심리상담연구소, 2009, pp. 426－429.
9) 교육부, 『도덕4 교사용 지도서』, 지학사, 2019, p. 410, 426. 참조.
10) J. Wilson, *The assessment of morality*, NFER－NELSON Publishing, 1973, pp. 35－36, pp. 41－68. 참조. 한편, PHIL은 그리스어 philos에서, EMP는 empathe에서, GIG는 gignosco에서, KRAT는 kratos에서 따온 말이다. 남궁달화, 『현대 도덕교육론』, 교육과학사, 2008, pp. 231－241.
11) J. Wilson, *Philosophy and practical education*, Roustledge & Kegan Paul, 1977, pp. 66－68.
12) 강재륜, 『윤리와 언어분석』, 철학과 현실사, 1996, p. 156.
13) 정대현에 의하면, 일상 언어에서 '일상'은 '일상적' 언어의 '일상적' 사용을 말한다. 전자에서 '일상'은 '공통', '현재', '통용', '구어', '토어', '자연적인 것', '비부호적인 것', '모든 사람의 입에 오르내리는 것' 등을 뜻한다. 후자에서 '일상'은 '표준적인 것', '흔한 것' 등을 뜻한다. 그리고 일상 언어의 분석에서 '분석'은 표현들이 일상 언어에서 어떻게 사용되고 있는가를 밝혀서 그 표현의 논리를 명료하게 하는 것이라 할 수 있다. 정대현, 『지식이란 무엇인가』, 서광사, 1990, p. 56.
14) J. Wilson, *A Preface to Morality*, BARAN & NOBLE BOOKS, 1988. p. 3.
15) J. Wilson, *Think with concept*, Cambridge University Press, pp. 2－11.

16) J. Wilson, *Think with concept*, Cambridge University Press, pp. 40 - 57.
17) 김봉주, 『개념학』, 한신문화사, 1996, p. 26, p. 28, p. 58.

9. '통일 의지'에 관한 가치명료화 방법 중심의 교수텍스트

1) 김영하, 『새터민을 통해 본 남북한 사회 그리고 통일』, 경북대학교 출판부, p. 511.
2) 김영하, 『새터민을 통해 본 남북한 사회 그리고 통일』, 경북대학교 출판부, 2010, pp. 391-410. 참조.
3) 윤인진, 『북한이주민』, 집문당, 2009, p. 181.
4) 한겨레 학교 아이들, 『달이 떴다』, 이매진, 2009, pp. 100-101.
5) 교육부, 『도덕과 교육과정(고시 제2015-74호)』. 참조.
6) 교육부, 『도덕4 교사용 지도서』, 지학사, 2019, pp. 419-420, p. 426.
7) L. Raths, M. Harmin, S. Simon, *Values and Teaching*, Charles Merrill Publishing Company, 1966, pp. 9-10.
8) L. Raths, M. Harmin, S. Simon, *Values and Teaching*, Charles Merrill Publishing Company, 1966, pp. 28-30.
9) L. Raths, M. Harmin, S. Simon, *Values and Teaching*, Charles Merrill Publishing Company, 1966, pp. 30-32.
10) L. Raths, M. Harmin, S. Simon, *Values and Teaching*, Charles Merrill Publishing Company, 1966, pp. 41-43.
11) H. Kirschenbaum, S. Simon, *Readings in Values Clarification*, Winston Press, 1973, p. 63.
12) B. Chazan, *Contemporary Approaches to Moral Education*, 박장호 역, 『도덕교육론』, 형설출판사, 1994, p. 85.
13) L. Raths, M. Harmin, S. Simon, *Values and Teaching*, 정성민·조성민 역, 『가치를 어떻게 가르칠 것인가』, 철학과 현실사, 1994, pp. 51-274.

(사진·삽화 출처)

네이버 검색(https://search.naver.com/search.naver?where=image&sm) 이미지; 우리나라 지도, 분단.

교육부, 『도덕6』, 지학사, 2021, p. 98, p. 99, p. 100, p. 101, p. 105, p. 107, p. 110.

네이버 검색(https://search.naver.com/search.naver?where=image&sm) 이미지; 한겨레 고등학교.

네이버 검색(https://search.naver.com/search.naver?where=image&sm) 이미지: 남북한 학제.

네이버 검색(https://search.naver.com/search.naver?where=image&sm) 이미지: 남북한 선거 포스터.

우포늪 생태공원 홈페이지(http://www.upo.or.kr/program/publicboard).

10. '자아 존중'에 관한 설명양식 변화 방법 중심의 교수텍스트

1) M. Seligman, *The Optimistic Child: A Proven Program to Safeguard Children Against Depression and Build Lifelong Resilience*, Houghton Mifflin, 2007, p. 151.
2) M. Seligman, *The Optimistic Child: A Proven Program to Safeguard Children Against Depression and Build Lifelong Resilience*, Houghton Mifflin, 2007, p. 158.
3) M. Seligman,. *Authentic Happiness: Using the New Positive Psychology to Realize Your Potential for Lasting Fulfillment*, 김인자 · 우문식 역, .『긍정심리학』, 서울: 도서출판 물푸레, 2001, pp. 179－181.
4) M. Seligman, *Authentic Happiness: Using the New Positive Psychology to Realize Your Potential for Lasting Fulfillment*, 김인자 · 우문식 역. 『긍정심리학』, 서울: 도서출판 물푸레, 2011, pp. 176－177.
5) M. Seligman, *The Optimistic Child: A Proven Program to Safeguard Children Against Depression and Build Lifelong Resilience*, Houghton Mifflin, 2007, p. 64.
6) M. Seligman, *The Optimistic Child: A Proven Program to Safeguard Children Against Depression and Build Lifelong Resilience*, Boston: Houghton Mifflin, 2007, p. 192.
7) M. Seligman, *Learned Optimism: How to Change Your Mind And Your Life*, 우문식 · 최호역 역, 『낙관성 학습』, 도서출판 물푸레, 2012, pp. 408－409.
8) M. Seligman, *The Optimistic Child: A Proven Program to Safeguard Children Against Depression and Build Lifelong Resilience*, Boston: Houghton Mifflin, 2007, p. 222.
9) M. Seligman, *Authentic Happiness: Using the New Positive Psychology to Realize Your Potential for Lasting Fulfillment*, 김인자 · 우문식 역, 『긍정심리학』, 서울: 도서출판 물푸레, 2011, p. 90.
10) M. Seligman, *Authentic Happiness: Using the New Positive Psychology to Realize Your Potential for Lasting Fulfillment*, 김인자 · 우문식 역, 『긍정심리학』, 서울: 도서출판 물푸레, 2011, p. 154.
11) M. Seligman, *Authentic Happiness: Using the New Positive Psychology to Realize Your Potential for Lasting Fulfillment*, 김인자 · 우문식 역. 『긍정심리학』, 서울: 도서출판 물푸레, 2011, pp. 155－156.
12) 교육부, 『도덕과 교육과정(고시 제2015－74호)』. 참조.
13) 교육부, 『도덕4 교사용 지도서』, 지학사, 2019, pp. 420－421.
14) M. Seligman, *Learned Optimism: How to Change Your Mind And Your Life*, 우문식 · 최호역 역. 『낙관성 학습』, 도서출판 물푸레, 2012, pp. 35－37.
15) 송영민, "긍정심리학의 설명양식 변화법을 활용한 도덕과 교수텍스트", 한국인격교육학회, 『인격교육』 제14권 제4호, 2020. p. 32.
16) M. Seligman, *Authentic Happiness: Using the New Positive Psychology to Realize Your Potential for Lasting Fulfillment*, 『긍정심리학』, 도서출판 물푸레, 2011, pp. 111－132. 여기서 행복의 공식은 다음과 같다.

H 지속적 행복의 수준 = S 이미 설정된 행복의 범위
유전적 특성, 자동조절기, 쾌락의 늪
+
C 삶의 상황(외적 환경)
돈, 결혼, 사회생활, 부정 정서, 나이, 건강, 교육, 날씨, 인종, 성(性), 종교
+
V 자발적 행동(내적 환경)
과거에 대한 만족도, 미래에 대한 낙관성, 현재의 몰입

17) M. Seligman, *The Optimistic Child*, 김세영 역, 『낙관적인 아이』, 도서출판 물푸레, 2010, pp. 39-43. M. Cskiszentmihalyi, The Evolving Self, 김우열 역, 『몰입의 재발견』, 한국경제신문 한경BP, 2009, p. 28. 김태훈, 『도덕성 발달이론과 교육』, 인간사랑, 2004, pp. 175-177. A. Maslow, *Toward a psychology of being*, D. Van Nostrand, 1968, p. 26, p. 83. 참조.

18) C. Peterson, M. Seligman, *Character Strengths and Virtues: A Handbook and Classification*, 문용린 · 김인자 · 원현주 · 백수현 · 안성영 역, 『긍정심리학의 입장에서 본 성격 강점과 덕목의 분류』, 한국심리상담연구소, 2009, p. 35.

19) M. Seligman, *Authentic Happiness: Using the New Positive Psychology to Realize Your Potential for Lasting Fulfillment*, 『긍정심리학』, 도서출판 물푸레, 2011, p. 418.

20) M. Seligman, *The Optimistic Child*, 김세영 역, 『낙관적인 아이』, 도서출판 물푸레, 2010, p. 58. 이후 더 분명하게 긍정심리학은 웰빙(well-being)이론이라고 한다. 이는 삶의 만족도에 의해 결정되는 행복 이론의 주관적 일원론의 성격과 거리를 유지하기 위해서이다. 다섯 가지 요소(PERMA)로 구성되는 웰빙이론을 제시하여 일원론적 성격을 줄이고, 측정 가능한 기준으로 플러리시라는 목표를 제시하여 주관적 성격을 줄인다. 다섯 가지 요소는 긍정적 정서(positive emotion), 몰입(engagement), 관계(relationship), 의미(meaning), 성취(accomplishment)이다. (M. Seligman, Flourish, Free Press, 2011, pp. 14-29. 참조).

21) 김태길, 『윤리학』, 박영사, 1983, pp. 38-42.

22) C. Rowe, "Ethics in ancient Greece", P. Singer(ed,), *a Companion to Ethics*, Black, 1995. pp. 121-131.

23) M. Seligman, *Authentic Happiness: Using the New Positive Psychology to Realize Your Potential for Lasting Fulfillment*, 『긍정심리학』, 도서출판 물푸레, 2011, pp. 400-401, p. 421.

24) M. Seligman, *Authentic Happiness: Using the New Positive Psychology to Realize Your Potential for Lasting Fulfillment*, 『긍정심리학』, 도서출판 물푸레, 2011, pp. 135-148, 157-161.

25) M. Seligman, *Authentic Happiness: Using the New Positive Psychology to Realize Your Potential for Lasting Fulfillment*, 『긍정심리학』, 도서출판 물푸레, 2011, pp. 175-183.

26) M. Seligman, *Authentic Happiness: Using the New Positive Psychology to Realize*

Your Potential for Lasting Fulfillment, 『긍정심리학』, 도서출판 물푸레, 2011, pp. 195-196.

27) M. Seligman, *Authentic Happiness: Using the New Positive Psychology to Realize Your Potential for Lasting Fulfillment*, 『긍정심리학』, 도서출판 물푸레, 2011, pp. 275-277.

28) M. Seligman, *Authentic Happiness: Using the New Positive Psychology to Realize Your Potential for Lasting Fulfillment*, 『긍정심리학』, 도서출판 물푸레, 2011, pp. 225-232.

29) M. Seligman, *Authentic Happiness: Using the New Positive Psychology to Realize Your Potential for Lasting Fulfillment*, 『긍정심리학』, 도서출판 물푸레, 2011, pp. 232-247.

30) C. Peterson, M. *Seligman, Character Strengths and Virtues: A Handbook and Classification*, 문용린, 김인자, 원현주, 백수현, 안성영 역, 『긍정심리학의 입장에서 본 성격 강점과 덕목의 분류』, 한국심리상담연구소, 2009, pp. 39-41.

31) 신현정, 『개념과 범주화』, 서울: 아카넷, 2000, p. 123. E. Rosch, "Natural Categories", *Congitive Pshchology 4*, 1973, p. 329. R. Langacker, *Foundation of Cognitive Grammer I*, 김종도 역, 『인지문법의 토대 I』, 서울: 박이정, 1999, p. 50. S. Reed, *Theory and Application*, 박권생 역, 『인지심리학: 이론과 적용』, 서울: 시그마프레스, 2000, p. 273. J. Tayler, *Linguistic Categorization*, 조명원, 나익주 역, 『인지언어학이란 무엇인가?』, 서울: 한국문화사, 1999, p. 46. J. Varela, E. Thompson, E. Rosch, *The Embodied Mind*, 석봉래 역, 『인지과학의 철학적 이해』, 서울: 옥토, 1997, p. 283. L. May, M. Fredman, A. Clark(eds.), *Mind and Morals*, 송영민 역, 『마음과 도덕: 윤리학과 인지과학』, 서울: 울력, 2013, p. 151. 참조.

32) 그 준거는 다음과 같다. • 준거1. 강점은 자신과 타인을 위해 행복한 삶을 구성하는 다양한 실현에 기여한다. • 준거2. 강점이 바람직한 결과를 가져올 수 있으나 개개의 강점은 그 자체로서 도덕적으로 가치 있다. • 준거3. 한 개인이 강점을 보인다고 해서 주변에 있는 다른 사람의 강점이 감소하지 않는다. • 준거4. 추정된 강점의 반의어를 적절한 방식으로 표현할 수 있는 것은 그것을 성격 강점으로 생각할 수 있게 한다. • 준거5. 강점은 개인의 행동-사고, 감정 및 행위-의 범위에서 측정 가능한 방식으로 나타나야 한다. • 준거6. 강점은 분류에서 다른 긍정적 특질과 구분되며 이러한 특질들로 분해될 수 없다. • 준거7. 성격 강점은 합의된 본보기로 구체화 된다. • 준거8. 이러한 특성이 모든 강점에 적용될 수 없으나 적당한 추가적 준거는 강점에 관한 신동의 존재이다. • 준거9. 이와 반대로 성격 강점의 또 다른 준거는 특정 강점이 전혀 없거나 혹은 선택적으로 결여된 사람들이 존재한다는 것이다. • 준거10. 에릭슨(Erikson, 1963)의 심리사회적 단계와 단계에서의 성공적인 해결에서 기인한 덕목에 대한 논의에서 제안된 바와 같이 보다 큰 사회는 강점과 덕목을 계발하고 훈련을 지속할 수 있는 기관 및 관련된 의식을 제공한다. C. Peterson, M. Seligman, *Character Strengths and Virtues: A Handbook and Classification*, 문용린, 김인자, 원현주, 백수현, 안성영 역, 『긍정심리학의 입장에서 본 성격 강점과 덕목의 분류』, 한국심리상담연구소, 2009, pp. 44-47, pp. 48-60.

33) C. Peterson, M. Seligman, *Character Strengths and Virtues: A Handbook and Classification*, 문용린, 김인자, 원현주, 백수현, 안성영 역, 『긍정심리학의 입장에서 본 성격 강점과 덕목의 분류』, 한국심리상담연구소, 2009, pp. 68－72. C. Snyder, S. Lopez.(eds.), *Handbook of Positive Psychology*, 이희경 역, 『긍정심리학 핸드북』, 서울: 학지사, 2008. S. Polly, K. Britton, *Character Strengths Matter How to Live a Full Live*, 우문식, 이미정 역, 『긍정심리학의 강점특권』, 서울: 물푸레, 2018. 참조.

34) M. Seligman, *The Optimistic Child: A Proven Program to Safeguard Children Against Depression and Build Lifelong Resilience*, Houghton Mifflin, 2007, p. 82.

35) M. Seligman, *Learned Optimism: How to Change Your Mind And Your Life*, 우문식 · 최호역 역, 『낙관성 학습』, 도서출판 물푸레, 2012, pp. 93－104.

36) M. Seligman, *Learned Optimism: How to Change Your Mind And Your Life*, 우문식 · 최호역 역. 『낙관성 학습』, 도서출판 물푸레, 2012, pp. 173－174.

37) M. Seligman, *Learned Optimism: How to Change Your Mind And Your Life*, 우문식 · 최호역 역, 『낙관성 학습』, 서울: 도서출판 물푸레, 2012, pp. 359－361.

38) M. Seligman, *The Optimistic Child: A Proven Program to Safeguard Children Against Depression and Build Lifelong Resilience*, Houghton Mifflin, 2007, pp. 133－161.

39) M. Seligman, *The Optimistic Child: A Proven Program to Safeguard Children Against Depression and Build Lifelong Resilience*, Houghton Mifflin, 2007, pp. 162－193.

40) M. Seligman, *The Optimistic Child: A Proven Program to Safeguard Children Against Depression and Build Lifelong Resilience*, Houghton Mifflin, 2007, pp. 194－230.

41) M. Seligman, *The Optimistic Child: A Proven Program to Safeguard Children Against Depression and Build Lifelong Resilience*, Houghton Mifflin, pp. 231－273.

11. '자연애'에 관한 윤리학적 탐구 방법 중심의 교수텍스트

1) K. Eagn, *an imaginative approach to teaching*, Jossey－Bass, 2005, p. 143.
2) K. Eagn, *an imaginative approach to teaching*, Jossey－Bass, 2005, p. 148.
3) TV동화 행복한 세상 『우체통의 새』(https://www.youtube.com/watch?v=I－ h2h7IiPVw).
4) 교육부, 『도덕3 교사용 지도서』, 지학사, p. 374.
5) 진교훈, 『철학적 인간학』, 서울대학교 출판부, 2004. pp. 104－126. (재인용) 교육부, 『도덕3 교사용 지도서』, 지학사, p. 349.
6) 교육부, 『도덕과 교육과정(고시 제2015－74호)』.
7) 교육부, 『도덕4 교사용 지도서』, 지학사, 2019, p. 422, p. 426. A. Ado, *A Dictionary of Ethics*, 박장호 · 이인재 역, 『윤리학 사전』, 백의, 1996, pp. 313－324.
8) 환경교육의 통합적 특성에 대해서는 이종문 · 이민부, 『환경교육』, 한국방송대학교 출판부, 1999, p. 333. 최돈형 · 손연아 · 이미옥 · 이성희, 『환경교육 교수·학습론』, 교육과학사, 2007, p. 54. 참조.
9) 이종문, 이민부, 『환경교육』, 한국방송대학교출판부, 1999, p. 4.
10) P. Hart, *Teachers' Thinking in Environmental Education*, 최돈형 · 진옥화 · 이성의 역,

『교사가 생각하는 환경교육』, 원미사, 2007, pp. 43－49.
11) J. Disinger, “환경교육의 긴장 상태: 어제, 오늘 그리고 내일”, 최돈형 편역, 『환경교육학 입문』, 원미사, 2005, p. 17.
12) 환경교육진흥법(제정 2008. 3. 21 법률 제8949호)
13) 환경부, “환경교육 발전계획(안)”(2006. 9)
14) 정은영 외, 『국가 환경교육 표준 지침 연구』, 한국교육개발원, 2007, pp. 193－239. 참조.
15) 교육부, 『초등학교 교육과정(2015.09)』. 참조.
16) 교육부, 『도덕과 교육과정(고시 제2015－74호)』. 참조.
17) 한면희, 『환경윤리』, 철학과 현실사, 1997, p. 24.
18) J. Sterba, “Justifying Morality”, Larry May, Marilyn Friedman, Andy Clark (eds.), *Mind and Morals*, The MIT Press, 1998, p. 243.
19) 서규선, 문종길 편저, 『환경윤리와 환경윤리 교육』, 인간사랑, 2000, p. 26.
20) R. Elliot, “Environmental ethics”, P. Singer(ed.), *A Companion to Ethics*, Blackwell, 1993, pp. 285－289.
21) 김일방, 『환경윤리의 쟁점』, 서광사, 2005, pp. 131－134.
22) P. Singer, 황경식 역, 『실천윤리학』, 철학과 현실사, 1992, pp. 77－80.
23) J. DesJardins, *Environmental Ethics*, 김명식 역, 『환경윤리』, 자작나무, 1999, pp. 215－219.
24) R. Attfield, *The Ethics of Environmental Concern*, 구승희 역, 『환경윤리학의 제문제』, 따님, 1997, p. 263.
25) 한면희, 『환경윤리』, 철학과 현실사, 1997, pp. 39－42.
26) A. Gunn,, P. Vesilind, 김동수역, 『환경윤리학』, 자유아카데미, 1996, p. 27.
27) 한면희, 『환경윤리』, 철학과 현실사, 1997, p. 220.
28) J. DesJardins, *Environmental Ethics*, 김명식 역, 『환경윤리』, 자작나무, 1999, pp. 249－251.

12. ‘아름다움의 사랑’에 관한 시적 형상화 방법 중심의 교수텍스트

1) 송영민, “시적인 도덕과 교수텍스트 구성 방안”, 한국초등도덕교육학회, 『초등도덕교육』 제35집, 2011. pp. 258－260. 참조.
2) M, Lipman, *Deciding what to do: Instructional Manual to Accompany NOUS, IAPC*, 1996, p. 76.
3) 교육부, 『도덕4』, 2020. pp. 41－42.
4) M, Lipman, *Deciding what to do: Instructional Manual to Accompany NOUS*, IAPC, 1996, p. 76.
5) 교육부, 『도덕과 교육과정(고시 제2015－74호)』. 참조.
6) M. Seligman, *Authentic Happiness: Using the New Positive Psychology to Realize Your Potential for Lasting Fulfillment*, 김인자 · 우문식 역. 『긍정심리학』, 도서출판 물푸

레, 2011, p. 268.

7) S. Polly, K. Britton, *Character Strengths Matter How to Live a Full Life*, 우문식 · 이미적 역, 『긍정심리학의 강점특권』, 도서출판 물푸레, 2018, p. 286.

8) 교육부, 『도덕4 교사용 지도서』, 지학사, 2019, pp. 423.

9) Lotman, J., *The Structure of the Artistic Text*, University of Michigan, 1977, p. 9.

10) 김태욱, 2010, pp. 96－97.

11) J. Lotman, *The Structure of the Artistic Text*, University of Michigan, 1977, pp. 10－11.

12) J. Lotman, *The Structure of the Artistic Text*, University of Michigan, 1977, pp. 21－22.

13) J. Lotman, *Analysis of the poetic text*, University of MichiganLotman, J., 1976, p. 35.

14) N. Frye, "시와 상징", 김용직 편, 『상징』, 문학과 지성사, 1988, pp. 11－13.

15) 백운복, 『시의 이론과 비평』, 태학사, 1997, p. 77.

16) 이형기, 『시 창작 강의』, 문학사상사, 2007, pp. 59－64.

17) R. Iakbson, 조주관 편역, 『시의 이해와 분석』, 도서출판 열린책들, 1994. p. 30.

18) 홍문표, 『시창작원리』, 창조문학사, 2002, pp. 343－353.

19) 이종열, 『비유와 인지』, 한국문화사, 2004, p. 236.

20) 맹문재, "인유와 패러디", 『시 창작이란 무엇인가』, 화남, 2009, pp. 207－210.

21) 이희중, "역설과 아이러니, 현대적 표현의 수단", 『시 창작이란 무엇인가』, 화남, 2009, pp. 151－156.

22) 신응철, 『캇시러의 문화철학』, 한울 아카데미, 2004, pp. 171－178.

23) E. Cassirer, *Der Begriff der symbolischen Form im der Geisteswissenschaften*, ,『인문학의 구조 내에서 상징형식 개념 외』, 오향미 역, 책사랑, 2009, p. 42－44.

24) 송성헌, 『현대시 이론 연구』, 한국문화사, 2010, pp. 77－78.

25) 송영민, "시적인 도덕과 교수텍스트 구성 방안", 『초등도덕교육』 第35집, 한국초등도덕교육학회, 2011, p. 252.

26) 송문석, 『인지시학』, 푸른사상, 2004, pp. 268－270

27) 마광수, 『상징시학』, 철학과 현실사, 2007, pp. 20－21.

28) I. A. Richards, *Poetries and Science*, Routledge & Kegan Paul, 이국자 역, 『시와 과학』, 도서출판 이삭, 1983. pp. 53－56.

29) 송문석, 『인지시학』, 푸른사상, 2004, p. 300.

30) 송문석, 『인지시학』, 푸른사상, 2004, p. 301.

31) 송문석, 『인지시학』, 푸른사상, 2004, p. 55.

32) N. Frye, "시와 상징", 김용직 편, 『상징』, 문학과 지성사, 1988, pp. 13－14.

33) 이지엽, 『현대시 창작 강의』, 2009, pp. 397－418.

34) 이지엽, 『현대시 창작 강의』, 2009, pp. 452－475.

(사진 · 삽화 출처)

우포늪 생태공원 홈페이지(http://www.upo.or.kr/program/publicboard).

네이버 검색(https://search.naver.com/search.naver?where=image&sm) 이미지; 지휘 달팽이, 동궁, 월지.
네이버 검색(https://search.naver.com/search.naver?where=image&sm) 이미지; 이중섭.
우포늪 생태공원 홈페이지(http://www.upo.or.kr/program/publicboard).

Chapter 03 설명의 논리를 전제하지 않는 도덕과수업

1) J. Rancière, *Le maître ignorant*, 양창렬 역, 「무지한 스승」, 궁리, 2010, p. 13.
2) J. Rancière, *Le maître ignorant*, 양창렬 역, 「무지한 스승」, 궁리, 2010, pp. 30-36, 126-129. 참조.
3) M. Oakeshott, *Rationalism in Politics and Other Essays*, Liberty Press, 1991, p. 488, 491, 509.
4) D. Fontaine, *La Poétique*, 이용주 역, 『시학』, 동문선, 2001, p. 11.
5) S. Langer, *Problems of Art*, 박용숙 역, 『예술이란 무엇인가』, 문예출판사, 2004, pp. 191-192.
6) M. Nussbaum, *Poetic Justice*, 박용준 역, 『시적 정의』, 궁리, 2013. pp. 175-176.
7) M. Nussbaum, *Poetic Justice*, 박용준 역, 『시적 정의』, 궁리, 2013. pp. 251-252.
8) D. Fontaine, *La Poétique*, 이용주 역, 『시학』, 동문선, 2001, pp. 95-97.
9) P. Ricoeur, *Interpretation Theory*, 김윤성 · 조현범 역, 『해석이론』, 서광사, 1994, p. 147.
10) 양해림, 『현대 해석학 강의』, 집문당, 2007, pp. 209-211.
11) 유현종, "사회과 수업비평: 예술비평적 접근", 한국교원대 박사학위논문, 2004. 참조.
12) 시는 문학작품이다. 문학작품은 문학작품, 문학작품을 생산하는 작가, 작품의 대상인 세계, 그 작품을 향수하는 독자라는 상황으로 이루어진다. 이 상황에서 작가에게 초점을 맞춘 문학 이론을 표현론적 이론, 독자에게 초점을 맞춘 이론을 실용론적 이론, 세계에 초점을 맞춘 이론을 모방론적 이론, 작품 자체에 초점을 맞춘 이론을 구조론적 이론이라 한다.(고형진, 『현대시의 서사 지향성과 미적구조』, 시와 시학사, 2003, p. 27.) 일반적인 문학 이론을 시에 보다 초점 맞추어 구분할 수 있다. 고전적 모방이론이나 예술 기능주의적 시관에서 시는 외적 대상을 반영하거나 재현한 것이다. 낭만주의적 시관에서 시는 생산적 주체의 취향, 자발적 감정, 상상력, 내면화된 인생관 등이 시작품을 통해 발현된 것이다. 존재론적 시관에서 시는 내재적인 분석과 판단의 기준에 따라 독자적 존립성을 획득하고 있는 객관적 대상이다.(송희복, 『시와 문화의 텍스트 상관성』, 월인, 2000, pp. 22-29.) 이러한 문학 이론을 도덕과수업으로 전환하면, 교사는 작가이며, 학생은 독자이며, 작품의 대상은 교육내용이며, 작품은 교수텍스트로 볼 수 있다. 시 이론에 초점을 두면, 교사가 도덕적 내용을 재현한다는 측면에서 모방론적 관점으로, 교사가 교육내용에 대한 자신의 이해를 교수텍스트로 표현한다는 측면에서 표현론적 관점으로, 학생의 학습이라는 측면에 초점을 두면 실용론적 관점으로, 교수텍스트 구조의 독자적인 의미라는 측면에서 존재론적 관점으로 도덕과수업을 이해할 수 있다. 저자의 한계와 도덕과 교수학습 상황을 염두에 두면서, 작가로서 교사가 도덕을 표현하는 교수텍스트와 교수텍스트에 반응하는 학습이라는 측면에 한정하여 닮

음을 살펴본다.

13) 四庫全書, 經部三, 『詩序』, 「大序」 "詩者, 志之所之也. 在心爲志, 發言爲詩, 情動於中而形於言. 言之不足, 故嗟嘆之. 嗟嘆之不足, 故永歌之. 永歌之不足, 不知手之舞之, 足之蹈之也." 번역은 윤호진, 『漢詩의 意味構造』, 법인문화사, 1996, p. 19. 참조.
14) 윤호진, 『漢詩의 意味構造』, 법인문화사, 1996, p. 20.
15) (재인용) 이지엽, 『현대시 창작 강의』, 고요아침, 2009, pp. 17-18.
16) 이지엽, 『현대시 창작 강의』, 고요아침, 2009, pp. 19-20.
17) 김창원, 『시교육과 텍스트 해석』, 서울대학교 출판부, 2005, pp. 19-20.
18) 김창원, 『시교육과 텍스트 해석』, 서울대학교 출판부, 2005, pp. 27-28.
19) 김경란, 『프랑스 상징주의』, 연세대학교 출판부, 2005, p. 61-62.
20) B. Kaplan, "Symbolism: From the Body to the Soul", N. Smith, M. Franklin(eds.), *Symbolic Function In Childhood*, LEA, 1979, p. 225.
21) 유영옥, 『상징과 기호의 사회과학』, 홍익재, 2007, pp.69.
22) C. Chadwick, Symbolism, 박희진 역, 『象徵主義』, 서울: 서울대학교출판부, 1983, pp. 1-3.
23) 김기봉, "상징주의의 본질과 원리", 오생근, 이성원, 홍정선 편, 『문예사조의 새로운 이해』, 문학과지성사, 2009, pp. 140-144.
24) 문충성, 『프랑스의 상징주의 시와 한국의 현대시』, 제주대학교 출판부, 2000, p. 243.
25) 김경란, 『프랑스 상징주의』, 연세대학교 출판부, 2005, p. 36.
26) 김기봉, "상징주의의 본질과 원리", 오생근·이성원·홍정선 편, 『문예사조의 새로운 이해』, 문학과지성사, 2009, p. 131.
27) 김기봉, "상징주의의 본질과 원리", 오생근·이성원·홍정선 편, 『문예사조의 새로운 이해』, 문학과지성사, 2009, pp. 131-132.
28) 김기봉, "상징주의의 본질과 원리", 오생근·이성원·홍정선 편, 『문예사조의 새로운 이해』, 문학과지성사, 2009, p. 132.
29) 김기봉, "상징주의의 본질과 원리", 오생근·이성원·홍정선 편, 『문예사조의 새로운 이해』, 문학과지성사, 2009, p. 145-147.
30) 최민성, "현대 영상콘텐츠의 시적 특성 연구", 한국언어문화학회, 『한국언어문화』 제28집, 2005, p. 450.
31) 김기봉, "상징주의의 본질과 원리", 오생근·이성원·홍정선 편, 『문예사조의 새로운 이해』, 문학과지성사, 2009, p. 129.
32) 김창근, "시적 상징의 입체성", 새얼어문학회, 『새얼어문논집』 제15집, 2003, p. 115.
33) 김창근, "시적 상징의 입체성", 새얼어문학회, 『새얼어문논집』 제15집, 2003, p. 116.
34) 마광수, 『상징시학』, 철학과 현실사, pp. 71.
35) 송문석, 『인지시학』, 푸른사상, 2004, pp. 183-185.
36) 박명용, 『오늘의 현대시작법』, 푸른사상, 2008, pp. 148-149.
37) 김창근, "시적 상징의 입체성", 새얼어문학회, 『새얼어문논집』 제15집, 2003. pp. 117-118.

38) 박명용, 『오늘의 현대시작법』, 푸른사상, 2008, pp. 149－157.
39) 마광수, 『상징시학』, 철학과 현실사, p. 93.
40) 마광수, 『상징시학』, 철학과 현실사, p. 94.
41) 마광수, 『상징시학』, 철학과 현실사, pp. 99－100.
42) I. Richards, *Poetries and Science*, Routledge & Kegan Paul, 이국자 역, 『시화 과학』, 도서출판 이삭, 1983. p. 22－27.
43) R. Peters, *Moral Development and Moral Education*, 남궁달화 역, 『도덕발달과 도덕교육』, 문음사, 1995, pp. 69－71.
44) D. Finkel, *Teaching with your mouth shot*, 문희경 역, 『침묵으로 가르치기』, 다산북스, 2010, p. 26, 32, 251.
45) 김창원, 『시교육과 텍스트 해석』, 서울대학교 출판부, 2005, pp. 31－35.
46) 김창원, 『시교육과 텍스트 해석』, 서울대학교 출판부, 2005, pp. 38－41.
47) L. Rosenblatt, *The Reader, the Text, the Poem: The Transactional Theory of the Literary Work*, 김혜리 · 엄해영 역, 『독자, 텍스트, 시: 문학 작품의 상호 교통 이론』, 한국문화사, 2008, pp. 20－21.
48) '상호교통'은 의미를 구축하는데 있어서 독자와 텍스트가 서로 왔다갔다하고, 선회하며, 일직선으로 진행하지 않고, 지속적으로 상호 작용하는 영향력을 강조한다.(L. Rosenblatt, Literature as exploration, 김혜리 · 엄해영 역, 『탐구로서의 문학』, p. xⅻ.)
49) L. Rosenblatt, *The Reader, the Text, the Poem: The Transactional Theory of the Literary Work*, 김혜리 · 엄해영 역, 『독자, 텍스트, 시: 문학 작품의 상호 교통 이론』, 한국문화사, 2008, pp. 31－36.
50) L. Rosenblatt, *The Reader, the Text, the Poem: The Transactional Theory of the Literary Work*, 김혜리 · 엄해영 역, 『독자, 텍스트, 시: 문학 작품의 상호 교통 이론』, 한국문화사, 2008, pp. 42－43.
51) G. Lakoff, M. Johnson, *Philosophy in the Flesh: The embodied mind and its challenge to western thought*, BASIC BOOKS, 1999, p. 292－301.
52) 헤센(Hesen)에 의하면, 가치현상은 가치체험, 가치의 질, 가치 이념으로 제시될 수 있다. 가치는 체험되는 어떤 것이다. 인간의 가치, 경치의 아름다움, 장소의 거룩함을 체험할 때, 그것은 윤리적 · 미적 · 종교적 가치체험을 말하는 것이다. 그리고 가치의 질이라고 부르는 것도 존재한다. 그것은 관계된 대상(인간, 풍경, 장소)의 성질을 가리키는 것인데, 그것은 대상의 가치 성격을 구성하고 가치체험을 하게 한다. 또한 가치 이념이 존재한다. 가치이념은 선 · 미 · 성과 같은 것이며, 이를 대개 가치라고 하며, 그 아래에 가치체험의 내용이 속한다.(J. Hesen, 진교훈 역, 『가치론』, 서광사, 1992, p. 26 참조.) 가치현상은 가치대상의 성질에 따른 가치체험의 내용이라고 할 수 있다.
53) 김문환, 『예술과 윤리의식』, 소학사, 2003, p. 134.
54) 무관심성(disinterestedness), 미적 체험(aesthetic experience), 미적 대상(aesthetic object), 미적 태도(aesthetic attitude) 등 미학적 용어에 대한 본격적인 논의는 저자의 한계를 넘는다. 본고에서 무관심성은 이해관계나 목적을 의식하지 않는 심리적 상태를 특징으로 하는 태도라는 의미로 사용한다. 그리고 미적 태도는 대상 자체에 무관심적이면서 능동

적으로 주목하여 대상에 대한 미적 체험을 가능케 하는 태도라는 의미로 사용한다. 미적 대상은 미적 태도에 의해 미적 속성이 나타난 대상이라는 의미로 사용한다. 미적 체험은 미적 가치의 체험이라는 의미로 사용한다. 이지호에 의하면, 미적 체험이나 미적 경험은 영어로는 둘 다 'aesthetic experience'로 표기된다. 경험은 추상적인 인식주관의 관계이지만, 체험은 구체적이며 주체적인 주객의 상호작용으로서 대화 관계를 가리킨다. 이지호, "미적 체험과 미술감상교육의 연구분석", 경희대학교현대미술연구소, 『현대미술연구 논문집』 Vol.3, 2001, p. 216.

55) Huizinga, J., *Homo Ludens－A Study of the play Element in Culture*, 김윤수 역, 『놀이와 문화에 관한 연구 호모 루덴스』, 까치, 2006, pp. 18－27.

56) Roger Caillois, *Les jeux et les hommes: Le masque et le vertige*, 이상률 역, 『놀이와 인간』, 문예출판사, 2003, p. 34.

57) 카이와는 경쟁이라는 항목을 아곤(Agôn), 우연을 알레아(Alea), 모의를 미미크리(Mimicry), 현기증(Ilinx)이라 칭한다. 놀이의 원동력으로 아곤(Agôn)은 그리스어로 시합, 경기를 뜻하며, 이는 기회의 평등이 인위적으로 설정된 규칙에 따른 경쟁이다. 알레아(Alea)는 라틴어로 요행, 우연을 뜻하며, 놀이자들이 영향력을 행사할 수 없는 우연이다. 미미크리(Mimicry)는 영어로 흉내 모방, 의태를 뜻하며, 놀이자들이 자신의 인격을 일시적으로 버리고 다른 인격을 가장하는 것이다. 일링크스(Ilinx)는 그리스어로 소용돌이를 뜻하며, 일시적으로 지각의 안정을 파괴하고 기분 좋은 공포상태를 일으키는 것이다.(R. Caillois, *Les jeux et les hommes: Le masque et le vertige*, 이상률 역, 『놀이와 인간』, 문예출판사, 2003, pp. 37－56. 참조.)

58) K. Egan, *an imaginative approach to teaching*, Jossey－Bass, 2005, pp. 31－32.

59) M. Rader & B. Jessup, *Art and Human Values*, 김광명 역, 『예술과 인간가치』, 까치글방, 2004, pp. 493－500. 참조.

60) 오병남, 『미학강의』, 서울대학교 출판부, 2004, pp. 492－497. 참조.

저자 약력

송 영 민

송영민은 서울에서 초등학교 교사로 10여 년간 근무하였고, 현재는 서울교육대학교 윤리교육과 교수로 재직하고 있다.

초등 도덕과수업 탐구: 교수텍스트 쓰기

초판발행 2022년 9월 1일

지은이 송영민
펴낸이 노 현

편 집 배근하
기획/마케팅 조정빈
표지디자인 이솔비
제 작 고철민 · 조영환

펴낸곳 ㈜ 피와이메이트
서울특별시 금천구 가산디지털2로 53 한라시그마밸리 210호(가산동)
등록 2014. 2. 12. 제2018-000080호
전 화 02)733-6771
f a x 02)736-4818
e-mail pys@pybook.co.kr
homepage www.pybook.co.kr
ISBN 979-11-6519-332-4 93370

정 가 24,000원